职业院校汽车类"十三五"微课版规划教材

U0742434

汽车
机械识图

第3版 | AR版 | 附微课视频

房芳 李春彦 李东兵 / 主编

刘学 王哲 张金玲 / 副主编 / / 陈婷 / 主审

人民邮电出版社

北 京

图书在版编目（CIP）数据

汽车机械识图：AR版：微课视频 / 房芳，李春彦，李东兵主编. -- 3版. -- 北京：人民邮电出版社，2020.6（2023.7重印）
职业院校汽车类"十三五"微课版规划教材
ISBN 978-7-115-53509-2

Ⅰ. ①汽… Ⅱ. ①房… ②李… ③李… Ⅲ. ①汽车—机械图—识图—高等职业教育—教材 Ⅳ. ①U462.1

中国版本图书馆CIP数据核字(2020)第037921号

内 容 提 要

本书包括9个模块，主要内容有制图的基本知识与基本技能、正投影的基础知识、立体的投影、轴测图、组合体三视图、机械图样的基本表示法、标准件与常用件、零件图和装配图。

本书按照任务驱动模式编写，将学生的学习活动与任务或问题相结合，以探索问题来激发学生的学习兴趣，提高学习的针对性；在一些比较难理解的知识点处增加 AR 交互模型及微课动画视频，为学生营造更加直观的助学平台。本书可作为高职高专院校汽车类专业的教材，也可作为相关从业人员的参考书。

◆ 主　　编　房　芳　李春彦　李东兵
　　副主编　刘　学　王　哲　张金玲
　　主　　审　陈　婷
　　责任编辑　王丽美
　　责任印制　王　郁　马振武

◆ 人民邮电出版社出版发行　　北京市丰台区成寿寺路 11 号
　　邮编　100164　电子邮件　315@ptpress.com.cn
　　网址　https://www.ptpress.com.cn
　　三河市兴达印务有限公司印刷

◆ 开本：787×1092　1/16
　　印张：18.75　　　　　　　　2020 年 6 月第 3 版
　　字数：473 千字　　　　　　2023 年 7 月河北第 6 次印刷

定价：49.80 元

读者服务热线：(010)81055256　印装质量热线：(010)81055316
反盗版热线：(010)81055315
广告经营许可证：京东市监广登字 20170147 号

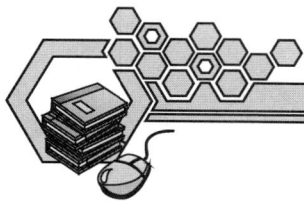

前　言

　　教材是教学的重要资源，加强教材建设是深化职业教育教学改革的有效途径，是推进人才培养模式改革的重要条件。为了适应现代汽车产业发展的需要，实现以高等职业教育汽车类专业为关键特色的准确定位，适应当前科学技术的发展以及教学现状和教学改革发展趋势，编者对本套任务驱动教学模式教材的部分内容进行修订。本书是房芳等主编的《汽车机械识图（第 2 版）》的修订版，同时编者还对与本书配套使用的《汽车机械识图习题集（第 2 版）》进行了修订。

　　教材第 2 版荣获首届全国机械行业职业教育精品优质教材优秀奖，本书在保留第 2 版特色和基本结构的基础上，主要在以下几个方面进行了修订。

　　（1）本着精益求精的原则，力求打造精品，编者对第 2 版教材内容进行了认真的调整，对部分文字内容进行精炼梳理，对部分插图进行适宜精修。

　　（2）严格同步贯彻国家标准《技术制图》《机械制图》以及相关国家标准的规定。

　　（3）遵循现实技术快速发展的规律，为传统教材创新展现模式，营造沉浸式信息化教学设计。本书提供 AR 交互模型，运用视觉新技术建立三维虚拟空间，实现对虚拟实物进行操作、控制和互动。读者登录人邮教育社区（www.ryjiaoyu.com），搜索本书的书名或书号，找到 "App 下载" 二维码，下载 App 后，可直接扫描书中带有 "AR 机械识图" 小图标的图片。本书还针对重要的知识点配套了动画资源，以二维码的形式嵌入到书中相应位置。读者可通过手机等移动终端扫描书中二维码观看学习。

　　（4）本书与同时修订出版的由房芳、李春彦、李东兵主编的《汽车机械识图习题集（第 3 版）》配套使用，同步开发了与其相配套的习题集答案、课件、教案等辅教资源，构建更加完善的助教平台。

　　（5）本书由长春汽车工业高等专科学校房芳、李春彦、李东兵任主编，由刘学、王哲、张金玲任副主编，陈婷主审。其中，房芳编写了绪论、模块一、模块七；李春彦编写了模块八、模块九；李东兵编写了模块四、模块五；刘学编写了模块二；王哲编写了模块三；张金玲编写了模块六。参加本书编写工作的还有李亚杰、侯健、王小毓等。

　　在本书编写过程中，我们得到同行的热情支持，并参阅了许多专家在国内外公开出版或发表的文献，在此向他们一并表示感谢。

　　本次教材再版，编者努力使之更加优质适用，但限于我们的水平和能力，书中难免仍有不足之处，敬请广大读者批评指正。

编　者

2020 年 1 月

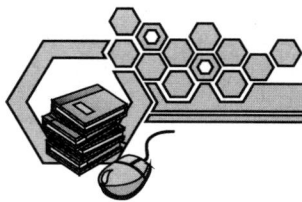

数字资源列表

模块四　轴测图

序号	资源名称	页码	类型
4-1	轴测图的生成原理	84	动画
4-2	圆柱的正等轴测图画法	88	动画
4-3	综合案例——绘制轴测图	90	动画

模块五　组合体三视图

序号	资源名称	页码	类型
5-1	三视图的生成原理	93	动画
5-2	图 5-1	94	AR
5-3	三视图的投影规律	94	动画
5-4	组合体的组合形式	95	动画
5-5	图 5-2	95	AR
5-6	图 5-4（a）	96	AR
5-7	组合体表面间的连接关系	96	动画
5-8	轴承座零件的视图表达方案	98	动画
5-9	图 5-11（a）、（b）	98	AR
5-10	滑块零件的视图表达方案	100	动画
5-11	图 5-14	101	AR
5-12	形体分析法读图案例 1	104	动画
5-13	形体分析法读图案例 2	105	动画
5-14	综合案例——组合体的读图技巧	106	动画
5-15	线面分析法读图原理	106	动画
5-16	线面分析法读图案例	107	动画
5-17	综合案例——补画左视图训练 1	108	动画
5-18	综合案例——补画左视图训练 2	108	动画
5-19	补画三视图案例	108	动画
5-20	组合体视图读图技巧	109	动画
5-21	组合体尺寸标注案例	112	动画
5-22	组合体的尺寸标注要点	112	动画

模块六　机械图样的基本表示法

序号	资源名称	页码	类型
6-1	基本视图的形成原理	119	动画
6-2	图 6-2	119	AR
6-3	向视图的形成原理及案例	120	动画
6-4	斜视图的形成	122	动画
6-5	剖视图的生成原理	124	动画
6-6	全剖视图的画法	127	动画
6-7	半剖视图的画法及案例	127	动画

模块九　装配图

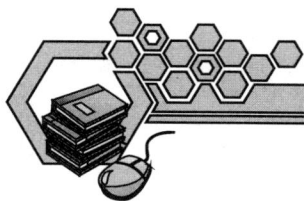

目 录

绪论

1. 课程的性质与作用

"汽车机械识图"是汽车类专业针对汽车研发、制造、维修和改装等岗位能力进行培养的一门专业技术基础课程。在机械制造中，将表达机器（包括汽车、设备、仪器等）及其零件的图样称为机械图样。在机器产品的设计、制造和使用的各个阶段，都要以机械图样为重要的技术文件，用于表达设计思想、加工制造零件、将零件装配成部件和机器、指导正确的操作使用和维修等。因此，机械图样是交流传递技术信息、思想的媒介和工具，是工程界通用的技术语言。要想成为高职高专现代新型技能型人才，必须掌握它。

"汽车机械识图"课程以专业需求为宗旨，以技术应用能力培养为目标，以现实的新知识、新技术为手段，结合汽车机器实体，介绍机械图样的投影原理、标准和有关规定，为汽车专业课程及相关行业技术技能奠定基础。

2. 课程任务

（1）学习正投影法的基础知识及其应用。
（2）培养空间想象能力和空间分析能力。
（3）培养徒手绘制草图、使用尺规仪器绘图的能力。
（4）培养阅读和绘制汽车机械图样的能力。
（5）培养认真负责的工作态度和严谨细致的工作作风。
（6）学习并贯彻《技术制图》与《机械制图》国家标准有关规定，具备查阅有关标准及手册的能力。

3. 学习方法

（1）强调实践性。要在理解基本理论和基本概念的基础上，着重于实践。空间想象

能力与空间分析能力、画图能力与读图能力，需要在实践中培养和建立。因此，学生应认真、及时、独立地完成课堂习题、课后作业。由于读图源于画图，所以要读画结合，以画促读，通过画图训练促进读图能力的提高。

（2）重视空间想象能力的培养。本课程的核心内容是研究三维空间立体与二维平面图形之间的转换关系，学习过程中要运用正投影的原理，将空间物体形状与平面投影图形紧密结合，不断地"由物画图"和"由图想物"，逐步提高空间想象与空间分析的能力。

（3）掌握正确分析问题的方法。学习过程中要注重基本概念、基本理论、基本画图步骤及分析问题的方法等，将复杂问题简单化，将理论知识升华为实际能力，从而不断提高学习质量和学习效率。

（4）体验信息化的优越性，充分运用修订教材引入的新元素：AR 交互模型将虚拟立体在现实界面进行互动，突破培养空间想象力的传统方法的局限性；微课将授课内容点状碎片化，对课堂教学内容进行有效补充，实现真正的自主学习。

（5）树立严谨的科学作风。图样是生产的依据，图样中任何一个线条或一个字符的差错，都会给生产造成严重的不良后果。因此，在学习过程中，要养成认真负责的工作态度和严谨细致的工作作风。

（6）本书采用任务驱动模式：按"模块"→"任务"的层次安排编写，每个"模块"给出"学习目标"，每项"任务"包括"任务引出""任务描述""相关知识"，以强调职业能力为核心，以实际工作任务为引导，为学生提供体验实践和感悟问题的情境，围绕任务展开学习，以任务的完成结果检验和总结学习过程，构建学生探究、实践、思考、运用、解决的高智慧的学习体系。

模块一
制图的基本知识与基本技能

在绘制和识读机械图样的过程中，首先应对制图的基本知识有所了解。基本知识内容包括《技术制图》和《机械制图》国家标准的基本规定、绘图工具的正确使用和几何图形的作图方法。同时还要学习徒手画图的基本技能。

【学习目标】

（1）掌握国家标准有关图纸幅面、比例、字体、图线和尺寸注法等的基本规定。

（2）能够正确使用绘图工具。

（3）掌握几何图形的作图方法、平面图形的分析与画法。

任务一 《技术制图》和《机械制图》国家标准的一般规定

任务引出

图 1-1 所示为汽车驱动桥差速器中锥齿轮轴的零件图，其中，图纸幅面的规格、画图的比例、书写的字体、绘制的图线、标注的尺寸等都必须遵守《技术制图》与《机械制图》国家标准的基本规定。

任务描述

作为指导生产的技术文件，机械图样必须有统一的标准，这对科学地进行生产和图样的管理具有重要的作用。我国制定发布了一系列国家标准，简称"国标"，包括强制性国家标准（代号"GB"）、推荐性国家标准（代号"GB/T"）和国家标准化指导性技术文件（代号"GB/Z"）。《机械制图》和《技术制图》国家标准是工程界重要的技术标准，是绘制和阅读机械图样的准则和依据。《机械制图》标准主要适用于机械图样，《技术制图》标准则普遍适用于工程界的各种专业技术图样。本任务简要介绍国家标准对图纸幅面和格式、比例、字体、图线及尺寸注法的有关规定。

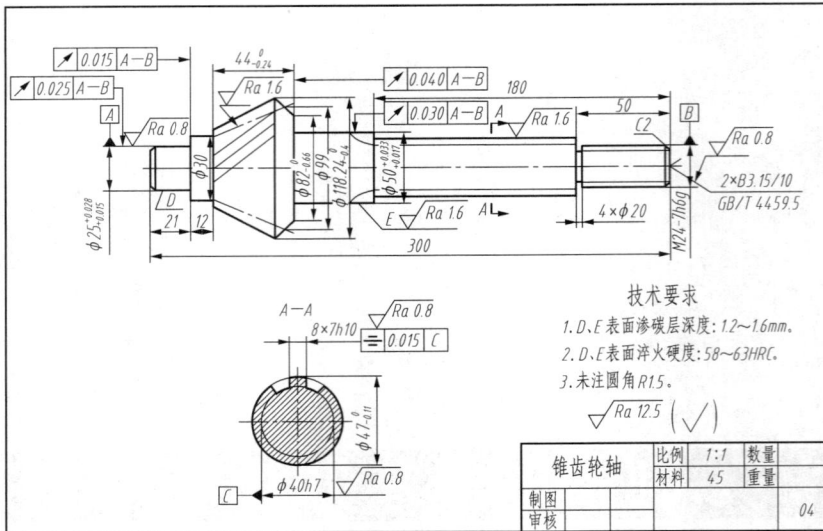

图 1-1　锥齿轮轴的零件图

相关知识

一、图纸幅面和格式（GB/T 14689—2008）

图样的图纸幅面和格式

1. 图纸幅面

绘制图样时，应优先采用表 1-1 所规定的基本幅面，如图 1-2 中的粗实线所示。

表 1-1　　　　　图纸基本幅面尺寸（第一选择）　　　　　（单位：mm）

幅面代号	A0	A1	A2	A3	A4
$B \times L$	841 × 1189	594 × 841	420 × 594	297 × 420	210 × 297
a	25				
c	10			5	
e	20			10	

注：尺寸 B、L、a、c、e 参见图 1-3。

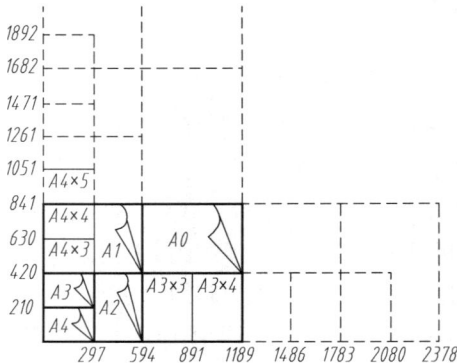

图 1-2　图纸幅面

必要时，也允许选用表 1-2 所规定的加长幅面，如图 1-2 中细实线所示。还允许选择表 1-3 所规定的加长幅面，如图 1-2 中虚线所示。加长幅面尺寸是由基本幅面的短边成整数倍增加得出的。

表 1-2   图纸加长幅面尺寸（第二选择）   （单位：mm）

幅面代号	A3×3	A3×4	A4×3	A4×4	A4×5
$B×L$	420×891	420×1189	297×630	297×841	297×1051

表 1-3   图纸加长幅面尺寸（第三选择）   （单位：mm）

幅面代号	A0×2	A0×3	A1×3	A1×4	A2×3	A2×4	A2×5
$B×L$	1189×1682	1189×2523	841×1783	841×2378	594×1261	594×1682	594×2102
幅面代号	A3×5	A3×6	A3×7	A4×6	A4×7	A4×8	A4×9
$B×L$	420×1486	420×1783	420×2080	297×1261	297×1471	297×1682	297×1892

2. 图框格式

选定了幅面大小的图纸可以横放或竖放。在图纸上用粗实线画出图框，图框格式分为留装订边和不留装订边两种，其格式如图 1-3 所示。两种图框格式的周边尺寸 a、c、e 大小如表 1-1 所示。同一产品的图样只能采用一种格式。

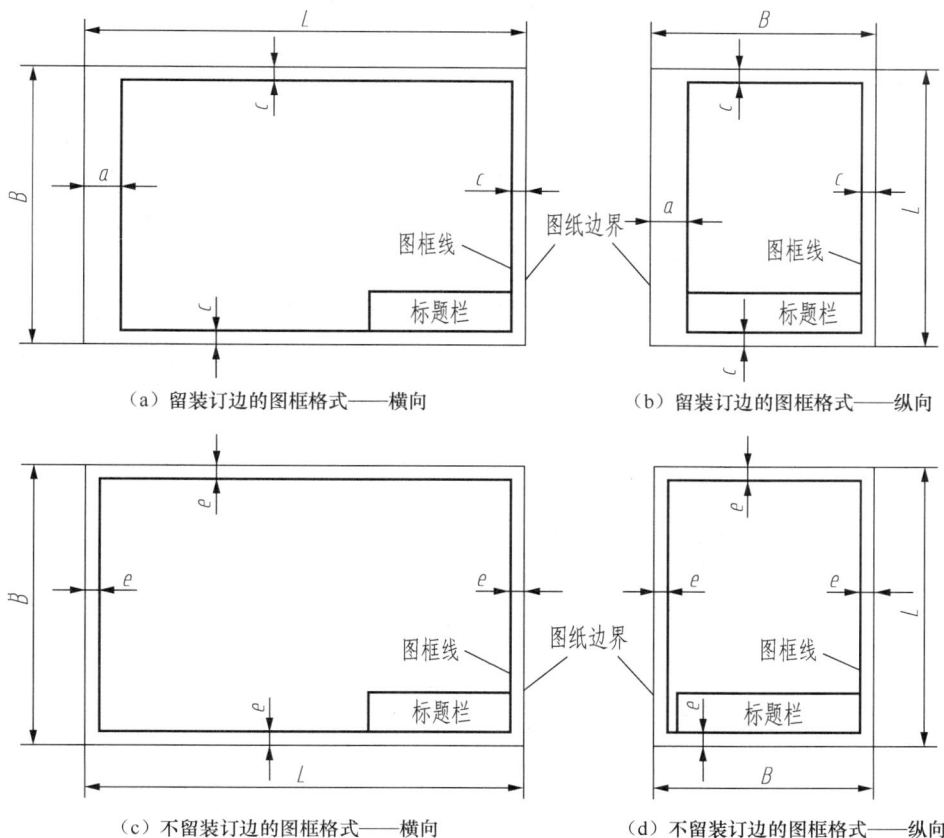

（a）留装订边的图框格式——横向   （b）留装订边的图框格式——纵向

（c）不留装订边的图框格式——横向   （d）不留装订边的图框格式——纵向

图 1-3 图框格式

3. 标题栏格式（GB/T 10609.1—2008）

一般情况下，标题栏位于图框内的右下角，如图 1-3 所示。标题栏一般由更改区、签字区、名称及代号区和其他区 4 个区组成，应用时可以按实际需要增加或减少。《技术制图》国家标准对标题栏的格式、尺寸及填写要求均做了规定，当采用国家标准中标题栏的格式时，推荐使用标题栏的画法如图 1-4 所示。

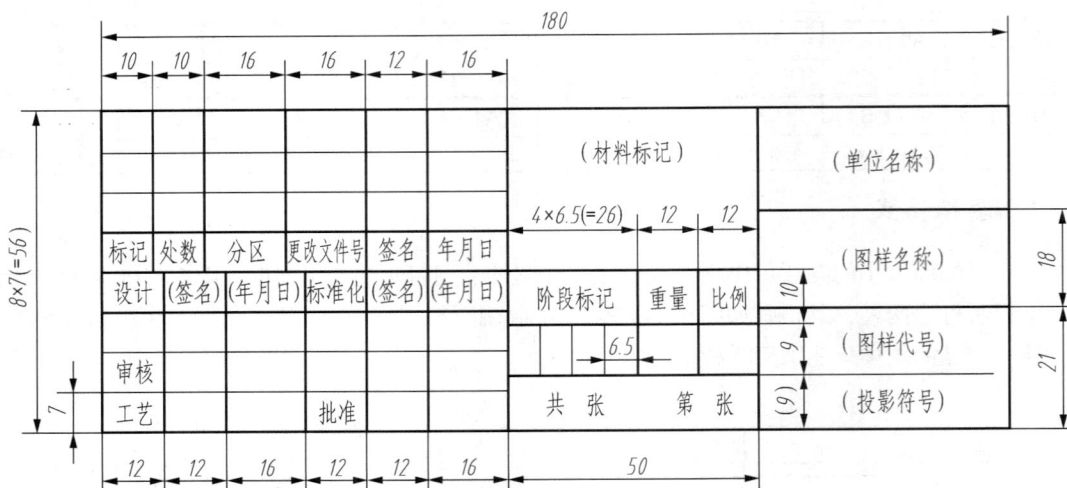

图 1-4　标题栏的格式及尺寸（参考画法）

当标题栏的长边为水平方向，且与图纸长边平行时，为 X 型图纸，如图 1-3（a）、（c）所示。若标题栏长边与图纸长边垂直，则为 Y 型图纸，如图 1-3（b）、（d）所示。上述两种情况下，看图的方向与看标题栏的方向一致。

为了利用预先印制好的图纸，允许将 X 型图纸的短边和 Y 型图纸的长边放成水平位置使用，此时须用方向符号明确其看图方向，如图 1-5（a）、（b）所示，方向符号画在图纸下边的对中符号处，其尖角对着读者时为看图方向。方向符号是用细实线绘制的等边三角形，如图 1-5（c）所示。

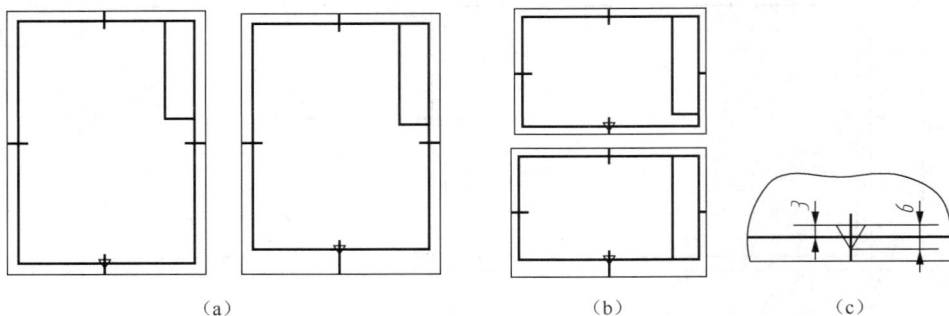

（a）　　　　　　　　　　（b）　　　　　　（c）

图 1-5　看图的方向符号

4. 对中符号

对图样进行复制和微缩摄影时，为了定位方便，在表 1-1 和表 1-2 所列的各号图纸上，均应在各边长的中点处画出对中符号。

对中符号用粗实线绘制，线宽不小于 0.5mm，长度从纸边界开始至伸入图框内 5mm，如图 1-5（a）、（b）所示。当对中符号处在标题栏范围内时，伸入标题栏部分省略不画，如图 1-5（b）所示。

学生作业中的标题栏，建议采用图 1-6 所示的简化格式。

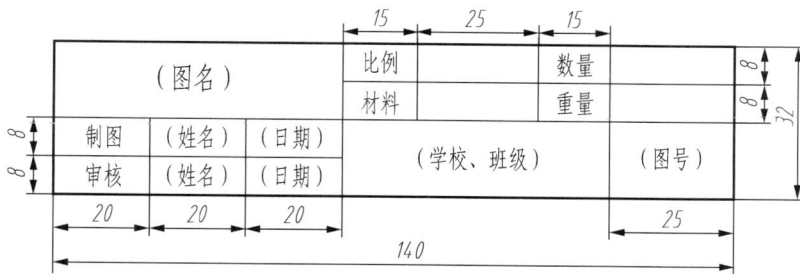

图 1-6 标题栏简化格式

二、比例（GB/T 14690—1993）

图样中的图形与其实物相应要素的线性尺寸之比，称为比例。绘制图样时，应尽可能按机件的实际大小采用原值比例 1:1 地画出，使图样与机件的真实大小一致。根据机件的大小及结构复杂程度不同，也可以采用放大比例或缩小比例绘制图形。按比例绘制图样时，一般应在表 1-4 规定的系列中选取适当的比例。必要时，也可选用表 1-5 所示的比例。

表 1-4　　　　　　　　　　　　　　　　比例系列（一）

种　类	比　例		
原值比例	1:1		
放大比例	5:1 $5 \times 10^n:1$	2:1 $2 \times 10^n:1$	$1 \times 10^n:1$
缩小比例	1:2 $1:2 \times 10^n$	1:5 $1:5 \times 10^n$	1:10 $1:1 \times 10^n$

注：n 为正整数。

表 1-5　　　　　　　　　　　　　　　　比例系列（二）

种　类	比　例				
放大比例	4:1 $4 \times 10^n:1$	2.5:1 $2.5 \times 10^n:1$			
缩小比例	1:1.5 $1:1.5 \times 10^n$	1:2.5 $1:2.5 \times 10^n$	1:3 $1:3 \times 10^n$	1:4 $1:4 \times 10^n$	1:6 $1:6 \times 10^n$

注：n 为正整数。

图 1-7 所示为用不同比例画出的同一机件的图形。

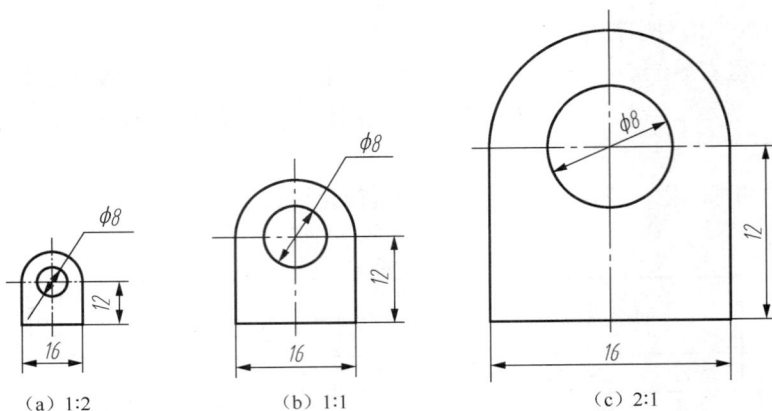

（a）1:2   （b）1:1   （c）2:1

图 1-7   不同比例画出的图形及尺寸数值的标注

（1）无论采用放大还是缩小比例，图样上的尺寸数字均按机件的实际尺寸标注。

（2）绘制同一机件的各个视图应采用相同的比例，一般填写在标题栏的比例栏内，比例符号用"∶"表示。当某个视图采用不同于标题栏内的比例时，可在视图名称的下方或右侧注出比例，如

$$\frac{A}{2:1} \qquad \frac{I}{5:1} \qquad 平面图形 1:100$$

三、字体（GB/T 14691—1993）

国家标准规定了图样及有关技术文件中书写的汉字、字母、数字的结构形式及公称尺寸。

字体高度（用 h 表示）的公称尺寸系列为：1.8mm，2.5mm，3.5mm，5mm，7mm，10mm，14mm，20mm 8 种。字体高度称为字体的号数。

汉字只能写成直体，字母及数字可写成斜体或直体。

书写字体必须做到：字体端正、笔画清晰、间隔均匀、排列整齐。

1. 汉字

汉字应写成长仿宋体，并采用国家正式公布推行的简化字。长仿宋体汉字的书写要领是：横平竖直，起落有锋，粗细一致，结构匀称。汉字的高度（h）不应小于 3.5mm，字宽一般为 $h/\sqrt{2}$（即约等于字高的 2/3）。长仿宋体汉字示例如图 1-8 所示。

5 号字   字体工整 笔画清晰 间隔均匀 排列整齐

7 号字   横平竖直注意起落结构均匀填满方格

10 号字   技术制图装配图零件图

图 1-8   长仿宋体汉字示例

2. 数字

常用的数字有阿拉伯数字（见图 1-9）和罗马数字（见图 1-10），可以斜体书写或直体书写。

（a）斜体

（a）斜体

（b）直体

图 1-9 阿拉伯数字示例

（b）直体

图 1-10 罗马数字示例

3. 拉丁字母

拉丁字母有大写和小写之分，如图 1-11 所示。汉语拼音字母来源于拉丁字母，两者字形完全相同。

图 1-11 拉丁字母示例（斜体）

4. 用作指数、脚注、极限偏差、分数等的数字及字母

用作指数、脚注、极限偏差、分数等的数字及字母，一般应采用小一号的字体，数字及字母组合书写的综合应用示例如图 1-12 所示。

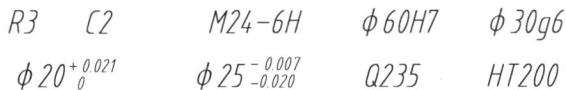

图 1-12 字体书写综合应用示例

四、图线（GB/T 17450—1998、GB/T 4457.4—2002）

1. 线型

国家标准规定了图样中图线的线型、尺寸和画法。机械制图中常用的图线名称、线型、宽度

及应用如表 1-6 和图 1-13 所示。

表 1-6 常用图线的线型及应用

序号	图线名称	线型	一般应用
1	细实线	————————	过渡线、尺寸线、尺寸界线、剖面线、重合断面的轮廓线、指引线、螺纹牙底线及辅助线等
2	波浪线	〜〜〜〜	断裂处的边界线；视图与剖视图的分界线
3	双折线	$7.5d$ $14d$ $20\sim40$	断裂处的边界线；视图与剖视图的分界线
4	粗实线	————————	可见轮廓线；表示剖切面起讫和转折的剖切符号
5	细虚线	$12d$ $3d$	不可见轮廓线
6	粗虚线	$12d$ $3d$	允许表面处理的表示线
7	细点画线	$24d$ $\leqslant0.5d$ $3d$	轴线、对称中心线、剖切线等
8	粗点画线	$24d$ $\leqslant0.5d$ $3d$	限定范围表示线
9	细双点画线	$24d$ $\leqslant0.5d$ $3d$	相邻辅助零件的轮廓线、可动零件极限位置的轮廓线、轨迹线、中断线等

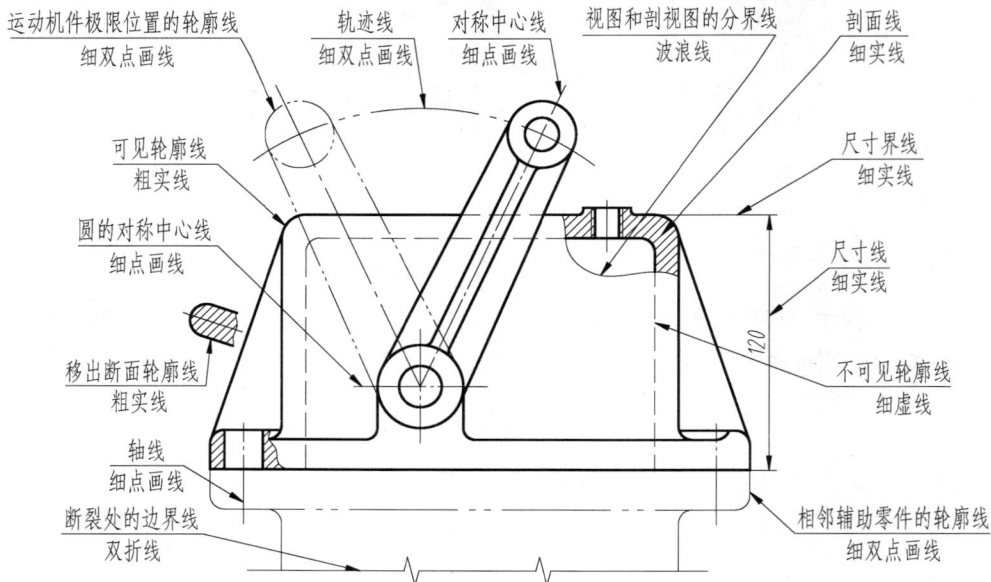

图 1-13 图线的应用示例

2. 线宽

机械图样中的图线分为粗线和细线两种，粗线的宽度为 d，细线的宽度约为 $d/2$。图线宽度（d）系列为：0.13mm，0.18mm，0.25mm，0.35mm，0.5mm，0.7mm，1mm，1.4mm，2mm。粗

线的宽度 d 应按图样的大小和复杂程度来决定，一般常用宽度为 0.7mm 和 1mm，应尽量避免采用宽度小于 0.18mm 的图线。

3. 图线的画法

（1）同一图样中，同类图线的宽度应基本一致。细虚线、细点画线及细双点画线的线段画长和间隔应各自大致相同。

（2）绘制圆的对称中心线时，圆心应为长画相交，首末两端应是长画而不是短画或间隔，且超出图线外 3～5mm，如图 1-14（a）所示。

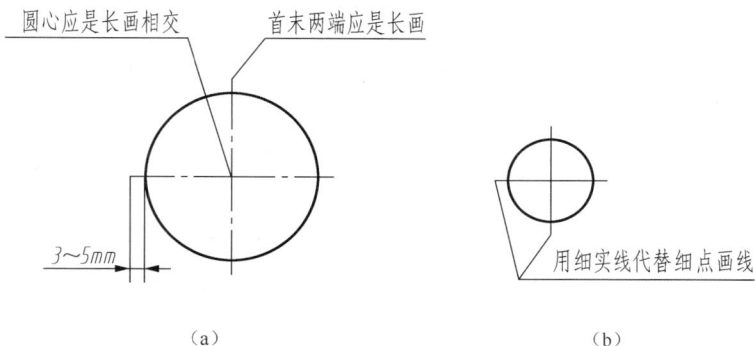

图 1-14　圆的中心线画法

（3）在较小的图形中，绘制细点画线或双点画线有困难时，可用细实线代替，如图 1-14（b）所示。

（4）细虚线与细虚线相交时，应在线段处相交；细虚线与其他线相交时，应在长画处相交，而不是在短画或间隔处相交，如图 1-15（a）、（b）所示。

（5）细虚线处于粗实线的延长线上时，粗实线应画到分界点，而细虚线应留有空隙，如图 1-15（a）所示。

（6）细虚线圆弧和细虚线直线相切时，细虚线圆弧的画线应画到切点，而细虚线直线需留有空隙，如图 1-15（a）所示。

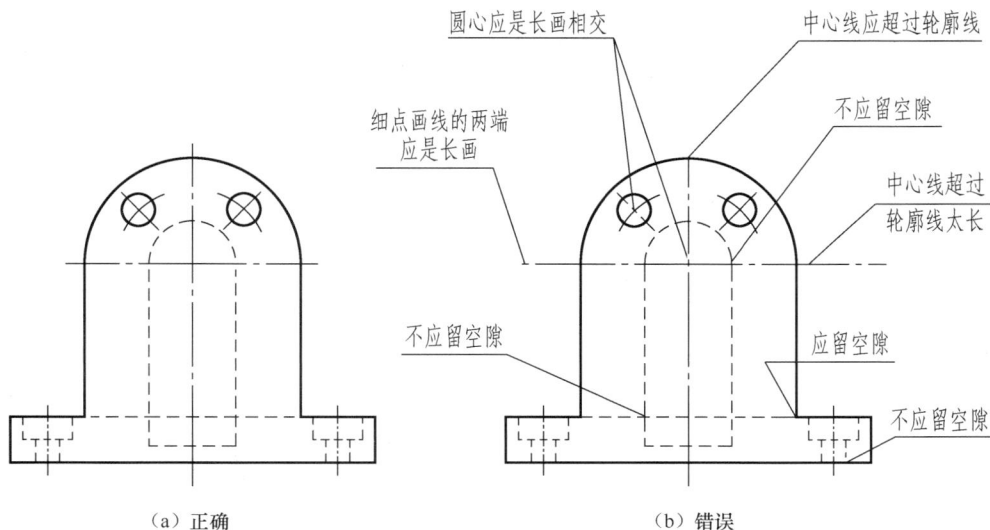

图 1-15　图线的画法

（7）两种图线重合时，只需画出其中一种，优先顺序为：可见轮廓线，不可见轮廓线，对称中心线和尺寸界线。

五、尺寸注法（GB/T 4458.4—2003、GB/T 16675.2—2012）

1. 基本规则

（1）机件的真实大小，应以图样上所标注的尺寸数值为依据，与图形的大小及绘图的准确度无关。

（2）图样中的尺寸，以毫米（mm）为单位时，不需标注单位符号。如果采用其他单位，则应注明相应的单位符号，如 30°、20μm 等。

（3）图样中所标注的尺寸为该图样所示机件的最后完工尺寸，否则应另加说明。

（4）机件的每一尺寸，一般只标注一次，并应标注在反映该结构最清晰的图形上。

2. 尺寸组成

尺寸标注一般由尺寸界线、尺寸线（含尺寸线终端）和尺寸数字组成，如图 1-16 所示。

（1）尺寸界线。尺寸界线用于表示尺寸的度量范围，用细实线绘制，并应从图形的轮廓线、轴线或对称中心线引出。也可直接用轮廓线、轴线或对称中心线作尺寸界线。尺寸界线一般与尺寸线垂直，必要时允许倾斜。尺寸界线应超出尺寸线的终端约 2mm，如图 1-16 所示。

（2）尺寸线。尺寸线用于表示尺寸的度量方向，用细实线绘制，必须单独画出，不能用其他图线代替，也不能与其他图线重合或画在其延长线上。标注线性尺寸时，尺寸线必须与所标注的线段平行，当有几条互相平行的尺寸线时，各尺寸线的间距要均匀（间隔 7～10mm），大尺寸在外，小尺寸在里，尽量避免尺寸线之间及尺寸线与尺寸界线之间相交，如图 1-16 所示。

尺寸线终端有箭头和斜线两种形式，如图 1-17 所示。机械图样一般采用箭头形式，箭头画法如图 1-17（a）所示，图中的 d 为粗实线的宽度。斜线终端用细实线绘制，如图 1-17（b）所示，图中 h 为字体高度。当采用该尺寸线终端形式时，尺寸线与尺寸界线必须相互垂直，土木建筑图的直线尺寸线终端常用斜线形式。同一张图样中一般只能采用一种尺寸线终端形式。

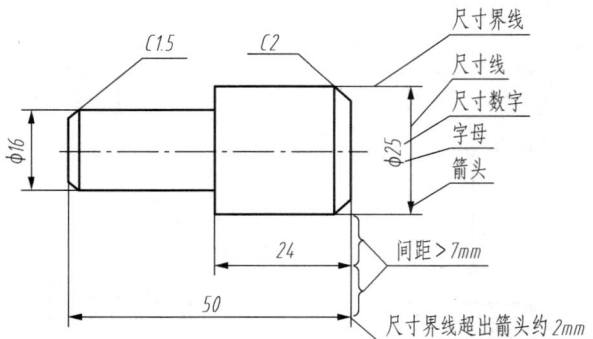

图 1-16　尺寸组成示例

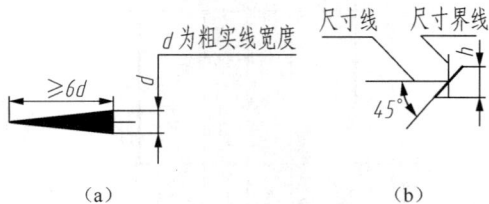

图 1-17　尺寸线终端的画法

（3）尺寸数字。线性尺寸数字一般书写在尺寸线的上方或左方，也允许注写在尺寸线的中断处，在同一张图样中尽可能采用一种数字注写形式，其字号大小应一致。尺寸数字不得被任何图线穿过，当无法避免时，应将图线断开。尺寸数字的方向，应以看图方向为准。水平方向尺寸数

字的字头朝上，竖直方向尺寸数字的字头朝左，倾斜方向尺寸数字的字头应保持朝上的趋势。

标注尺寸时，应尽可能使用符号和缩写词，常见的符号及缩写词如表 1-7 所示。

表 1-7　　　　　　　　　　　　　　　　　常见的符号及缩写词

名　　称	符号或缩写词	名　　称	符号或缩写词
直径	ϕ	正方形	□
半径	R	45°倒角	C
球直径	$S\phi$	孔深	▼
球半径	SR	沉孔或锪平	⊔
厚度	t	埋头孔	∨
展开长	⌒➤	均布	EQS

3. 尺寸标注示例

尺寸注法示例如表 1-8 所示。

表 1-8　　　　　　　　　　　　　　　　　尺寸注法示例

标注内容	图　　例	说　　明
线性尺寸		1. 线性尺寸的数字应按图（a）的方向书写，图示30°范围内的尺寸数字，可按图（b）的形式标注 2. 允许将非水平方向的尺寸数字水平地注写在尺寸线的中断处，如图（c）所示
角度尺寸		1. 角度尺寸界线沿径向引出 2. 角度尺寸线画成圆弧，圆心是该角顶点 3. 角度尺寸数字一律水平注写，一般注写在尺寸线的中断处，必要时可按图（b）的形式标注
圆的直径		1. 直径尺寸应在尺寸数字前加注符号"ϕ" 2. 尺寸线应通过圆心，尺寸线终端画成箭头
圆弧半径		1. 半圆或小于半圆的圆弧标注半径尺寸 2. 半径尺寸数字前加注符号"R" 3. 半径尺寸应注在投影为圆弧的视图上，且尺寸线应通过圆心

标注内容	图　例	说　明
大圆弧	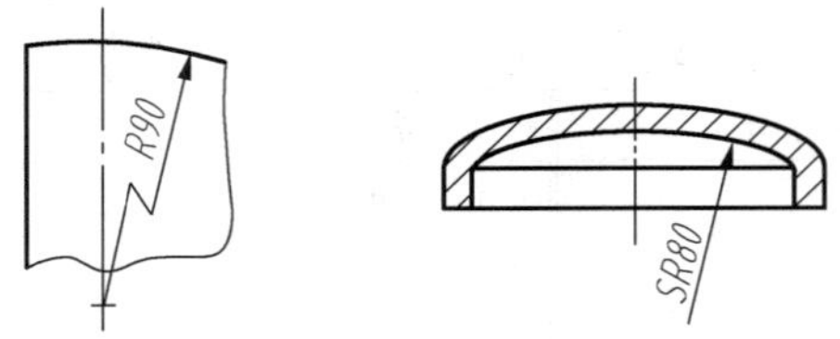 (a)　　　　　(b)	1. 当圆弧的半径过大，或在图纸范围内无法标出圆心位置时，按图（a）的形式标注 2. 若不需要标出圆心位置，按图（b）的形式标注
弧长和弦长	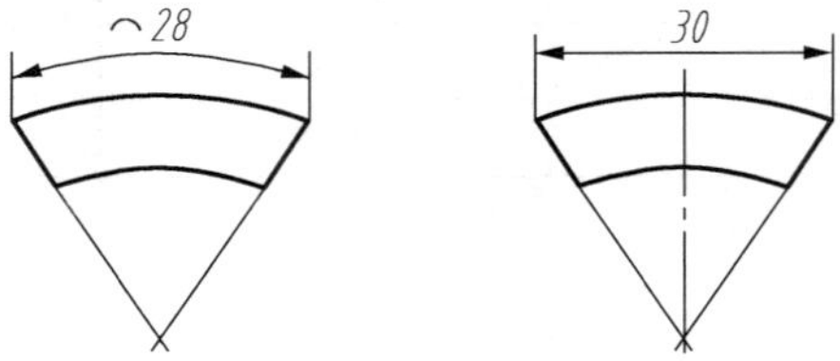 ⌒28　　　　30	1. 标注弧长时，应在尺寸数字前方加符号"⌒" 2. 弦长及弧长的尺寸界线应平行于该弦（或该弧）的垂直平分线
不完整要素	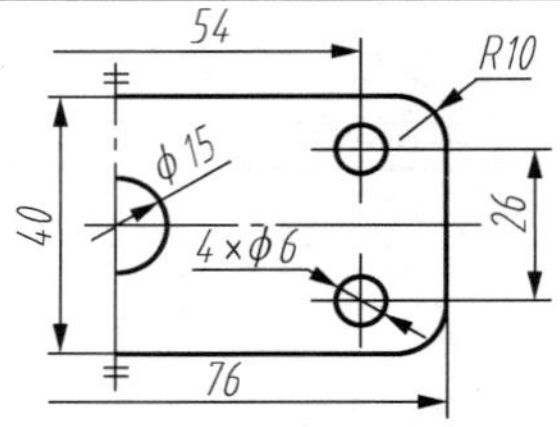 54　R10　φ15　26　4×φ6　40　76	对于未完整表示的要素，可仅在尺寸线的一端画出箭头，但尺寸线应超过该要素的中心线或断裂处
光滑过渡处	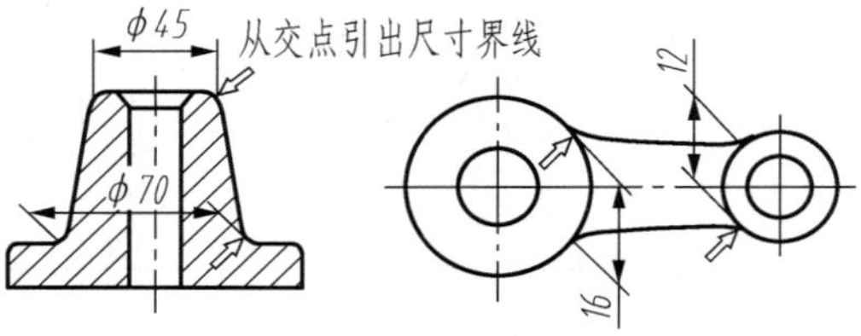 φ45 从交点引出尺寸界线　12　φ70　16	在光滑过渡处，需要用细实线将轮廓线延长，从其交点引出尺寸界线
球面尺寸	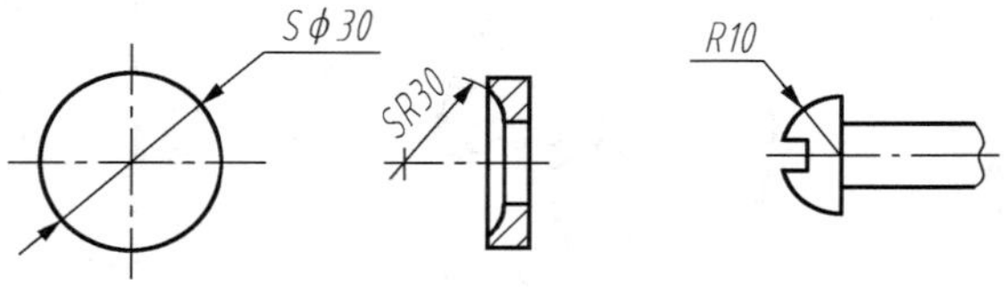 Sφ30　SR30　R10　(a)　(b)　(c)	标注球面的直径或半径时，应在符号"φ"或"R"前再加注符号"S"。在不至于引起误解的情况下，可按图（c）省略符号"S"
小尺寸	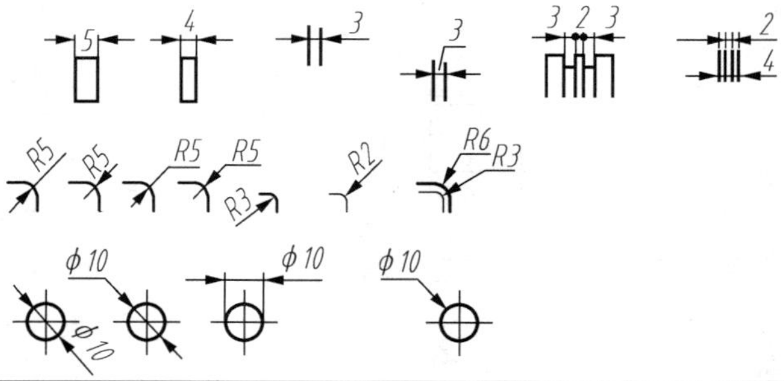 5　4　3　3　3 2 3　2 4　R5 R5 R5 R5 R2 R6 R3 R3　φ10 φ10 φ10 φ10	在没有足够位置画箭头或注写数字时，可按图示形式标注

4. 尺寸标注的正误对比

尺寸标注的正误对比如图 1-18 所示。

不能以轮廓线代替尺寸线

不能以中心线代替尺寸线

应注直径

尺寸线应与轮廓线平行

尺寸数字的方向、位置都不正确

箭头应瘦长

箭头应与尺寸界线接触

小尺寸应在内，大尺寸应在外，以免尺寸线与尺寸界线相交

尺寸数字不应被线穿越

（a）正确标注

（b）错误标注

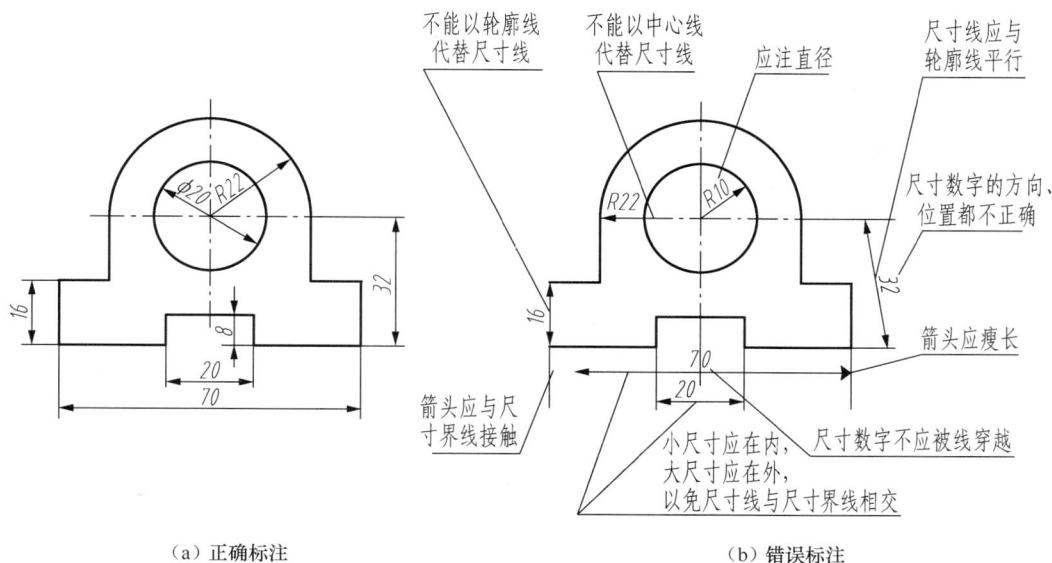

图 1-18 尺寸标注的正误对比

任务二 绘图工具及其使用

任务引出

绘制图样时，应正确使用和维护绘图工具，培养良好的作图习惯。

任务描述

正确使用绘图工具，对保证图样质量、提高绘图速度起着重要的作用。这里介绍几种常用绘图工具及其使用方法。

相关知识

一、图板、丁字尺和三角板

图板是绘图时的垫板，要求表面必须平坦、光滑，左右两导边必须平直。图纸用胶带纸固定在图板上，如图 1-19 所示。

丁字尺由尺头和尺身两部分组成，丁字尺常用来绘制水平线。绘图时，应使尺头紧靠图板左侧导边，自左向右画水平线，如图 1-20 所示。

三角板两块为一副，三角板与丁字尺配合使用，可画垂直线和与水平线成 15°、30°、45°、60°、75° 等的斜线，如图 1-21、图 1-22 所示；两块三角板配合可画相互平行的直线及相互垂直的直线，如图 1-23 所示。

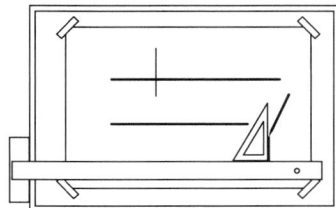

常用绘图工具的用法

图 1-19 图板

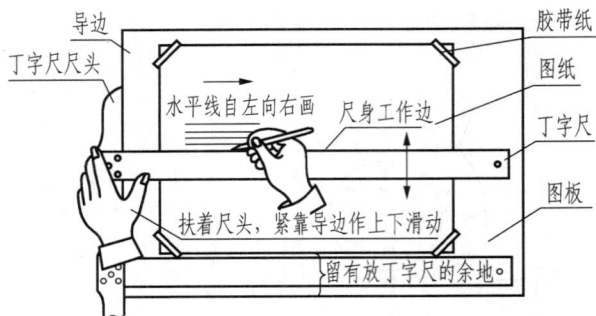

图 1-20　丁字尺和图板

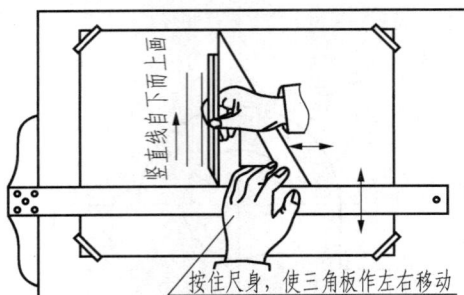

图 1-21　三角板配合丁字尺（一）

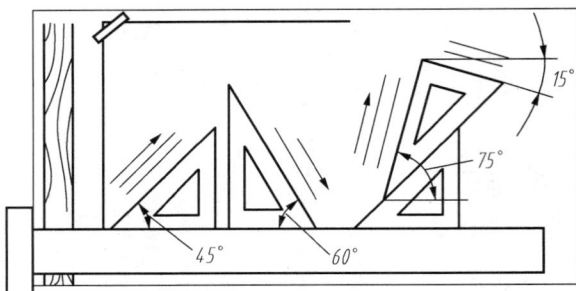

图 1-22　三角板配合丁字尺（二）

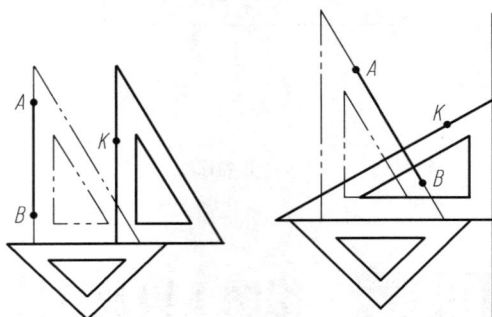

图 1-23　两块三角板配合画相互平行的直线
及相互垂直的直线

二、分规、圆规和铅笔

分规是用来移置尺寸、等分线段及从尺上量取尺寸的工具，分规等分线段时常用试分法，如图 1-24 所示。

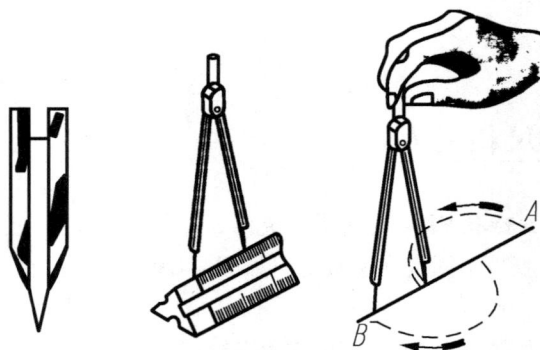

图 1-24　分规的使用

圆规是用来画圆和圆弧的，它的固定腿上装有钢针，钢针两端形状不同，绘制圆弧时，将有台阶的一端扎入图板，台阶面与纸面接触。绘制较大直径的圆时，应调节圆规的针尖及铅芯尖均垂直于纸面，如图 1-25 所示。

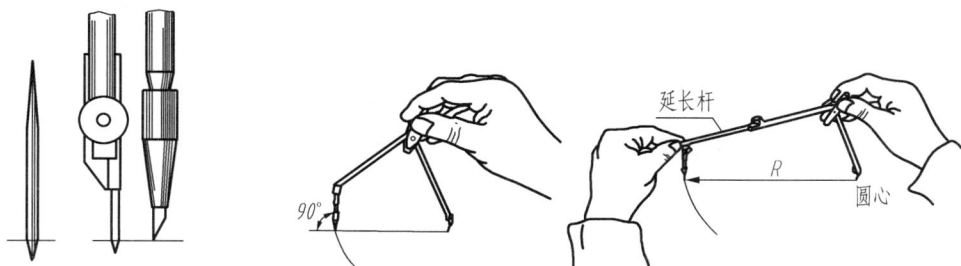

图 1-25　圆规的使用

铅笔要求使用绘图铅笔。铅笔铅芯的软硬度分别用"B"和"H"表示，B 前的数值越大表示铅芯越软（黑），H 前的数值越大表示铅芯越硬。根据使用要求不同，准备以下几种硬度不同的铅笔：

H 或 2H 用于画底稿；

HB 或 H 用于画细虚线、细实线、细点画线及写字；

HB 或 B 用于加深粗实线。

画粗实线的铅笔，铅芯磨削成宽度为 d（粗实线宽）的四棱柱形，其余铅芯磨削成圆锥形，如图 1-26 所示。

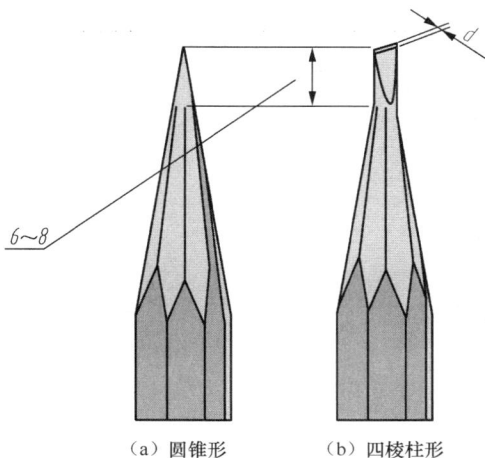

（a）圆锥形　　　（b）四棱柱形
图 1-26　铅笔的磨削

三、比例尺和曲线板

比例尺又叫三棱尺，是刻有不同比例的直尺，分别刻在 3 个不同的侧面上，可按需要的比例，直接在其面上截取所需尺寸长度，而不必再进行换算，如图 1-24 所示。

曲线板用于绘制非圆曲线。绘制时应先确定非圆曲线上的一系列点，然后用曲线板光滑连接成曲线，如图 1-27 所示。

图 1-27　曲线板的使用

任务三　几何作图

任务引出

绘制图 1-28 所示的扳手图形，请考虑图形中正六边形、圆弧 $R16$ 和 $R4$ 等线段的画法。

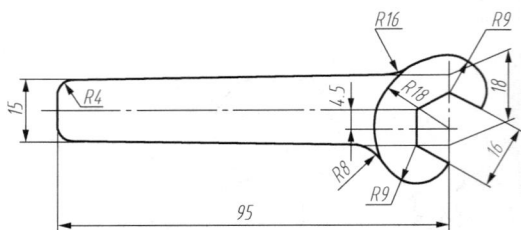

图 1-28　扳手

任务描述

机件的轮廓形状虽然是多种多样的，但它们基本上都是由直线、圆弧或其他一些曲线所组成的几何图形。绘制几何图形称为几何作图，因此，熟练掌握几何作图，是绘制机械图样的基础。常用的几何作图有等分直线段，绘制正多边形、斜度与锥度，圆弧连接等。

相关知识

一、等分直线段

五等分线段

1. 四等分直线段 AB

过已知直线段 AB 的一个端点 A（或 B）任作一射线如 AC，由此端点起在射线上以任意长度截取四等份。将射线上的等分终点与已知直线段的另一端点 B 连线，并过射线上各等分点作此连线的平行线与已知直线段相交，交点即为所求，如图 1-29 所示。

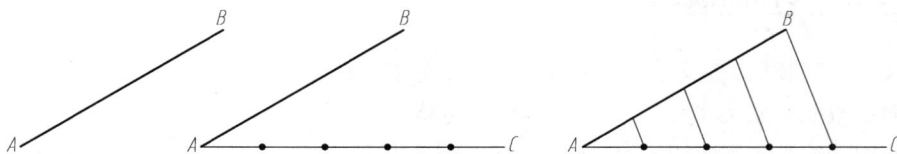

图 1-29　四等分直线段

2. 作直线段 AB 的垂直平分线

以线段的端点 A、B 为圆心，取 R（$R > AB/2$）为半径，分别作两圆弧相交于 M 和 N；连接 MN，即得所求的垂直平分线 MN，如图 1-30 所示。

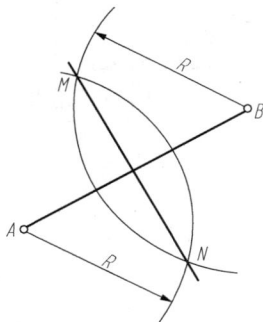

图 1-30　作直线段 AB 的垂直平分线

二、正多边形

1. 作正三角形

（1）由边长作正三角形。作直线 AB 等于边长 L；分别以 A、B 为圆心，$R=L$ 为半径，作两圆弧相交于 C；$\triangle ABC$ 即为所求，如图 1-31（a）所示。

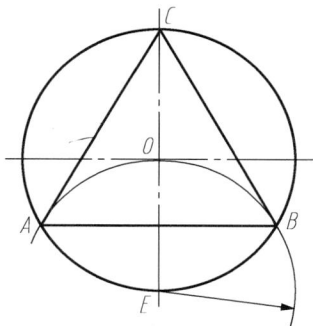

（2）作已知圆的内接正三角形。以圆的直径 CE 的一个端点 E 为圆心，以圆的半径 R 为半径作弧，与圆相交于 A、B；连接 A、B、C 三点即为求作的正三角形，如图 1-31（b）所示。

2. 作已知圆的内接正五边形

在已知圆中取半径 OM 的中点 F；以 F 为圆心，FA 为半径作弧与 ON 交于点 G；以 A 为圆心，AG 为半径作弧与圆相交于点 B，AB 为正五边形的近似边长；以 AB 为边长自点 A 起在圆上依次截取点，得 B、E、C、D，连接 $ABCDE$ 即为圆的内接正五边形，如图 1-32 所示。

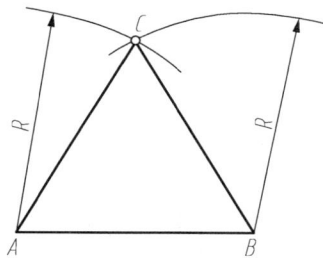

（a）由边长作正三角形　　　　　（b）作圆的内接正三角形

图 1-31　作正三角形

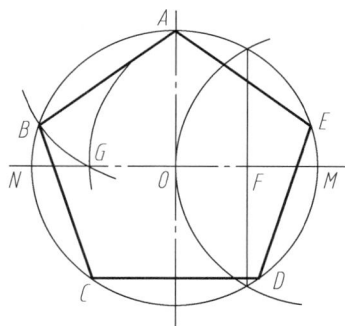

图 1-32　作圆的内接正五边形

3. 作已知圆的内接正六边形

（1）用丁字尺和三角板画正六边形，如图 1-33 所示。

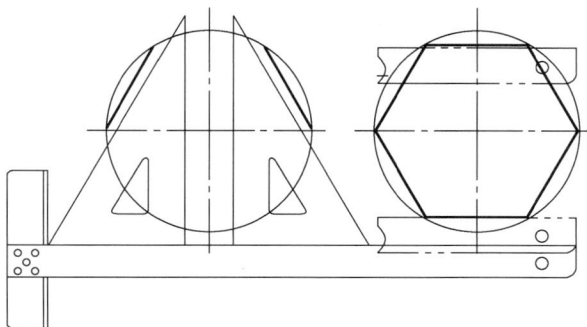

图 1-33　用丁字尺和三角板画正六边形

（2）用圆规画正六边形，如图 1-34 所示。

（a）已知对角距 e，用
　　圆规六等分

（b）已知对角距 e，作
　　圆内接正六边形

（c）已知对边距 s，作
　　圆外切正六边形

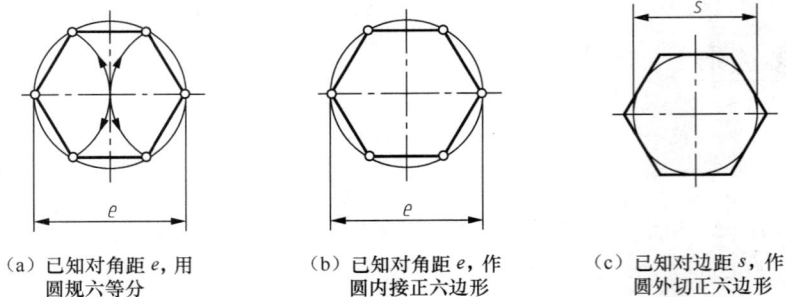

图 1-34　用圆规画正六边形

三、斜度和锥度

1. 斜度

斜度是指一直线对另一直线或一平面对另一平面的倾斜程度。其大小用夹角的正切值来表示，并把比值转化为 $1:n$ 的形式，即斜度$=\tan\alpha=H/L=1:n$，如图 1-35（a）所示。

斜度的表示符号如图 1-35（b）所示，斜度符号的方向要与斜度方向一致，标注的符号和指引线均用细实线绘制，如图 1-35（c）所示。

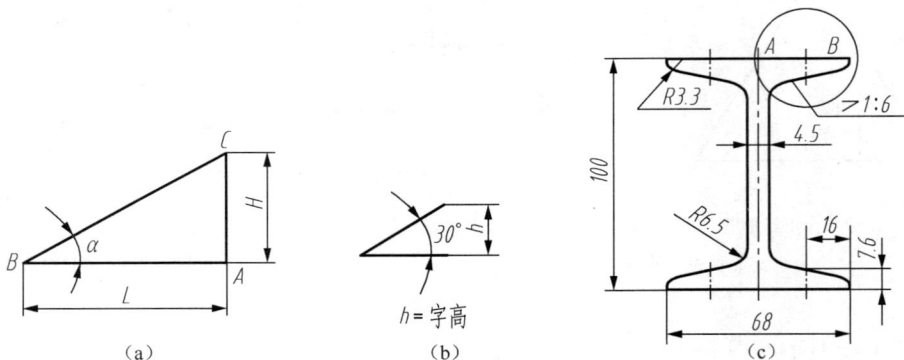

（a）　　　　　　　　（b）　　　　　　　　（c）

图 1-35　斜度的概念和符号

图 1-36 所示为斜度的作图方法。

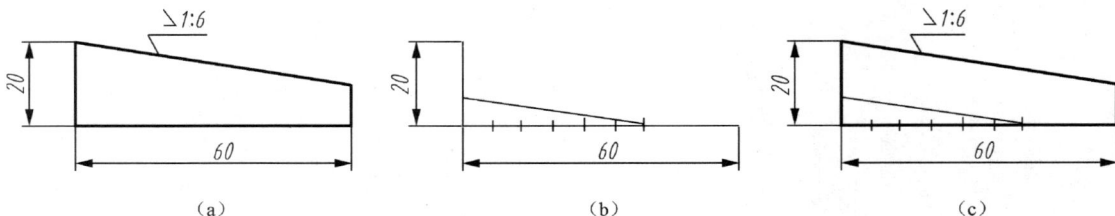

（a）　　　　　　　　（b）　　　　　　　　（c）

图 1-36　斜度的画法

2. 锥度

锥度是指正圆锥体的底面圆直径与其高度之比。如果是圆锥台，则是两底面圆直径之差与台

高之比。其比值常转化为 $1:n$ 的形式，即锥度= $2\tan\alpha/2=D/H=(D-d)/l=1:n$，如图 1-37（a）所示。

锥度的表示符号如图 1-37（b）所示，锥度符号的方向应与圆锥方向一致，标注的符号和指引线均用细实线绘制，如图 1-37（c）所示。

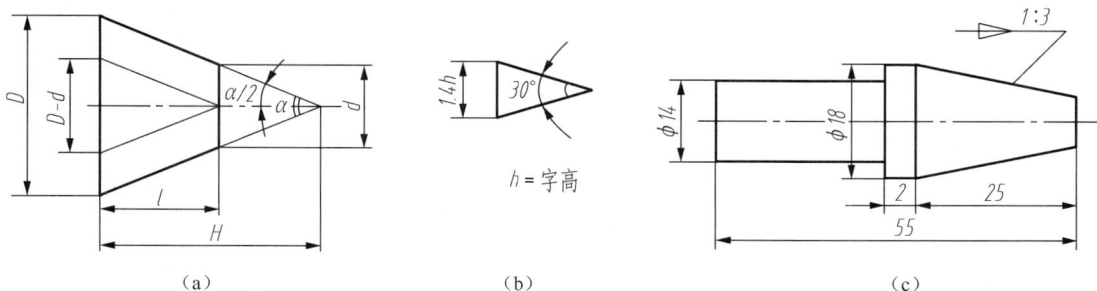

图 1-37 锥度的概念和符号

图 1-38 所示为锥度的作图方法。

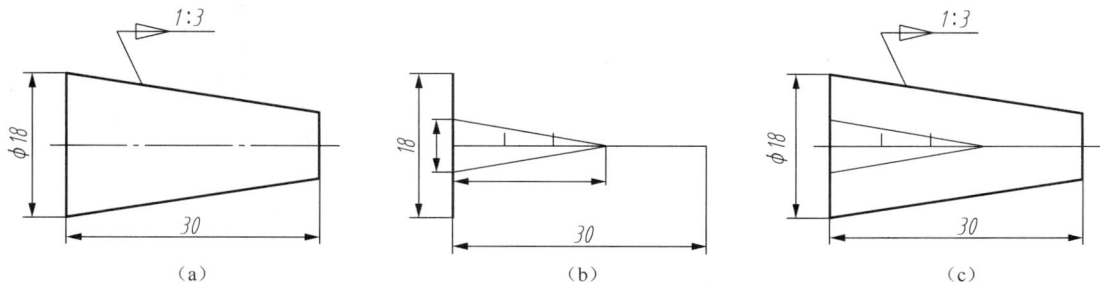

图 1-38 锥度的画法

四、圆弧连接

画机件的投影轮廓时，常会遇到用已知半径为 R 的圆弧光滑连接另外两个已知线段（直线或圆弧）的作图，这种作图方法称为圆弧连接。

这里的光滑连接，在几何里就是相切的作图问题，连接点就是切点。圆弧 R 称为连接圆弧。圆弧连接作图的要点是根据已知条件，准确地定出连接圆弧 R 的圆心及切点。

1. 圆弧连接的几何原理

（1）与已知直线相切，半径为 R 的圆弧，其圆心轨迹是与已知直线平行且距离等于 R 的两条直线。切点 K 是圆心向已知直线所作垂线的垂足，如图 1-39（a）所示。

（2）与已知圆弧（圆心为 O_1，半径为 R_1）外（或内）切，半径为 R 的圆弧，其圆心轨迹是以 O_1 为圆心，以 R_1+R（或 R_1-R）为半径的已知圆的同心圆。切点 K 是圆心 O 与 O_1 的连线（或延长线）与已知圆弧的交点，如图 1-39（b）、（c）所示。

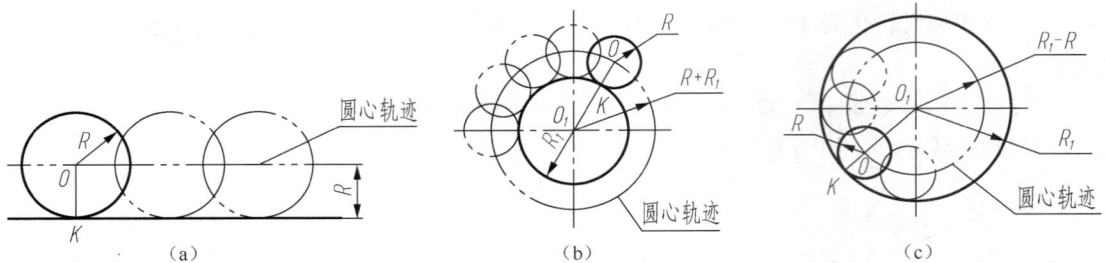

图 1-39　圆弧连接的几何原理

2. 圆弧连接的基本形式

圆弧连接的基本形式如表 1-9 所示。

使用弧平滑连接
两已知直线

表 1-9　　　　　　　　　　　　　　　　　圆弧连接的基本形式

已知条件和作图要求	作图方法和步骤
用半径为 R 的圆弧连接两已知直线 AB、BC （a）　　　　（b）　　　　（c）	1. 作两条与已知直线 AB、BC 相距为 R 的平行线，其交点 O 即为连接圆弧的圆心 2. 自点 O 向 AB、BC 作垂线，垂足 K_1、K_2 即为切点 3. 以 O 为圆心，R 为半径，自 K_1 至 K_2 画圆弧，即完成作图
用半径为 R 的圆弧连接已知直线和圆弧 （a）与直线相切、圆弧外切　　（b）与直线相切、圆弧内切	1. 作与已知直线 AB 相距为 R 的平行线；再以 O_1 为圆心，R_1+R（外切）或 R_1-R（内切）为半径作弧，此弧与平行线的交点 O 即为连接圆弧的圆心 2. 自点 O 向 AB 作垂线，垂足 K_1 即为切点；作圆心连线 OO_1，连线或其延长线与已知圆弧 R_1 的交点 K_2 即为切点 3. 以 O 为圆心，R 为半径，自 K_1 至 K_2 画圆弧，即完成作图
用半径为 R 的圆弧连接两已知圆弧 （a）同时外切　　（b）同时内切　　（c）一内切一外切	1. 分别以 O_1、O_2 为圆心，R_1+R 和 R_2+R（同时外切时）、或 $R-R_1$ 和 $R-R_2$（同时内切时）、或 R_1-R 和 R_2+R（一内切一外切时）为半径画弧，得交点 O 即为连接圆弧的圆心 2. 圆心连线 OO_1、OO_2 或其延长线与两已知圆弧 R_1、R_2 的交点 K_1、K_2 即为切点 3. 以 O 为圆心，R 为半径，自 K_1 至 K_2 画圆弧，即完成作图

任务四　平面图形的分析与画法

任务引出

绘制图 1-40 所示手柄图形，请考虑画图步骤。

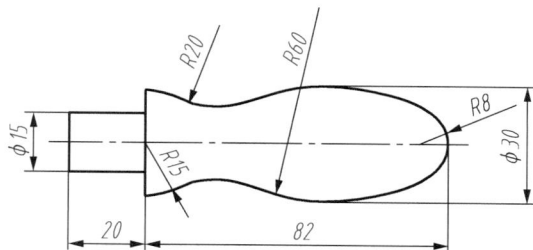

图 1-40　手柄

任务描述

平面图形是由若干线段（直线或曲线）封闭连接而成的。正确绘制平面图形，首先应对平面图形进行尺寸分析和线段分析，从而制定正确的作图步骤。同一个图形的尺寸注法不同，作图步骤也不同。

相关知识

一、平面图形的尺寸分析

平面图形的尺寸分析，就是分析平面图形中每个尺寸的作用以及图形与尺寸间的关系。按尺寸在平面图形中的作用不同，可以分为定形尺寸和定位尺寸两类。为了确定平面图形中线段的相对位置，我们引入了尺寸基准的概念。

1. 尺寸基准

尺寸基准是标注尺寸的起始位置。对于二维平面图形，需要两个方向的基准，即水平方向的基准和铅垂方向的基准。平面图形中尺寸基准是点或线，常用的点基准有圆心、球心、多边形中心点、角点等。常用的线基准有对称图形的对称中心线、较大圆的对称中心线、图形的边线等。图 1-40 所示的手柄是以水平的对称线和通过 R15 圆心的竖直线作基准线的。

2. 定形尺寸

定形尺寸是确定平面图形中线段形状大小的尺寸，如图 1-40 中 $\phi 15$、20、R20、R15、R60、R8 等均是定形尺寸。

3. 定位尺寸

定位尺寸是确定平面图形中的线段或线框相对位置的尺寸，如图 1-40 中 82、$\phi30$ 为定位尺寸。

二、平面图形的线段分析

根据图形线段的定形尺寸和定位尺寸是否齐全，可以将线段分为以下 3 类。

（1）已知线段：定形尺寸和定位尺寸标注齐全的，作图时能根据给定尺寸直接画出的线段为已知线段，如图 1-40 中 $\phi15$、20 的矩形及 $R15$、$R8$ 的圆弧。

（2）中间线段：已知定形尺寸和一个定位尺寸，而另一方向的定位尺寸必须靠作图才能求出的线段称为中间线段，如图 1-40 中的 $R60$ 圆弧。

（3）连接线段：只有定形尺寸而无定位尺寸的线段称为连接线段，作图时需要先画出与其两端相连的线段，借助连接条件才能确定其位置，如图 1-40 中的 $R20$ 圆弧。

图 1-41 所示为手柄的作图步骤。

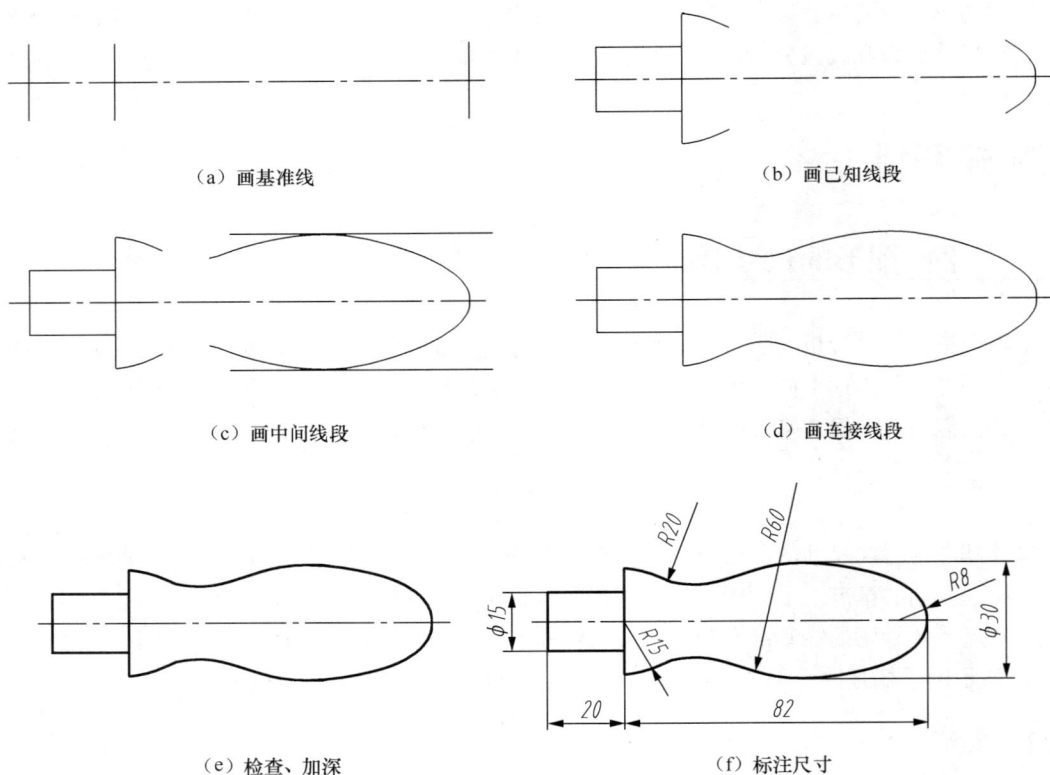

（a）画基准线　（b）画已知线段
（c）画中间线段　（d）画连接线段
（e）检查、加深　（f）标注尺寸

图 1-41　手柄的作图步骤

三、平面图形的画图步骤

下面以图 1-42（a）所示扳手为例说明画图步骤。

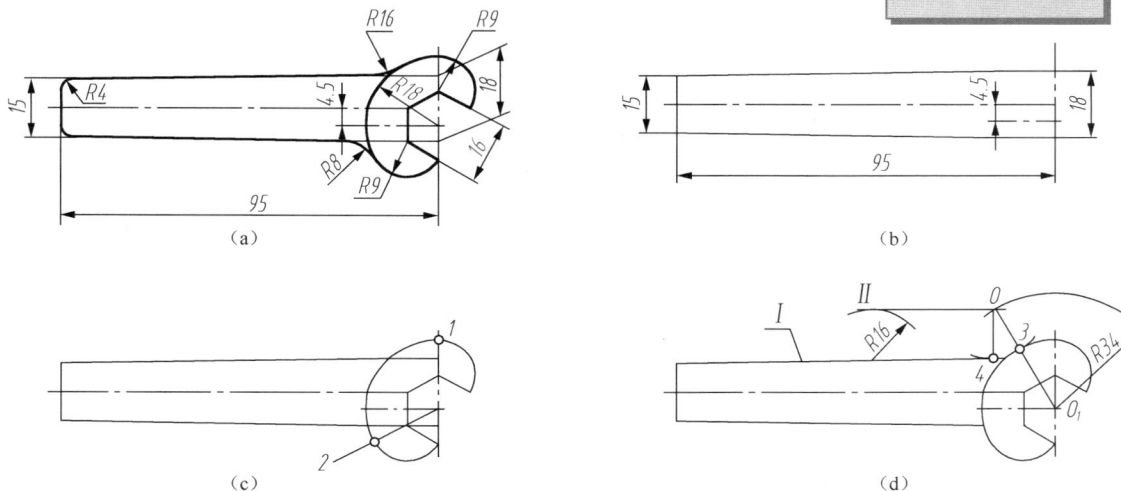

图 1-42　扳手的画图步骤

1. 准备绘图

准备必需的绘图工具和仪器，确定图形采用的绘图比例和图纸幅面大小，将图纸固定在图板上，用细实线画图框和标题栏。

2. 画图步骤

（1）图形分析。分析图形的尺寸及线段，确定画线的先后顺序。扳手钳口是正六边形的 4 条边。扳手弯头形状由 R18 和两个 R9 圆弧组成，圆心位置已知，R16、R8 和 R4 均为连接圆弧。

（2）用细实线画底稿。合理布局图纸上的图形，先画基准线，再画已知线段的定位线，并按已知线段、中间线段、连接线段的顺序完成图形轮廓。

① 根据已知尺寸画出扳手手柄的水平对称线、扳手头部的中心线及手柄的轮廓，如图 1-42（b）所示。

② 根据已知尺寸 16 作出正六边形，再由 R18 和两个 R9 圆弧作出扳手头部弯头的图形，圆弧的连接点是 1 和 2，如图 1-42（c）所示。

③ 作连接圆弧 R16，作与图线 I 距离为 16 的平行线 II，作以 O_1 为圆心、34 为半径的圆弧，二者交点 O 即为 R16 的圆心，以 O 为圆心、16 为半径画圆弧，即得连接圆弧 R16，如图 1-42（d）所示。最后作连接圆弧 R8 和 R4，完成图形。

（3）校对底稿，修正错误并擦去多余作图线。

（4）加深图线，要认真仔细、用力均匀，保证线型正确、粗细分明、连接光滑。加深图线的顺序是：粗实线、细实线、细虚线、细点画线。要先曲后直、由图形的左上角到右下角，先描深水平线后描深竖直线，尽量减少尺子在图样上的摩擦次数，以保证图面整洁。

（5）画箭头，标注尺寸，完成全图，如图 1-42（a）所示。

四、平面图形的尺寸标注

标注平面图形的尺寸时，应对组成图形的各线段进行必要的分析，选定尺寸基准，再根据各图线不同的尺寸要求，注出平面图形必要的定位尺寸和全部的定形尺寸。表 1-10 所示为几种平面图形的尺寸标注示例。

表 1-10　　　　　　　　　　　平面图形的尺寸标注示例

任务五　徒手绘图的方法

任务引出

图 1-43 所示为徒手绘制的草图。在设计新产品、修配或仿制机器、技术交流时都需要徒手绘图。因此，工程技术人员在掌握用仪器绘图技能的基础上，还必须具备徒手绘图的能力。由于计算机绘图的普及，草图的应用也越来越广泛。仪器绘图、计算机绘图和徒手绘图已成为 3 种主要绘图手段。

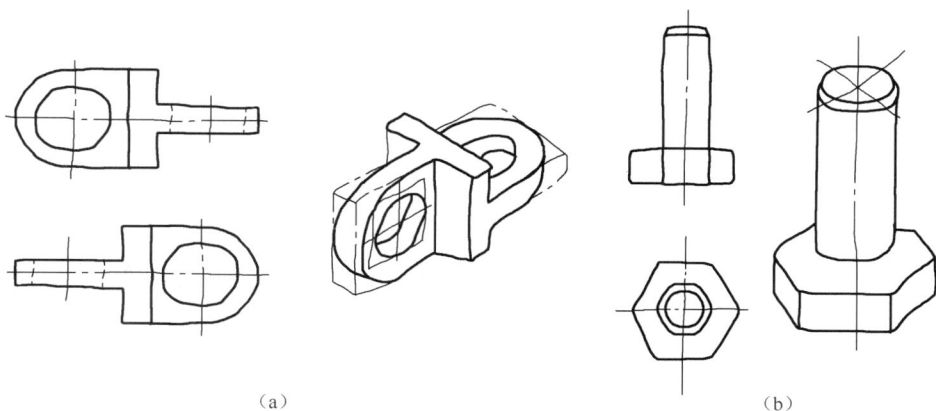

（a）　　　　　　　　　　　　　　　　　　　　（b）

图 1-43　徒手绘制的草图

任务描述

徒手画的图是草图，是用目测来估计物体的大小，不借助绘图工具，徒手绘制的图样。

相关知识

一、绘制草图的要求

草图是徒手绘制的图，不是潦草的图。因此，作草图时可以不过度追求图形的几何精度，但要做到图形清晰、线型分明、比例匀称，并应尽可能使图线光滑、平整，绘图速度要快，标注尺寸要准确、齐全，字体要工整。

徒手绘图时，一般用 HB 铅笔，并且铅芯应磨成锥形，绘图时手腕要悬空，小指接触纸面。一般图纸不固定，并且为了便于画图，还可以随时将图纸旋转适当的角度。

二、草图的绘制方法

1. 直线的画法

画直线时视线略超前一些，不宜盯着笔尖，而用眼睛的余光瞄向运笔的前方和笔尖运行的终

点。画水平线时宜自左向右运笔，画垂直线时宜自上向下运笔。画斜线的运笔方向以顺手为原则，若与水平线相近，则自左向右；若与垂直线相近，则自上向下。若所画线段比较长，不便于一笔画成，可分几段画出，但切忌一小段一小段画出，如图 1-44 所示。

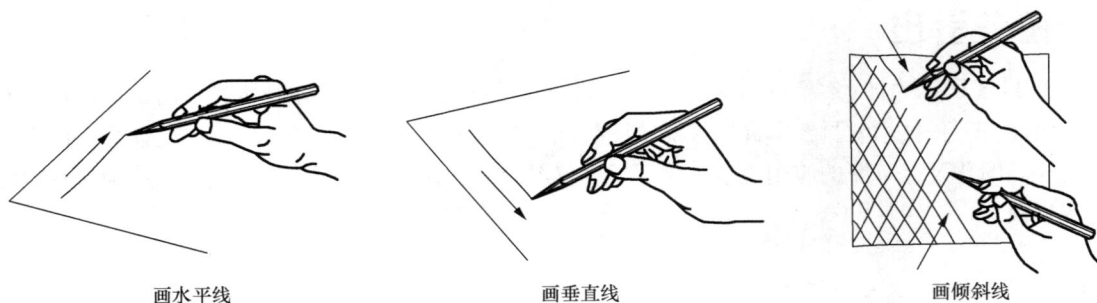

画水平线 画垂直线 画倾斜线

图 1-44 直线的画法

2. 常用角度的画法

30°、45° 和 60° 为常见的几种角度，可根据两直角边的近似比例关系，定出两端点，再连接两点即为所画的角度线。10° 和 15° 的角度线可先画出 30° 的角度后再等分求得，如图 1-45 所示。

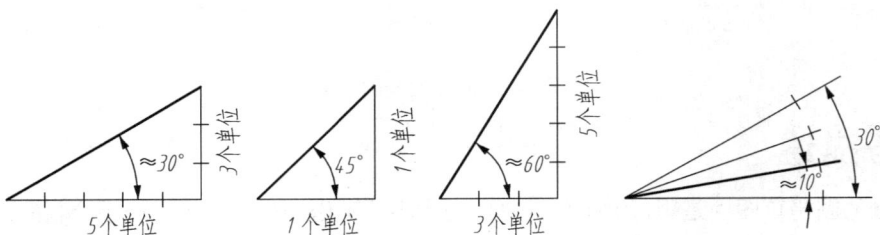

图 1-45 常用角度的画法

3. 圆、圆角和圆弧的画法

画小圆时，先定圆心，画中心线，再按半径大小在中心线上定出 4 个点，然后过 4 点分两半画出。画中等圆时，增加两条 45° 的斜线，在斜线上再定出 4 个点，然后分段画出，如图 1-46 所示。圆的半径很大时，可用转动纸板或转动图纸的方法画出，如图 1-47 所示。

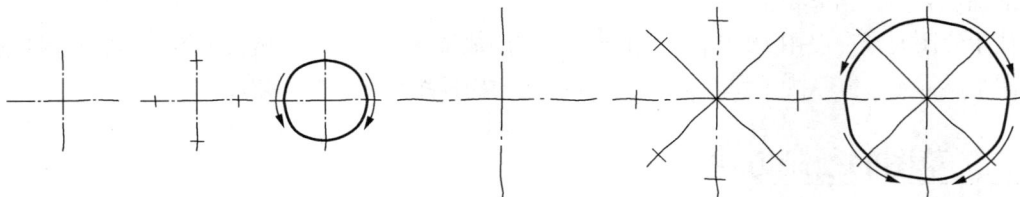

图 1-46 圆的画法

画圆角时，先将两直线徒手画成相交，然后目测，在分角线上定出圆心位置，使它与角的两边的距离等于圆角的半径大小，过圆心向两边引垂线定出圆弧的起点和终点，并在分角线上也定出一圆周点，然后徒手画圆弧把 3 个点连接起来，如图 1-48 所示。用类似方法还可画圆弧连接，如图 1-49 所示。

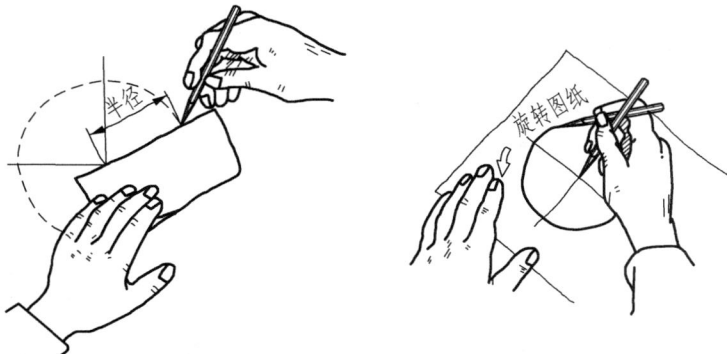

图 1-47　大圆的画法

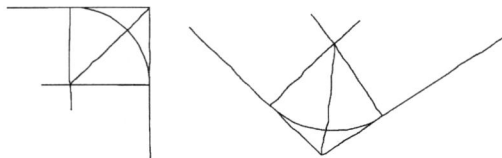

图 1-48　圆角的画法

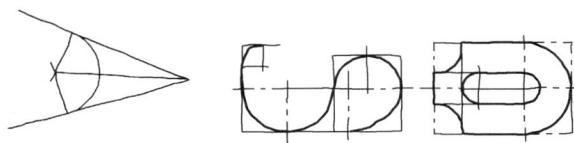

图 1-49　圆弧连接的画法

4．椭圆的画法

椭圆的画法如图 1-50 所示。先画椭圆长、短轴，定出长、短轴顶点；然后过 4 个顶点画出矩形；最后徒手作椭圆与此矩形相切。图 1-51 所示为利用外接平行四边形画椭圆的方法。

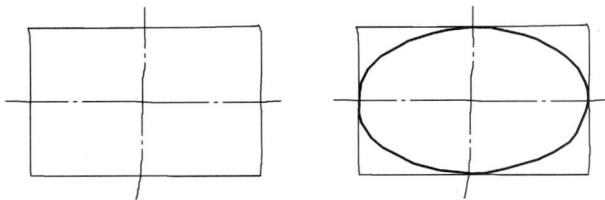

图 1-50　椭圆的画法一

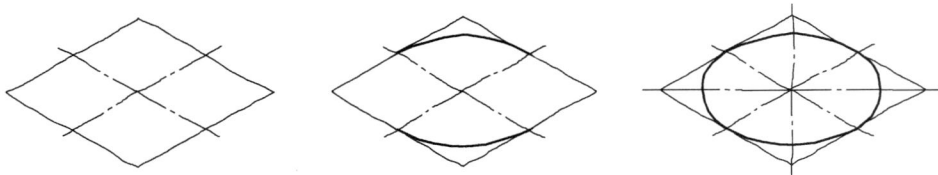

图 1-51　椭圆的画法二

模块二
正投影的基础知识

在各种工程中，为了在平面上表达空间物体的结构形状，广泛采用投影的方法绘制技术图样，机械图样就是用正投影法绘制的。本模块主要介绍投影法的基础知识和组成物体的基本几何元素即点、直线和平面的投影特性及投影规律。

【学习目标】

（1）了解正投影法的形成、分类。

（2）掌握正投影法的投影规律。

（3）绘制并识读点、直线、平面投影图。

任务一　投影法的形成与分类

任务引出

工程图样是采用投影法绘制的，为了识读和绘制工程图样，必须先掌握投影法。

任务描述

本任务介绍投影法的形成、分类，以及工程上常用的投影法。

相关知识

一、投影法的概念

当物体被阳光照射时，人们便会在地面或墙壁上看到物体的影子。根据这种自然现象，人们通过研究，总结其中规律，提出了投影的方法，来解决生产和生活中的问题。

在图 2-1 中，把光源抽象成一点 S，S 被称为投影中心。平面 P 称为投影面。在投影面 P 上获得的影像 $\triangle abc$ 即 $\triangle ABC$ 的投影。点 a、b、c 即空间点 A、B、C 在 P 面上的投影。直线 Sa、Sb、Sc 称为投影线或投射线。

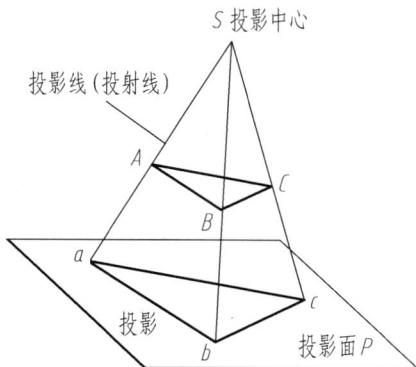

这种对物体进行投影，在选定的投影面上产生图像的方法称为投影法。

图 2-1　中心投影法

二、投影法的分类

投影法分为中心投影法和平行投影法两种。

1. 中心投影法

在图 2-1 中，投影中心在有限距离之内，全部投影线在投影中心相交，这种投影方法称作中心投影法。

采用中心投影法获得的物体的投影不能反映物体的真实形状和大小，因为投影中心或物体相对投影面的位置变化都会影响物体在投影面上的投影。

2. 平行投影法

用相互平行的投影线对物体进行投影的方法称为平行投影法，如图 2-2 所示。

根据投影线与投影面所成的角度不同，平行投影法又分为以下两种。

（1）直角投影法。投影线垂直于投影面，如图 2-2（a）所示。

（2）斜角投影法。投影线倾斜于投影面，如图 2-2（b）所示。

（a）直角投影法　　　　　　　　（b）斜角投影法

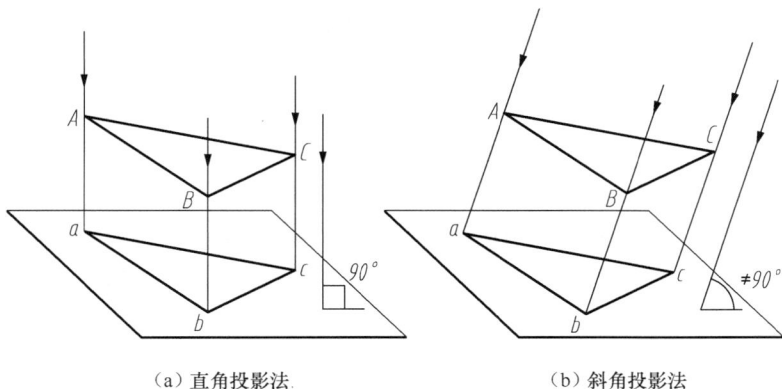

图 2-2　平行投影法

平行直角投影法又称为正投影法。正投影法的投影特性如下。

（1）实形性。当直线段或平面多边形与投影面平行时，直线段的投影反映线段实长，平面多边形的投影反映多边形的实形，如图 2-3 所示。

（2）积聚性。当直线段或平面多边形与投影面垂直时，直线段的投影积聚为一点，平面多边形的投影积聚成一条直线，如图 2-4 所示。

（3）类似性。当直线段或平面多边形与投影面倾斜时，直线段的投影小于直线段的实长，平面多边形的投影则为小于平面实形的类似形，如图 2-5 所示。

正投影的基本特性

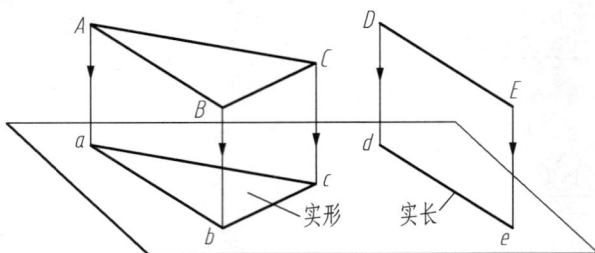

图 2-3 正投影法的实形性

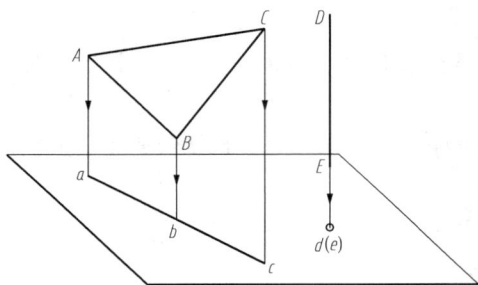

图 2-4 正投影法的积聚性

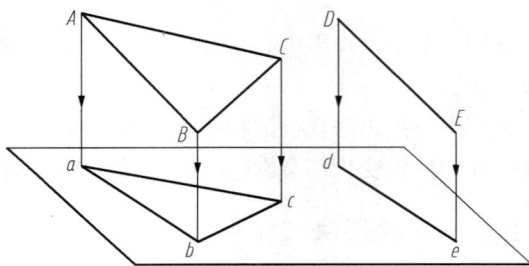

图 2-5 正投影法的类似性

三、工程上常用的几种投影图简介

工程上常用的 4 种投影图是：正投影图、轴测投影图、透视投影图和标高投影图。

1. 正投影图

采用正投影法把物体分别向两个或两个以上相互垂直的投影面投影，获得一组图形，然后将所有投影面展平在同一平面内，称为多面正投影图，如图 2-6 所示。

在采用正投影法作图时，常将几何形体的主要平面放至与相应的投影面相平行，这样得到的投影图能够反映出这些平面的实形。因而正投影图度量性好，且作图简便，所以工程图样广泛采用正投影法绘制。但它也存在缺点——立体感不强。

2. 轴测投影图

轴测投影图是采用平行投影法所作的单面投影图，如图 2-7 所示。它能在一个投影面上同时反映空间物体的长、宽、高 3 个方向的形状，因此具有较强的立体感。但因其作图复杂，且度量

性较差，因而在工程上轴测投影图仅用作辅助图样。

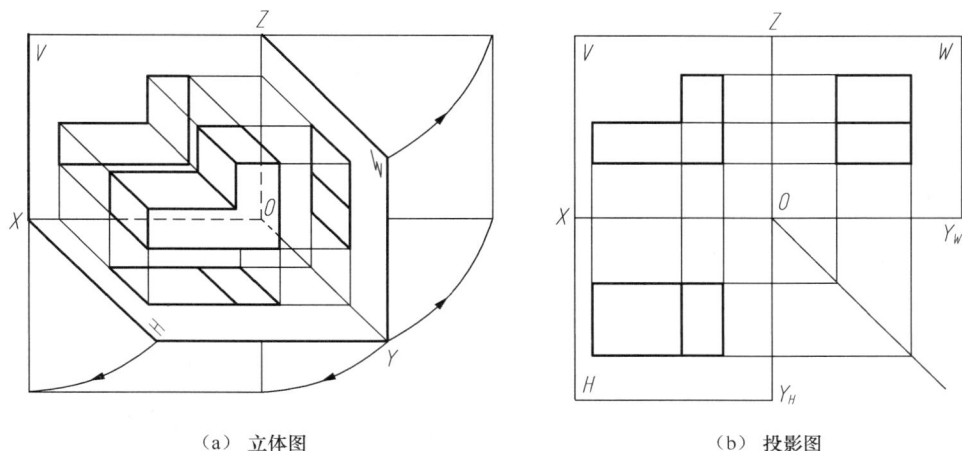

（a）立体图　　　　　　　　　　　　　　　　（b）投影图

图 2-6　多面正投影图

3. 透视投影图

透视投影图是采用中心投影法作出的单面投影图，如图 2-8 所示。透视投影图非常接近于人们观察物体时的视觉影像，所以透视投影图立体感强。但其作图复杂，度量性差，主要用于表达建筑物外貌的建筑图样。

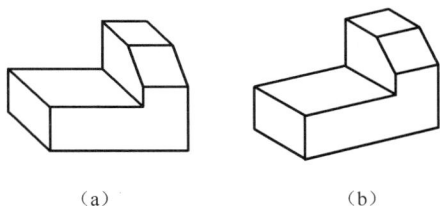

（a）　　　　　　　　（b）

图 2-7　轴测投影图

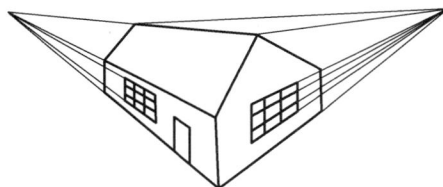

图 2-8　透视投影图

4. 标高投影图

标高投影图是采用正投影法作出的单面投影图，如图 2-9（b）所示。即用正投影法获得空间几何元素的投影之后，再用数字标出空间几何元素对投影面的距离，如图 2-9（a）所示。图中一系列标有数字的曲线称为等高线。

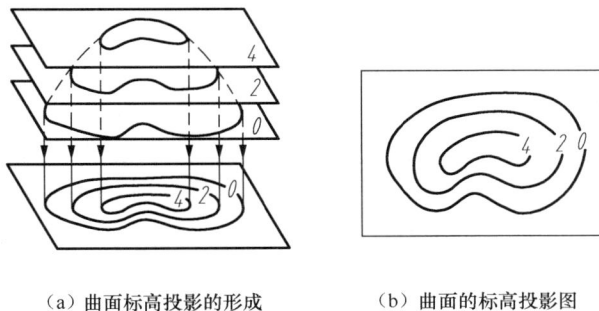

（a）曲面标高投影的形成　　　　　（b）曲面的标高投影图

图 2-9　标高投影图

标高投影图的画法简单，但立体感差，主要用于表示地形、土木建筑设计及军事地图等。

任务二　点的投影

任务引出

在机械图样上主要采用正投影法表达机器零件和部件，因此，学习机械识图必须掌握正投影法的投影体系构成及其投影规律，研究物体在正投影体系中的投影，下面从最基本的几何元素——点开始。

任务描述

任何形体都是由点、线、面等几何元素构成，而点又是构成其他几何元素的最基本的几何元素，所以我们以点来说明正投影体系的建立及其投影规律。

相关知识

一、点在两投影面体系中的投影

1. 两投影面体系的建立

采用两个互相垂直的投影面建立一个投影体系，将其中一个面水平放置，称作水平投影面，在图中以 H 标示；与 H 面垂直的面称作正立投影面，在图中以 V 标示；两投影面交线 OX 称作投影轴，如图 2-10（a）所示。

2. 点的两面投影

投影系中有空间点 A，将点 A 采用正投影法向 V、H 面投影后，在正立投影面 V 上得到点 A 的正面投影 a'，在水平投影面 H 上得到水平投影 a。在这里规定空间点以大写字母（如 A）表示，正面投影和水平投影分别以相应的小写字母加撇和不加撇表示（如 a' 和 a），如图 2-10（a）所示。

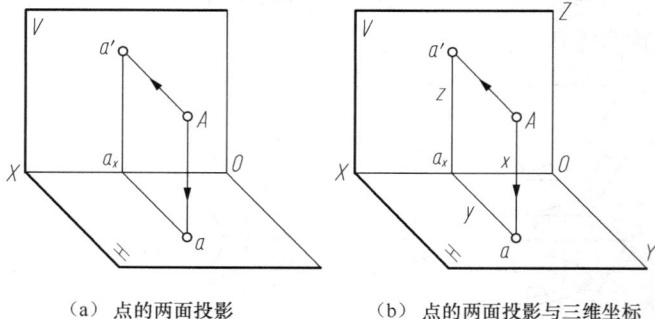

（a）点的两面投影　　　（b）点的两面投影与三维坐标

图 2-10　点在两投影面中的投影

3. 点的投影与三维坐标

由于两个投影面是互相垂直的，便可在其上建立笛卡儿坐标系，如图 2-10（b）所示。空间点的两面投影就能够反映点的三维坐标（x，y，z）。当然根据点的三维坐标也可作出点的两面投影。反之，根据点的两面投影也可以确定点的空间位置，并获得点的三维坐标。

4. 点的两面投影图

为了使 V、H 两投影面的投影画在一张图纸上，规定 V 面不动，将 H 面绕 OX 轴向下翻转 $90°$，使之与 V 面重合，如图 2-11（a）所示，这样便得到了图 2-11（b）所示的点 A 的两面投影图。投影面可以认为是任意大的，故通常在投影图上不画出其边界范围，点的两面投影图如图 2-11（c）所示，图中细实线 $a'a$ 称为投影连线。

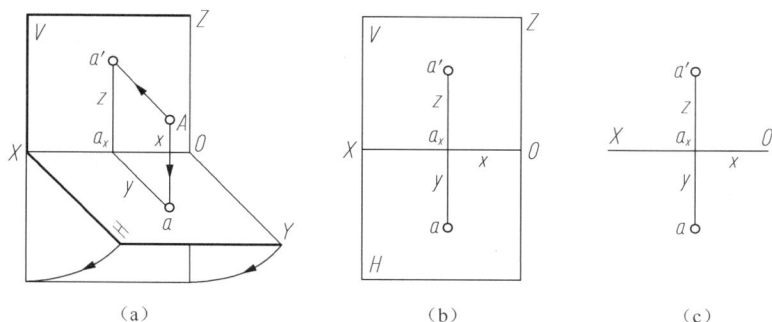

图 2-11　点的两面投影图

5. 点的两面投影特性

（1）点的正面投影和水平投影的连线垂直于 OX 轴，即 $a'a \perp OX$ 轴。

由图 2-10 中可以看出：因为投影线 $Aa \perp H$ 面，$Aa' \perp V$ 面，所以平面 Aaa_xa' 既垂直于 H 面，又垂直于 V 面，也必然垂直于它们的交线 OX 轴。因此，平面 Aaa_xa' 上的直线 aa_x 与 $a'a_x$ 也垂直于 OX 轴。当投影 a 随着 H 面向下翻转 $90°$ 与 V 面重合时，$aa_x \perp OX$ 轴的关系不变，投影图上 a'、a_x、a 三点共线，且 $a'a \perp OX$ 轴。

（2）点的正面投影到 OX 轴的距离，反映空间点到 H 面的距离；点的水平投影到 OX 轴的距离，反映空间点到 V 面的距离，即 $a'a_x = Aa = z$，$aa_x = Aa' = y$，$a_xO = x$。

【例 2-1】已知点 A 的坐标（20，25，15），作出点 A 的两面投影。

【解】作图步骤如图 2-12 所示。

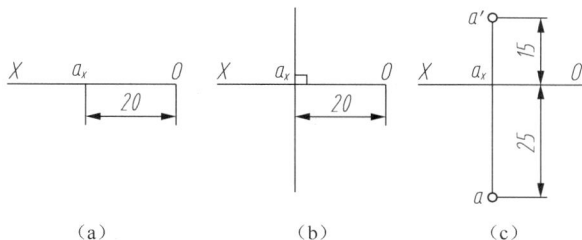

图 2-12　根据点的三维坐标作出点的两面投影

（1）自原点 O 向 X 轴正向量取 20，在 OX 轴上获得 a_x。

（2）过 a_x 作轴的垂线。

（3）自 a_x 在垂线上向 Y 轴正向量取 25，得到水平投影 a。

（4）自 a_x 在垂线上向 Z 轴正向量取 15，得到正面投影 a'。

二、点在三投影面体系中的投影

虽然点的两面投影已能确定该点的空间位置，但为了更清楚地表达某些几何体的形状，经常需要采用三面投影图。

1．点的三面投影

在上述两投影面体系的基础上，再加一个同时垂直于 H 和 V 面的侧立投影面 W，便形成了三投影面体系。空间点 A 在侧立投影面上的投影称为侧面投影，以 a'' 表示，如图 2-13（a）所示。

规定 W 面绕 OZ 轴按图 2-13（a）箭头所示方向旋转 90° 与 V 面重合，H 面也如图 2-13（a）所示旋转与 V 面重合，得到三面投影图，如图 2-13（b）所示。在这里应注意的是：OY 轴是两投影面的共有线，在 H、W 面旋转后被分为两部分，OY 轴随着 H 面旋转的部分以 OY_H 表示，随着 W 面旋转的部分以 OY_W 表示。不画投影面边界，投影图如图 2-13（c）所示。

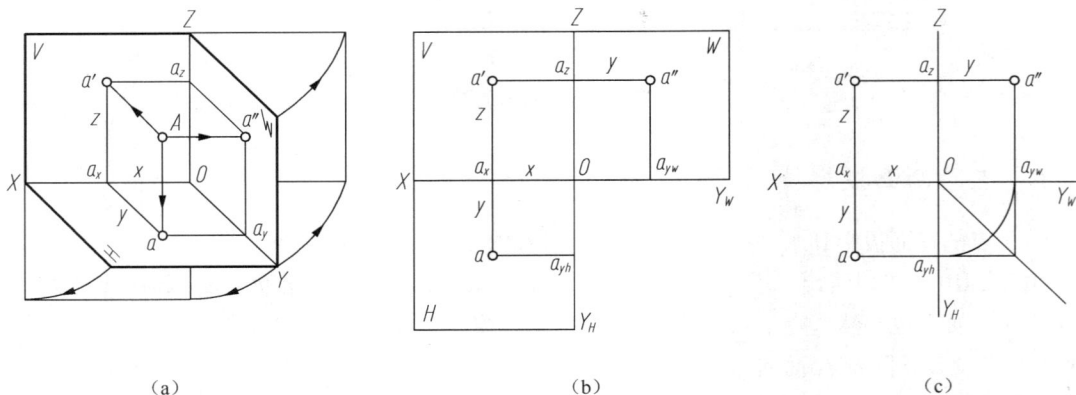

（a）　　　　　　　　　（b）　　　　　　　　　（c）

图 2-13　点的三面投影

2．点的三面投影特性

根据图 2-13（c）得出点的三面投影特性如下。

（1）点的正面投影和水平投影的连线垂直于 OX 轴，即 $a'a \perp OX$，点的正面投影和侧面投影的连线垂直于 OZ 轴，即 $a'a'' \perp OZ$。

（2）点的水平投影 a 到 OX 轴的距离等于点的侧面投影 a'' 到 OZ 轴的距离，即 $a\,a_x = a''a_z = y$；另外，$a'a_x = a''a_{yw} = z$，$a_xO = x$。

为作图方便，可自 O 点作 45° 辅助线，也可作圆弧，表明 $aa_x = a''a_z$，如图 2-13（c）所示。

根据上述投影规律，若已知点的任何两个投影，都可求出它的第 3 个投影。

点的投影规律

【例2-2】如图2-14（a）所示，已知点 A 的正面投影 a'、水平投影 a，试求其侧面投影 a''。

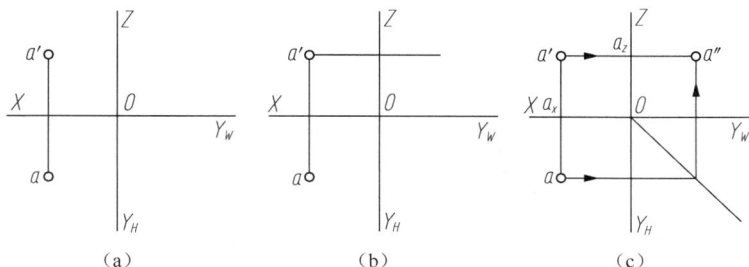

图2-14　根据点的两面投影求第三面投影

【解】作图步骤如图2-14（b）、（c）所示。

（1）根据点的投影规律，a' 与 a'' 的连线垂直于 OZ 轴，所以过 a' 作垂直于 OZ 轴的直线。

（2）又由于 a'' 到 OZ 轴的距离必等于 a 到 OX 轴的距离，因此，过原点 O 作45°线，使 $a''a_z=aa_x$，便得到了点 A 的侧面投影 a''。

三、特殊位置点的投影

我们将三维坐标均不为 0 的点称为一般位置点，点的坐标只要有一个为 0，便称之为特殊位置点。下面介绍特殊位置点的投影。

1．投影面上的点的投影

当点的某一个坐标为 0 时，该点即位于某投影面上，如图 2-15（a）所示。投影面上的点的投影特性如下（见图2-15）。

（1）点的一个投影在投影面上，空间点与之重合。

（2）点的另两个投影均在投影轴上。

对于 H 面上的点，如图 2-15 所示点 B，要特别注意其侧面投影 b'' 应在 OY_W 轴上；对于 W 面上的点，如图 2-15 所示点 C，其水平投影 c 应在 OY_H 轴上。

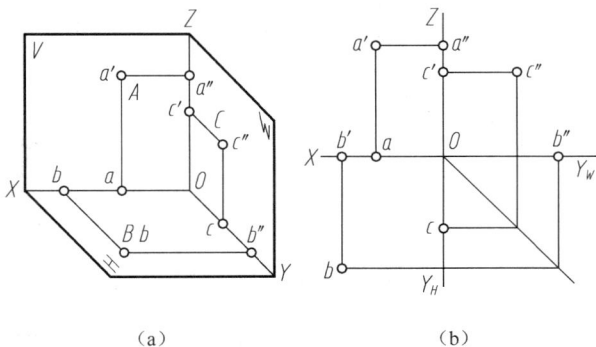

图2-15　投影面上的点的投影

2．投影轴上的点的投影

如图 2-16（a）所示，当点位于投影轴上时，显然，空间点与其两个投影均重合，另一投影

则在原点，投影图如图 2-16（b）所示。

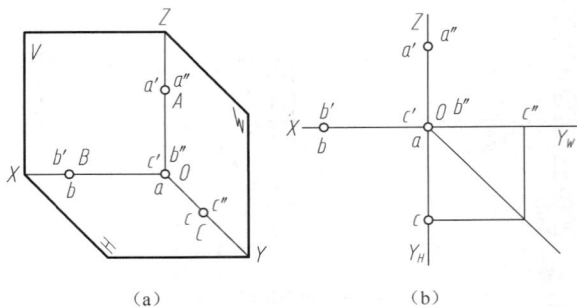

图 2-16　投影轴上的点的投影

要注意 OY 轴上的点 C，因投影面展开将 OY 轴分为两部分，所以在投影图上 c 与 c″ 并不重合。

【例 2-3】已知三点坐标：A（20，0，15）、B（25，25，0）、C（0，0，30），试作出点的投影。

【解】作图步骤如图 2-17 所示。

（1）根据点 A 坐标可知点在 V 面上，其正面投影 a′ 与空间点 A 重合，a 在 OX 轴上，a″ 在 OZ 轴上。

（2）根据点 B 坐标可知点在 H 面上，其水平投影 b 与空间点 B 重合，b′ 在 OX 轴上，b″ 在 OY_W 轴上。

（3）根据点 C 坐标可知点在 OZ 轴上，其正面投影 c′ 和侧面投影 c″ 与空间点 C 重合，c 在坐标原点处。

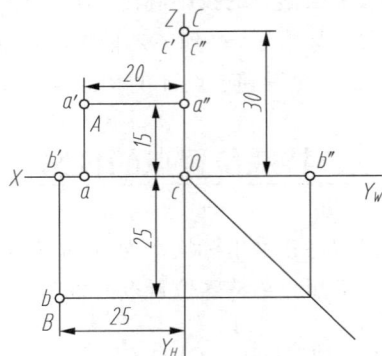

图 2-17　根据点的坐标作出特殊位置点的投影

四、点的相对位置

下面介绍两点在三投影面体系中的相对位置。

1. 两点的相对位置

空间两点的相对位置，在投影图中，是用它们的坐标差来确定的。两点的正面投影反映出它们的上下、左右关系，两点的水平投影反映出它们的左右、前后关系，两点的侧面投影反映出它们的上下、前后关系，如图 2-18（a）所示。

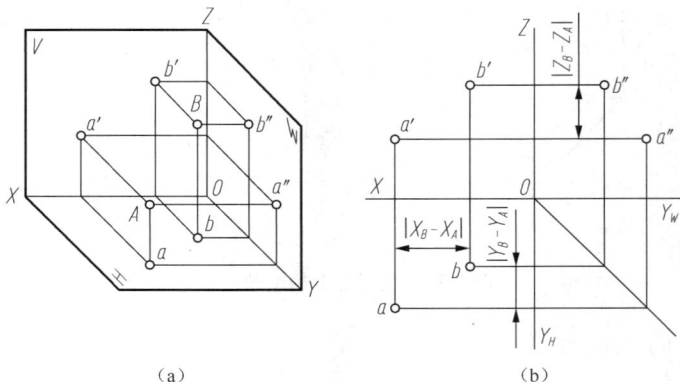

（a）　　　　　　　　　　　　（b）

图 2-18　空间两点的相对位置

图2-18（b）所示的投影图中，在 X 方向，由于 $X_B-X_A<0$，则点 B 在点 A 的右方，其距离为 $|X_B-X_A|$；在 Y 方向，由于 $Y_B-Y_A<0$，则点 B 在点 A 的后方，其距离为 $|Y_B-Y_A|$；在 Z 方向，由于 $Z_B-Z_A>0$，则点 B 在点 A 的上方，其距离为 $|Z_B-Z_A|$。

反之，如果给出点 B 对已知点 A 的坐标差，也可以确定其空间位置。

【例2-4】如图2-19（a）所示，已知点 A 的三面投影，又知点 B 在点 A 的左方10，下方15，前方8，试作出点 B 的三面投影。

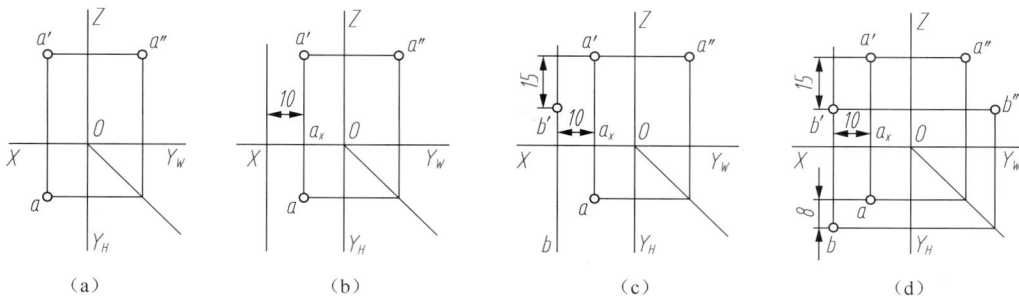

（a）　　　　　　　（b）　　　　　　　（c）　　　　　　　（d）

图2-19　按点的相对位置作出点的投影

【解】作图步骤如图2-19（b）、（c）、（d）所示。

（1）根据点 B 在点 A 的左方10，在 a_x 的左方沿 OX 轴量取10，作 OX 轴的垂线，即 $b'b$ 的投影连线，如图2-19（b）所示。

（2）根据点 B 在点 A 的下方15，可过 a' 作 OX 轴的平行线与前面所作 $b'b$ 的投影连线相交，然后在 $b'b$ 上由交点处向下量取15，即得点 B 的正面投影 b'，如图2-19（c）所示。

（3）根据点 B 在点 A 的前方8，可过 a 作 OX 轴的平行线与 $b'b$ 线相交，然后再在交点处向前量取8，即得到点 B 的水平投影 b，如图2-19（d）所示。

（4）再根据 b'、b 作出侧面投影 b''，如图2-19（d）所示。

2. 重影点

当空间两点处于同一投影线上时，它们在与该投影线垂直的投影面上的投影重合，此两点称为对该投影面的重影点。这表明两点的某两个坐标相同。如图2-20（a）所示，点 A、B 的 X 和 Y 坐标相同，其水平投影重影；点 C、D 的 X 和 Z 坐标相同，其正面投影重影。

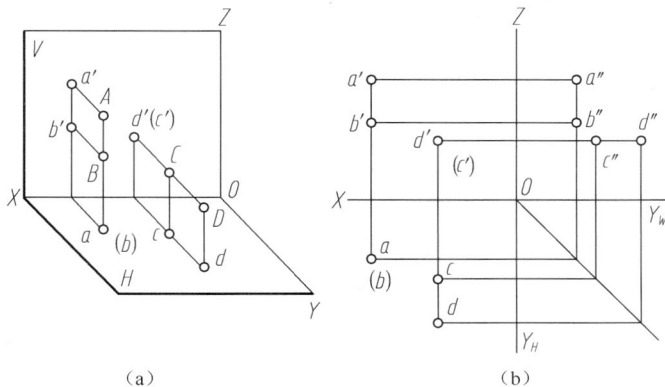

（a）　　　　　　　　　　　　（b）

图2-20　重影点的投影

两点重影，必然产生可见性问题，就需要判别两个点中哪个可见，哪个不可见。显然，两点中距离投影面远的一点是可见的。如图 2-20 所示，对于 H 面，点 A 比点 B 高，距离 H 面比点 B 远，故向 H 面投影时，点 B 被点 A 遮挡，因此 b 不可见，将不可见的投影加括号表示，以示区别。同理，点 C 及点 D 对 V 面重影，因点 C 被点 D 遮挡，所以点 C 的正面投影 c′ 不可见。

【例 2-5】 如图 2-21（a）所示，已知点 A 的三面投影，又知点 B 在点 A 的正右方 W 面上，点 C 在点 A 的正下方 10，试作出点 B 和 C 的投影，并判别可见性。

【解】 作图步骤如图 2-21（b）所示。

（1）根据点 B 在点 A 的正右方 W 面上，b″ 必与 a″ 重合，且 b″ 不可见，b′ 一定在 a′a″ 连线与 OZ 轴的交点处，b 一定在 OY_H 轴上，过 b″ 作 OZ 轴的平行线，通过 45° 线，作出 OY_H 轴上的水平投影 b。

（2）因点 C 在点 A 正下方，所以 c 与 a 重合，且 c 不可见，过 a′ 在 a′a 连线上向下量取 10，得到 c′，过 a″ 向下量取 10，得到 c″。

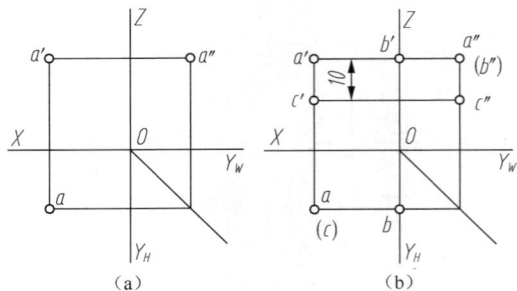

图 2-21　作重影点的投影

任务三　直线的投影

任务引出

直线是由两点确定的，下面在点的投影的基础上，介绍直线在三投影面体系中的投影。

任务描述

本任务主要介绍直线在投影系中的分类、各类直线的投影特性，以及两直线间的相对位置关系和投影特性。

相关知识

一、直线在三投影面体系中的投影

直线的投影一般仍是直线，特殊情况积聚为一点，如图 2-22 所示。

直线的投影可由直线上两点的投影来确定。如图 2-23（a）所示，作直线 AB 的三面投影，可分别作出两端点 A、B 的三面投影，然后将同一投影面上的投影用直线连接起来，即得直线段 AB 的三面投影，如图 2-23（b）、（c）所示。

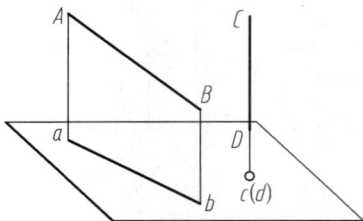

图 2-22　直线的投影

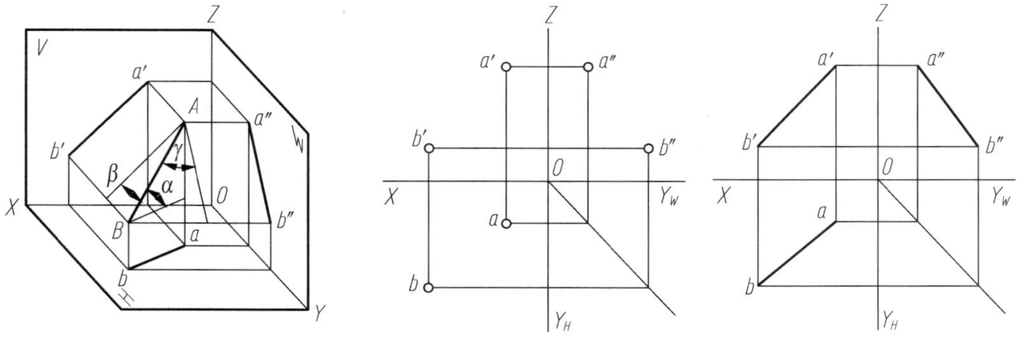

图 2-23 由直线上的两点确定直线的投影

二、直线相对投影面的位置

在三投影面体系中，直线按其与投影面的相对位置，可以分为 3 种：投影面平行线、投影面垂直线和一般位置直线。其中投影面平行线和投影面垂直线称为特殊位置直线。

$$
直线 \begin{cases} 投影面平行线 \\ 投影面垂直线 \end{cases} 特殊位置直线 \\ 一般位置直线
$$

1. 投影面平行线

平行于一个投影面，而与另外两个投影面倾斜的直线，称为投影面平行线。投影面平行线有以下 3 种。

正平线——平行于正立投影面 V，与 H、W 投影面均倾斜的直线。

水平线——平行于水平投影面 H，与 V、W 投影面均倾斜的直线。

侧平线——平行于侧立投影面 W，与 V、H 投影面均倾斜的直线。

2. 投影面垂直线

垂直于一个投影面，必定平行于另两个投影面的直线称为投影面垂直线。投影面垂直线有以下 3 种。

正垂线——垂直于正立投影面 V，与 H、W 投影面均平行的直线。

铅垂线——垂直于水平投影面 H，与 V、W 投影面均平行的直线。

侧垂线——垂直于侧立投影面 W，与 V、H 投影面均平行的直线。

3. 一般位置直线

与 3 个投影面都倾斜的直线，称作一般位置直线。

直线与投影面的倾角即直线与其在该投影面投影的夹角。直线对 H 面、V 面、W 面的倾角分别用 α、β、γ 表示，如图 2-23（a）所示。

三、直线的投影特性

1. 投影面平行线

图 2-24 所示为正平线的投影，根据正投影的基本性质，可知正平线的投影特性如下。

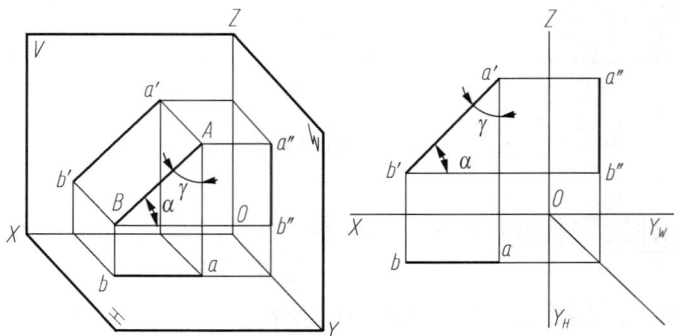

图 2-24　正平线的投影

（1）正面投影 $a'b'$ 反映直线 AB 的实长，即 $a'b'=|AB|$；$a'b'$ 与 OX 轴的夹角反映直线对 H 面的夹角 α，$a'b'$ 与 OZ 轴的夹角反映直线对 W 面的夹角 γ。

（2）水平投影 $ab /\!/ OX$，侧面投影 $a''b'' /\!/ OZ$，它们的投影长度均小于直线 AB 的实长，即 $ab=AB\cos\alpha$，$a''b''=AB\cos\gamma$。

表 2-1 中分别列出了正平线、水平线和侧平线的投影及其投影特性。

表 2-1　　　　　　　　　　　　　　　　投影面平行线的投影特性

直线的名称	立体图	投影图	投影特性
正平线 （$/\!/V$ 面）			1. $a'b'=\|AB\|$ 2. $ab /\!/ OX$，$a''b'' /\!/ OZ$ 3. 正面投影与投影轴的夹角反映 α、γ 角，$\beta=0°$
水平线 （$/\!/H$ 面）			1. $ab=\|AB\|$ 2. $a'b' /\!/ OX$，$a''b'' /\!/ OY_W$ 3. 水平投影与投影轴的夹角反映 β、γ 角，$\alpha=0°$

直线的名称	立 体 图	投 影 图	投 影 特 性
侧平线 （∥W面）			1. $a''b''=\|AB\|$ 2. $ab\parallel OY_H$，$a'b'\parallel OZ$ 3. 侧面投影与投影轴的夹角反映 α、β 角，$\gamma=0°$

根据上述分析可知，投影面平行线的投影特性如下。

空间直线在它们所平行的投影面上的投影，反映直线的实长和直线对另外两个投影面的夹角，直线的另外两个投影分别平行于相应的投影轴，并且小于实长，直线与所平行的投影面夹角为 0°。

因此，当我们从投影图上判断直线在投影系中的空间位置时，若是三个投影中有两个平行于投影轴，另一投影倾斜于投影轴，则它一定是投影倾斜于投影轴的那个投影面的平行线。

【例 2-6】过已知点 A（见图 2-25（a））作正平线 AB，$\|AB\|=30\text{mm}$，$\alpha=30°$，完成 AB 的投影。

【解】作图步骤如图 2-25（b）所示。

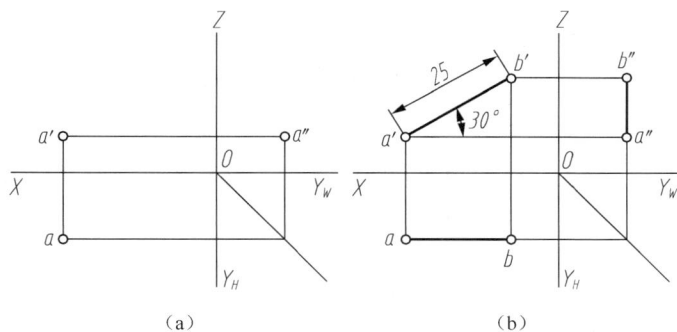

（a）　　　　　　　　　　　（b）

图 2-25　作正平线

（1）AB 是正平线，则其正面投影反映实长，而且正面投影与 OX 轴的夹角即为 α 角，如图 2-25（b）所示，过 a' 作 $a'b'$ 与 OX 轴成 30° 角，$\|a'b'\|=25$。

（2）ab 平行于 OX 轴，$a''b''$ 平行于 OZ 轴，根据 b' 作出 b 和 b''。

2. 投影面垂直线

图 2-26 所示为正垂线的投影，根据正投影的基本性质，可知正垂线的投影特性如下。

（1）正面投影积聚成一点，即 a'、b' 积聚为一点。

（2）水平投影 $ab\perp OX$ 轴；侧面投影 $a''b''\perp OZ$ 轴，且 ab 和 $a''b''$ 均反映实长。

表 2-2 中分别列出了正垂线、铅垂线和侧垂线的投影及其特性。

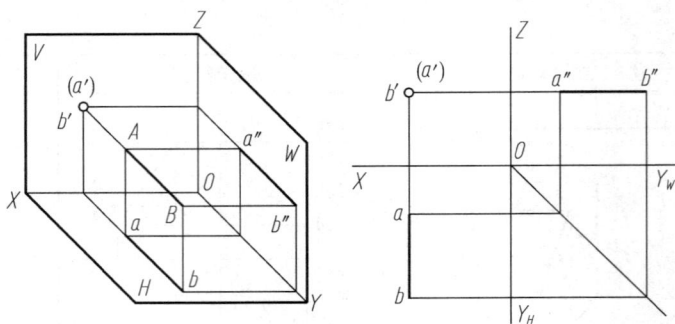

图 2-26　正垂线的投影

表 2-2　　　　　　　　　　　　　　投影面垂直线的投影特性

直线的名称	立 体 图	投 影 图	投 影 特 性
正垂线 （⊥V 面）			1. $a'b'$ 积聚为一点 2. $ab \perp OX$, $a''b'' \perp OZ$ 3. $ab = a''b'' = |AB|$ 4. $\alpha = \gamma = 0°$, $\beta = 90°$
铅垂线 （⊥H 面）			1. ab 积聚为一点 2. $a'b' \perp OX$, $a''b'' \perp OY_W$ 3. $a'b' = a''b'' = |AB|$ 4. $\beta = \gamma = 0°$, $\alpha = 90°$
侧垂线 （⊥W 面）			1. $a''b''$ 积聚为一点 2. $ab \perp OY_H$, $a'b' \perp OZ$ 3. $ab = a'b' = |AB|$ 4. $\alpha = \beta = 0°$, $\gamma = 90°$

根据上述分析可知，投影面垂直线的投影特性如下。

空间直线在它们所垂直的投影面上的投影积聚成一点，另外两投影反映直线的实长，并且分别垂直于相应的投影轴。

因此，当我们从投影图上判断直线在投影系中的空间位置时，若三个投影中有一个投影积聚成一点，则它一定是该投影面的垂直线。

【例2-7】过已知点A（见图2-27（a））作铅垂线AB，点B在H面上，完成AB的投影。

【解】作图步骤如图2-27（b）所示。

（1）因为铅垂线的水平投影积聚成一点，所以b与a重合，而且b不可见（因为点B在H面上，所以在点A之下）。

（2）a'b'垂直于OX轴，a"b"垂直于OY_W轴，过a'、a"分别作OX和OY_W轴的垂线。

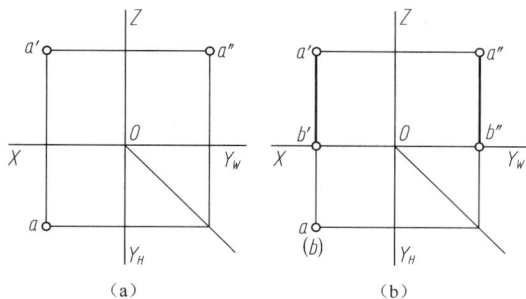

图2-27　作铅垂线

（3）因为点B在H面上，所以b'在OX轴上，b"在OY_W轴上。

3．一般位置直线

一般位置直线如图2-28所示，其投影特性如下。

（1）三面投影ab、a'b'、a"b"均与投影轴倾斜，且不反映实长。

（2）各投影面投影与投影轴的夹角都不反映该直线对各投影面的倾角。

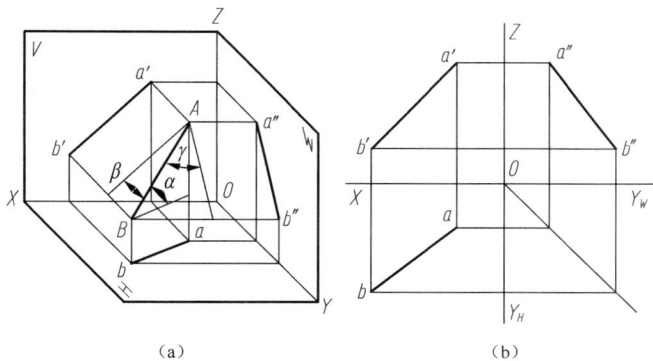

图2-28　一般位置直线的投影

四、直线上的点

直线上点的投影有以下特性。

（1）若点在直线上，则此点的各个投影必在该直线的同面投影上，如图2-29所示。反之，如果点的各个投影都在直线的同面投影上，且符合点的投影规律，则该点一定在直线上。

（2）若直线AB上有一点K，如图2-29所示，则点分线段及其投影之间有下列定比关系：$AK:KB=ak:kb=a'k':k'b'=a"k":k"b"$。

点与直线位置关系
的判定

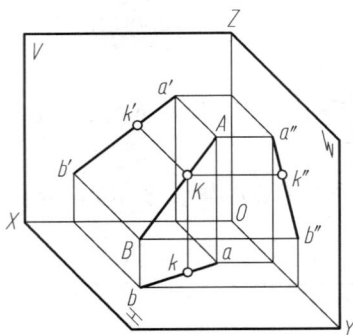

图 2-29　直线上的点

【例 2-8】在图 2-30（a）所示直线 AB 上取一点 K，使 $AK:KB=1:2$，求作点 K 的投影。

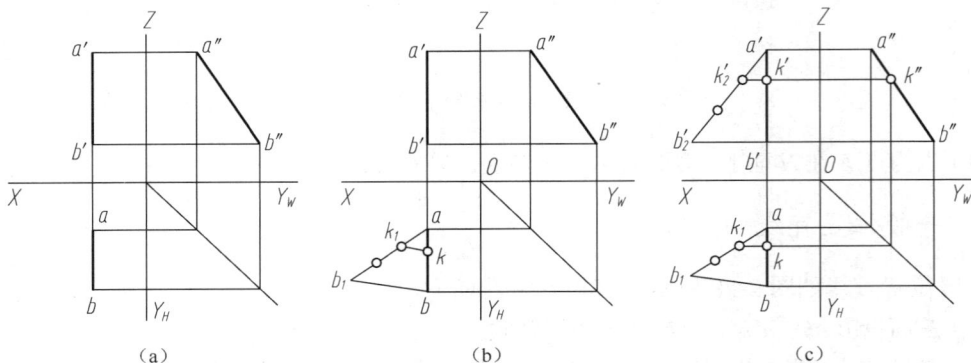

（a）　　　　　　　　　　　（b）　　　　　　　　　　　（c）

图 2-30　求直线上点的投影

【解】作图步骤如图 2-30（b）、（c）所示。

（1）过水平投影 a 任作直线 ab_1。

（2）将 ab_1 等分成 3 份，取 $ak_1:k_1b_1=1:2$。

（3）连接 b_1b。

（4）过 k_1 作 b_1b 的平行线与 ab 相交，即得点 K 的水平投影 k，再根据直线上点的投影特性作出 k' 和 k''，如图 2-30（b）所示。

（5）可用同样的方法先求出正面投影 k'，再作出 k'' 和 k，也可以作出侧面投影 k''，再求出 k' 和 k，如图 2-30（c）所示。

五、两直线间的相对位置

两直线的相对位置可以分为 3 种情况：平行、相交和交叉。下面分别说明其投影特性。

1. 两直线平行

若空间两直线相互平行，则其同面投影必然相互平行。反之，如果两直线的各个同面投影相互平行，则此两直线在空间也一定相互平行。如图 2-31 所示，若 $AB/\!/CD$，则平面 $ABba/\!/CDdc$，所以它们与水平面

判断两直线空间相对位置关系的方法

的交线 $ab /\!/ cd$，同理 $a'b' /\!/ c'd'$、$a''b'' /\!/ c''d''$。

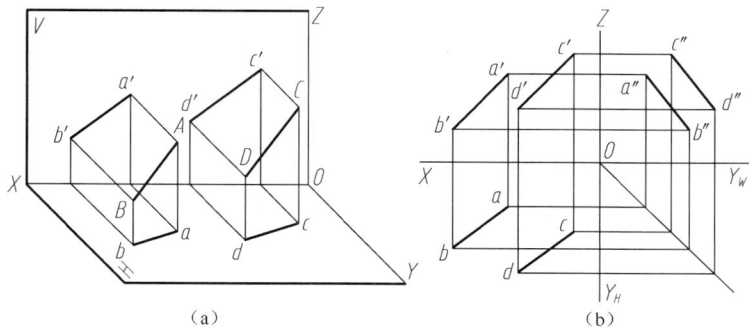

（a）　　　　　　　　　　　　　（b）

图 2-31　两直线平行

【例 2-9】判断图 2-32（a）所示直线 AB 与 CD、EF 与 GH 是否平行。

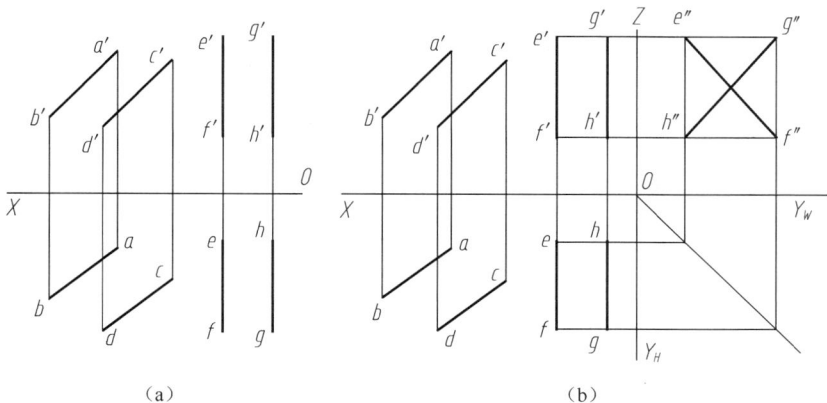

（a）　　　　　　　　　　　　　（b）

图 2-32　判断两直线是否平行

【解】（1）根据投影图判断两条一般位置直线是否平行，只要根据两面投影就能确定了，如图 2-32（a）所示，因为 $ab /\!/ cd$、$a'b' /\!/ c'd'$，所以 $AB /\!/ CD$。

（2）EF 与 GH 两直线为侧平线，不能仅根据正面投影和水平投影平行就判断两直线平行，还应看它们所平行的投影面的投影是否平行才能判断，图 2-32（b）中，两直线 EF 和 GH 的侧面投影 $e''f''$ 不平行于 $g''h''$，所以 EF 不平行于 GH。

2．两直线相交

当两直线相交时，它们在各投影面上的投影也必然相交，且其交点符合点的投影规律。反之，若两直线的各个同面投影都相交，且交点符合点的投影规律，则此两直线在空间必相交。

如图 2-33 所示，AB、CD 两直线相交于点 K，点 K 为两直线共有点，它们的投影 ab 与 cd、$a'b'$ 与 $c'd'$ 必然相交，并且它们的交点 k 与 k' 的连线一定垂直于 OX 轴，符合点的投影规律。当相交的两直线中有一条为投影面平行线时，如图 2-34（a）所示，通常需要画出该直线在所平行投影面上的投影才能判断两直线是否相交，图 2-34（b）所示的两直线 EF 和 GH 不相交。当然也可以采用判断投影的交点是否同时属于两直线的办法来判断两直线是否相交。

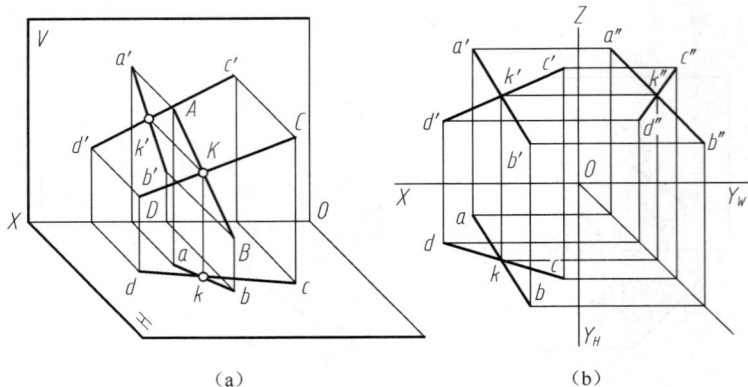

图 2-33　两直线相交

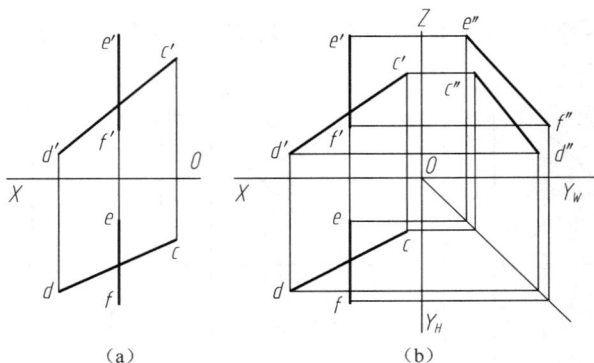

图 2-34　两直线不相交

3. 两直线交叉

当空间两直线既不平行又不相交时，称为两直线交叉，如图 2-35 所示。一般情况下，在两面投影中，它们的同面投影可能相交也可能不相交，如果同面投影相交，其交点也不符合点的投影规律，如图 2-35（a）所示，即其同面投影交点的连线不垂直于 OX 轴。

在图 2-36 中可以看出，两直线 AB 和 CD 的水平投影的交点，实际是空间两点投影的重影，其中点 E 在 CD 上，点 F 在 AB 上，点 E 和点 F 是水平投影面的重影点。图 2-34、图 2-35（a）所示两交叉直线不仅水平投影有重影点，正面投影也有重影点。

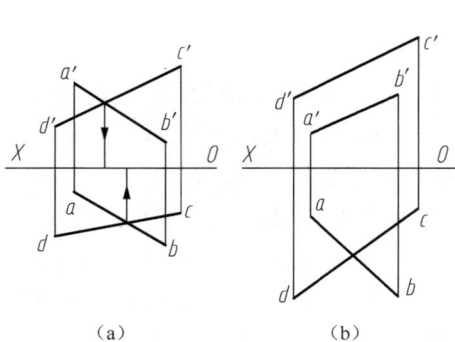

图 2-35　两直线交叉

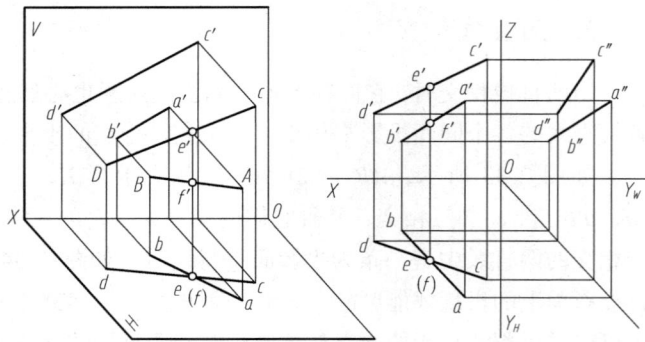

图 2-36　交叉两直线对 H 面的重影点

任务四   平面的投影

任务引出

平面是由点和直线构成的，下面在点和直线投影的基础上，介绍平面在三投影面体系中的投影。

任务描述

许多机器的零件的表面都有平面，本任务将介绍平面在投影系中的分类、各类平面的投影特性，以及平面上的点与直线的投影。

相关知识

一、平面的几何元素表示法

由初等几何可知：不属于同一直线的3点确定一个平面，根据几何原理也可以转换为其他形式，因此在投影图上可以用下列任一组几何元素的投影来表示一个平面。

（1）不在同一直线上的3点，如图2-37（a）所示。

（2）一直线和直线外一点，如图2-37（b）所示。

（3）相交两直线，如图2-37（c）所示。

（4）平行两直线，如图2-37（d）所示。

（5）任意平面图形（如三角形、四边形、圆等），如图2-37（e）所示。

平面的表示法

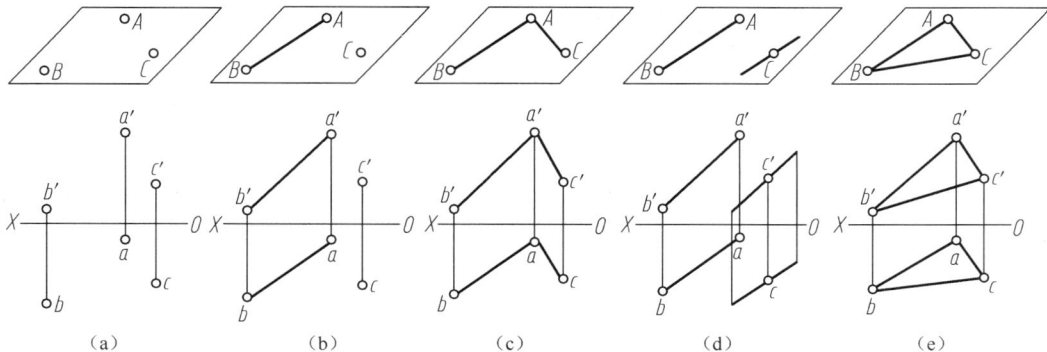

图 2-37   平面的表示法

由图2-37可以看出，不在同一直线上的3点，是表示平面的最基本的几何元素，图2-37（b）、（c）、（d）、（e）所示其他形式均可由此转换而来，但在实际作图中，常以平面图形表示平面。

二、平面相对投影面的位置

平面相对投影面的位置可以分为3种：投影面垂直面、投影面平行面和一般位置平面。其中投影面垂直面和投影面平行面称为特殊位置平面。

$$
\text{平面}\begin{cases}\text{投影面垂直面}\\\text{投影面平行面}\end{cases}\text{特殊位置平面}\\\text{一般位置平面}
$$

1．投影面垂直面

投影面垂直面是指垂直于一个投影面，而与其余两个投影面都处于倾斜位置的平面。投影面垂直面有 3 种。

正垂面——垂直于正立投影面 V，倾斜于 H、W 投影面的平面。

铅垂面——垂直于水平投影面 H，倾斜于 V、W 投影面的平面。

侧垂面——垂直于侧立投影面 W，倾斜于 V、H 投影面的平面。

2．投影面平行面

投影面平行面是指平行于一个投影面，而与另两个投影面都垂直的平面。投影面平行面也有 3 种。

正平面——平行于正立投影面 V，垂直于 H、W 投影面的平面。

水平面——平行于水平投影面 H，垂直于 V、W 投影面的平面。

侧平面——平行于侧立投影面 W，垂直于 V、H 投影面的平面。

3．一般位置平面

相对于 3 个投影面都处于倾斜位置的平面，称为一般位置平面。

对于平面与投影面 H、V、W 的倾角，分别用 α、β、γ 表示。

三、各种位置平面的投影特性

1．投影面垂直面

图 2-38 所示的 $\triangle ABC$ 为一正垂面的投影。它垂直于 V 面，对 H 面和 W 面同时处于倾斜位置。从图 2-38 中可以看出正垂面的投影特性如下。

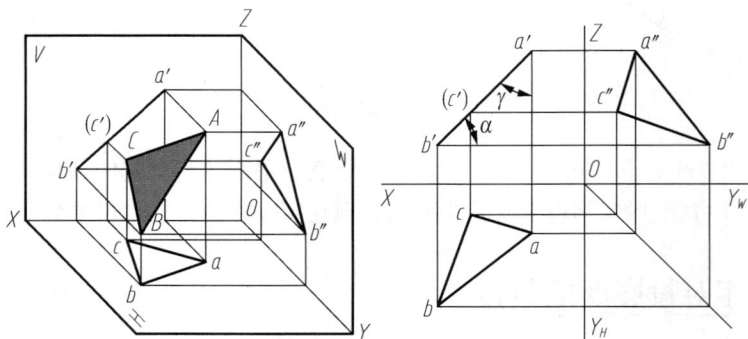

图 2-38　正垂面的投影

（1）△ABC 的正面投影积聚成倾斜直线 a'b'（c'），它与 OX 轴的夹角反映该平面与 H 面的倾角 α；与 OZ 轴的夹角反映该平面与 W 面的倾角 γ。

（2）水平投影 △abc 和侧面投影 △a''b''c'' 都是类似于实形而又小于实形的三角形。

因此，当根据投影图判断平面的空间位置时，只要 3 个投影中，有一个投影是一倾斜直线，则它一定是该投影面的垂直面。

各种投影面垂直面的投影如表 2-3 所示。

表 2-3　　　　　　　　　　　　　投影面垂直面的投影

平面的名称	立 体 图	投 影 图	投 影 特 性
正垂面 （⊥V 面）	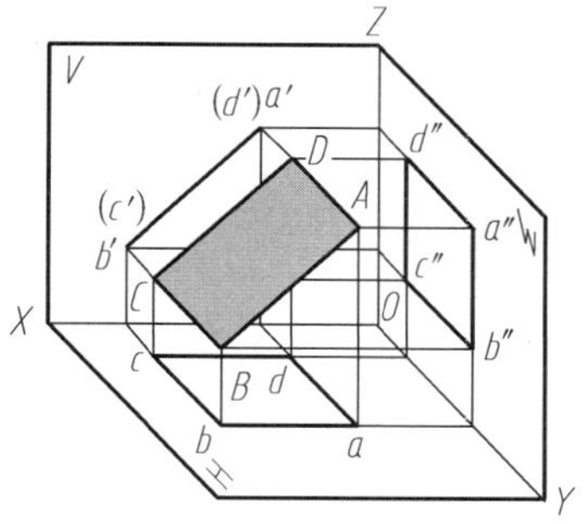	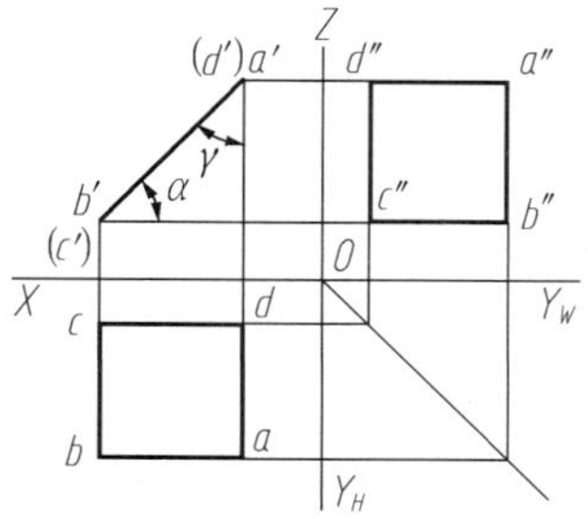	1. 正面投影积聚为一条直线段 2. 水平投影、侧面投影均为类似形 3. 正面投影与投影轴的夹角反映 α、γ 角，β=90°
铅垂面 （⊥H 面）	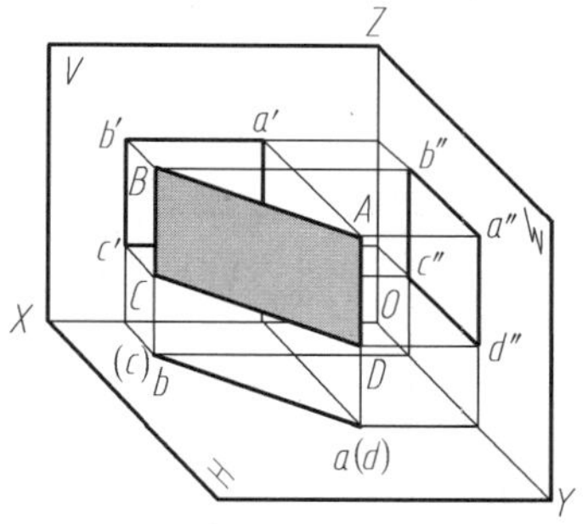	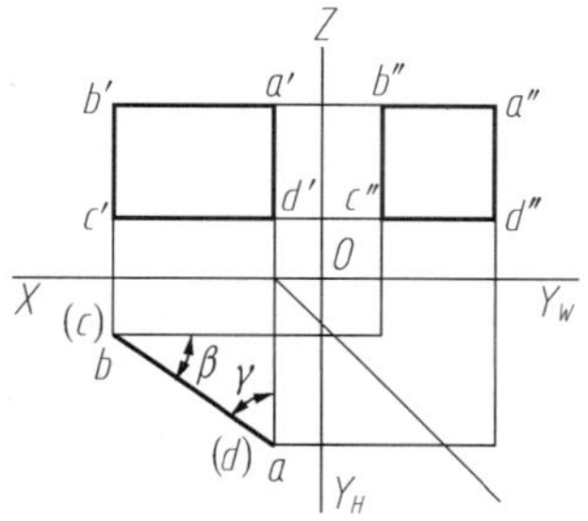	1. 水平投影积聚为一条直线段 2. 正面投影、侧面投影均为类似形 3. 水平投影与投影轴的夹角反映 β、γ 角，α=90°
侧垂面 （⊥W 面）	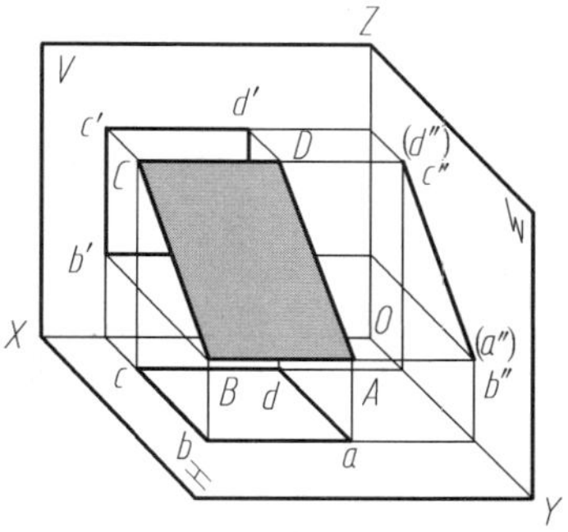	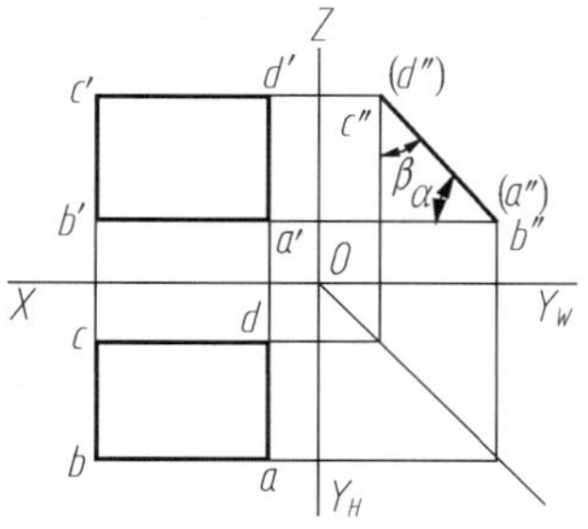	1. 侧面投影积聚为一条直线段 2. 正面投影、水平投影均为类似形 3. 侧面投影与投影轴的夹角反映 α、β 角，γ=90°

【例 2-10】已知△ABC 垂直于 H 面，并且与 V 面的倾角 β=45°，根据给出的 V 面投影 a'b'c' 及点 A 的水平投影 a，如图 2-39（a）所示，求作该平面的水平投影和侧面投影。

【解】因△ABC 是铅垂面，其 H 面投影必定积聚成一倾斜直线，过点 A 的水平投影 a，作此倾斜直线（与 OX 轴的夹角 β=45°），再根据其 V 面投影求得水平投影 abc，而后根据正面投影、水平投影可求得侧面投影。具体作图步骤如下。

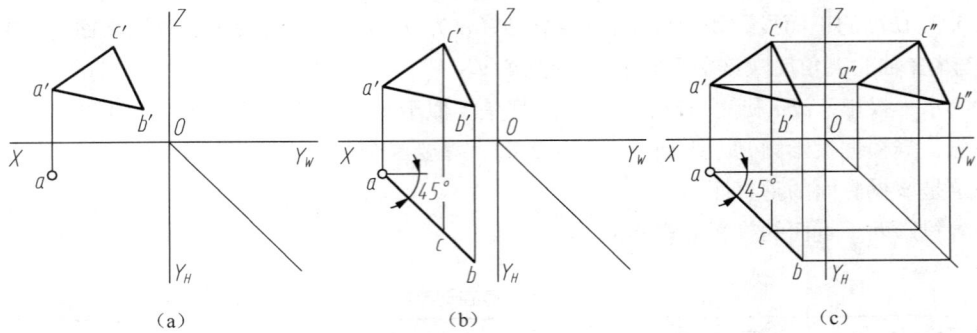

（a） （b） （c）

图 2-39　作铅垂面△ABC的投影

（1）过点 a 作直线与 OX 轴成 45° 夹角，使其与自 b'、c' 两点所作的投影连线交于 b、c，得到△ABC的水平投影，如图 2-39（b）所示。

（2）根据△ABC的正面投影和水平投影，作出侧面投影，如图 2-39（c）所示。

2.　投影面平行面

图 2-40 所示为△ABC的投影，根据三面投影可以看出其投影特性如下。

（1）平面△ABC的水平投影△abc反映实形。

（2）正面投影和侧面投影均积聚成一直线，且它们分别平行于 OX 轴和 OY_W 轴。

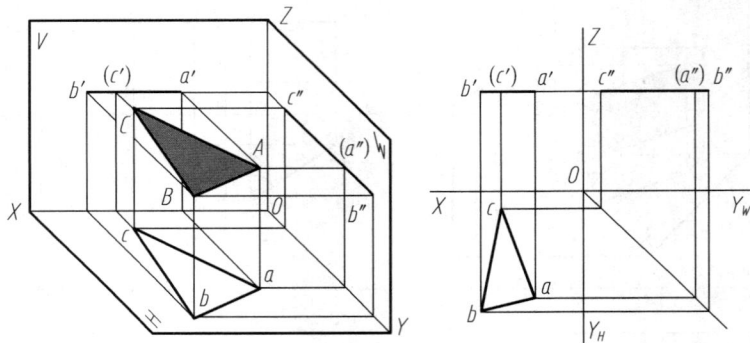

图 2-40　水平面△ABC的投影

各种投影面平行面的投影如表 2-4 所示。

表2-4　　　　　　　　　　　　　　　投影面平行面的投影

平面的名称	立 体 图	投 影 图	投 影 特 性
正平面 （//V面）			1. 正面投影反映实形 2. 水平投影、侧面投影均积聚为直线段，且分别平行于 OX、OZ 轴 3. $\beta=0°$，$\alpha=\gamma=90°$

续表

平面的名称	立 体 图	投 影 图	投 影 特 性
水平面 （//H 面）			1. 水平投影反映实形 2. 正面投影、侧面投影均积聚为一条直线段，且分别平行于 OX、OYw轴 3. α=0°，β=γ=90°
侧平面 （//W 面）			1. 侧面投影反映实形 2. 正面投影、水平投影均积聚为一条直线段，且分别平行于 OZ、OYн轴 3. γ=0°，α=β=90°

由表 2-4 可知投影面平行面的投影特性如下。

投影面平行面在它所平行的投影面上的投影反映空间平面图形的实形，另外两个投影都积聚为直线段，并且均与相应的投影轴平行。

【例 2-11】如图 2-41（a）所示，已知△ABC 的水平投影△abc，以及点 A 的正面投影 a′，试作水平面△ABC 的正面投影。

【解】因△ABC 是水平面，所以其正面投影积聚，且平行于 OX 轴，如图 2-41（b）所示，作图步骤如下。

（1）过 a′ 作 OX 轴的平行线。

（2）分别过 b、c 作 OX 轴的垂线，交 OX 轴平行线于 b′、c′，即完成水平面△ABC 的正面投影。

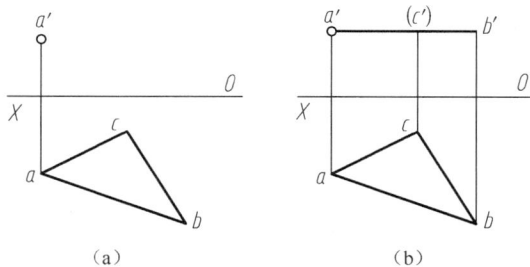

（a）　　　　　　　　　　　　（b）

图 2-41　作水平面的投影

3. 一般位置平面

如图 2-42（a）所示，△ABC 因倾斜于 3 个投影面，所以是一个一般位置平面。如图 2-42（b）所示，它在 3 个投影面上的投影都不反映实形，仅仅是 3 个与△ABC 相类似的三角形，并且也不反映平面△ABC 对投影面的倾角 α、β、γ。

（a）　　　　　　　　　　　　　　（b）

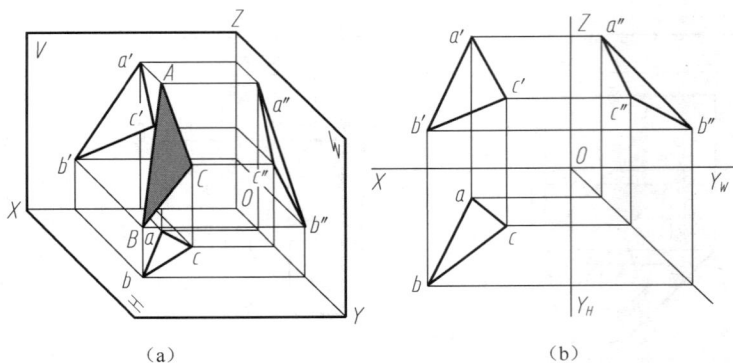

图 2-42　一般位置平面的投影

四、平面上的点和直线

1. 平面上的点

由初等几何可知：若点位于平面内的任一直线上，则此点必定位于该平面内。因此，若在平面上取点，必须取自该平面的已知直线。

如图 2-43 所示，在由两相交直线 AB、BC 所确定的平面 P 上，在直线 AB、BC 上任取两点 D（d'、d、d''）、E（e'、e、e''），则 D、E 两点必在此平面上。

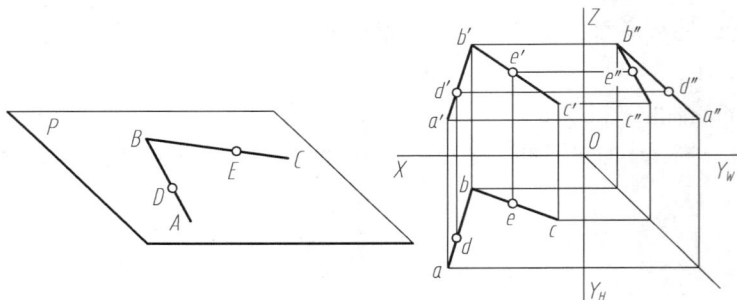

点与平面位置关系
的判定

图 2-43　平面上的点

2. 平面上的直线

直线在平面上的几何条件如下。

（1）一直线若通过平面上的两点，则此直线必在该平面上。

如图 2-44（a）、（b）所示，在由两相交直线 AB 和 BC 决定的平面上任取两点 D 和 E，则过 D、E 两点的直线一定在平面上。

（2）一直线若通过平面上的一点，且平行于该平面上的一直线，则此直线也必在该平面上。

直线与平面关系
的判别

如图 2-44（c）、（d）所示，由直线 AB 和 BC 决定的平面上，过点 C 作直线 CF 平行于 AB，

则 CF 一定在该平面上。

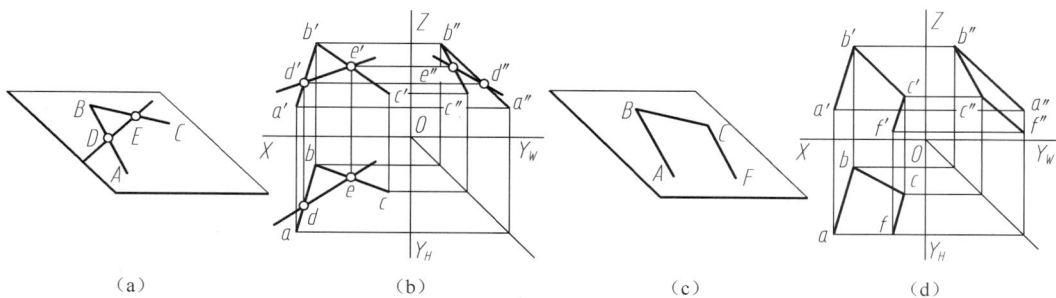

图 2-44　平面上的直线

　　总之，在平面上取点时，要利用平面上的直线，在平面上取直线时，又要利用平面上的点，它们之间是有密切联系的。

　　【例 2-12】已知点 K 属于 $\triangle ABC$，又知其水平投影 k，如图 2-45（a）所示，求其正面投影 k' 和侧面投影 k''。

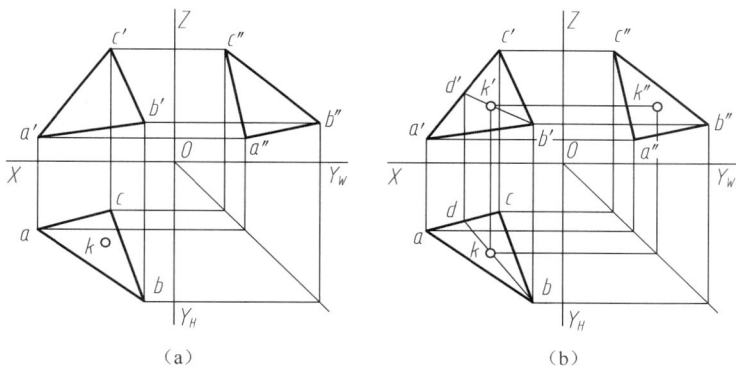

图 2-45　作平面内的点的投影

　　【解】根据点属平面的几何条件，可知点 K 属于平面 $\triangle ABC$，则点 K 必属于平面内的直线，作图步骤如下。

　　（1）连接 bk 并延长交 ac 于 d。

　　（2）作出平面内直线 BD 的正面投影 $b'd'$。

　　（3）由 k 作直线垂直于 OX 轴，交 $b'd'$ 于 k'，则 k' 即为属于平面 $\triangle ABC$ 的点 K 的正面投影。通过 k 和 k' 作出 k''。

　　【例 2-13】判断图 2-46（a）所示点 M、N 是否属于 $\triangle ABC$ 平面。

　　【解】根据点属平面的几何条件，判断点 M、N 是否属于平面，需看点 M、N 是否在平面内的直线上，如图 2-46（b）所示，作图步骤如下。

　　（1）连接 am，并延长与 bc 交于 d。

　　（2）作出点 D 的正面投影 d'，连接 $a'd'$。

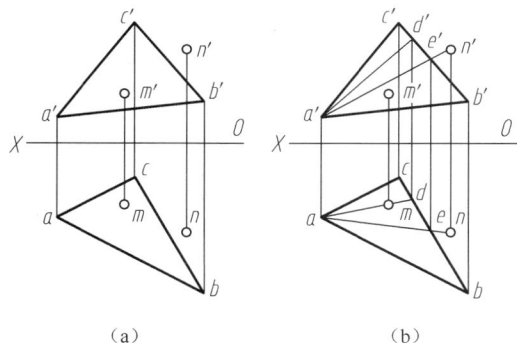

图 2-46　判断点是否属于平面

（3）点 M 的正面投影 m' 不在 $a'd'$ 上，因此，点 M 不属于平面 $\triangle ABC$。

（4）连接 an，与 bc 交于 e。

（5）作出点 E 的正面投影 e'，连接 $a'e'$。

（6）点 N 的正面投影 n' 在 $a'e'$ 的延长线上，因此，点 N 属于 $\triangle ABC$。

判断一条直线是否属于平面，可以通过判断直线上是否有两个点属于平面来确定。例如判断例 2-13 中由 M、N 两点确定的直线是否属于 $\triangle ABC$，可根据前述对 M、N 两点是否属于 $\triangle ABC$ 的判断结论，知 MN 直线仅有一点属于 $\triangle ABC$，所以 MN 直线不属于 $\triangle ABC$。

3. 平面上的投影面平行线

通过属于平面的点可以在平面上取直线，在实际应用中为作图方便，常取平面上的投影面平行线。平面上的投影面平行线有 3 种，即平面上的水平线、正平线和侧平线，如图 2-47 所示。这些平行线既具有投影面平行线的投影特性，同时又从属于平面。

【例 2-14】$\triangle ABC$ 的投影如图 2-48 所示，作属于 $\triangle ABC$ 的水平线与正平线。

【解】已知平面内有无数条水平线与正平线，所有水平线相互平行，所有正平线相互平行，同时它们都具有投影面平行线的特性，如图 2-47 所示。可过点 A 作一条正平线 AM，过点 B 作一条水平线 BN，如图 2-48 所示。

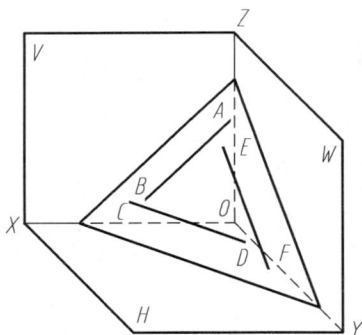

图 2-47　平面内的投影面平行线　　　　图 2-48　作属于平面的水平线与正平线

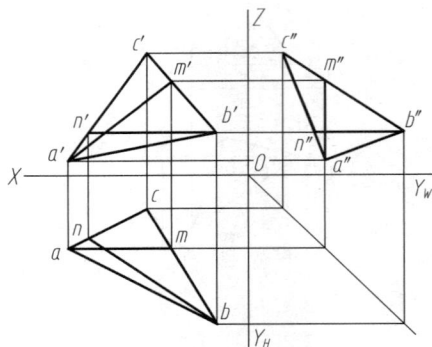

作图步骤如下。

（1）过点 A 的水平投影 a 作 OX 轴的平行线与 bc 交于 m，am 即平面内一正平线的水平投影。

（2）过 m 作 OX 轴的垂直线，交 $b'c'$ 于 m'，连接 $a'm'$。

（3）通过 m 和 m' 作出侧面投影 m''，连接 $a''m''$，$a''m''$ 必定平行于 OZ 轴，AM 即是属于 $\triangle ABC$ 的正平线。

（4）过点 B 的正面投影 b' 作 OX 轴的平行线与 $a'c'$ 交于 n'，$b'n'$ 即平面内一水平线的正面投影。

（5）过 n' 作 OX 轴的垂直线，交 ac 于 n，连接 bn。

（6）通过 n' 作出侧面投影 n''，连接 $b''n''$，$b''n''$ 必定平行于 OY_W 轴，BN 即是属于 $\triangle ABC$ 的水平线。

本模块将在前述点、线、面投影原理的基础上，分析立体的投影。

【学习目标】

（1）掌握基本几何体的三面投影的特点及识读方法。

（2）理解截交线、相贯线的概念、性质、形状分析和投影特点。

（3）掌握绘制与识读切割体、相贯体投影的方法。

任务一　基本几何体

任务引出

机器零件是复杂的形体，任何复杂的形体都可以看成是由一些基本几何体组成的，如图 3-1 所示。因此，在分析形体的投影时，首先要把这些基本几何体的投影分析清楚。

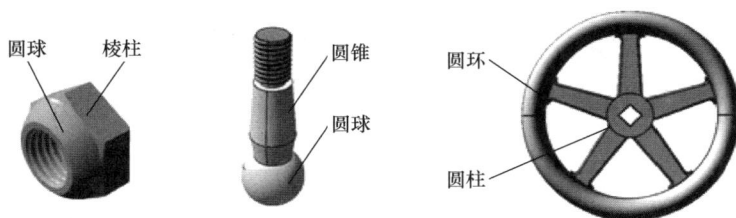

图 3-1　零件的形体组成

任务描述

工程制图中通常把简单立体称为基本几何体。立体由若干表面围成，依据表面性质的不同，基本几何体可分为平面立体和曲面立体两大类。表面全部由平面围成的立体称

为平面立体，如棱柱、棱锥等；表面全部由曲面或曲面和平面围成的立体称为曲面立体，如圆柱、圆锥、圆球、圆环等。

立体的投影实质上是构成该立体的所有表面的投影总和。运用点、线、面的投影规律，就可以分析立体的投影。

相关知识

一、平面立体的投影

平面立体的表面都是平面多边形，绘制平面立体的投影就是把组成这个平面立体的所有平面多边形的轮廓线的投影都表示出来，可见的投影画粗实线，不可见的投影画细虚线。在平面立体表面上取点，也就是在这些平面多边形上取点。

平面立体分为棱柱和棱锥。

1．棱柱

棱柱由若干棱面和两端的顶面、底面所围成。棱面与棱面的交线称为棱线，棱线互相平行；棱面与顶面、底面的交线称为顶边、底边。用底面多边形的边数来区分不同的棱柱，如底面为四边形的棱柱，称为四棱柱。棱线垂直于底面的棱柱，称为直棱柱；当直棱柱的底面为正多边形时，称为正棱柱；棱线倾斜于底面的棱柱，称为斜棱柱。

（1）棱柱的投影。求棱柱的投影，首先要确定棱柱在投影系中的位置，原则是让尽可能多的表面与投影面处于特殊位置（平行或垂直）。以求正六棱柱的投影为例，其在投影系中的位置如图 3-2（a）所示，其顶面和底面为平行于水平投影面的正六边形，6 个棱面均垂直于底面，并且其中一对棱面是正平面。

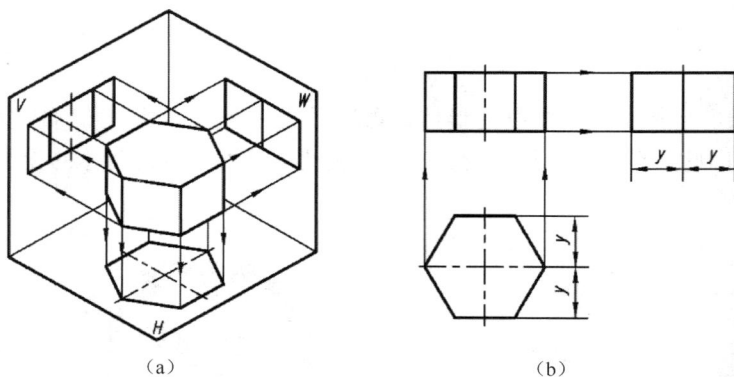

（a）　　　　　　　　　　　　　（b）

图 3-2　正六棱柱的投影

正六棱柱的三面投影特性分析如下。

① 水平投影。顶面和底面的投影可反映实形，且顶面和底面的投影重合；6 个棱面的投影积聚成线段且与底面的对应边重合。

② 正面投影。顶面和底面的正面投影积聚为直线；前后棱面平行于正投影面，其正面投影反映实形；其他 4 个侧棱面均与正投影面倾斜，其正面投影为类似形。

绘制棱柱三视图

③ 侧面投影。顶面、底面和前后棱面均垂直于侧投影面，侧面投影具有积聚性；其他 4 个棱面的侧面投影为类似形，且两两重合。

作投影图时，可先画出正六棱柱的水平投影正六边形，再根据长对正、高平齐、宽相等的投影规律和棱柱高度作出其他两个投影，作出的正六棱柱的三面投影图如图 3-2（b）所示。

（2）棱柱表面上点的投影。棱柱的各表面均处于特殊位置，棱柱表面上点的投影可利用平面投影的积聚性求得。在三面投影中，若平面处于可见位置，则该面上点的同面投影也是可见的；反之为不可见，不必判别平面积聚性投影上点的可见性。首先确定点所在的平面，并分析该平面的投影特性，若该平面垂直于某一投影面，则点在该投影面上的投影必定落在这个平面的积聚性投影上。

【例 3-1】如图 3-3（a）所示，已知正六棱柱表面上点 M 的正面投影 m′、点 N 的水平投影 n，求作点 M 的其他两投影 m、m″，点 N 的其他两投影 n′、n″，并判断其可见性。

【解】因为 m′ 可见，因此点 M 必定在棱面 ABCD 上。此棱面是铅垂面，其水平投影积聚成直线，点 M 的水平投影 m 必在其上，便可由 m′ 作出 m，再由 m′ 和 m 根据高平齐、宽相等的规律即可作出侧面投影 m″，由于棱面 ABCD 的侧面投影为可见，故 m″ 可见。又因为 n 可见，所以点 N 必定在正六棱柱顶面上，n′、n″ 分别在顶面的积聚成直线的同面投影上，从而由 n 即可作出 n′、n″，如图 3-3（b）所示。

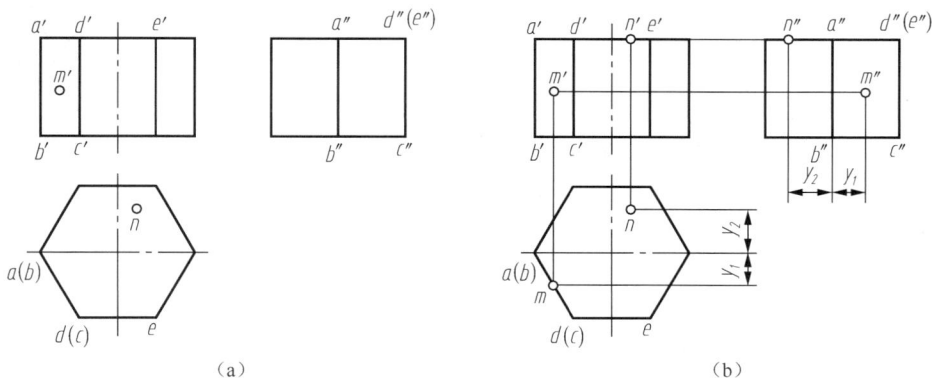

（a）　　　　　　　　　　　　　　　（b）

图 3-3　正六棱柱表面上点的投影

2. 棱锥

棱锥由棱面和底面所围成，棱面与棱面的交线称为棱线；所有的棱线都交于一点，称为锥顶；棱面与底面的交线称为底边。可用底面多边形的边数来区别不同的棱锥，如底面为四边形的棱锥，称为四棱锥。如果底面为正多边形，且锥顶在底面上的投影是多边形的中心，那么这样的棱锥称为正棱锥。

（1）棱锥的投影。求棱锥的投影，首先要确定棱锥在投影系中的位置。以正三棱锥为例，其在投影系中的位置如图 3-4（a）所示，正三棱锥的底面 ABC 是水平面，棱面 SAB、SBC 为一般位置平面，棱面 SAC 是侧垂面。

（a）　　　　　　　　　　　　　　　（b）

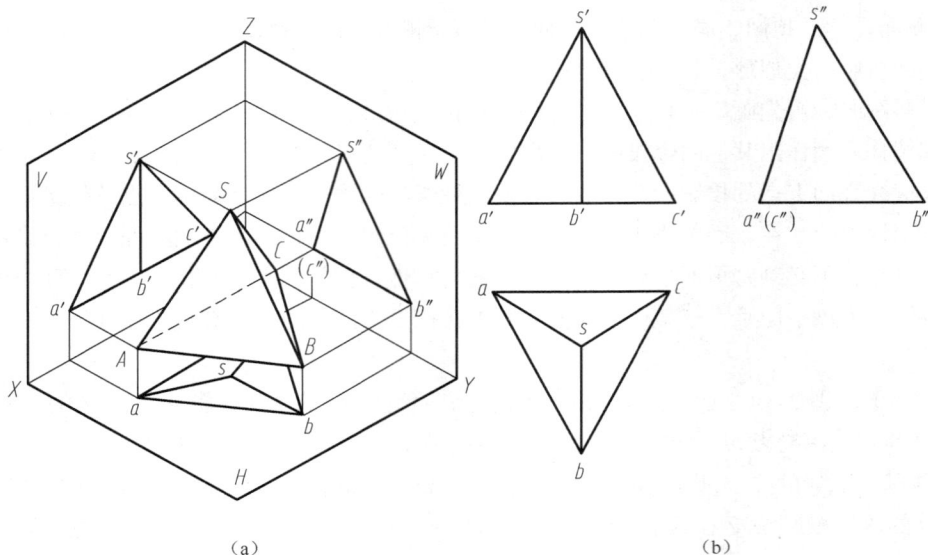

图 3-4　正三棱锥的投影

正三棱锥的投影特性如下。

① 正面投影。棱面 SAB、SBC、SAC 都与正投影面倾斜，投影均为类似形；底面 ABC 为水平面，正面投影积聚为一条直线。作出锥顶 S 和底面各顶点 A、B、C 的正面投影，分别连接即可得出正三棱锥的正面投影图。

② 水平投影。底面平行于水平投影面，其投影反映实形；3 个棱面都与水平投影面倾斜，在该投影面上的投影均为类似形。

③ 侧面投影。底面和棱面 SAC 垂直于侧投影面，其投影积聚为直线；棱面 SAB、SBC 倾斜于侧投影面，其投影为类似形，且完全重合。

绘制正三棱锥三视图

作投影图时先画出底面三角形的三面投影，再作出锥顶 S 的三面投影，然后连接各棱线即得正三棱锥的三面投影，如图 3-4（b）所示。

（2）棱锥表面上点的投影。棱锥的表面可能是特殊位置平面，也可能是一般位置平面。特殊位置平面上的点，其投影可利用平面投影的积聚性直接求得；一般位置平面上点的投影，则可通过在该面作辅助线的方法求得。首先确定点所在的平面，并分析该平面的投影特性，继而采用相应的方法求得。

【例 3-2】如图 3-5（a）所示，已知正三棱锥表面上点 M 的正面投影 m'、点 N 的水平投影 n，求作点 M 的其他两投影 m、m''，点 N 的其他两投影 n'、n''，并判断其可见性。

【解】因为 m' 可见，因此点 M 必在棱面 SAB 上。棱面 SAB 是一般位置平面，过点 M 及锥顶 S 作一条辅助直线 SK，与底边 AB 交于点 K，则点 M 的投影必在直线 SK 的同面投影上。所以过 m' 作直线 $s'k'$，交底边于点 k'，由 $s'k'$ 作出该直线的水平投影 sk，根据点的从属关系，m 一定在 sk 上，便可由 m' 作出 m，再由 m'、m，根据高平齐、宽相等的规律即可作出侧面投影 m''。由于棱面 SAB 的水平投影和侧面投影都可见，故 m、m'' 均可见。又因为点 n 可见，所以点 N 必定在棱面 SAC 上，而棱面 SAC 的侧面投影积聚成直线 $s''a''$（c''），所以 n'' 必定在该直线上，于是由 n 作出 n''，再由 n、n''，根据长对正、高平齐的规律即可作出正面投影 n'，由于棱面 SAC 的正面投影不可见，故 n' 不可见，如图 3-5（b）所示。

（a）　　　　　　　　　　　　　　　（b）

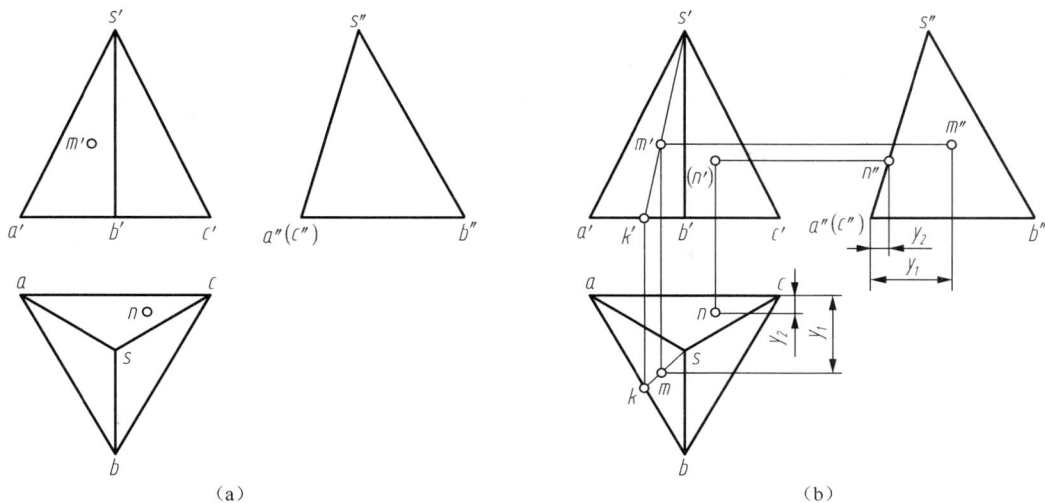

图 3-5　正三棱锥表面上点的投影

通过例 3-1 和例 3-2 的分析求解可以看出，作平面立体表面上点的投影，关键是要根据给定点投影的位置和可见性，正确判断出该点所在立体的表面，从而确定相应的作图方法及作图顺序。

通过对例 3-1、例 3-2 的学习，读者会发现从本模块开始，投影图中没有画出投影轴。机械图样是不画投影轴的，所以本书从这里开始就向不画出投影轴的无轴投影图过渡，以后就可以使用无轴投影图了。

二、曲面立体的投影

工程中常见的曲面立体是回转体。绘制回转体的投影，就是绘制组成回转体的回转曲面或回转曲面与平面的投影，即应画出曲面相对于 V 面、H 面和 W 面的转向轮廓线，并标明可见性，还应画出回转体的轴线、圆的中心线等。

回转曲面可以看作是母线（直线、圆弧或其他曲线）绕一轴线作回转运动形成的。母线在曲面上的任一位置，称为素线。表面有回转面的立体，称为回转体，常见的回转体有圆柱、圆锥、圆球和圆环。将回转曲面向某投影面进行投影时，曲面上可见与不可见部分的分界线称为回转曲面对该投影面的转向轮廓线。母线上任意一点绕轴线的运动轨迹是一个圆，该圆称为纬圆，纬圆所在平面必与轴线垂直。回转体的表面取点，应本着"点在线上，线在面上"的原则。此时的线，可能是直线，也可能是纬圆。

1. 圆柱

圆柱体（简称圆柱）由圆柱面、顶面圆及底面圆所围成。圆柱面是由一直母线绕与它平行的轴线回转一周而形成的，母线在圆柱面上的任一位置称为圆柱面的素线。

（1）圆柱的投影。如图 3-6（a）所示的圆柱体，设其轴线为铅垂线，将该圆柱体分别向 V 面、H 面和 W 面投射，即可得到其三面投影。

绘制圆柱三视图

（a）　　　　　　　　　　　　　　　　　　　　（b）

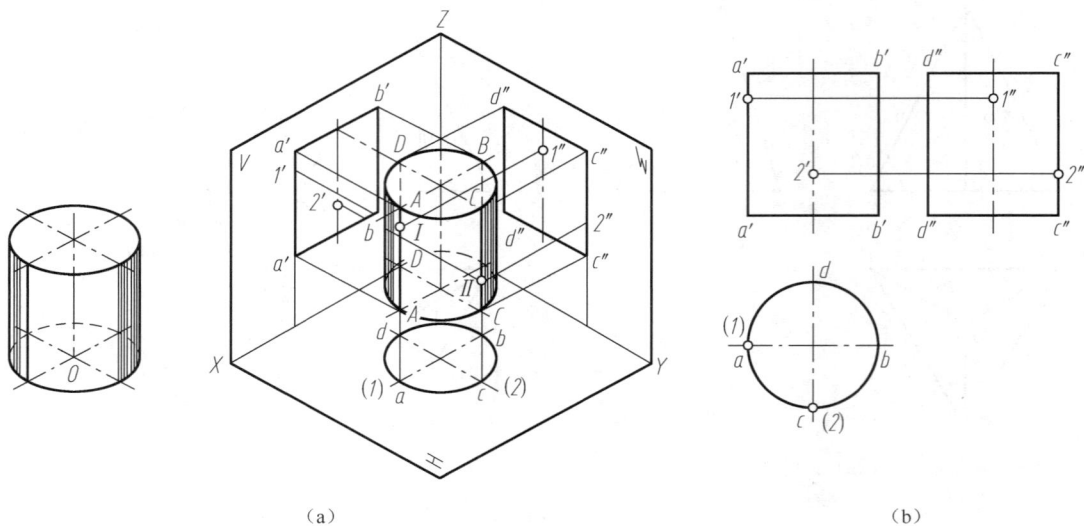

图 3-6　圆柱的投影

由图 3-6（a）可以看出，该圆柱的水平投影积聚为一个圆，它既是整个圆柱面的积聚性投影，又是顶面圆和底面圆的实形投影。圆柱的正面投影和侧面投影为相同形状的矩形，矩形上、下两边的长度等于顶面圆和底面圆的直径，是圆柱顶面圆和底面圆的积聚性投影。

圆柱的投影特性如下。

① 正面投影。正面投影（矩形）的左右两边，是最左、最右素线的投影，即前、后半圆柱面转向轮廓线的投影。以正面转向轮廓线为界，圆柱的前半部分可见，后半部分不可见。位于后半圆柱面上的点，在正面投影图中都不可见。

② 水平投影。圆柱面的水平投影积聚为一个圆，一般不判别可见性。

③ 侧面投影。侧面投影（矩形）的前后两边，是最前、最后素线的投影，即左、右半圆柱面转向轮廓线的投影。以侧面转向轮廓线为界，圆柱的左半部分可见，右半部分不可见。位于圆柱面上右半部分的点，在侧面投影图中都不可见。

作投影图时先画出圆柱投影成圆的投影、轴线的三面投影，再根据圆柱的高度画出其他两个投影成矩形的投影，如图 3-6（b）所示。

（2）圆柱面上点的投影。圆柱面上点的投影可利用圆柱面投影的积聚性求得。首先确定点在圆柱面上的位置，并分析圆柱面的投影特性，再作出圆柱面具有积聚性的那面投影，最后根据投影规律求得点的其他投影。

【例 3-3】如图 3-7（a）所示，已知圆柱面上点 M 的正面投影 m'，求作点 M 的其他两投影 m、m''，并判断其可见性。

【解】因为 m' 可见，所以 M 必在前半个圆柱面上，根据该圆柱面水平投影具有积聚性的特征，m 必定在水平投影圆的前半个圆周上，于是可由 m' 作出 m，再由 m、m' 根据投影规律即可作出 m''，由于点 M 在左半个圆柱面上，故 m'' 可见，如图 3-7（b）所示。

圆柱体表面上点的投影分析

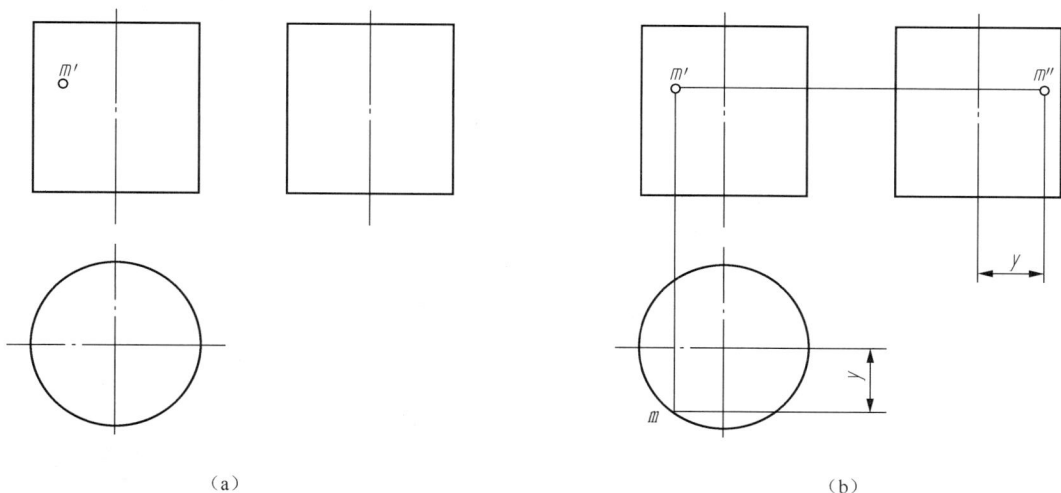

（a）   （b）

图 3-7 圆柱面上点的投影

2. 圆锥

圆锥由圆锥面和底面圆所围成。圆锥面是由一直母线绕与它相交的轴线回转一周而形成的，直母线与轴线的交点是圆锥面的顶点。母线在圆锥面上的任一位置称为圆锥面的素线，母线上任一点的运动轨迹都是垂直于轴线的圆。

（1）圆锥的投影。如图 3-8（a）所示的圆锥体，设其轴线为铅垂线，底面为水平面，将该圆锥体分别向 V、H、W 面投射，即可得到其三面投影。

绘制圆锥三视图

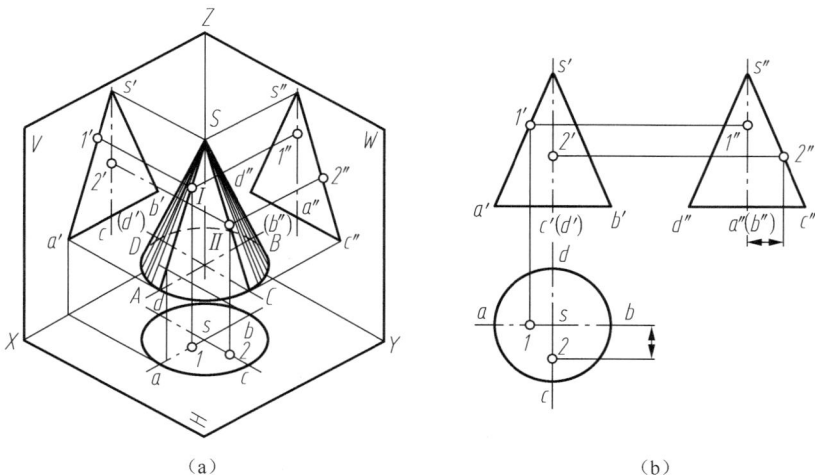

（a）   （b）

图 3-8 圆锥的投影

由图 3-8（a）可以看出，该圆锥的水平投影是一个圆，它既是圆锥面的投影，也是圆锥底面圆的实形投影。圆锥的正面投影及侧面投影为相等的等腰三角形，三角形的底边是圆锥底面圆的积聚性投影，长度等于圆的直径。正面投影中三角形的两腰，是圆锥最左、最右两条素线 SA、SB 的投影，即圆锥面正面投影的转向轮廓线。侧面投影中三角形的两腰，是圆锥最前、最后两条素

线 SC、SD 的投影，即圆锥面侧面投影的转向轮廓线，转向轮廓线的其他两个投影都与中心线或轴线重合，不必画出。圆锥面在 3 个投影面上的投影都没有积聚性。

圆锥的投影特性分析如下。

① 正面投影。以转向轮廓线 SA、SB 为界，圆锥的前半部分可见，后半部分不可见。位于圆锥面后半部分的点，在正面投影图上都不可见。

② 水平投影。圆锥的水平投影为一个圆，圆的中心线的交点为圆锥顶点的投影位置。圆锥面上的所有素线交于顶点，而下端位于底面圆周上。

③ 侧面投影。以转向轮廓线 SC、SD 为界，圆锥的左半部分可见，右半部分不可见。位于圆锥面右半部分的点，在侧面投影图上都不可见。

作投影图时先画出底面圆和轴线的各个投影，再画出圆锥顶点的投影，然后分别画出圆锥面正面投影和侧面投影的转向轮廓线，即完成圆锥的三面投影，如图 3-8（b）所示。

（2）圆锥面上点的投影。由于圆锥面的投影没有积聚性，所以必须在圆锥面上作出一条包含该点的辅助线（直线或纬圆），先求出辅助线的投影，再利用线上点的投影关系求出圆锥面上点的投影。

圆锥表面上点的
投影分析

【例 3-4】如图 3-9（a）、（b）所示，已知圆锥面上点 M 的正面投影 m'，求作点 M 的其他两投影 m、m''，并判断其可见性。

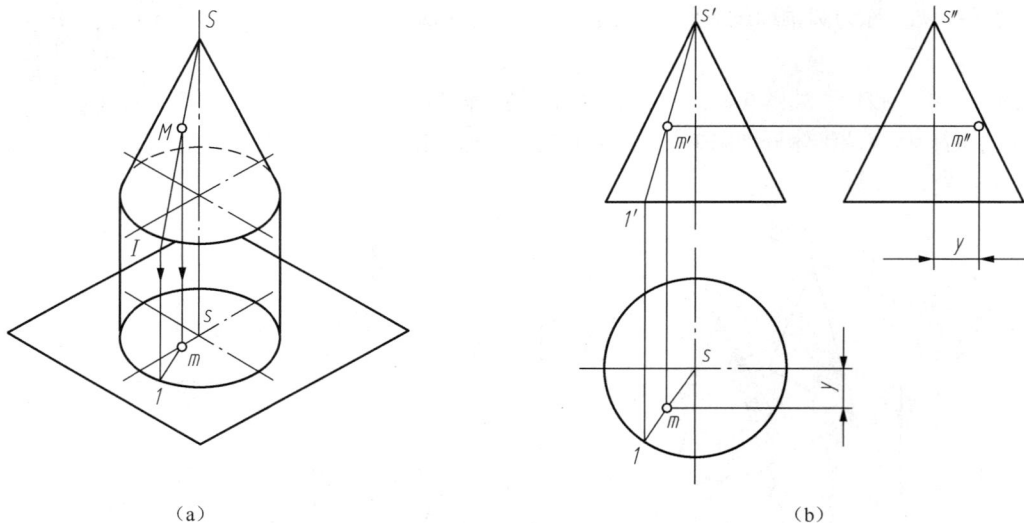

（a）　　　　　　　　　　　　　　　（b）

图 3-9　用辅助素线法作圆锥面上点的投影

【解】方法一，辅助素线法，如图 3-9（a）、（b）所示：过锥顶 S 和点 M 作一辅助线 $S\text{I}$，即在正面投影中连接 $s'm'$ 并延长到底面相交于 $1'$，由 $s'1'$ 在前半圆锥面的水平投影内作出 $s1$，根据点在直线上的性质，由 m' 在 $s1$ 上作出 m，再由 m'、m 根据投影规律即可作出 m''。

方法二，辅助纬圆法，如图 3-10（a）、（b）所示：过点 M 作一垂直于回转轴线的水平辅助圆，即在正面投影中过 m' 作轴线的垂线，交左、右转向轮廓线于 $2'$ 和 $3'$，直线 $2'3'$ 即为辅助圆的正面投影，它的水平投影为一直径等于 $2'3'$ 的圆，于是作出这个圆的水平投影，并由 m' 在此前半圆周上，作出 m，再由 m' 和 m 根据投影规律作出 m''。

因为圆锥面的水平投影都是可见的，又由于点 M 的已知正面投影 m' 位于左半圆锥面上（见图 3-10），所以不论用哪种方法作出的 m 和 m'' 都是可见的。

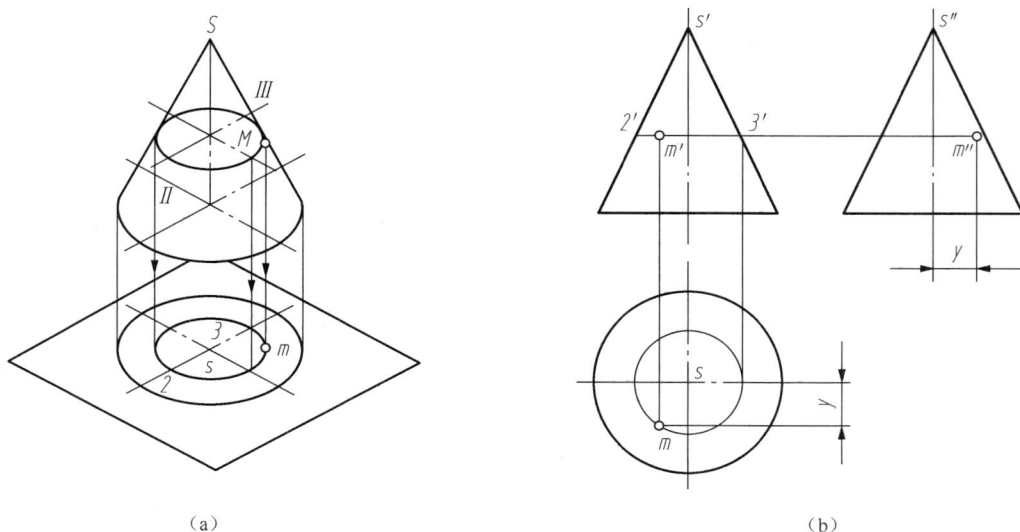

（a）　　　　　　　　　　　　　　　　　　（b）

图 3-10　用辅助纬圆法作圆锥面上点的投影

3. 圆球

圆球由圆球面所围成。圆球面是由一个圆母线绕通过其圆心且在同一平面上的轴线回转 180° 而形成的。

（1）圆球的投影。将图 3-11（a）所示的圆球分别向 V、H、W 面投射，即可得到其三面投影。

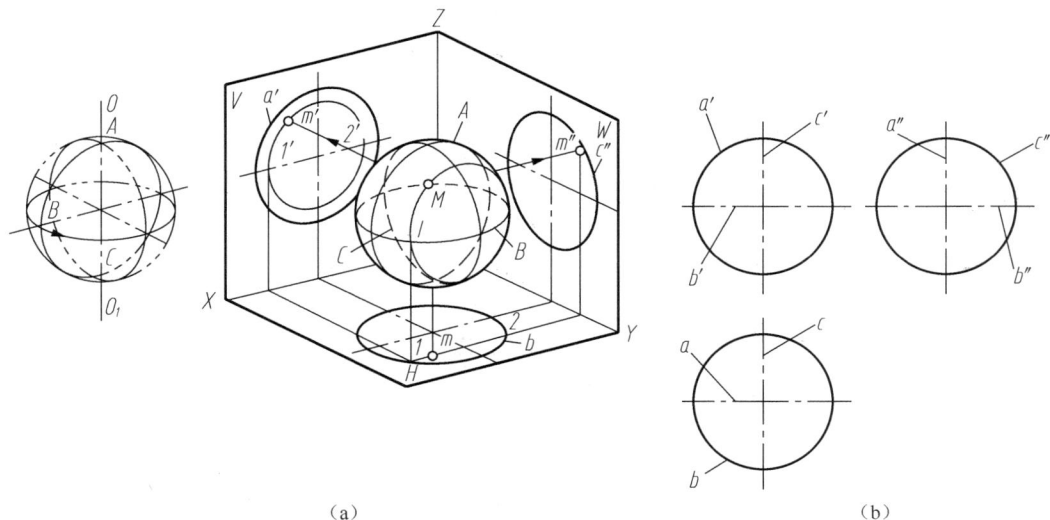

（a）　　　　　　　　　　　　　　　　　　（b）

图 3-11　圆球的投影

由图 3-11（a）可以看出，圆球的三面投影都是与圆球直径相等的圆，它们分别是该球面 3 个投影的转向轮廓线。正面投影的转向轮廓线，是球面上平行于 V 面的最大圆，它是前、后半球面的分界线；水平投影的转向轮廓线，是球面上平行于 H 面的最大圆，它是上、下半球面的分界线；侧面投影的转向轮廓线，是球面上平行于 W 面的最大圆，它是左、右半球面的分界线。

圆球的投影特性如下。

① 正面投影。以正面投影转向轮廓线为界，球的前半部分可见，后半部分不可见。位于球的后半部分的点，在正面投影图上都不可见。

② 水平投影。以水平投影转向轮廓线为界，球的上半部分可见，下半部分不可见。位于球的下半部分的点，在水平投影图上都不可见。

③ 侧面投影。以侧面投影转向轮廓线为界，球的左半部分可见，右半部分不可见。位于球的右半部分的点，在侧面投影图上都不可见。

作投影图时先按投影规律确定球心的三面投影，即画出确定球心的三个投影（三对中心线），再画出三个与球等直径的圆，如图 3-11（b）所示。

（2）圆球面上点的投影。圆球面的三面投影都没有积聚性，圆球面上也不存在直线，因此，在圆球面上求点的投影时，必须采用辅助纬圆法作出其表面上点的投影。其方法是：过点的已知投影作平行于任一投影面的辅助纬圆的各面投影，再利用线上取点的作图要求和点的投影规律，作出该点的其他投影。

【例 3-5】如图 3-12 所示，已知圆球面上点 M 的水平投影 m，求作点 M 的其他两投影 m'、m''，并判断其可见性。

【解】过点 M 作一平行于 V 面的辅助圆，即过点 m 作 OX 轴的平行线，交轮廓线于点 1、2，线段 12 就是辅助圆的水平投影，它的正面投影是直径等于线段 12 长度的圆，m' 必在该圆周上。由于点 m 可见，所以点 M 必在上半个圆球面上，于是由 m 在辅助圆的正面投影上作出 m'，再由 m 和 m' 按投影规律即可作出 m''。由于点 M 在左上前四分之一圆球面上，所以 m、m'' 都可见，如图 3-12 所示。

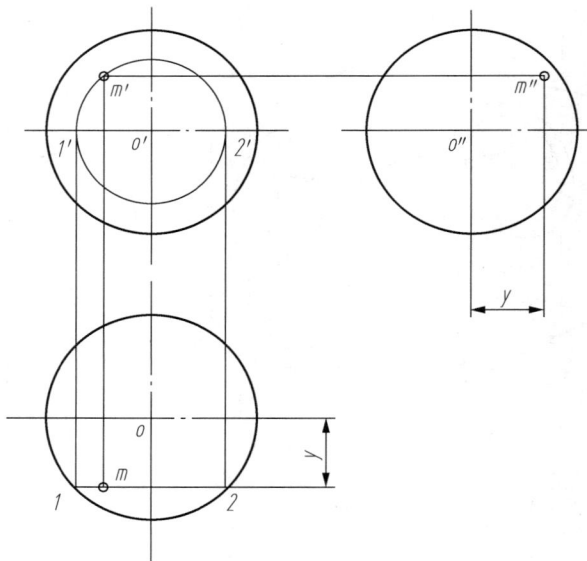

图 3-12　圆球面上点的投影

4. 圆环

圆环由圆环面所围成。圆环面是由一圆母线绕与其共面但不通过其圆心的轴线回转形成的。远离轴线的半个母线圆回转形成外环面，靠近轴线的半个母线圆回转形成内环面。

（1）圆环的投影。如图 3-13（a）所示，将一轴线垂直于水平面的圆环分别向 V、H、W 面作投射，即可得到其三面投影。

圆环投影中的轮廓线都是环面上相应转向轮廓线的投影。圆环的正面投影中，左、右两个圆是圆环面最左、最右两个素线圆的投影；上、下两条公切线是最高和最低两个圆的投影，它们都是对正面的转向轮廓线。左、右两实线半圆和上、下公切线形成的线框，是外环面的投影；左、右两虚线半圆和上下公切线形成的线框，是内环面的投影。圆环的侧面投影与正面投影的图形相同，图上各轮廓线的意义，读者自行分析。圆环的水平投影中，转向轮廓线是圆环面上垂直于轴线的最大圆和最小圆的投影，图中点画线圆是母线圆心回转轨迹的投影，也是内、外环面水平投影的分界线。

作投影图时，先按投影规律确定圆环轴线的三面投影，再确定母线圆心轨迹的三面投影，然后分别画出圆环面在三个投影面上可见、不可见的转向轮廓线的投影，如图 3-13（b）所示。

绘制圆环三视图

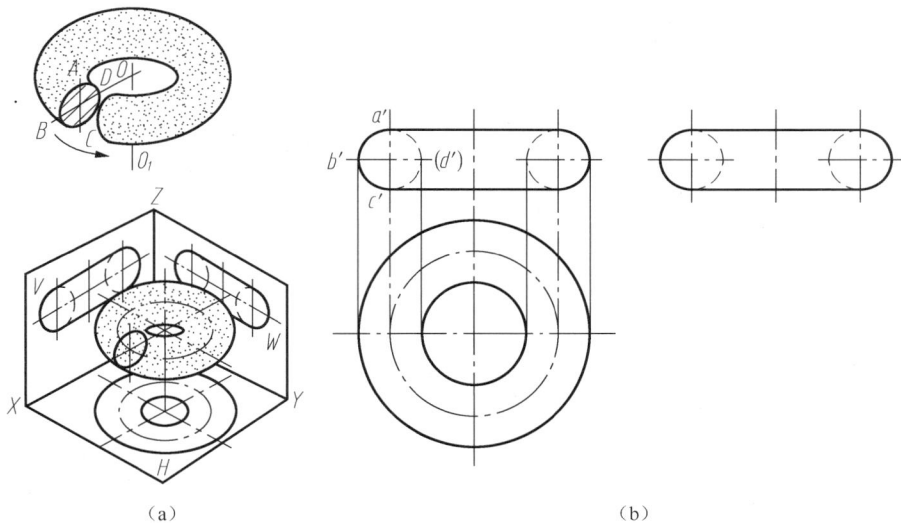

图 3-13　圆环的投影

（2）圆环面上点的投影。在圆环面上求点的投影时，通常利用辅助纬圆法。先作出指定点所在纬圆的三面投影，再根据求线上点的投影方法，求出指定点的三面投影。

圆环上点的投影分析

【例 3-6】如图 3-14 所示，已知圆环面上点 M 的正面投影 m′，求作点 M 的其他两投影 m、m″，并判断其可见性。

【解】通过分析点在圆环面上的位置可知，由于 m′ 可见，所以点 M 位于前半个圆环的外环面上。过点 M 在圆环面上作平行于水平面的辅助圆，就可由 m′ 求出 m 和 m″，m 和 m″ 均可见，如图 3-14 所示。

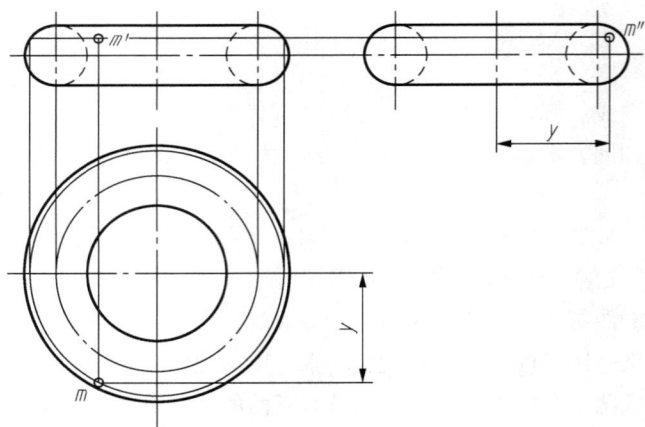

图 3-14　圆环面上点的投影

三、基本几何体的尺寸标注

图 3-15 和图 3-16 所示为常见基本几何体的尺寸标注。

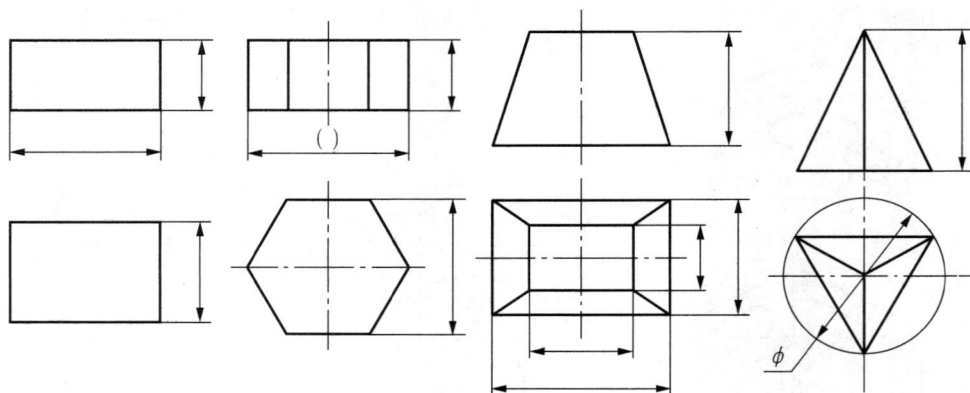

图 3-15　几种常见平面立体的尺寸标注

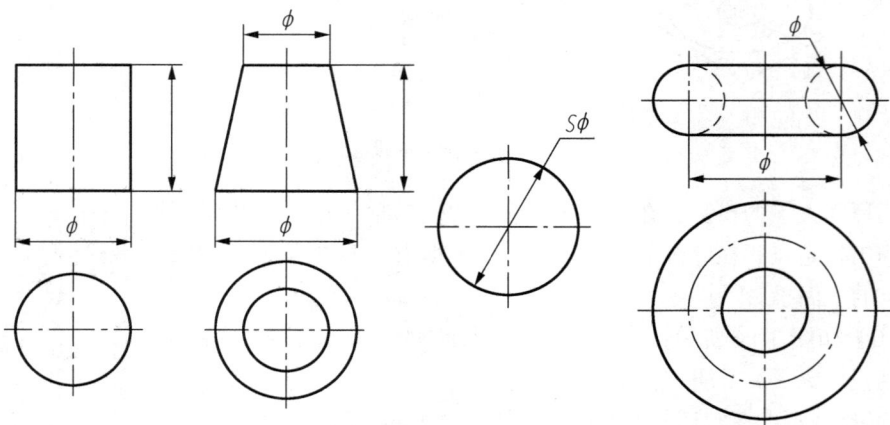

图 3-16　几种常见曲面立体的尺寸标注

任务二 切割体

任务引出

机件的结构形状常有立体被平面切割而成的情形，如图 3-17 所示，顶尖可看成由圆柱与圆锥组合后被平面切割而成，拨叉轴可看成是圆柱被平面切割，中间钻一个圆柱通孔而成的。掌握切割体的投影，有助于正确表达机件的结构形状和读图时对机件进行形体分析。

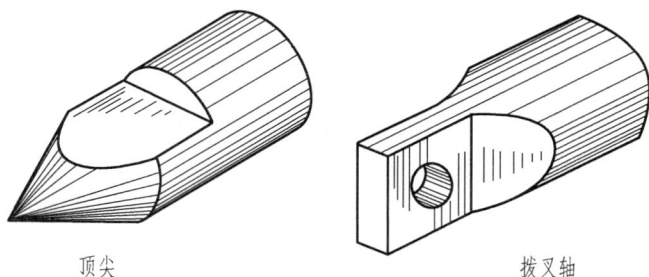

顶尖　　　　　　　　　　拨叉轴

图 3-17　切割体组成的零件

任务描述

切割体的投影分析是基于基本几何体的投影，以及平面与基本几何体表面相交的交线的投影分析。前面立体表面上点的投影分析是基础，交线的形状分析和投影分析是关键。

相关知识

一、切割体及截交线的概念

切割体是基本几何体被平面截切后的立体，该平面称为截平面，截平面与立体表面的交线称为截交线，截交线围成的平面图形称为截断面，如图 3-18 所示。

截交线的形状与基本几何体表面性质及截平面与基本几何体的位置有关。截交线具有以下两个基本性质。

（1）由于基本几何体表面是封闭的，因此截交线一般是封闭的平面图形。

（2）截交线既在截平面上，又在立体表面上，因此截交线是截平面与基本几何体表面的共有线，截交线上的点是截平面与基本几何体表面的共有点。

图 3-18　切割体的基本概念

由截交线的性质可以看出，求截交线的实质是求出截平面与立体表面的一系列共有点，然后依次连接各点即得截交线的投影。

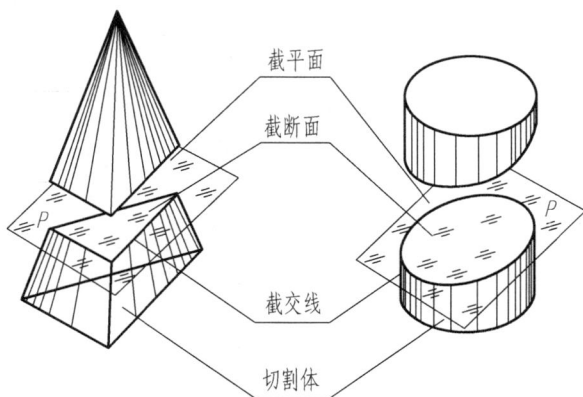

二、平面切割体的投影

由于平面立体的表面都是平面，所以平面立体的截交线应是平面多边形。多边形的顶点是截平面与立体棱线的交点，多边形的每一条边是截平面与立体表面的交线。因此，求平面切割体截交线的实质是求出截平面与立体各个被截棱线的交点，然后顺次连接即得截交线的投影。

【例 3-7】正五棱柱被截切，如图 3-19（a）、（d）所示，求作正五棱柱被截切后的投影。

平面截切棱柱后的
截交线

【解】正五棱柱是被正垂面截切的，正垂面截过了正五棱柱的 5 条棱线，故截交线必为封闭的五边形，五边形各顶点为截平面与 5 条棱线的交点。由于正垂面的截平面和正五棱柱各表面均为特殊位置平面，因此可利用积聚性直接作图。

作图方法如图 3-19（b）所示。

（1）因正五棱柱的 5 条棱线水平投影积聚，可先直接在水平投影上得到截交线的 5 个顶点 1、2、3、4、5，再在正面投影中作出 1′、2′、3′、4′、5′，最后根据投影规律求出各交点的侧面投影 1″、2″、3″、4″、5″。

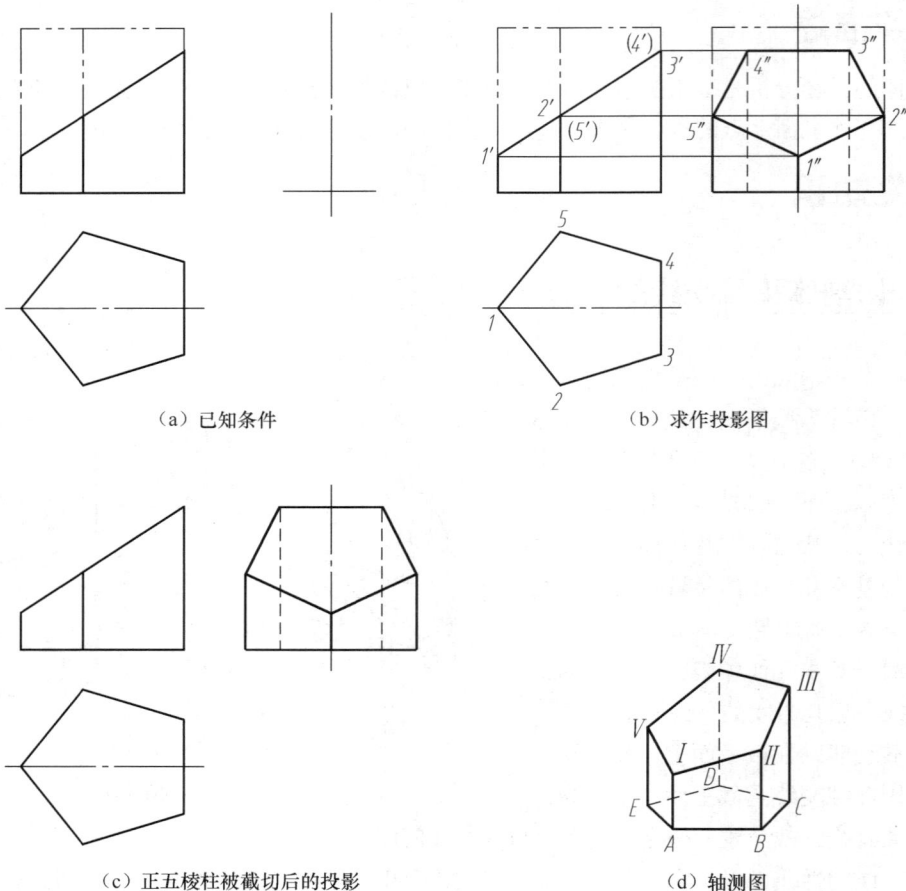

（a）已知条件

（b）求作投影图

（c）正五棱柱被截切后的投影

（d）轴测图

图 3-19　正五棱柱被截切后的投影

（2）依次连接各点的同面投影即得截交线的投影。连接时注意判别投影的可见性，可见投影用粗实线连接，不可见投影用细虚线连接。

（3）整理轮廓线，擦掉被截掉部分的轮廓线并将剩余部分描深，即完成切割体投影，如图 3-19（c）所示。

【例 3-8】如图 3-20（a）所示，求斜三棱锥被正垂面截切后的投影。

【解】斜三棱锥被一正垂面截切，且截平面截过了斜三棱锥的 3 条棱线，故截交线必为封闭的三角形。由于截平面为正垂面，利用投影的积聚性可直接得到截交线的正面投影，之后运用点在直线上的投影特性求出截交线的其他投影。

作图方法如图 3-20（b）所示。

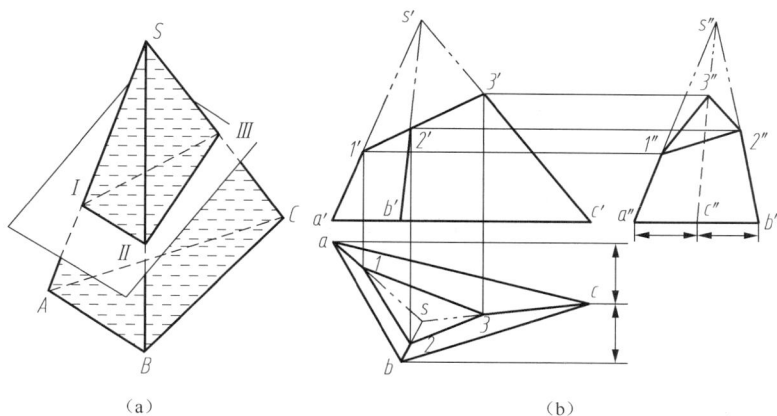

平面截切棱锥后的截交线

（a）　　　　　　　　　　　　　　（b）

图 3-20　斜三棱锥被截切后的投影

（1）利用投影的积聚性在正面投影中作出截平面与斜三棱锥 3 条棱线交点 Ⅰ、Ⅱ、Ⅲ 的正面投影 1′、2′、3′，然后根据点在直线上的投影特性作出这 3 个点的水平投影 1、2、3，侧面投影 1″、2″、3″。

（2）依次连接各点的同面投影即得截交线的投影。可见投影用粗实线连接，不可见投影用细虚线连接。

（3）整理轮廓线，擦掉被截掉部分的轮廓线并将剩余部分描深，完成被截斜三棱锥的投影。

【例 3-9】如图 3-21（a）所示，求正四棱柱开槽后的水平投影及侧面投影。

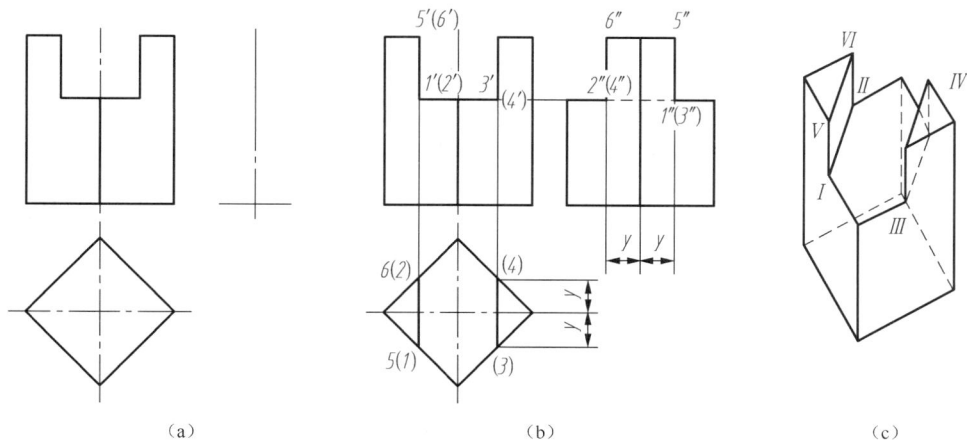

（a）　　　　　　　　　　（b）　　　　　　　　　　（c）

图 3-21　正四棱柱开槽后的水平投影及侧面投影

【解】正四棱柱开槽，可以看作是正四棱柱被 3 个截平面截切而成，如图 3-21（c）所示。可分别求出各截平面上截交线的投影。

作图方法如图 3-21（b）所示，这里需要注意的是，每个截平面与立体表面的交线都是封闭的多边形，而多边形的顶点除了截平面与各棱线的交点之外还包括平面与平面交线的端点。如图 3-21（c）所示的点Ⅰ、Ⅱ、Ⅲ、Ⅳ，它们也是多边形截交线的顶点。

三、曲面切割体的投影

曲面立体被截切后，截交线一般是封闭的平面曲线或平面曲线和直线围成的平面图形。作图时，首先要根据截平面与曲面立体的相对位置判断截交线的形状，然后求作截交线上的点，即截平面与曲面立体上被截各素线的交点，最后光滑连接各点即可。

求曲线截交线的作图步骤如下。

（1）求作特殊点：特殊点一般是指截交线上的最高、最低、最前、最后、最左、最右及转向轮廓线上的点。

（2）求作一般点：为保证准确作出截交线，在特殊点之间还需作出一定数量的一般点。

（3）判别各点的可见性，并顺次光滑连接各点：可见部分用粗实线连接，不可见部分用细虚线连接。

（4）整理图线：擦除切割掉的线条，补画暴露出来的线条。

1. 圆柱切割体

根据截平面与圆柱轴线位置不同，圆柱被切割后其截交线有 3 种不同的形状，如表 3-1 所示。

表 3-1　　圆柱的切割及截交线

截平面的位置	与轴线垂直	与轴线倾斜	与轴线平行
截交线的形状	圆	椭圆或椭圆弧加直线	矩形（其中二对边为圆柱面的素线）
立体图			
投影图			

【例 3-10】如图 3-22 所示，求斜截圆柱的投影。

【解】截切圆柱的平面与圆柱的轴线倾斜，其截交线为椭圆。由于截平面是正垂面，且圆柱的轴线垂直于 H 面，可知截交线的正面投影积聚为一直线，水平投影是圆。截交线的侧面投影则可根据正面投影和水平投影求得。

作图方法如图 3-22 所示。

（1）求截交线的特殊点：对于椭圆可先求出长、短轴的 4 个端点。长轴的两个端点 A、B 是椭圆的最低点和最高点，位于圆柱的最左和最右两条素线上；短轴的两个端点 C、D 是椭圆的最前点和最后点，位于圆柱的最前和最后两素线上。这 4 个点在 H 面上的投影分别为 a、b、c、d，在 V 面上的投影分别为 a′、b′、c′、d′。根据投影规律可求出 W 面投影 a″、b″、c″、d″。求出了这些特殊点，就确定了椭圆的大致范围。

（2）求作一般点：如图 3-22 所示，在水平投影上，取对称于中心线的 1、2 和 3、4 共 4 个点，然后按投影规律作出其正面投影 1′、2′、3′、4′，最后求出其侧面投影 1″、2″、3″、4″。

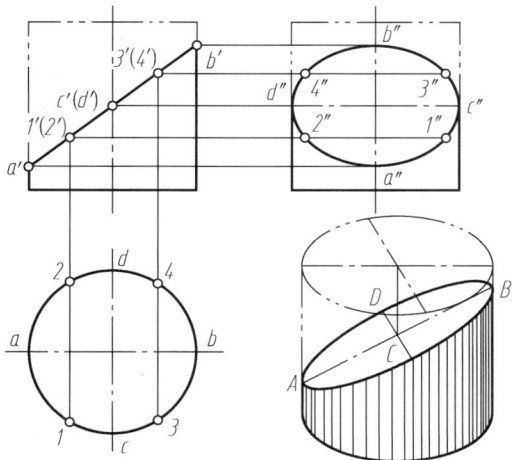

图 3-22 斜截圆柱的投影

（3）依次光滑连接各点，即可得截交线的侧面投影。

（4）整理轮廓线，擦掉被截掉部分的轮廓线并描深，即完成切割体投影。

【例 3-11】如图 3-23（a）所示，补全接头的正面投影和水平投影。

【解】从图 3-23（a）中可以看出，该接头的圆柱面的侧面投影有积聚性。接头左端的槽由两个平行于轴线的正平面 P、Q 和一个垂直于轴线的侧平面 R 切割而成。右端的凸榫可看作由水平面和侧平面切割圆柱而成，且上下对称，前后对称。

作图方法如图 3-23（b）、（c）所示。

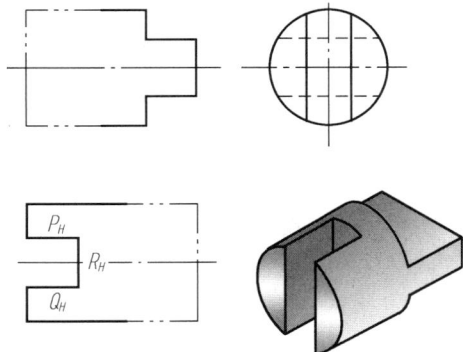

（a）

图 3-23 补全接头的正面投影和水平投影

（b）　　　　　　　　　　　　　　　　　　（c）

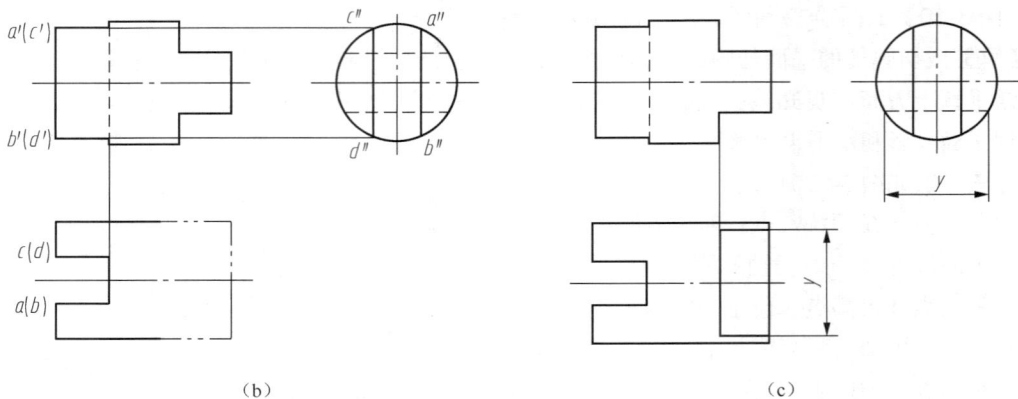

图 3-23　补全接头的正面投影和水平投影（续）

（1）接头左端，截平面 P、Q 与圆柱面的交线是 4 条平行的素线（侧垂线），它们的侧面投影分别积聚成点 a''、b''、c''、d''，且位于圆周上；水平投影中交线分别重合在 P_H、Q_H 上，根据两面投影可作出其正面投影。截平面 R 与圆柱的交线是两段平行于侧面，且夹在平面 P、Q 之间的圆弧，它们的侧面投影反映实形，并与圆柱面的侧面投影重合，正面投影分别积聚成上下各一段很短的直线。

整理轮廓线，标明可见性，左端的槽使得圆柱最上、最下两条素线被截断，所以正面投影只保留这两条转向轮廓线未被切割的部分，截平面 R（即左端槽的底面）的正面投影积聚成直线，在 4 条交线中间的部分被前方圆柱所遮挡而不可见，故画成细虚线，如图 3-23（b）所示。

（2）接头右端，作图方法与左端槽口相类似，请读者自行分析，如图 3-23（c）所示。

2. 圆锥切割体

截平面切割圆锥时，根据截平面与圆锥轴线位置的不同，与圆锥面的截交线有 5 种情况，如表 3-2 所示。

表 3-2　　　　　　　　　　　　　　　　圆锥的切割

截平面的位置	过锥顶	不过锥顶			
		$\theta = 90°$	$90° > \theta > \alpha$	$\theta = \alpha$	$\theta < \alpha$
截交线的形状	等腰三角形	圆	椭圆	抛物线+直线	双曲线+直线
立体图					
投影图					

【**例 3-12**】如图 3-24（a）所示，圆锥被正平面截切，求作截交线的投影。

【**解**】因为正平面与圆锥的轴线平行，所以截交线是双曲线。双曲线的水平投影积聚成一直线，而正面投影反映实形，利用辅助纬圆法作出 C、D、E 的正面投影，注意点 E 是截交线的最高点，过点 E 的纬圆与截平面相切，作图方法如图 3-24（b）所示。

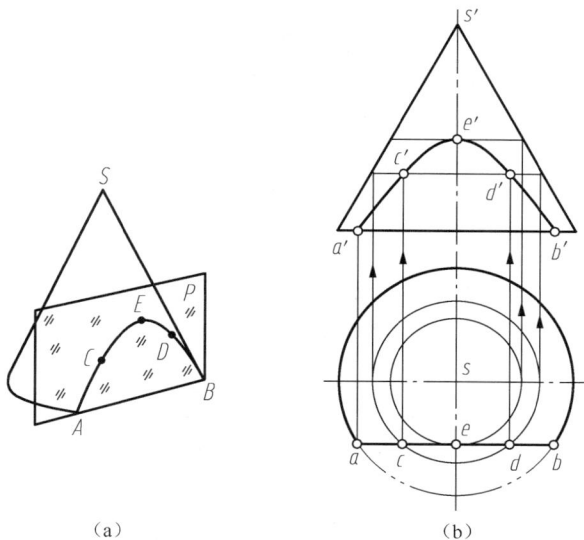

（a）　　　　　　　（b）

图 3-24　圆锥被正平面截切的投影

【**例 3-13**】如图 3-25 所示，求顶尖的水平投影。

【**解**】由于截平面 P 为侧平面，并与圆柱的轴线垂直，所以它与圆柱的截交线为圆弧。其正面投影和水平投影积聚成直线，侧面投影反映圆弧实形并与圆柱侧面投影重合；Q 为水平面，同时与圆锥和圆柱的轴线平行，所以该平面与圆柱的截交线为矩形，与圆锥的截交线为双曲线，其水平投影反映实形，正面投影和侧面投影都积聚成直线。其作图方法如图 3-25 所示。

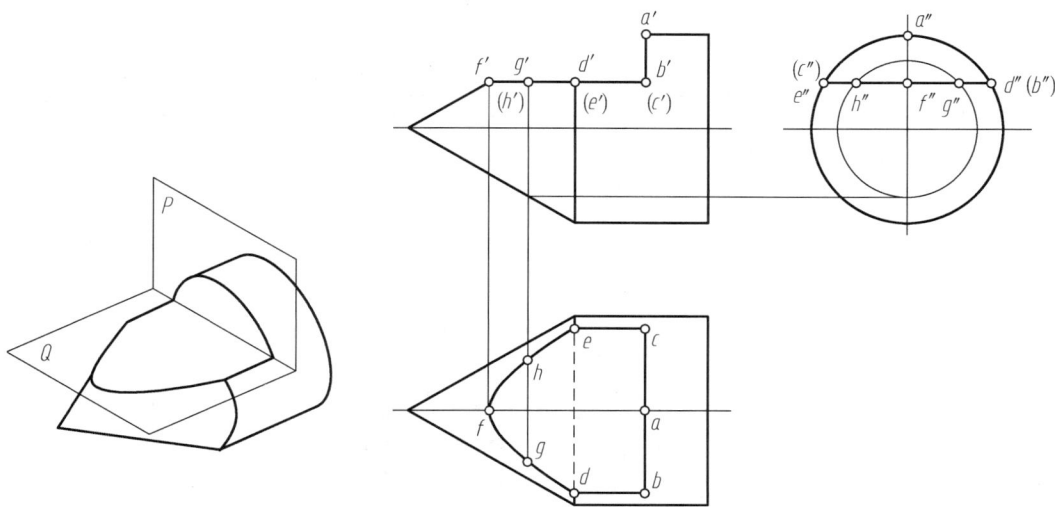

图 3-25　顶尖水平投影求法

（1）求特殊点：圆弧最高点 A 和前、后两端点 B、C 的正面投影和侧面投影可直接求出，由这两面投影可求出水平投影 a、b、c，圆弧的水平投影为直线。B、C 两个点又是截平面 Q 与圆柱截交线矩形右侧的两个端点，而矩形左侧的两个端点 D、E 的投影也可直接求得。点 D、E 同时是双曲线右侧的两个端点，双曲线左端顶点 F 的正面投影为 f'，因点 F 在圆锥正视转向轮廓线上，故可直接求出 f'' 和 f。

（2）求一般点：本例题只需求双曲线上的一般位置点，在积聚性的正面投影上选择 g'、h'，用辅助纬圆法求出侧面投影 g''、h''，根据 G、H 的两面投影即可求出其水平投影 g、h。

（3）光滑连接各点，即得顶尖的水平投影。图 3-25 中虚线为顶尖下部圆柱与圆锥的交线。

3. 圆球切割体

对于圆球来说，用任何方向的截平面切割，其截交线均为圆，圆的大小由截平面与球心之间的距离而定，如表 3-3 所示。

平面截切球面后的截交线

表 3-3　　　　　　　　　　　　　　　　　圆球的切割

说　　明	截平面为正平面	截平面为水平面	截平面为正垂面
轴测图			
投影图			

图 3-26 所示为圆球被水平面 Q 和侧平面 P 切割后所得截交线的三面投影。

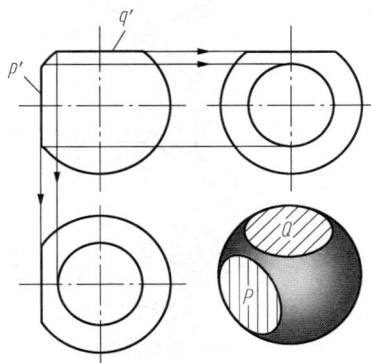

图 3-26　平面与球面截交线的基本作图

【例3-14】如图3-27所示，根据半圆球开槽后的正面投影，求作其水平投影和侧面投影。

【解】（1）空间分析。该立体是在半球的上部开出一个方槽后形成的。左右对称的两个侧平面 P 和水平面 Q 与球面的交线都是圆弧，平面 P 和 Q 彼此相交于直线段。

（2）作图。先画出立体的 3 个投影后，再根据方槽的正面投影作出其水平投影和侧面投影。

① 完成侧平面 P 的投影，如图 3-27（b）所示。根据分析，侧平面 P 的边界由平行于侧面的圆弧和直线组成。先由正面投影作出侧面投影（要注意圆弧半径的求法，可与图 3-26 中的截平面 P 的求法进行对照），其水平投影的两个端点，应由正面投影与侧面投影两个投影来确定。

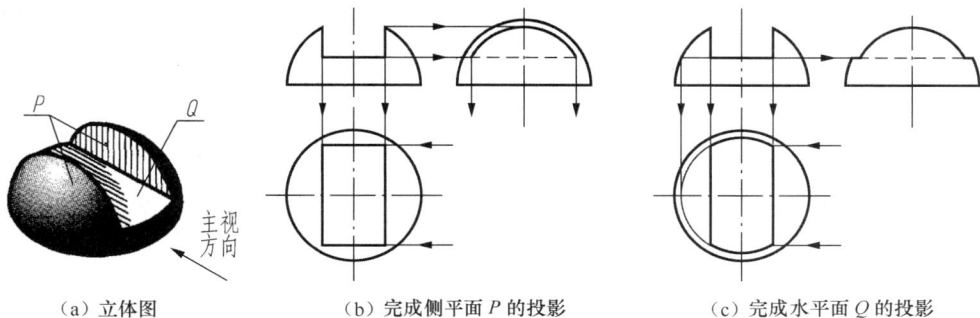

（a）立体图　　　　（b）完成侧平面 P 的投影　　　　（c）完成水平面 Q 的投影

图 3-27　球上开槽的画法

② 完成水平面 Q 的投影，如图 3-27（c）所示。由分析可知，水平面 Q 的边界是由相同的两段水平圆弧和两段直线组成的对称形。作水平投影时，也要注意圆弧半径的求法（可与图 3-26 中的截平面 Q 的求法进行对照）。

还应注意，球面对侧面的转向轮廓线，在开槽范围内已被切掉。

绘制切槽半球的
三视图

四、切割体尺寸标注

切割体除了要标注基本几何体的尺寸之外，还要标注切口（截切）的位置尺寸。因为截平面与立体的相对位置确定后，截交线的形状和大小也已确定，所以截交线上是不需要注尺寸的。常见切割体的尺寸注法如图 3-28 所示。

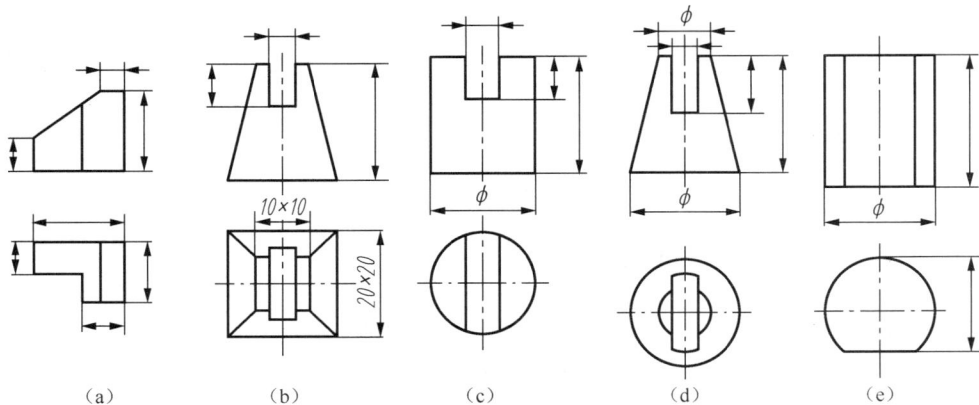

（a）　　　　（b）　　　　（c）　　　　（d）　　　　（e）

图 3-28　常见切割体尺寸标注

（f）　　　　　　　　　　　（g）

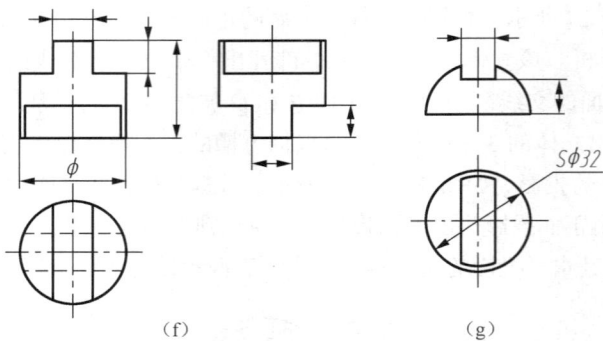

图 3-28　常见切割体尺寸标注（续）

任务三　相贯体

任务引出

机件的结构形状常由立体与立体相交而形成，如图 3-29 所示，两立体相交即为相贯。掌握相贯体的投影，有助于读者正确表达机件的结构形状和读图时对机件进行形体分析。

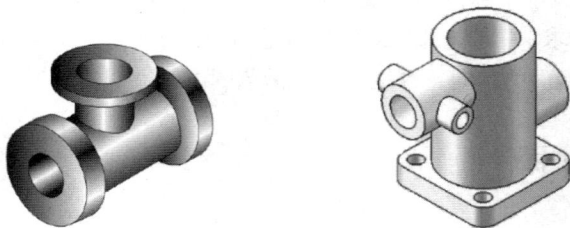

图 3-29　相贯体组成的机件

任务描述

相贯体的投影分析是基于基本几何体的投影，以及两相交的基本几何体表面与表面相交的交线的投影。立体表面取点分析是基础，交线的形状分析和投影分析是关键。

相关知识

一、相贯体及相贯线的概念

相贯体是两基本几何体相交而形成的立体，表面产生的交线称为相贯线。相贯线的形状取决于两基本几何体各自的形状、大小和相对位置。机件上常见的相贯体，以由两回转体相交而成最为常见，这里仅讨论这类相贯线的性质和作图分析，如图 3-30 所示。

图 3-30　相贯体表面的相贯线

两回转体相交时，相贯线有下列基本性质。

（1）相贯线是两曲面立体表面的共有线，也是两相交曲面立体的分界线。相贯线上的点一定是两立体表面的共有点。

（2）由于立体的表面是封闭的，因此相贯线一般为封闭的空间曲线，特殊情况下也可能是平面曲线或直线。

求相贯线的实质是求两回转体表面上一系列共有点的连线，应先作出相贯线上一些特殊点的投影，如回转体投影的转向轮廓线上的点，对称的相贯线在其对称面上的点，以及如最高、最低、最左、最右、最前、最后这些确定相贯线形状和范围的点，然后再作出一般点，从而作出相贯线的投影。

二、利用积聚性求相贯线

当相交的两曲面立体中有一个是圆柱面，其轴线垂直于投影面时，则该圆柱面的投影积聚为一个圆，即相贯线上的点在该投影面上的投影也一定积聚在该圆上，其他投影可根据表面取点的方法求出。

【例 3-15】求图 3-31 所示两圆柱正交的相贯线。

【解】两圆柱轴线垂直相交为正交，其相贯线的水平投影积聚在轴线铅垂圆柱的水平投影圆上，侧面投影积聚在轴线侧垂圆柱的侧面投影圆上，根据相贯线的水平投影和侧面投影即可求出其正面投影。作图方法如图 3-31 所示。

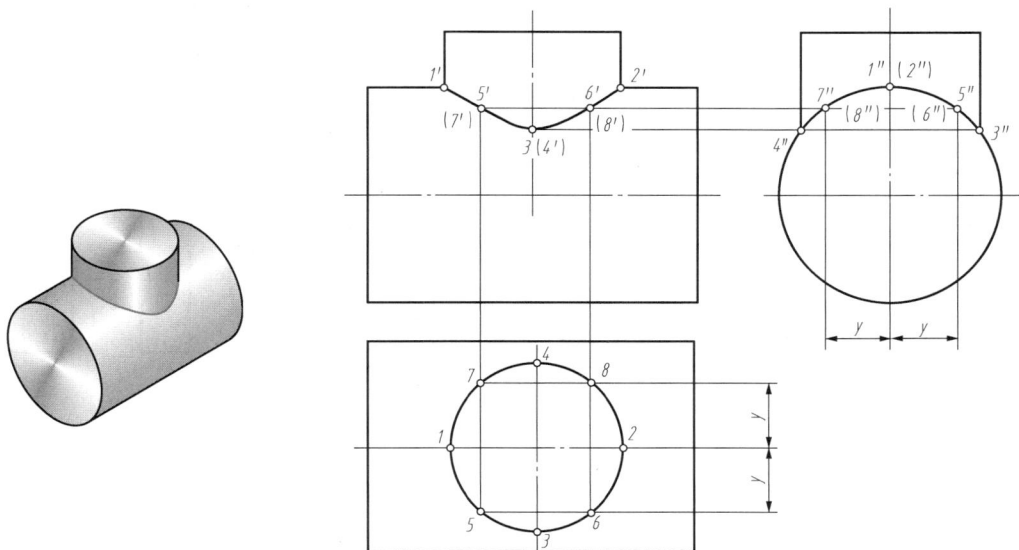

图 3-31　两圆柱正交求相贯线

（1）求特殊点：点Ⅰ、点Ⅱ是铅垂圆柱的最左和最右素线与侧垂圆柱的最上素线的交点，是相贯线上的最左和最右点，同时也是最高点，可在投影图中直接找到点Ⅰ、点Ⅱ的三面投影；点Ⅲ、点Ⅳ是铅垂圆柱最前和最后素线与侧垂圆柱面的交点，它们是最前点和最后点，也是最低点，3′和4′可根据水平投影和侧面投影作出。

（2）求一般点：在铅垂圆柱的水平投影圆上取点5、6、7、8，它们的侧面投影5″、6″、7″、8″在侧垂圆柱侧面的积聚性投影圆上，其正面投影5′、6′、7′、8′可根据已知两面投影求出。

（3）顺次连接各点的正面投影，即得相贯线的正面投影。前半相贯线正面投影 1′5′3′6′2′可见，用粗实线绘制，后半相贯线 1′7′4′8′2′不可见，但与前半相贯线重合，如果不重合，则用细虚线画出，如图 3-31 所示。

两圆柱正交是机械零件上常见的情况，如图 3-32 所示，无论是两个外表面相贯、外表面与内表面相贯，还是两个内表面相贯，只要相贯的两立体形状和位置一样，相贯线的形状都是一样的，而且求这些相贯线的方法也是相同的。

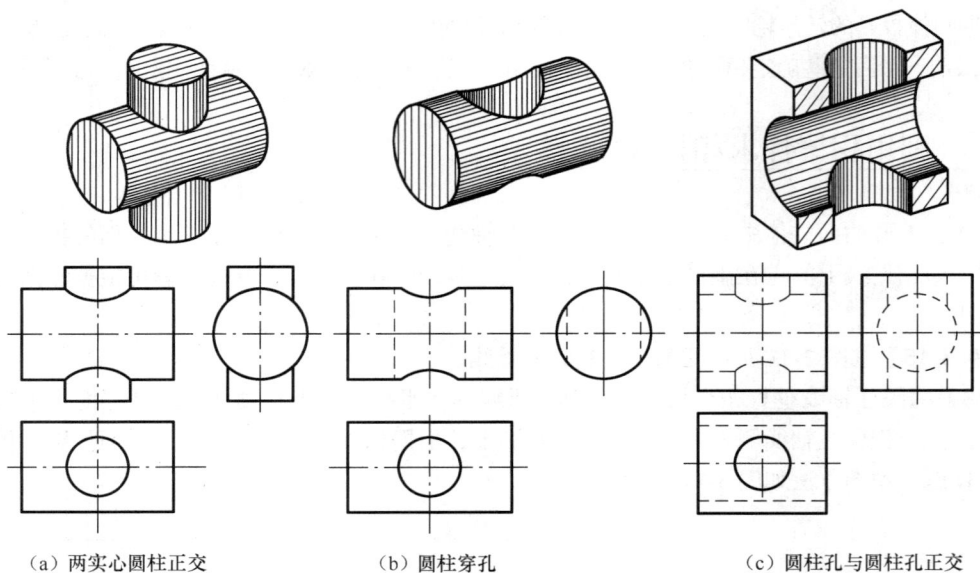

| （a）两实心圆柱正交 | （b）圆柱穿孔 | （c）圆柱孔与圆柱孔正交 |

图 3-32　圆柱与圆柱正交的 3 种情况

正交两圆柱相对位置不变，尺寸变化时，相贯线的形状和位置也将随之变化，如图 3-33 所示。

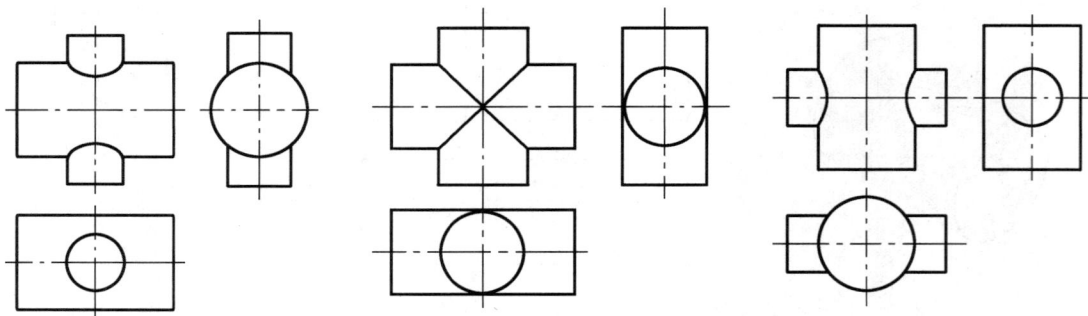

图 3-33　尺寸变化对相贯线的影响

三、两回转体相贯线的特殊情况

（1）两圆柱轴线平行相交或两圆锥共锥顶相交时，其相贯线为直线，如图 3-34 所示。

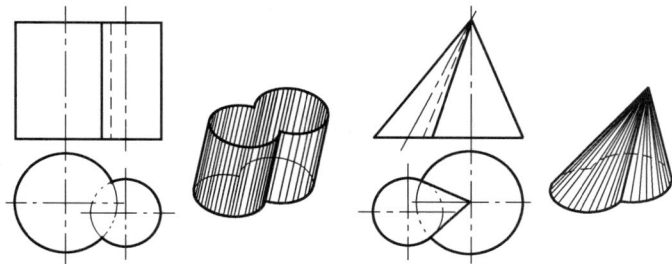

图 3-34　特殊相贯线的情况（一）

（2）两个同轴回转体的相贯线是垂直于轴线的圆，是平面曲线，如图 3-35（a）所示。

（3）两回转体轴线相交，且平行于同一投影面，若它们公切一个球，则相贯线是垂直于这个投影面的两个椭圆，是两条平面曲线，如图 3-35（b）所示。

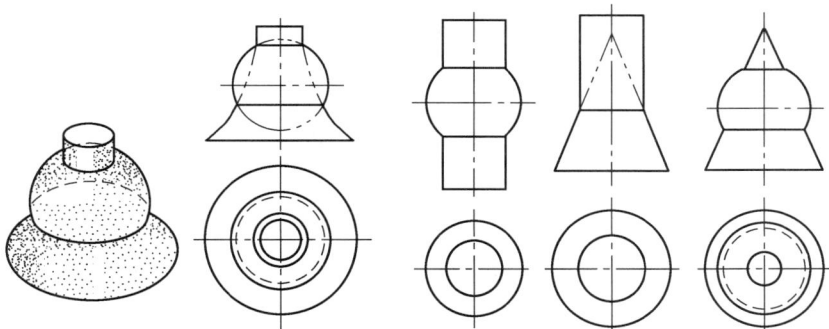

（a）相贯线为平面圆

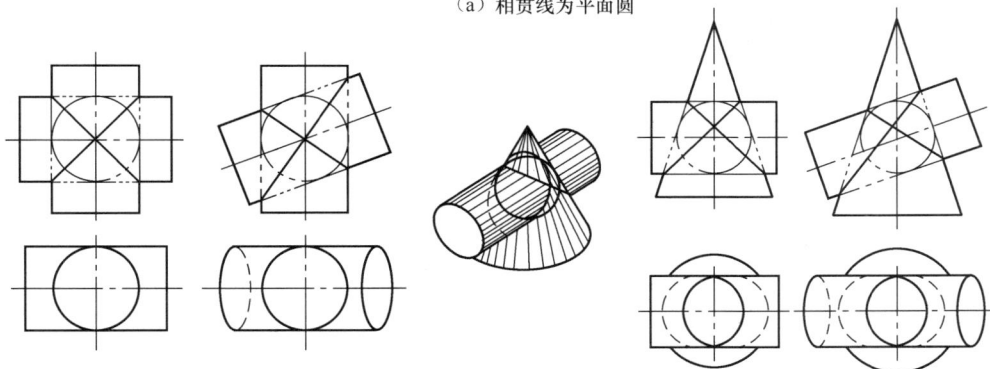

（b）相贯线为椭圆

图 3-35　特殊相贯线的情况（二）

四、相贯线的近似画法

国家标准规定，绘制机件图样时，为了简化作图，允许采用近似画法，即用圆弧代替相贯线的投影，如图 3-36 所示，相贯线的正面投影以大圆柱的半径为半径画圆弧即可。

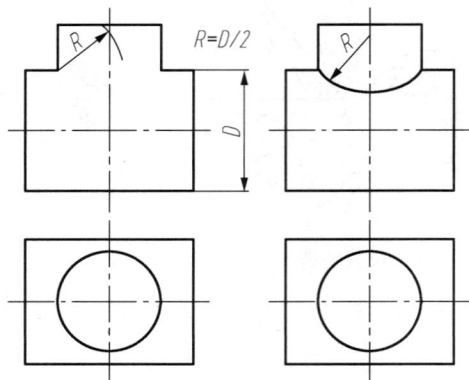

综合案例——相贯线的近似画法

图 3-36　相贯线的近似画法

五、相贯体的尺寸标注

两立体相交，除了要标注出两立体的尺寸外，还要标出两立体的相对位置尺寸，但不能标注相贯线形状大小的尺寸，如图 3-37 所示。

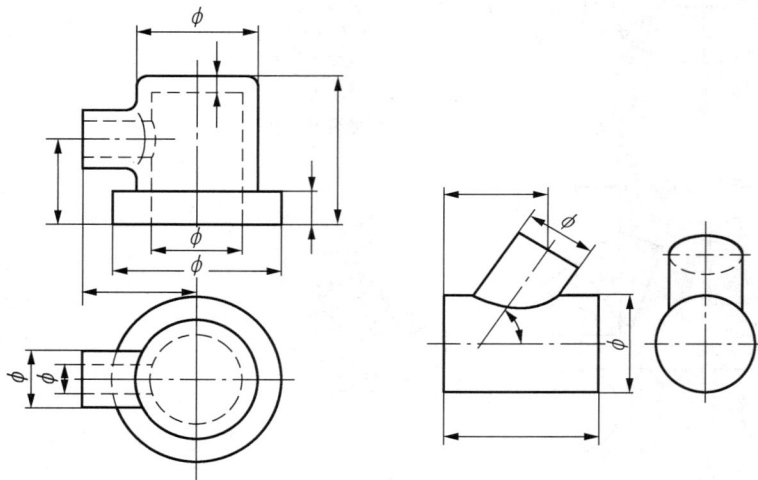

图 3-37　相贯体的尺寸标注

模块四

轴测图

前面介绍的多面正投影，完全可以表示空间物体的形状和大小，但是它缺乏立体感，需要掌握正投影原理才能看懂，进而才能想象出物体的形状。轴测图接近于人们的视觉习惯，直观性强，富有立体感。但与多面正投影相比，轴测图不能反映物体各表面的实形，因而度量性差，同时作图较复杂。因此，在工程上常把轴测图作为辅助图样，用在产品说明书中表示产品的外形，或作为产品拆装、使用和维修的说明，或用于结构设计、管道系统图以及广告等方面。目前，计算机辅助设计（CAD）技术正在普及，轴测图表示法正日益广泛地用于产品几何模型的设计。

在制图教学中，轴测图也是发展空间构思能力的手段之一，有助于想象物体的形状，培养空间想象能力。

【学习目标】

（1）掌握轴测图的基本知识。

（2）掌握正等轴测图的画法。

（3）掌握斜二轴测图的画法。

任务一 轴测图的基本知识

任务引出

图 4-1（a）所示的轴测图是有立体感的平面图形，是一种单面投影图，在一个投影面上能同时反映出物体 3 个坐标面的形状，轴测图作为辅助图样，可弥补图 4-1（b）所示的多面正投影的不足。

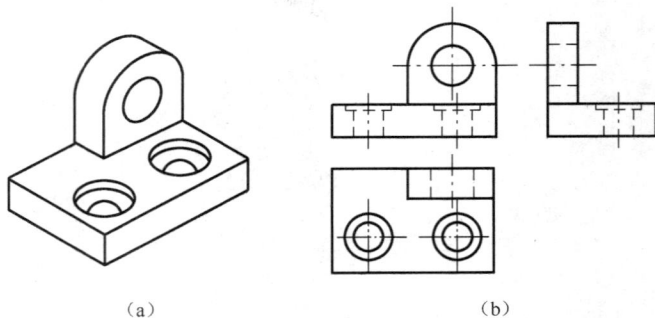

（a）　　　　　　　　　　　　　（b）

图 4-1　正投影图与轴测投影图的比较

任务描述

"轴测"即沿轴向测量，是根据坐标对应关系作图的，即利用物体上的点、线、面等几何元素在空间坐标系中的位置，用沿轴向测定的方法，确定其在轴测坐标系中的位置，从而得到相应的轴测图，实际上是两种坐标系的转换。因而要正确绘制和识读轴测图，还必须掌握轴测图的形成及投影特性等基本知识。

相关知识

一、轴测图的形成及投影特性

1. 轴测图的形成

将物体连同其空间直角坐标系，沿不平行于任一坐标面的方向，用平行投影法投射在单一投影面上所得到的图形称为轴测图，如图 4-2 所示。其中单一投影面 P 称为轴测投影面，S 称为轴测投射方向。空间直角坐标系的直角坐标轴 OX、OY、OZ 在轴测投影面上的投影 O_1X_1、O_1Y_1、O_1Z_1 称为轴测轴。两轴测轴间的夹角 $\angle X_1O_1Y_1$、$\angle Y_1O_1Z_1$、$\angle X_1O_1Z_1$ 称为轴间角，3 根轴测轴的交点 O_1 称为原点，各轴测轴上的单位长度与相应直角坐标轴上的对应单位长度的比值称为轴向伸缩系数，OX、OY、OZ 轴的轴向伸缩系数分别用 p_1、q_1、r_1 表示。当 3 个轴向伸缩系数都相等时称为等测，有两个相等时称为二测，都不等时称为三测。

轴测图的生成原理

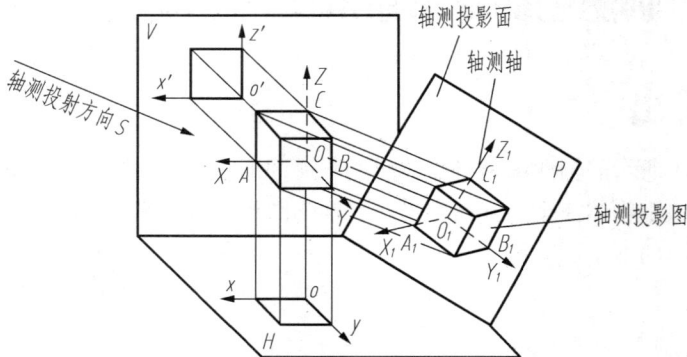

图 4-2　轴测图的形成

2. 轴测图的投影特性

由于轴测图是采用平行投影法形成的，因此它具有平行投影的投影特性。

（1）物体上互相平行的线段，在轴测图上仍然互相平行。

（2）物体上平行于坐标轴的线段，在轴测图中仍平行于相应的轴测轴，且同一轴向所有线段的轴向伸缩系数相同。

画轴测图时，物体上与轴测轴平行的线段的尺寸可以沿轴向直接量取。

二、轴测图的分类

根据轴测投射方向与轴测投影面的相对位置不同，轴测图分为正轴测图和斜轴测图两类。

（1）正轴测图。轴测投射方向垂直于轴测投影面所得的轴测图称为正轴测图。

（2）斜轴测图。轴测投射方向倾斜于轴测投影面所得的轴测图称为斜轴测图。

最常用的是本书所介绍的正等轴测图和斜二轴测图。在轴测图中，应用粗实线画出物体的可见轮廓线，不可见轮廓线一般不要求画出，必要时可用细虚线画出物体的不可见轮廓。

任务二　正等轴测图

任务引出

正等轴测图是工程上最常用的轴测图。

任务描述

正等轴测图，"正"即正投影，"等"即 3 个轴向伸缩系数都相等。

相关知识

一、正等轴测图的轴间角与轴向伸缩系数

当物体上空间直角坐标系的 3 根坐标轴与轴测投影面的倾角均相等时，用正投影法将物体向投影面投射所得到的图形称为正等轴测图，简称正等测，如图 4-3（a）所示。

在正等轴测图中，轴间角 $\angle X_1 O_1 Y_1 = \angle Y_1 O_1 Z_1 = \angle X_1 O_1 Z_1 = 120°$，作图时将 $O_1 Z_1$ 轴画成铅垂线，$O_1 X_1$、$O_1 Y_1$ 轴分别与水平线成30°角，如图 4-3（b）所示。

正等轴测图各轴向伸缩系数均相等，即 $p_1 = q_1 = r_1 = 0.82$（证明略）。画图时，物体长、宽、高 3 个方向的尺寸均要缩小为原来大小的 82%。为了作图方便，通常采用简化的轴向伸缩系数，即 $p_1 = q_1 = r_1 = 1$，作图时，凡平行于轴测轴的线段，可直接按物体上相应线段的实际长度量取，不需换算。这样画出的正等轴测图，沿各轴向长度是原长的 $1/0.82 \approx 1.22$ 倍，但形状没有改变。

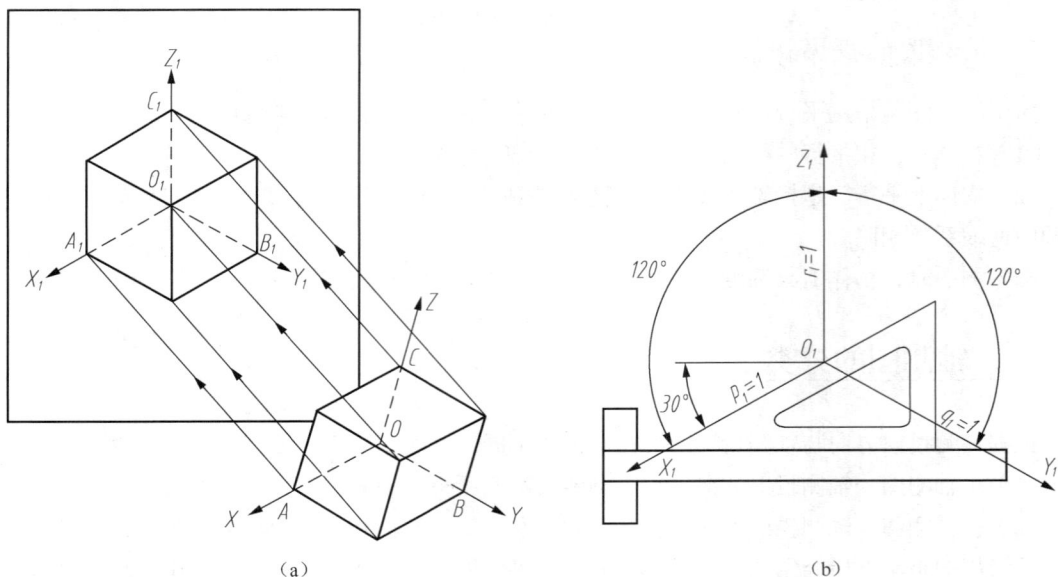

图 4-3 正等轴测图的轴间角和轴向伸缩系数

二、平面立体正等轴测图的画法

画轴测图常用的方法主要有坐标法和切割法。

1. 坐标法

坐标法是先定出直角坐标轴和坐标原点，画出轴测轴，再按立体表面上各顶点或线段端点的坐标，画出其轴测投影，然后连接有关的点，完成轴测图。该方法是绘制轴测图的基本方法，它既适用于平面立体，也适用于曲面立体；既适用于正等轴测图，也适用于其他轴测图的绘制。

【例 4-1】如图 4-4（a）所示，根据投影图求作立体的正等轴测图。

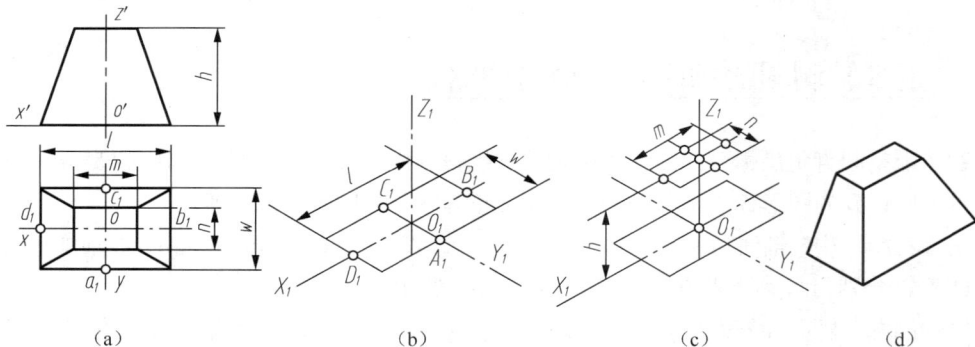

图 4-4 运用坐标法画正等轴测图

【解】从投影图可知，该立体为前后、左右对称的正四棱台。采用坐标法作图，其方法及步骤如下。

（1）分析形体，选定坐标原点。因形体前后、左右对称，故选择底面的中心为坐标原点，如

图 4-4（a）所示。

（2）画出轴测轴，作底面的轴测投影。如图 4-4（b）所示，先根据各底边的中点 a_1、b_1、c_1、d_1 的坐标，找出它们的轴测投影 A_1、B_1、C_1、D_1，再通过这 4 点分别作相应轴测轴的平行线，从而得到底面的轴测投影。

（3）根据尺寸 h 确定顶面的中心，作顶面的轴测投影，如图 4-4（c）所示。

（4）连接底面、顶面的对应顶点，擦去作图过程线及不可见轮廓线，加粗可见轮廓线，完成四棱台的正等轴测图，如图 4-4（d）所示。

2. 切割法

切割法是以坐标法为基础，先用坐标法画出简单完整的基本体，再按形体分析的方法逐步切割而完成轴测图的。切割法适于绘制具有切割面的物体。

【例 4-2】如图 4-5（a）所示，根据三视图画立体的正等轴测图。

【解】从题图可知，该立体为切割方式形成的平面组合体，其方法及步骤如下。

（1）分析形体，选定坐标原点 O，如图 4-5（a）所示。

（2）画轴测轴，按立体的长、宽、高尺寸画出其外形（长方体，即方箱）的轴测图，如图 4-5（b）所示。

（3）从三视图可知，立体的左、前、上方被切割出长方体空腔，根据相应尺寸画出该空腔的轴测图，如图 4-5（c）所示。

（4）根据主视图中的斜线与俯视图对应，得知立体后立板被正垂面切角；再根据左视图中的斜线与主视图对应，得知立体右立板被侧垂面切角。画出两切角的轴测图，如图 4-5（d）所示。

（5）整理全图，擦去作图过程线，加粗可见轮廓线，完成全图，如图 4-5（e）所示。

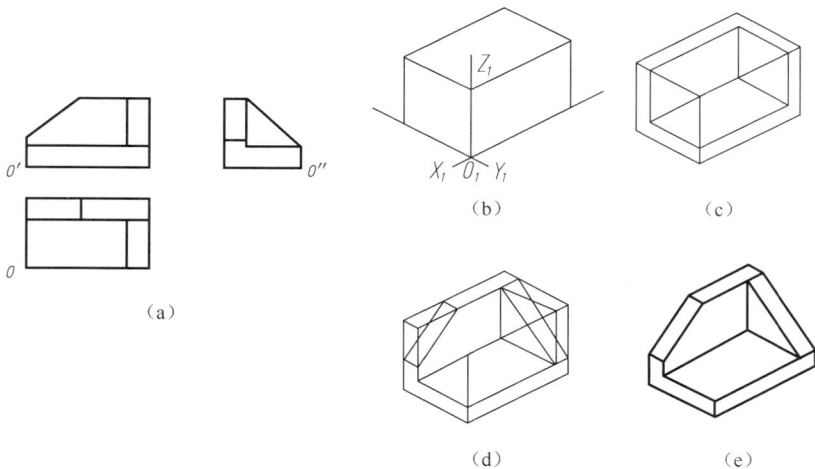

图 4-5 运用切割法画正等轴测图

三、曲面立体正等轴测图的画法

曲面立体一般要画平行于坐标面的圆的正等轴测图，通常采用四心法近似作椭圆画出。

1. 圆柱的正等轴测图的画法

【例 4-3】求作图 4-6（a）所示圆柱体的正等轴测图。

【解】图 4-6（a）所示的直立圆柱的轴线垂直于水平面，上、下底圆与水平面平行且大小相同，在轴测图中均为椭圆。可按圆柱的直径 ϕ 和高度 h 作出两个形状大小相同、中心距为 h 的椭圆，再作两椭圆的公切线。作图方法及步骤如下。

圆柱的正等轴测图画法

（1）选定坐标轴及坐标原点。由圆柱上底圆与坐标轴的交点定出点 a、b、c、d，如图 4-6（a）所示。

（2）画轴测轴，定出 4 个切点 A_1、B_1、C_1、D_1，过 4 个点分别作 X_1、Y_1 轴的平行线，得外切正方形的轴测图（菱形）。沿 Z_1 轴量取圆柱高度 h，用同样方法作出下底菱形，如图 4-6（b）所示。

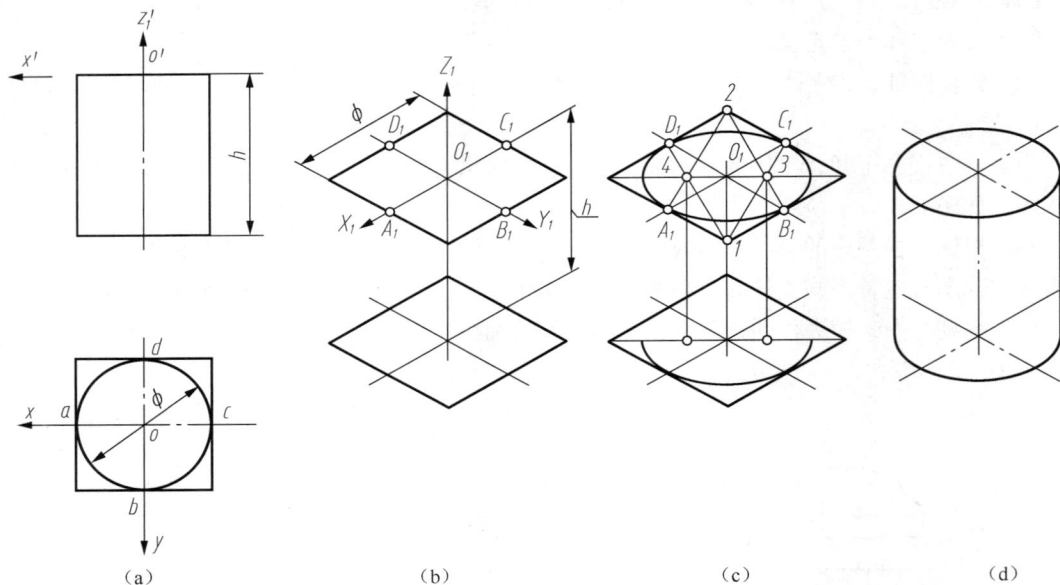

图 4-6　圆柱的正等轴测图的画法

（3）过菱形两顶点 1、2，连接 $1C_1$、$2B_1$ 得交点 3，连接 $1D_1$、$2A_1$ 得交点 4。1、2、3、4 即为形成近似椭圆的 4 段圆弧的圆心。分别以 1、2 为圆心，$1C_1$ 为半径作圆弧 C_1D_1 和圆弧 A_1B_1；分别以 3、4 为圆心，$3B_1$ 为半径作圆弧 B_1C_1 和圆弧 A_1D_1，得圆柱上底圆的轴测图（椭圆）。将椭圆的 3 个圆心 2、3、4 沿 Z_1 轴平移距离 h，作出下底椭圆，不可见的圆弧不必画出，如图 4-6（c）所示。

（4）作出两椭圆的公切线，擦去多余图线，描深，完成圆柱正等轴测图，如图 4-6（d）所示。

当圆柱轴线垂直于正平面或侧平面时，轴测图的画法与上述相同，只是圆平面内所含的轴测轴应分别为 X_1 轴、Z_1 轴和 Y_1 轴、Z_1 轴，如图 4-7 所示。

图 4-7　不同方向圆柱的正等轴测图

2. 圆角的正等轴测图的画法

平行于坐标面的圆角是圆的一部分，图 4-8（a）所示的平板中的圆角为常见的 1/4 圆周的圆角，其正等轴测图恰好是上述近似椭圆的 4 段圆弧中的一段。具体作图步骤如下。

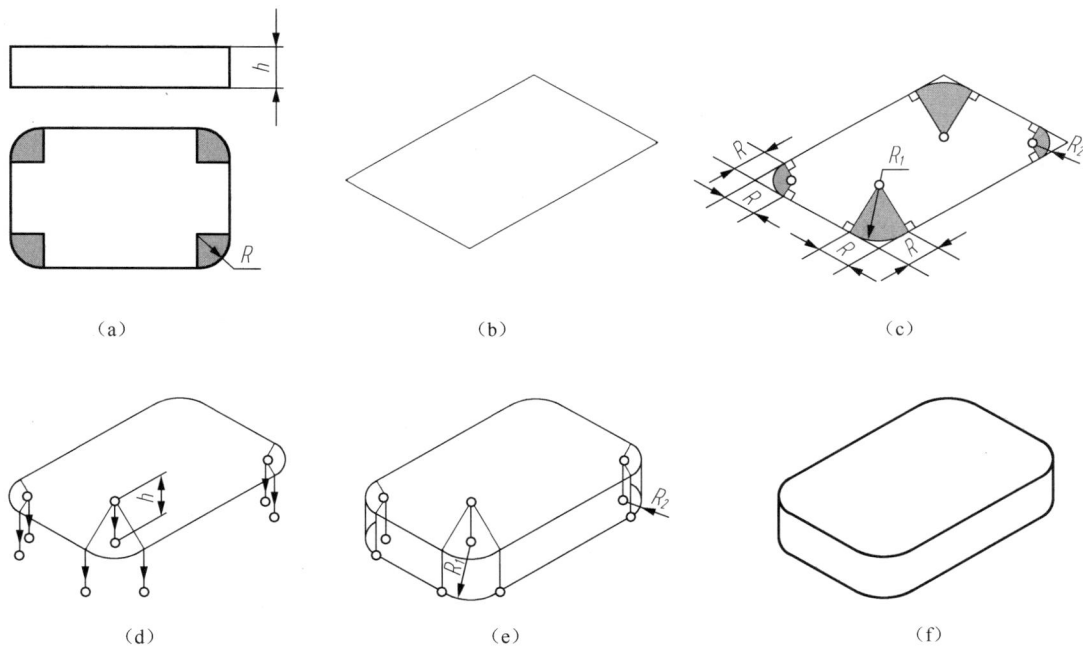

（a）　　　　　　　　　　　　　　　（b）　　　　　　　　　　　　　　　（c）

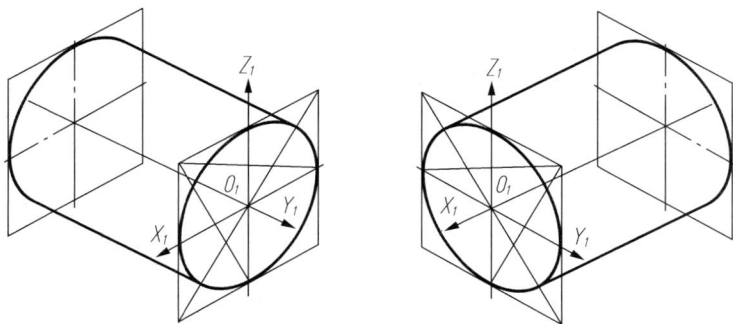

（d）　　　　　　　　　　　　　　　（e）　　　　　　　　　　　　　　　（f）

图 4-8　圆角的正等轴测图的画法

（1）首先画出平板上面（矩形）的正等轴测图，如图 4-8（b）所示。

（2）沿棱线分别量取 R，确定圆弧与棱线的切点；过切点作棱线的垂线，垂线与垂线的交点即为圆心，圆心到切点的距离即连接弧半径 R_1 和 R_2；分别画出连接弧，如图 4-8（c）所示。

（3）分别将圆心和切点向下平移 h（板厚），如图 4-8（d）所示。

（4）画出平板下面（矩形）和相应圆弧的正等轴测图，作出左右两段小圆弧的公切线，如图 4-8（e）所示。

（5）擦去作图线并描深，完成带圆角平板的正等轴测图，如图 4-8（f）所示。

3. 组合体正等轴测图的画法举例

【例 4-4】 根据图 4-9 所示的视图，画出该组合体的正等轴测图。

【解】 对题图进行形体分析可知，该立体由带圆角及安装孔的底板、上圆下方中孔的支承及左右对称的两个三角形肋板组成，为左右对称的叠加式组合体。其底板上表面为各部分的结合面，故选定底板上表面的后方中点为坐标原点，如图 4-9 所示。其作图方法及步骤如下。

（1）画轴测轴，并按完整的长方体画出底板的轴测图，如图 4-10（a）所示。

（2）按整体的长方体画出支承的轴测图，如图 4-10（b）所示。

图 4-9 组合体的视图

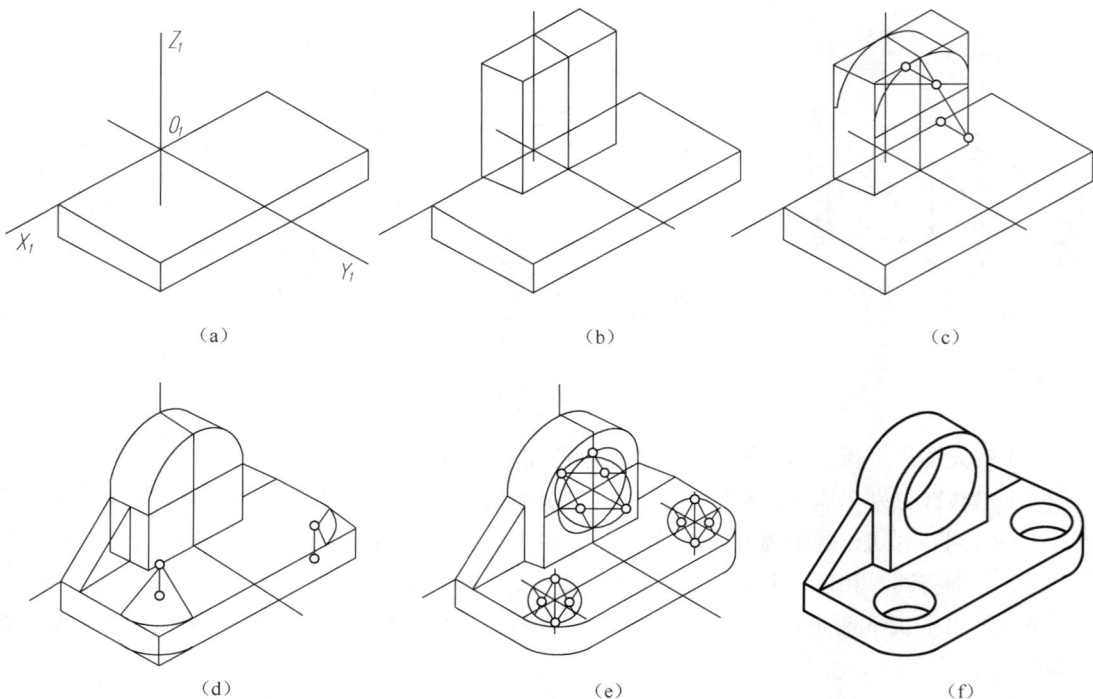

（3）画支承上部分的半圆柱面，先按四心法画出前表面的半个椭圆，再向 O_1Y_1 轴方向平移圆心，画出后表面的半个椭圆，并作出两椭圆右侧的公切线，如图 4-10（c）所示。

（4）画三角形肋板及底板圆角的轴测图，如图 4-10（d）所示。

（5）画 3 个圆孔的轴测图，因椭圆短轴的长度大于厚度，故应画出底面（后面）椭圆的可见部分，如图 4-10（e）所示。

（6）擦去作图线并描深，完成组合体的正等轴测图，如图 4-10（f）所示。

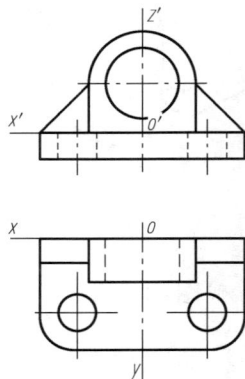

（a）　　　　　　　　　　（b）　　　　　　　　　　（c）

（d）　　　　　　　　　　（e）　　　　　　　　　　（f）

图 4-10 组合体的正等轴测图的画法

任务三　斜二轴测图

任务引出

斜二轴测图也是工程上常用的轴测图。

任务描述

"斜"即斜投影,"二"即二测,是指 2 个轴向伸缩系数相等。斜二轴测图在作图方法上与正等轴测图基本相同。

相关知识

一、斜二轴测图的形成

如图 4-11（a）所示,将物体上的空间直角坐标系的 OZ 轴铅垂放置,并使坐标面 XOZ 平行于轴测投影面,采用平行斜投影法将物体连同其坐标轴向轴测投影面投射,所得到的轴测图称为斜二轴测图,简称斜二测。由于坐标面 XOZ 平行于轴测投影面,故它在轴测投影面上的投影反映实形。为了作图时方便,一般将物体上圆或圆弧较多的面平行于该坐标面,可直接画出圆或圆弧。因此,当物体仅在某一视图上有圆或圆弧投影的情况下,常采用斜二轴测图来表示。O_1X_1 轴和 O_1Z_1 轴的轴间角为 $90°$,OX_1 轴和 OZ_1 轴的轴向伸缩系数都等于 1,即 $p_1=r_1=1$。轴测轴 O_1Y_1 的方向和轴向伸缩系数 q_1,可随着投射方向的变化而变化,为了绘图简便,国家标准规定,选取轴间角 $\angle X_1O_1Y_1=\angle Y_1O_1Z_1=135°$,$q_1=0.5$,如图 4-11（b）所示。

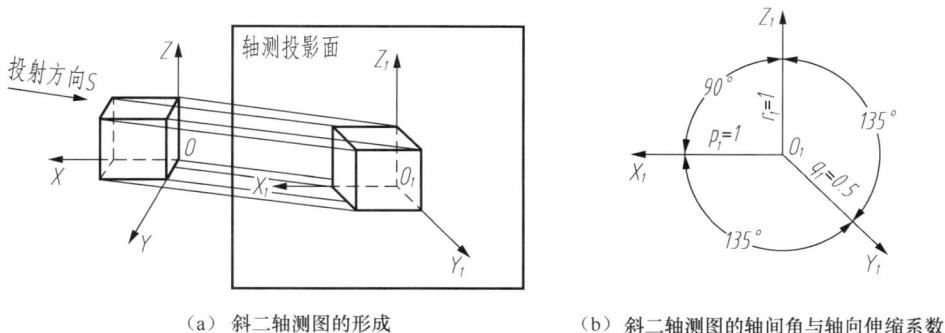

（a）斜二轴测图的形成　　　　　　（b）斜二轴测图的轴间角与轴向伸缩系数

图 4-11　斜二轴测图

二、斜二轴测图的画法举例

【例 4-5】求作图 4-12（a）所示空心圆锥台的斜二轴测图。

【解】图 4-12（a）所示的空心圆锥台,单方向圆较多,故将其轴线垂直于 $X_1O_1Z_1$ 坐标面,使前、后两底圆均平行于 $X_1O_1Z_1$ 坐标面,其轴测图反映实形（圆）。作图方法与步骤如图 4-12（b）、 （c）、（d）所示。

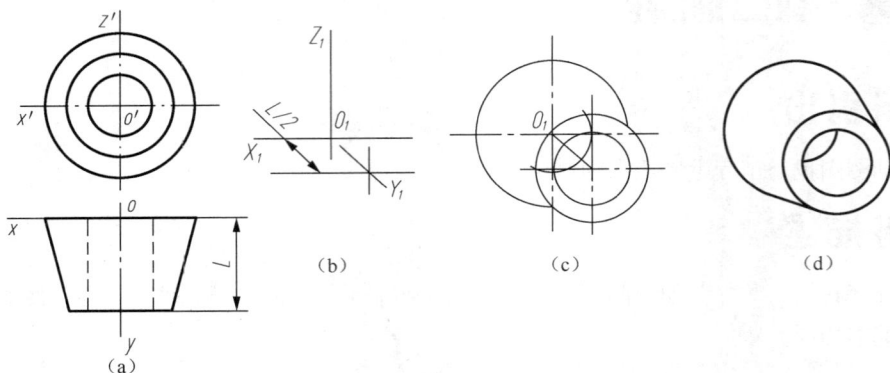

图 4-12　空心圆锥台的斜二轴测图的画法

【例 4-6】 求作图 4-13（a）所示组合体的轴测图。

【解】 从所给视图可见，该组合体上部为带孔的半圆柱面，下部为带槽的平面立体，仅前后有圆，故采用斜二轴测作图，其方法及步骤如下。

（1）分析视图，选定坐标原点，如图 4-13（a）所示。

（2）作斜二轴测轴，如图 4-13（b）所示。

（3）以 O_1 为圆心、O_1Z_1 轴为对称轴，画出组合体前表面的轴测图 [即图 4-13（a）的主视图]，如图 4-13（c）所示。

（4）在 O_1Y_1 轴上距点 $O_1L/2$ 处取一点作为圆心，重复第（3）步的做法，画出组合体后表面的轴测图，并画出组合体上部两半圆右侧的公切线及 O_1Y_1 方向的轮廓线，如图 4-13（d）所示。

（5）整理全图，擦去多余线段并加粗可见轮廓线，完成组合体的斜二轴测图，如图 4-13（e）所示。

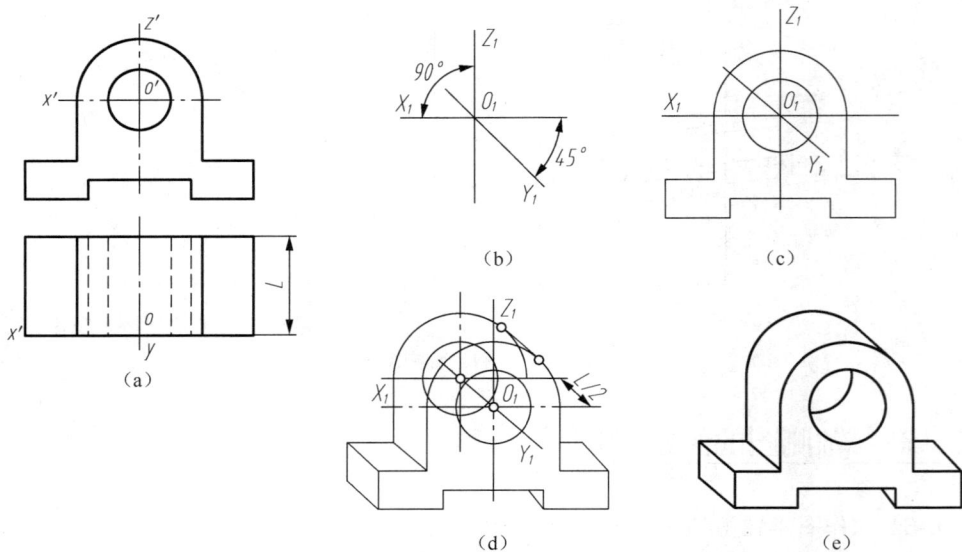

图 4-13　组合体的斜二轴测图的画法

模块五

组合体三视图

由两个或两个以上基本几何体组合而成的物体，称为组合体。本模块将重点介绍组合体三视图的绘制和识读，为绘制和阅读零件图、装配图奠定基础。

【学习目标】

（1）掌握组合体各组成部分相邻表面间的连接关系及画法。

（2）学会运用形体分析法绘制组合体三视图。

（3）学会运用形体分析法和线面分析法识读组合体三视图。

（4）能够正确、完整、清晰地标注组合体的尺寸。

任务一　组合体三视图的形成与投影关系

任务引出

模块二、模块三中介绍了几何元素和立体的三面投影，在此基础上来研究组合体三视图。

任务描述

本任务介绍组合体三视图的形成及其投影关系。

相关知识

三视图的生成原理

一、组合体三视图的形成

在模块三中，将立体向三投影面体系的正立投影面、水平投影面和侧立投影面投影，得到立体的三面投影，如图 5-1（a）所示。国家标准 GB/T 4458.1—2002《机械制

图　图样画法　视图》中规定，采用正投影法将机件向投影面投影所得的图形称为视图。因此，物体在三投影面体系中投影得到三视图：正面投影称为主视图，水平投影称为俯视图，侧面投影称为左视图，如图 5-1（a）、（b）、（c）所示。

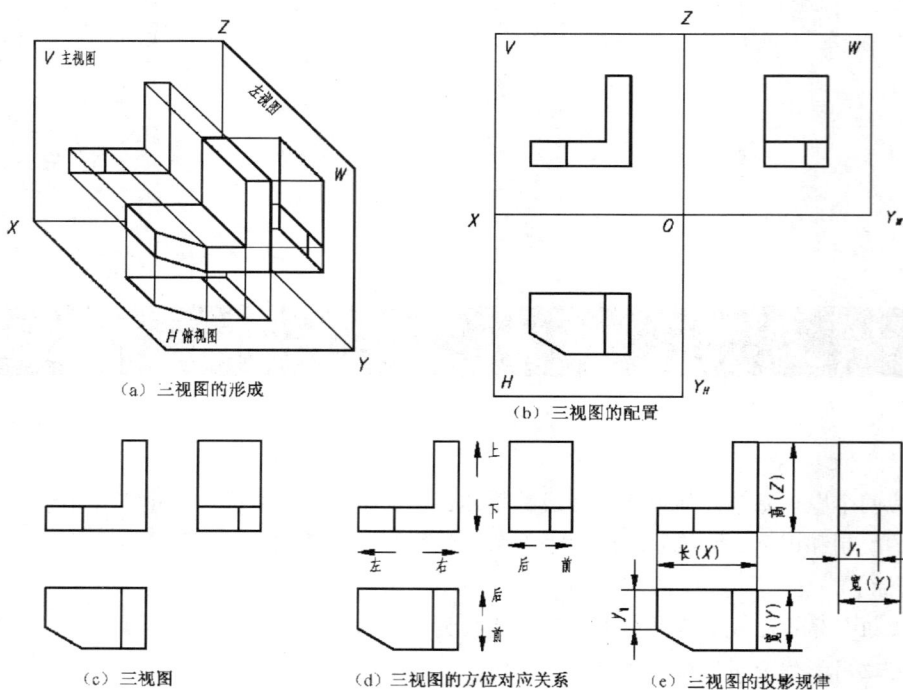

（a）三视图的形成

（b）三视图的配置

（c）三视图　　　（d）三视图的方位对应关系　　　（e）三视图的投影规律

图 5-1　三视图的形成及投影关系

二、组合体三视图的投影关系

1. 三视图的位置关系

以主视图为基准，俯视图在主视图正下方，左视图在主视图的正右方，如图 5-1（c）所示。

2. 三视图的投影关系

每一个视图只能反映出物体两个方向的尺寸，即：

主视图——反映物体的长度（X）和高度（Z）；

俯视图——反映物体的长度（X）和宽度（Y）；

左视图——反映物体的高度（Z）和宽度（Y）。

从图 5-1（e）中可以得出三视图之间的投影规律（简称三等规律），即：

主、俯视图长对正；

主、左视图高平齐；

俯、左视图宽相等。

三视图的投影规律

3．三视图与物体之间的方位关系

物体有左右、前后、上下 6 个方位，如图 5-1（d）所示，即：

主视图反映物体的左右方位和上下方位；

俯视图反映物体的左右方位和前后方位；

左视图反映物体的上下方位和前后方位。

任务二　组合体及其形体分析法

任务引出

相对模块三中介绍的立体而言，组合体是由两个或两个以上基本几何体组合而成的，组合体构成可以更复杂一些，更接近机器零件，那么它的作图和读图显然比单个物体更困难，本任务就来解决这一问题。

任务描述

本任务研究组合体的构成，以及能够有效解决复杂组合体作图和读图问题的形体分析法。

相关知识

一、组合体的组合形式

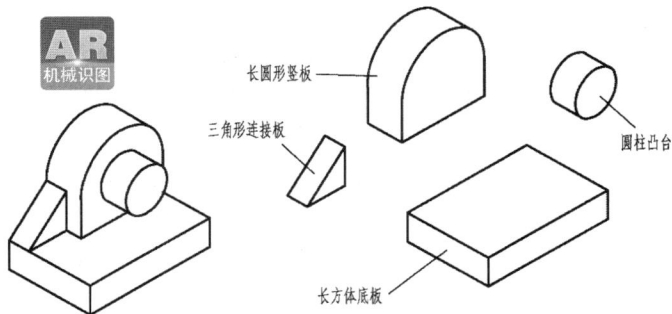

组合体的组合形式有叠加和挖切两种，根据其组合形式和形体特征，组合体可以分为叠加类组合体、挖切类组合体和综合类组合体 3 类。

（1）叠加类组合体是由各种基本几何体简单叠加而成的组合体，如图 5-2 所示。

（2）挖切类组合体是由一个基本几何体进行切割（如钻孔、挖槽等）后形成的组合体，如图 5-3 所示。

组合体的组合形式

图 5-2　叠加类组合体

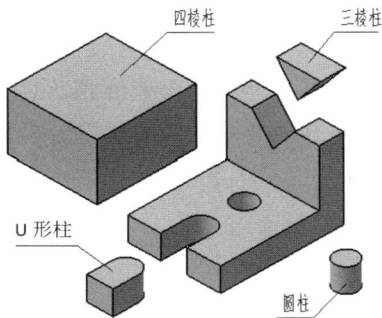

图 5-3　挖切类组合体

（3）综合类组合体是由若干个基本几何体经叠加和挖切后形成的组合体，是最常见的一类组合体，如图 5-4 所示。

（a）   （b）

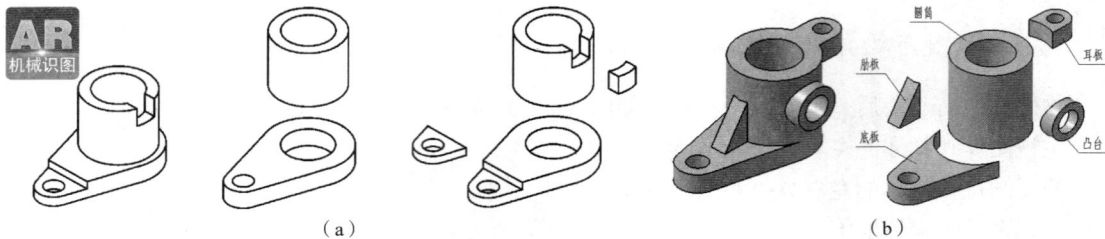

图 5-4　综合类组合体

二、组合体上相邻接表面之间的连接关系

经过叠加、挖切后形成的组合体，各形体的邻接表面可能出现平齐、相切和相交 3 种情况，如图 5-5～图 5-9 所示。弄清组合体上各相邻接表面之间的连接关系，读图时才能正确想象出物体的结构形状；画图时才能避免多画图线或漏画图线。

1. 平齐

当形体的两表面平齐时，中间不应有图线隔开，如图 5-5（a）、（b）所示。图 5-5（c）的错误是多线。因为多画图线后出现了两个线框，把形体上的一个平面表示成了两个平面。

当两形体的表面不平齐时（相交，或者是中间存在另一个面），应该有图线隔开，如图 5-5（d）、（e）所示，图 5-5（f）的错误是缺线，因为中间若没有图线隔开，就把不同表面表示成一个表面了。

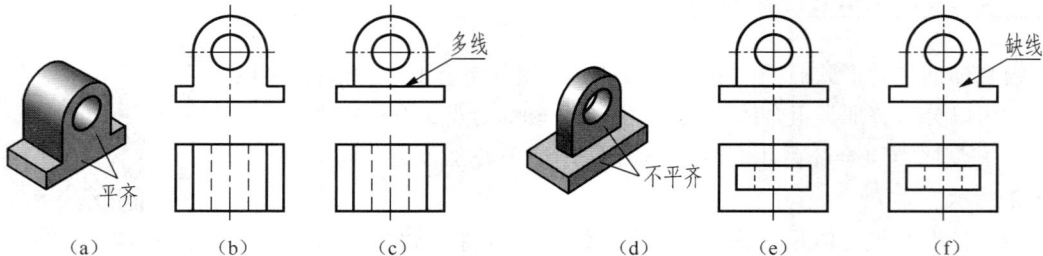

（a）　　　　（b）　　　　（c）　　　　（d）　　　　（e）　　　　（f）

图 5-5　两形体表面平齐与不平齐的画法

2. 相切

当两形体的邻接表面相切时，由于相切是光滑过渡，所以在 3 个视图相切处均不画切线。图 5-6 所示为平面与曲面相切，图 5-7 所示为曲面与曲面相切，相切处均不应画线。

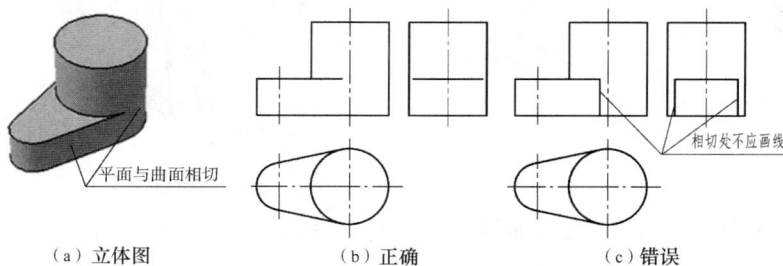

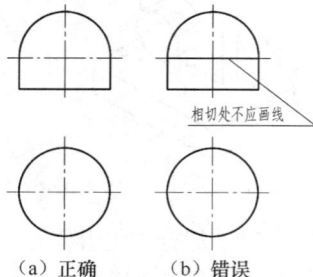

（a）立体图　　　　（b）正确　　　　（c）错误　　　　（a）正确　　　（b）错误

图 5-6　平面与曲面相切　　　　　　图 5-7　曲面与曲面相切

3. 相交

当两形体的邻接表面相交时，在邻接表面之间一定会产生交线，在相交处就应该画出交线。图 5-8 所示为平面与曲面相交，图 5-9 所示为曲面与曲面相交，相交处均应画线。

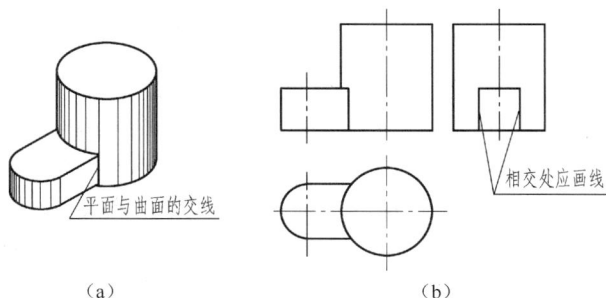

（a）   （b）

图 5-8　平面与曲面相交

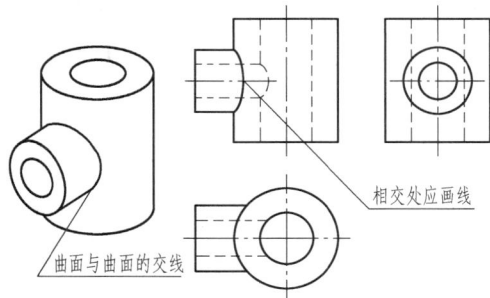

图 5-9　曲面与曲面相交

三、组合体的形体分析法

组合体是由基本几何形体组合而成的。形体分析法是假想将组合体分解成若干基本几何形体，并确定各形体之间的组合形式以及形体邻接表面间的相互位置关系的方法，如图 5-10 所示。

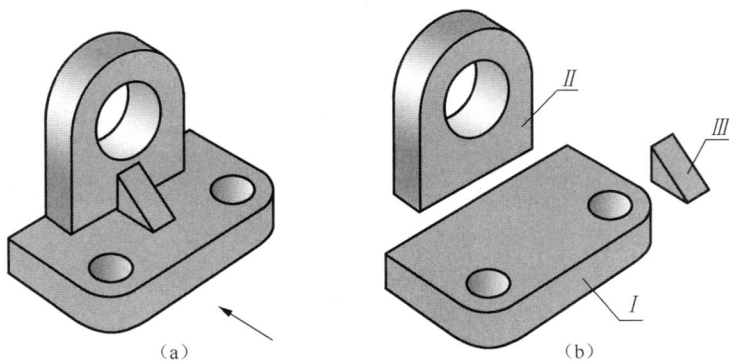

（a）   （b）

图 5-10　组合体的形体分析

任务三　画组合体三视图

任务引出

学习机械识图的目的是为了能够绘制零件图、识读零件图和装配图，画组合体三视图就是为实现这两个目的打基础。

任务描述

本任务介绍画组合体三视图的方法与步骤。

一、画组合体三视图的方法与步骤

1. 形体分析

在画组合体三视图之前，应运用形体分析法，分析组合体是由哪些基本形体组成的，确定它们的组成形式、各形体相对位置关系以及形体上各相邻表面之间的相对位置关系等，对该组合体的结构应有一个总体概念。图 5-11 所示的轴承座组合体，它是由底板、支承、圆筒、肋板以及凸台组成。在底板、圆筒及凸台上为形成孔而挖切出一些形体。凸台与圆筒是两个垂直相交的空心圆柱体，外表面和内表面均相交，都有相贯线；支承、肋板和底板分别是不同形状的平板，支承的左、右侧面与圆筒的外表面相切；肋板的前面及左、右侧面与圆筒外表面相交；支承、肋板居中叠加在底板上；支承与底板后表面平齐。

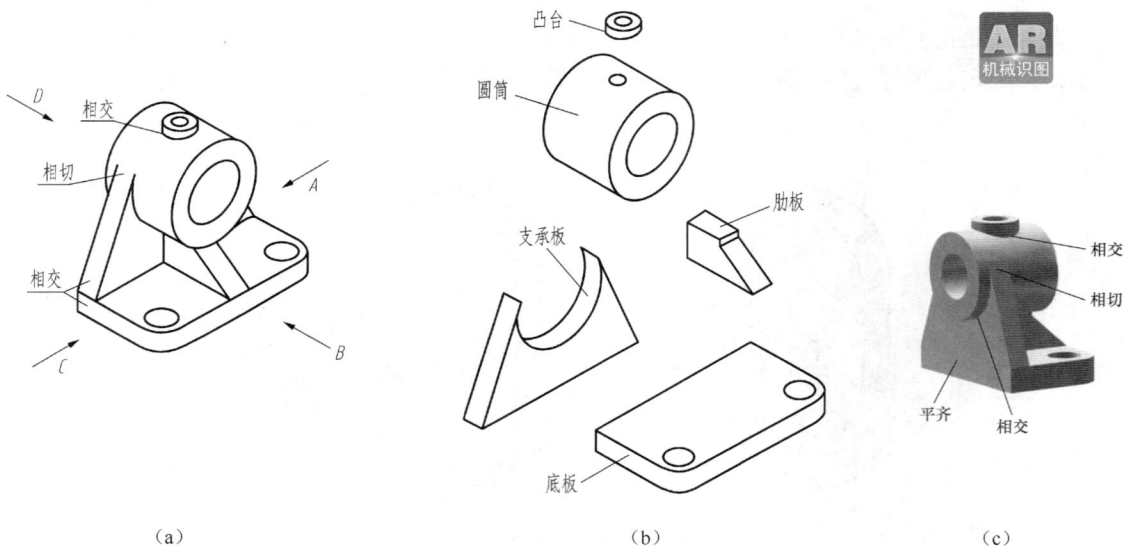

图 5-11　轴承座的形体分析

2. 确定主视图

三视图中，主视图是最主要的视图，在确定主视图时，要注意以下两点。

（1）安放位置。通常选择组合体自然安放的位置，使尽可能多的组合体的表面对投影面处于平行或垂直的位置。

（2）投影方向。选择能反映组合体的形体特征，并能减少俯、左视图上虚线的方向为投影方向。轴承座如图 5-11 所示按自然位置安放后，主视图有 4 个投影方向可以选择，4 个方向投影所得的视图如图 5-12 所示的 A 向、B 向、C 向、D 向视图。

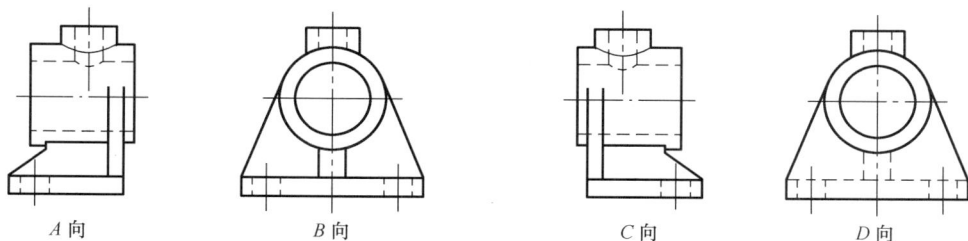

| A 向 | B 向 | C 向 | D 向 |

图 5-12　分析主视图的投影方向

在图 5-12 中，显然 B 向视图和 D 向视图能够更多地反映轴承座的形状特征，但 D 向视图中，虚线较多，比较而言 B 向视图更能反映轴承座各部分的轮廓特征，所以确定以 B 向作为主视图的投影方向。

主视图确定以后，俯视图和左视图的投射方向也就确定了。

3.　确定比例和图幅

画组合体三视图时，要根据实物大小，按标准选择适当的比例和图幅。

4.　布图，画基准线

以组合体对称中心线、轴线和较大的平面作为基准，根据各视图的大小和位置，画出基准线，如图 5-13（a）所示。

5.　逐个画出构成组合体的各个基本体的三视图

根据各形体的投影规律，逐个画出各基本体的视图。在画各基本体时，一般先画较大形体，后画较小形体；先画主要轮廓，后画细节；先画实线，后画虚线。画每个形体时，要 3 个视图联系起来画，从而保证图形完整和投影关系的正确，如图 5-13（b）、（c）、（d）、（e）所示。

6.　检查，描深

底稿完成后，要按形体逐个仔细检查，特别注意用形体分析法检查是否有多画和漏画的图线，修正错误。再按标准规定的线型加深所有图线，如图 5-13（f）所示。

当图形中图线重合时，一般按"粗实线、虚线、细点画线、细实线"的顺序取舍。

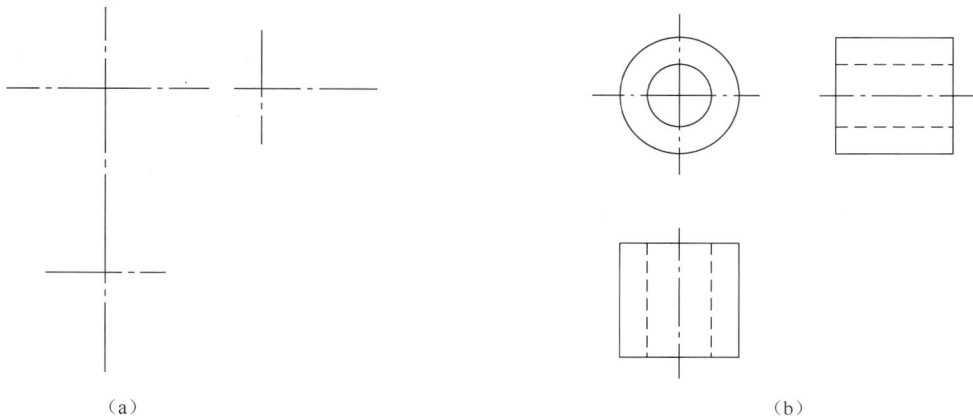

| （a） | （b） |

图 5-13　轴承座三视图的作图过程

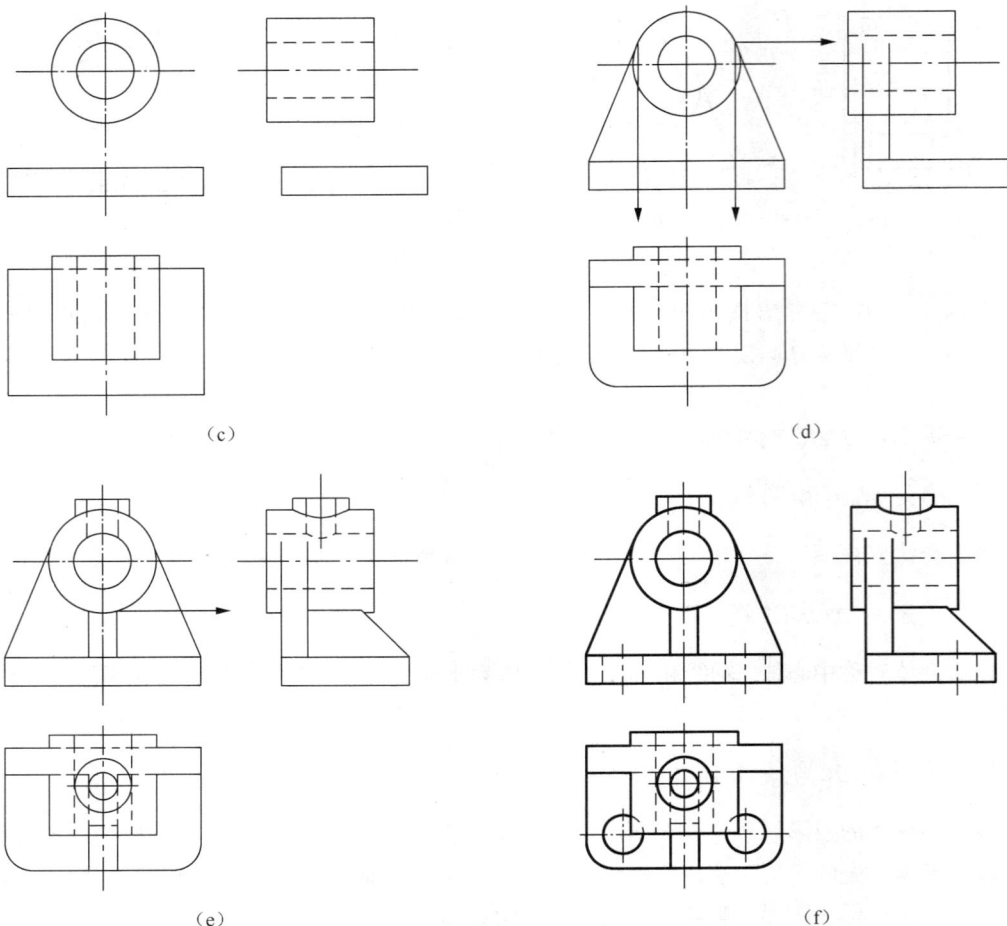

（c） （d）

（e） （f）

图 5-13　轴承座三视图的作图过程（续）

二、画组合体三视图举例

【例 5-1】画出图 5-14（a）所示切割体的三视图。

【解】（1）形体分析。该组合体为一挖切类组合体，它可看作是从长方体上挖切去两个基本形体而成的，如图 5-14（a）所示。

（2）选择视图。以图 5-14（a）中箭头所指的方向作为主视图的投影方向。

（3）选择比例、确定图幅。

（4）布置视图，画长方体视图。画图时从组合体的基本轮廓画起，即先画出长方体的视图，再依次画出被挖切掉部分的投影。画被挖切掉的基本形体时，应从反映各基本几何体形状特征的那个视图画起，再画其他视图。具体方法和步骤如图 5-14（c）、（d）所示。

滑块零件的视图
表达方案

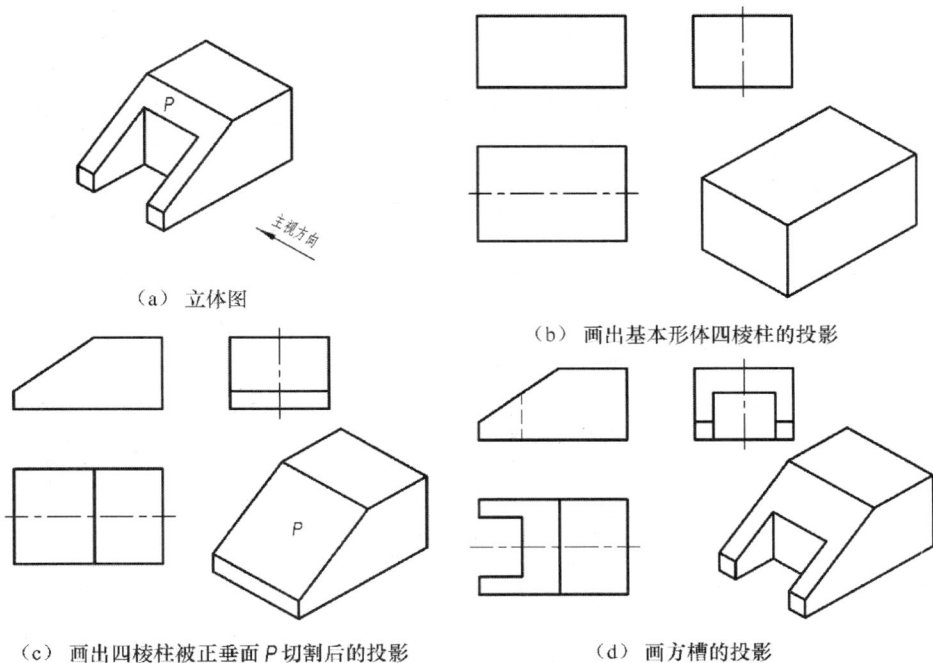

（a）立体图

（b）画出基本形体四棱柱的投影

AR
机械识图

（c）画出四棱柱被正垂面 P 切割后的投影

（d）画方槽的投影

图 5-14　切割体三视图的作图过程

任务四　读组合体视图

任务引出

此前研究的画图都是将物体按正投影方法表达在平面上，读图则是根据已经画出的视图，运用投影规律，想象出物体的空间结构形状。为了正确、迅速地读懂视图，必须掌握读图的基本要领和基本方法。

任务描述

本任务介绍读组合体三视图的方法。根据组合体三视图的投影关系，采用形体分析法和线面分析法，看懂组合体各基本形体及其相对位置，想象出组合体的空间结构形状。在读图的过程中需要注意读图要点，并遵循一定的规律。

相关知识

一、读组合体视图的要点

1. 几个视图联系起来看

一般来说，一个视图不能确定物体的形状。如图 5-15（a）、（b）、（c）的主视图是一样的，

但它们的俯视图不同，它们是完全不同的 3 个物体；图 5-15（d）、（e）、（f）俯视图都是两同心圆，但它们的主视图不同，它们也是 3 个不同的物体。有时两个视图也不能确定空间物体的唯一形状，如图 5-16 所示，若只看主、俯视图，物体的形状仍然不能确定。左视图不同，物体的形状也不同。由此可见，看图时，不能只看一个或两个视图就下结论，必须把已知所有的视图联系起来看，分析、构思，才能想象出空间物体的确切形状。

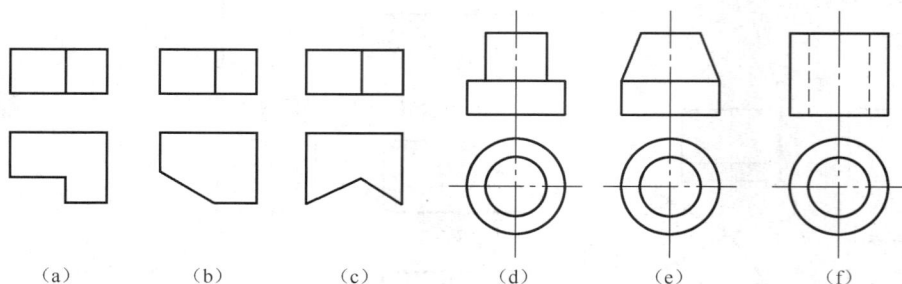

图 5-15　一个视图不能唯一确定的组合体

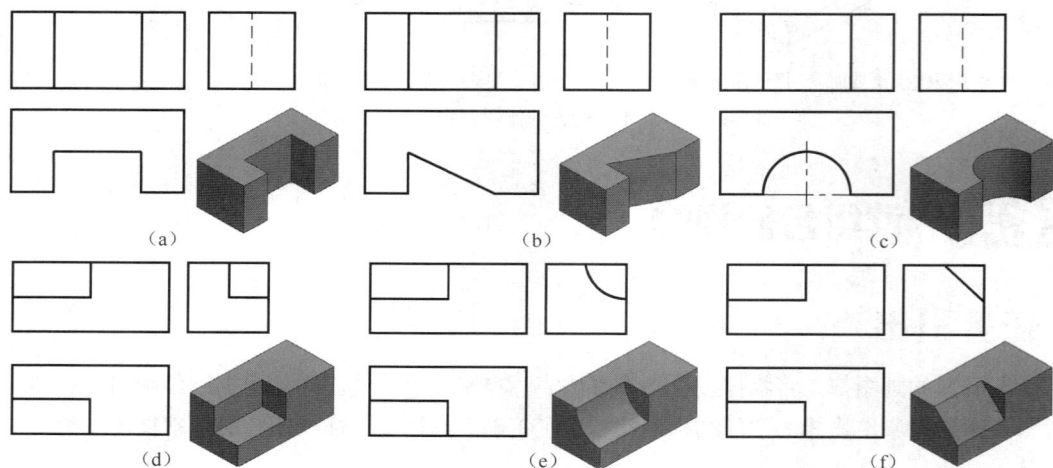

图 5-16　两个视图不能唯一确定的组合体

2. 弄清视图中线和线框的含义

图 5-17（a）给出了组合体的一个视图，可以想象出它可以是多个组合体的主视图，图 5-17（b）、（c）、（d）、（e）仅表示了其中 4 种组合体的形状。因组合体空间形状的不同，在同样一个视图上，它的每条线和每个封闭线框的含义是不同的，具体分析有下面几种情况。

（1）视图上每一个封闭的线框，代表物体上一个平面或曲面的投影，或者是一个孔的投影。如图 5-17（a）中 A、B、C、D，表示物体前后不同位置平面或曲面的投影。图 5-18 中主、俯视图上的圆形线框表示圆柱形通孔的投影。

（2）视图上每一条图线（见图 5-17（a））可以是物体下列要素之一的投影。

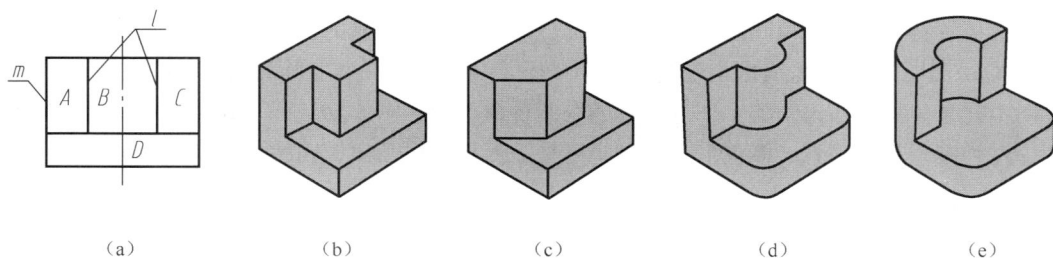

图 5-17 分析视图中线和线框的含义

① 两平面交线或平面与曲面交线的投影。如视图上的直线 l，它可以是组合体上两平面交线的投影，如图 5-17（b）、（c）所示；也可以是平面与曲面交线的投影，如图 5-17（d）、（e）所示。

② 垂直面的投影。如视图上的直线 l 和 m，可以是物体上投影面垂直面的投影，如图 5-17（b）所示。

③ 曲面的转向轮廓线。视图上的直线 m，也可以是圆柱面转向轮廓线的投影，如图 5-17（e）所示。

（3）视图上相邻的封闭线框，一定是组合体上相交或前后平行的两个面的投影。如图 5-17（c）所示，线框 B 和 C 是相交的两个平面；而图 5-17（b）的线框 B 和 C，表示了一前一后平行的两个正平面。

3. 善于抓住形状特征视图和位置特征视图

（1）形状特征视图。反映物体形状特征最充分的那个视图，就是形状特征视图。图 5-18（b）中的主视图即为形状特征视图，找到这个视图，再与其他视图联系起来，就能较快地想象出物体的结构形状。有时由于组合体各组成部分的形状和位置特征并不一定都集中在某一方向上，因此，反映各部分形状特征和位置特征的投影也不会都集中在某一视图上。看图时必须善于找出反映特征的投影，这样就便于想象其形状和位置。

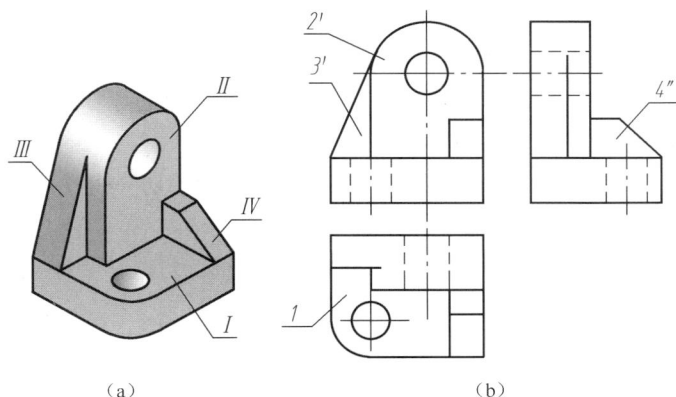

图 5-18 确定形体特征

图 5-18 所示的组合体，可以看成由 4 个基本形体叠加而成。看形体 I 时，必须抓住其俯视图中反映其形状特征的线框 1；看形体 II 和 III 时，必须抓住主视图中反映其形状特征的线框 2′和 3′；看形体 IV 时，必须抓住左视图中，反映其形状特征的线框 4″。

（2）位置特征视图。反映组合体各组成部分之间位置最明显的视图，就是位置特征视图。如图 5-19（a）中，主视图大线框中包含两个小线框（一个圆、一个矩形），如果只看主视图、俯视图，两个几何体哪个凸出？哪个凹进？可能有两种情况，如图 5-19（b）、（c）所示。但如果将主视图、左视图联系起来看，不仅形状容易想清楚，而且圆柱凸出、四棱柱凹进也就确定了。这个组合体的左视图就是位置特征视图。

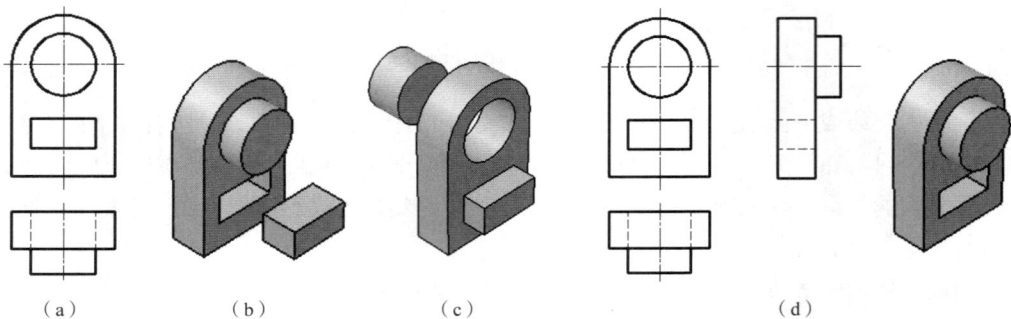

（a）　　　　　　（b）　　　　　　（c）　　　　　　　　　（d）

图 5-19　确定位置特征

4. 要把想象中的形体与给定视图反复对照

在看图的过程中，要不断地把想象中的组合体与给定视图进行对照，以修正想象中的组合体，直至其投影与给定视图完全相同。

二、读图的基本方法

1. 形体分析法

形体分析法也是读图的基本方法。在反映形状特征比较明显的主视图上先按线框将组合体划分为几个部分，即几个基本体，然后通过投影关系找到各线框所表示的部分在其他视图中的投影，从而确定各部分的形状以及它们之间的相对位置。最后综合起来想象组合体的整体形状。

下面通过两个例子说明运用形体分析法识读组合体视图的方法与步骤。

【例 5-2】用形体分析法识读图 5-20 所示的组合体三视图。

【解】（1）分线框。在表达该组合体形状特征较明显的视图中划分线框，区分基本体。

先从主视图入手，将组合体划分为上、下两个封闭线框，可以认为该组合体是由上、下两个基本体组成的，如图 5-20（a）所示。

形体分析法读图案例 1

（2）分别按各线框对投影，想象出各部分的形状。由主视图中的上部线框 1′与俯、左视图对投影（利用三等关系），分别对应矩形线框，不难想象出它是一块平行于正投影面的板，在主视图中反映实形，而主视图中的小圆线框对应俯、左视图中的虚线，所以是一个圆柱形通孔。由此可想象出上部的形状，如图 5-20（b）所示。

主视图中的下部线框 2′是一个左右缺角的矩形，对照俯视图，可以想象它是一个左右各切去一块的半圆平板。线框 2′中间上方的小矩形线框所表达的细部，可能是在这块半圆平板向外凸出的形体，也可能是向内凹进的槽。通过对照俯、左视图中对应的图形，可想象出是半圆平板中间

上方被切去一块后的凹槽，如图 5-20（c）所示。

（3）将各部分按图中所示的相对位置组合起来，得出组合体的整体形状。在读懂上、下两部分形状的基础上，再根据该组合体的三视图所显示的上、下两部分左右居中叠加，后表面平齐的连接关系，就能想出这个组合体的整体形状，如图 5-20（d）所示。

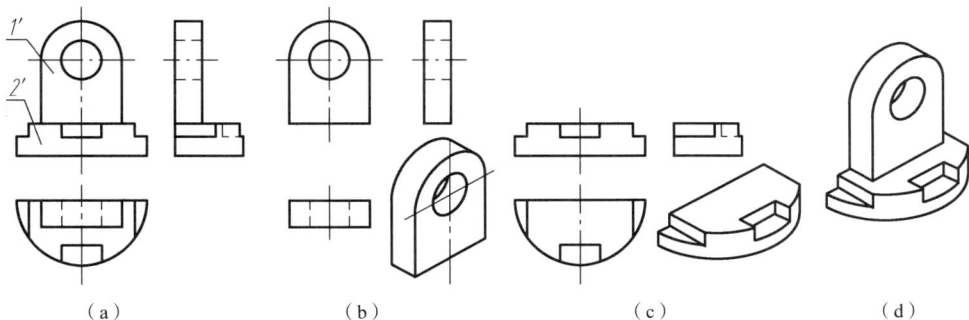

（a） （b） （c） （d）

图 5-20 用形体分析法读组合体三视图（一）

由此可以归纳出读组合体三视图的步骤是：①分线框；②对投影；③识形体；④定位置；⑤综合起来想整体。

【例 5-3】用形体分析法识读图 5-21 所示的组合体三视图。

【解】（1）分线框，对投影。首先从主视图入手，分为 1′、2′、3′、4′这 4 个线框（3′和 4′是对称的两个三棱柱）。根据三视图的投影规律，在其他视图中找出各部分对应的投影，如图 5-21（a）所示。

（2）识形体，定位置。根据各面投影，想出基本体的形状，并确定它们之间的相对位置，以及各部分间邻接表面的连接关系，如图 5-21（b）、（c）、（d）所示。

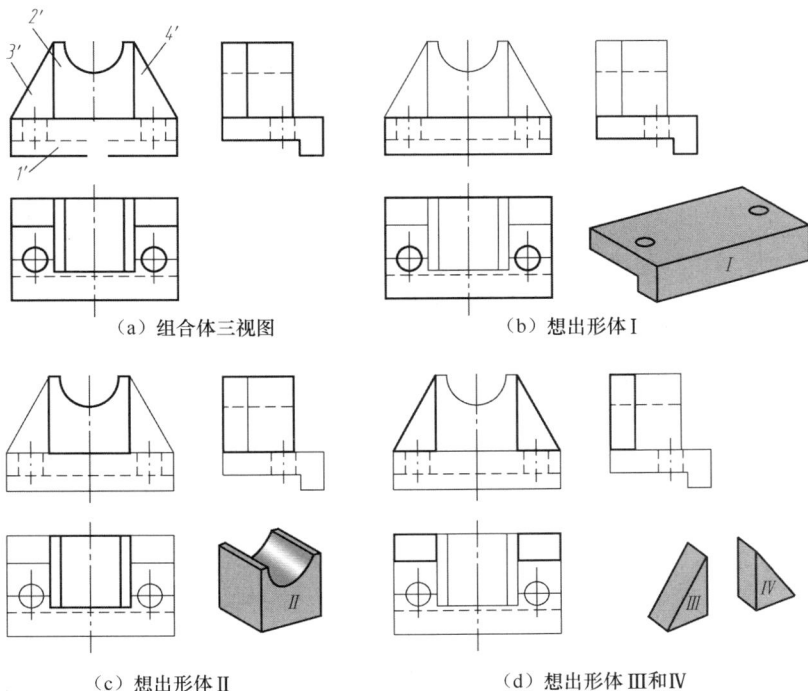

（a）组合体三视图 （b）想出形体 I

（c）想出形体 II （d）想出形体 III 和 IV

图 5-21 用形体分析法读组合体三视图（二）

（3）综合起来想整体。根据已确定的每一基本形体的形状，以及相对位置和表面的连接关系，想象出图 5-22 所示的组合体整体结构形状。

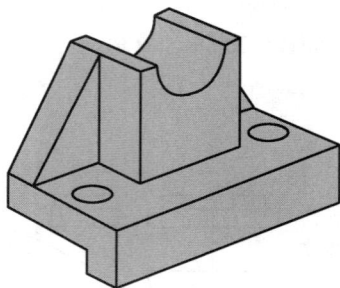

图 5-22　综合想象出组合体整体结构形状

综合案例——组合体的读图技巧

2．线面分析法

线面分析法是在形体分析法的基础上，运用线、面的空间性质和投影规律，把组合体表面分解成线、面等几何要素，通过分析这些要素的空间位置和形状，想象出组合体形状的方法。此方法尤其适用于组合体的挖切结构。

线面分析法读图原理

构成组合体的各个表面，不论其形状如何，它们的投影如果不具有积聚性，一般都是一个封闭线框。下面通过例 5-4 和例 5-5 说明线面分析法在读图中的应用。

【例 5-4】用线面分析法识读图 5-23（a）所示组合体三视图。

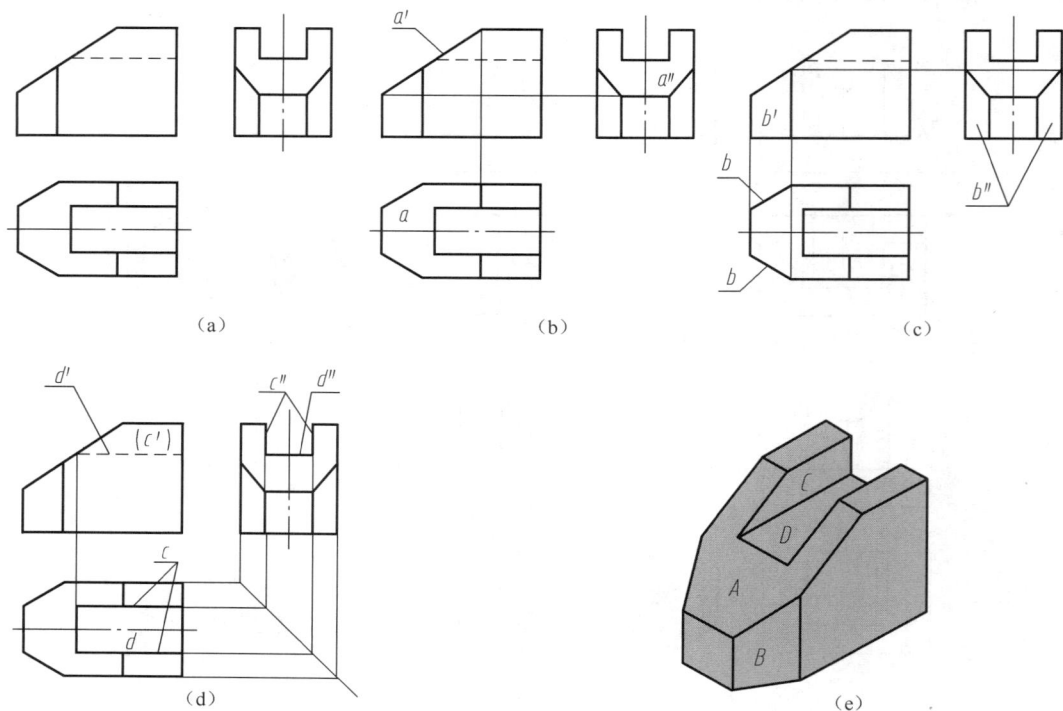

（a）

（b）

（c）

（d）

（e）

图 5-23　用线面分析法读组合体三视图（一）

【**解**】（1）由于图 5-23（a）所示组合体的 3 个视图的外形轮廓基本上都是长方形，主、俯视图上有缺角，左视图上有缺口，可以想象出该组合体是由一个长方体被挖切掉若干部分所形成的。

（2）在图 5-23（b）中，看俯视图左端的十边形线框 a，按照"长对正"，向主视图对投影，在主视图上唯有斜线 a' 与之对应；按照"宽相等"，向左视图对投影，找到类似形十边形 a''。根据投影面垂直面的投影特性，可知 A 面是一个正垂面。

（3）在图 5-23（c）中，主视图左端有四边形 b'，向俯视图对投影，在俯视图上找到对应的前后对称的两条斜线 b，在左视图上找到对应的前后对称的两个类似形四边形 b''。可确定有前后对称的两个铅垂面 B。

（4）在图 5-23（d）中，将左视图上部中间的缺口向主、俯视图对投影，对照主、俯视图中对应的投影，可想象出是在长方体的上部中间，用前后对称的两个正平面 C 和一个水平面 D 切割出一个矩形左右通槽。

（5）通过上述线面分析，可想象出该组合体是一个长方体在左端被一个正垂面和两个前后对称的铅垂面切割后，再在上部中间用两个前后对称的正平面和一个水平面切割出一个矩形的左右通槽而形成的，从而就能够想象出这个组合体的整体形状，如图 5-23（e）所示。

在上述分析过程中，应特别注意切割平面的投影不积聚时的类似性——投影面垂直面有两个投影是类似形，一般位置平面则三个投影都是类似形，看懂这些类似形有助于想象出组合体的形状。

【**例 5-5**】用线面分析法识读图 5-24（a）给出的组合体三视图。

【**解**】在一般情况下，看图时优先采用形体分析法，但对于一些有挖切的组合体，则需要应用线面分析法来搞懂线、面的投影关系和空间位置，帮助看图。图 5-24 所示为通过线面分析法看图的步骤，其中 A、B 平面为投影面垂直面，两个投影具有类似性；C、D 平面是投影面平行面，两个投影具有积聚性。图 5-25 所示为该组合体的整体形状。

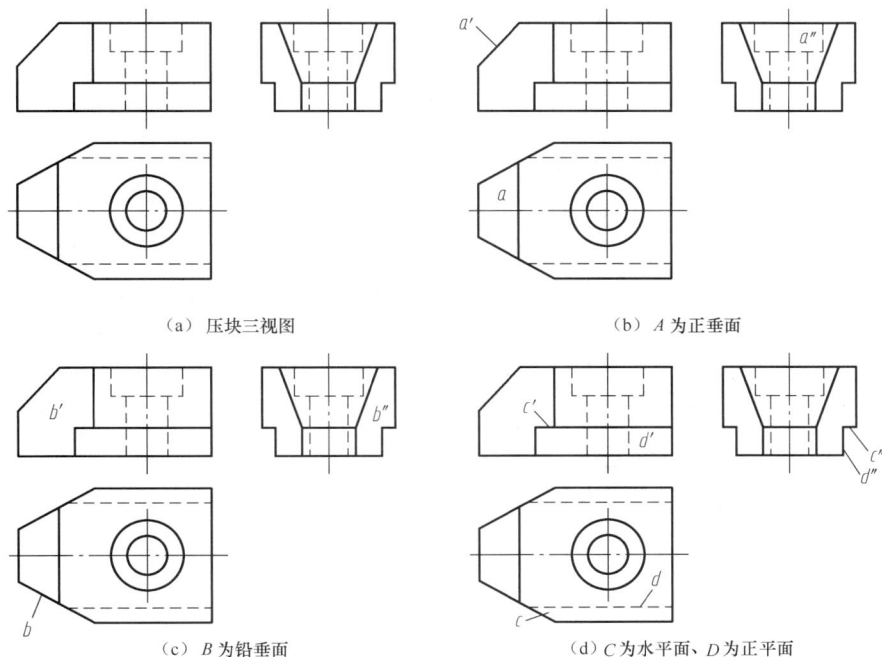

线面分析法读图案例

（a）压块三视图

（b）A 为正垂面

（c）B 为铅垂面

（d）C 为水平面、D 为正平面

图 5-24 用线面分析法读组合体三视图（二）

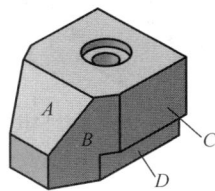

图 5-25 压块立体图

三、读图训练——补画视图和补画缺线

根据已知的两个视图（能完整清晰地表达出组合体的形状）画出第三个视图或补画已知视图上遗漏的图线，是培养空间想象力与提高画图和读图能力的重要手段。因此，由已知两个视图补画第三视图或补画遗漏图线时，应在看懂视图、想象出组合体形状的基础上进行。

1. 补画第三视图

补画组合体的第三视图一般可分为两步进行：第一步，按读图方法，读懂所给视图，想象出组合体的形状；第二步，在想象出组合体形状的基础上，按照画组合体视图的方法步骤作出第三视图。

【例 5-6】已知组合体的主、俯视图，如图 5-26（a）所示，补画其左视图。

【解】（1）分线框：如图 5-26（a）所示，该组合体主视图上有 3 个主要线框 1′、2′、3′。

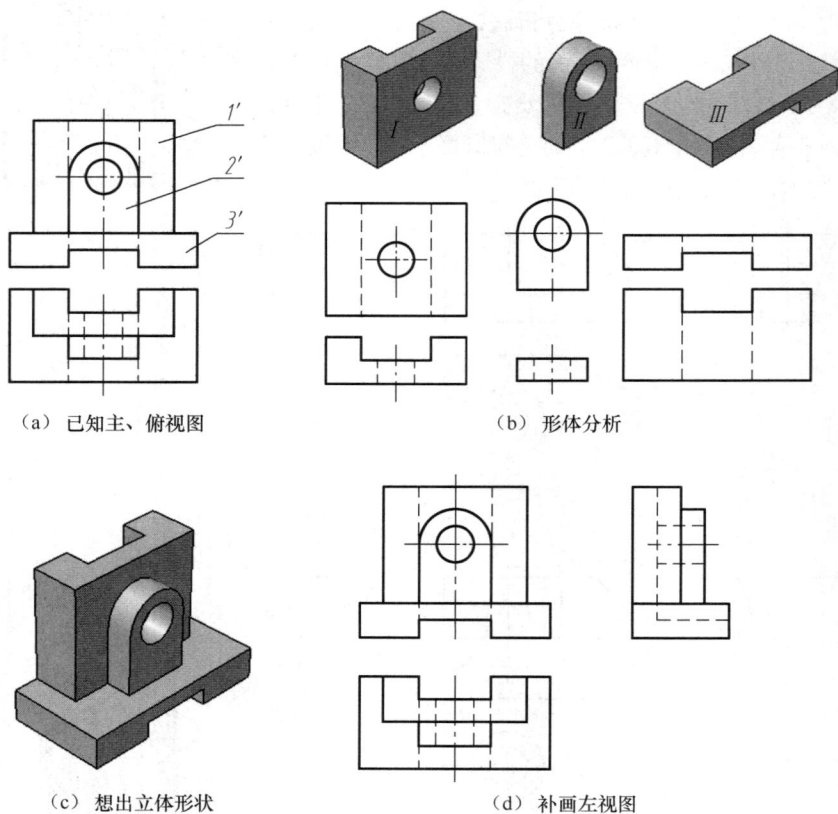

（a）已知主、俯视图　　　　（b）形体分析

（c）想出立体形状　　　　　（d）补画左视图

图 5-26　补画视图的方法和步骤

108

（2）认识形体，确定位置：通过对照投影关系，3 个线框所对应的形体如图 5-26（b）所示，并且Ⅰ、Ⅲ长方体后部均有上下通槽，形体Ⅰ上还有通孔；形体Ⅱ为 U 形柱，其上有通孔。

3 个形体左右居中叠加，Ⅰ、Ⅲ后表面及上下通槽共面，Ⅰ、Ⅱ前后通孔也共面。

（3）综合起来想整体：根据各形体的形状和相互位置，综合想象出整体形状，如图 5-26（c）所示。

（4）补画左视图：根据组合体形状和三等关系逐个补画各形体左视图，如图 5-26（d）所示。

【例 5-7】如图 5-27 所示，已知支撑的主、左视图，补画俯视图。

【解】采用形体分析法，将主视图划分为 3 个封闭线框，如图 5-27 所示。补画俯视图的作图过程如图 5-28 所示。

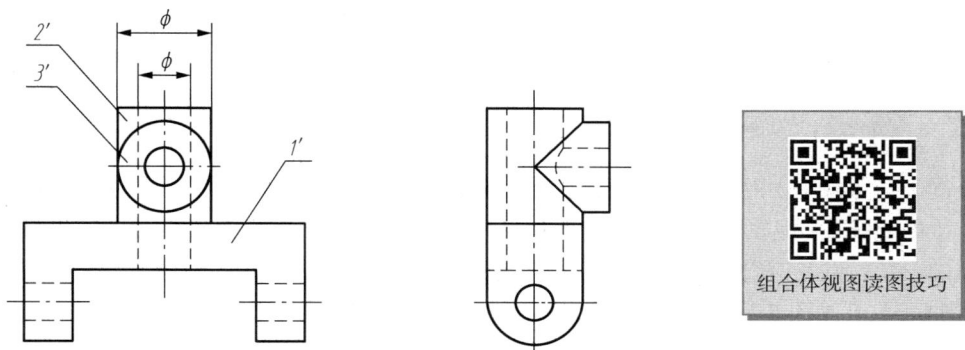

图 5-27　支撑的主、左视图

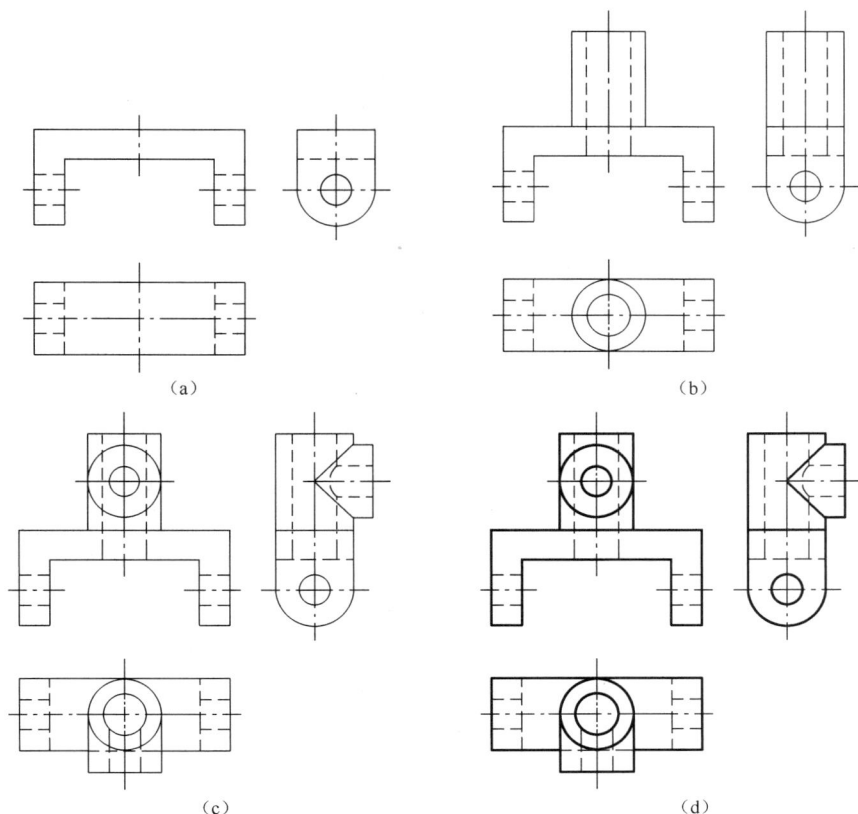

（a）

（b）

（c）

（d）

图 5-28　补画支撑的俯视图

（1）在主视图上分离出底板的线框 1′，由主、左视图对投影可看出它是一块倒凹字形底板，左右两侧有带圆孔的下端为半圆形的耳板。画出底板的俯视图，如图 5-28（a）所示。

（2）在主视图上分离出上部矩形线框 2′，由于在图 5-27 中注有直径φ，对照主视图可知，它是轴线垂直于水平面的圆柱体，中间有穿通底板的圆柱孔，圆柱体与底板的前后端面相切。画出具有穿通底板的圆柱孔的铅垂圆柱体的俯视图，如图 5-28（b）所示。

（3）在主视图上分离出圆形线框 3′（中间还有一个小圆线框），对照左视图可知，它是一个中间有圆柱通孔、轴线垂直于正投影面的圆柱体。其直径与垂直于水平面的圆柱体直径相等，而孔的直径比铅垂的圆柱孔小，它们的轴线垂直相交，且都平行于侧面。画出具有通孔的正垂圆柱体的俯视图，如图 5-28（c）所示。

（4）根据底板和两个圆柱体的形状，以及它们之间的相对位置，可以想象出支撑的整体形状。最后，按想出的整体形状校核所补画的俯视图，并按规定的线型加深，如图 5-28（d）所示。

2. 补画组合体视图中的缺线

补画组合体视图中的缺线，一般都在图形轮廓范围之内，常见的缺线有各基本体叠加时在结合处产生的交线或挖切时产生的截交线等。因此，补画缺线时，也应先看懂视图，想象出所表示组合体的形状，以及该组合体的形成方式，按画图步骤逐步画出所缺的图线。

【例 5-8】补画图 5-29（a）所示组合体视图中所缺的图线。

【解】（1）读懂组合体视图：如图 5-29（a）所示，用形体分析法确定该组合体由 4 部分组成，根据三等规律找出各部分的三面投影，确定各部分的形状及相对位置，综合想象出整体形状，如图 5-29（b）所示。

（2）补缺线：根据组合体形状、各部分间的相对位置及邻接表面的连接关系，按三等规律逐一补画出各部分在三视图中的缺线，如图 5-29（c）、（d）、（e）、（f）所示。

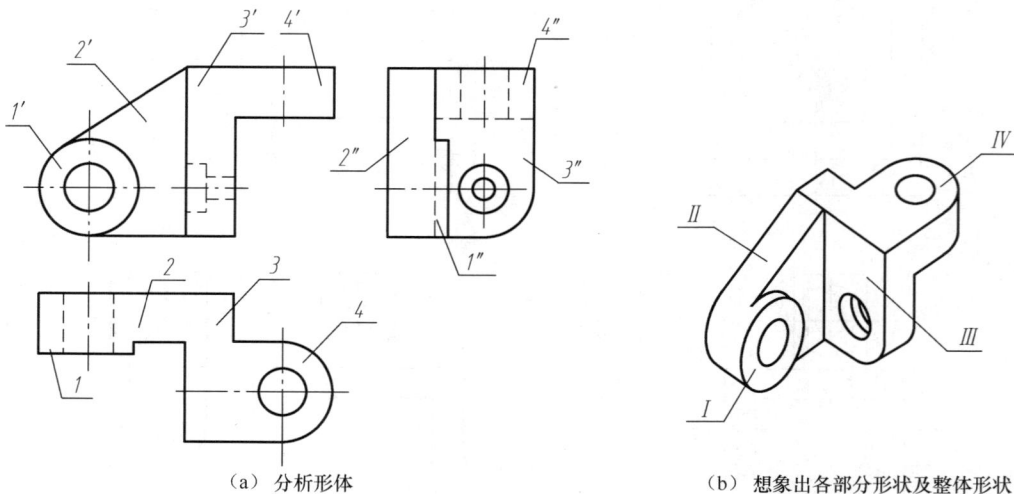

（a）分析形体   （b）想象出各部分形状及整体形状

图 5-29 补画视图中的缺线（一）

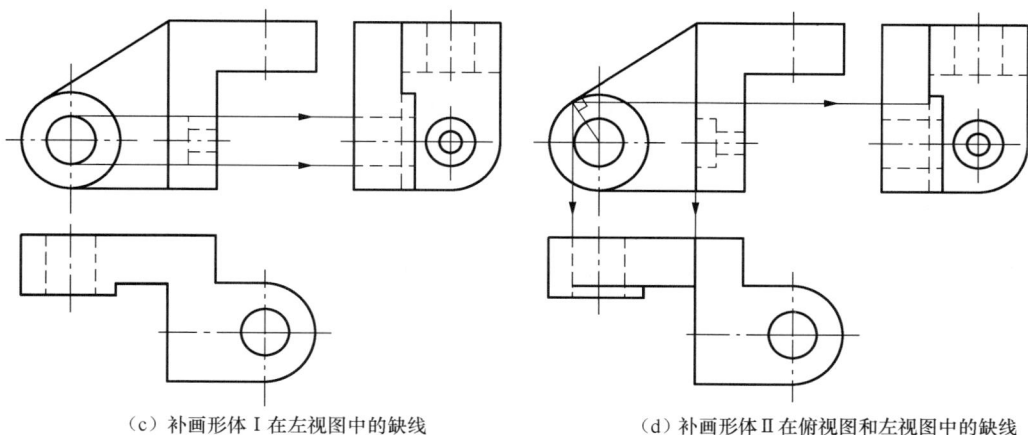

（c）补画形体 I 在左视图中的缺线　　　　　　　　　（d）补画形体 II 在俯视图和左视图中的缺线

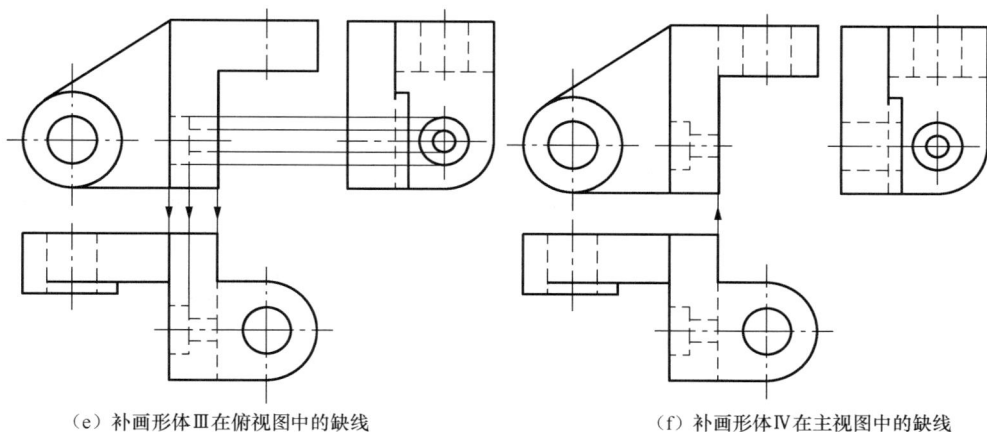

（e）补画形体 III 在俯视图中的缺线　　　　　　　　　（f）补画形体 IV 在主视图中的缺线

图 5-29　补画视图中的缺线（一）（续）

【例 5-9】补画图 5-30（a）所示组合体视图中所缺的图线。

【解】（1）看懂视图，想象形状。图 5-30（a）所示形体可分为两部分，上部为一被切割的圆筒，下部为一被切割的圆盘底板，它们的前后被两正平面截切，形成截交线，中央有一通孔，底板左右各有一小圆孔。

（2）检查并补全缺线。主视图上的圆柱截交线投影被遗漏，底板顶面投影的一小段和左右截交线也被遗漏，可利用俯视图作出，如图 5-30（b）所示。

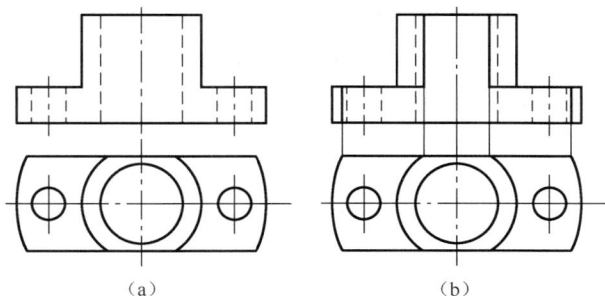

（a）　　　　　　　　　　　（b）

图 5-30　补画视图中的缺线（二）

（3）检查加深。应注意检查圆柱截交线投影和底板顶面投影的正确性。

任务五　组合体的尺寸标注

任务引出

视图只能反映组合体的结构形状，要确定组合体的大小还需要标注出尺寸。

任务描述

本任务介绍尺寸标注相关国家标准的规定及注意事项，并给出部分常见形体的尺寸注法。

相关知识

一、组合体尺寸标注的要求

组合体尺寸标注的要求是正确、完整、清晰。

（1）尺寸标注要正确。所注尺寸应严格遵守国家标准有关尺寸标注的规定，注写的尺寸数字要准确。

（2）尺寸标注要完整。标注的尺寸要能确定出组合体各基本形体的大小和相对位置，不允许遗漏尺寸，也不要重复标注尺寸。

（3）尺寸标注要清晰。尺寸的布置要整齐、清晰、恰当，便于阅读。

二、组合体尺寸标注的种类和尺寸基准

要达到尺寸标注完整的要求，仍要应用形体分析法将组合体分解为若干基本形体，标注出各基本形体的大小尺寸以及确定这些基本形体之间的相对位置尺寸，最后注出组合体的总体尺寸。因此，组合体尺寸应包括下列3种。

组合体尺寸标注案例

（1）定形尺寸：表示各基本形体形状大小的尺寸。图5-31（a）中，均为各形体的定形尺寸。

（2）定位尺寸：表示各基本形体之间相对位置的尺寸。标注定位尺寸，要先选择好尺寸基准。组合体有长、宽、高3个方向的尺寸，每个方向至少有一个尺寸基准，一般以组合体的对称中心线、回转体轴线和较大的端面作为尺寸基准。图5-31（b）中指出了组合体长、宽、高3个方向的尺寸基准，注出了全部定位尺寸。

（3）总体尺寸：组合体一般应注出表示组合体的总长、总宽、总高的尺寸，如图5-31（c）所示总长60和总宽34。但对于具有圆和圆弧结构的组合体，为明确圆弧的中心和孔的轴线位置，则不注该方向的总体尺寸，如图5-31（c）所示总高50，该方向的总体尺寸可以由"定形"+"定位"尺寸得到，如图5-31（d）所示"32+$R18$"。（因标注了尺寸32，定形尺

组合体的尺寸标注要点

寸 22 不能再注，原因将在模块八中详述）

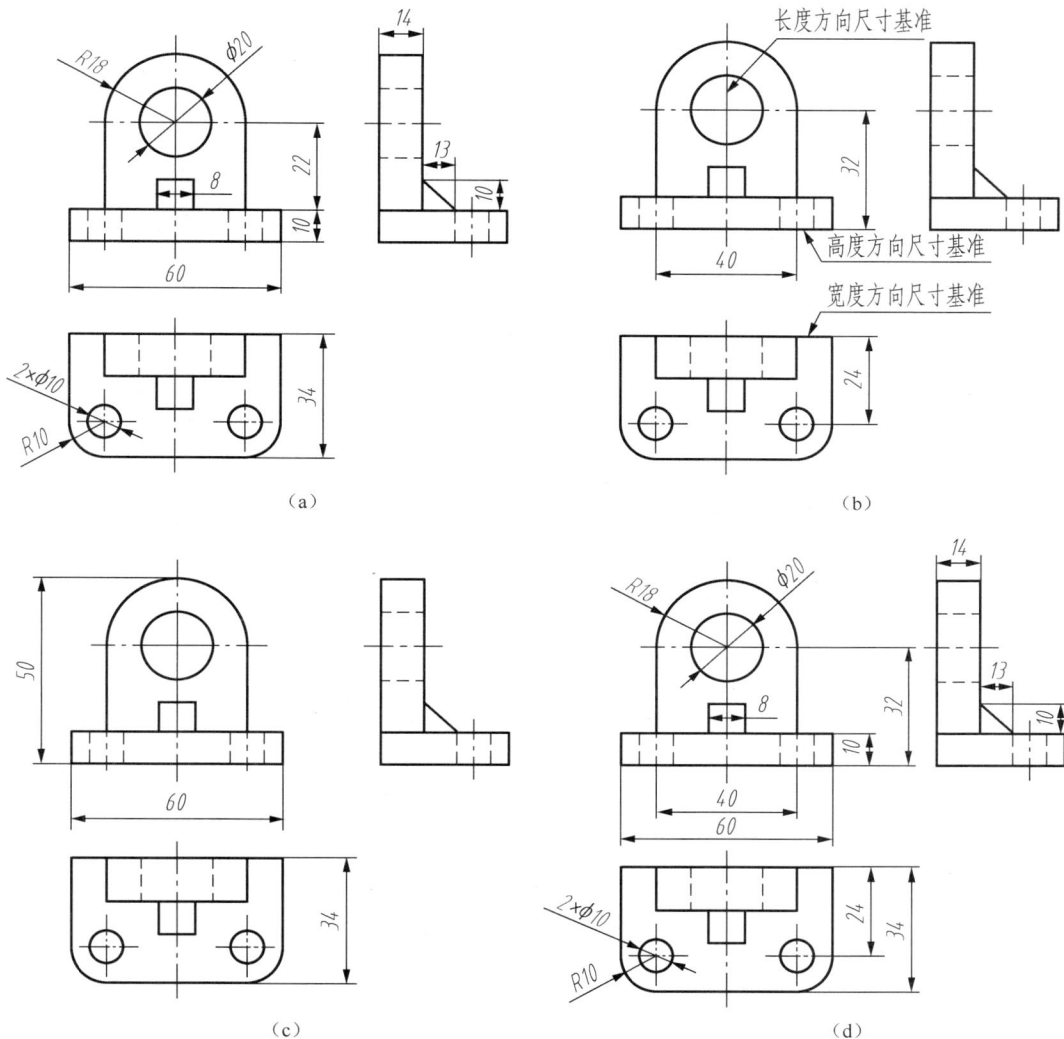

图 5-31　组合体的尺寸分析与标注

三、组合体尺寸标注应注意的问题

为了使组合体尺寸标注整齐、清晰，应注意以下几个问题。

（1）尺寸应尽量标注在表示形体特征最明显的视图上。圆弧半径尺寸应标注在投影为圆弧的视图上，圆柱的直径尺寸则最好标注在非圆视图上，如图 5-32 所示。

（2）同一形体的尺寸应尽量集中标注，并尽量标注在该形体的两视图之间，便于看图想象物体的空间形状，如图 5-33 所示。

（3）同一方向的尺寸，在标注时，应排列整齐，尽量配置在少数几条线上。排列尺寸时，应将大尺寸排列在小尺寸之外，避免尺寸线和其他尺寸的尺寸界线相交，以保持图面清晰，如图 5-34 所示。

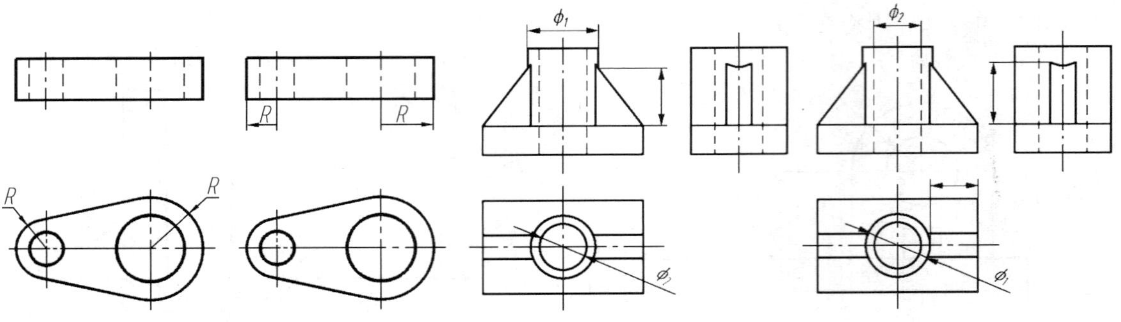

正确　　　　　错误　　　　　好　　　　　　　　　　不好

（a）　　　　　　　　　　　　　　　　（b）

图 5-32　尺寸标注应注意的问题（一）

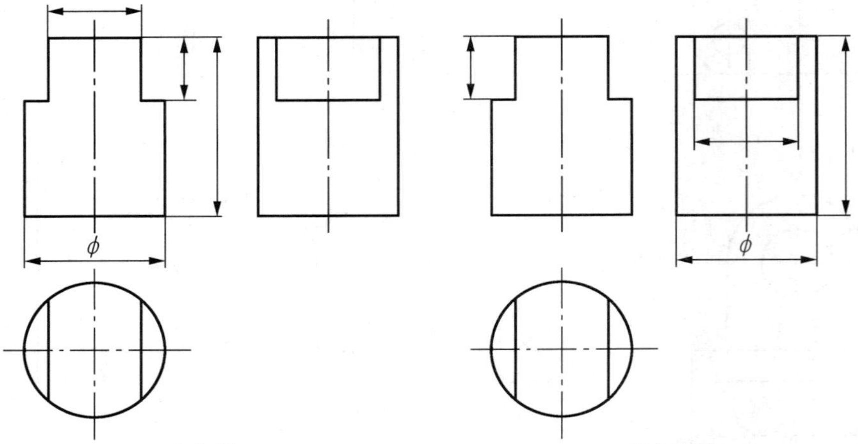

（a）好　　　　　　　　　　　（b）不好

图 5-33　尺寸标注应注意的问题（二）

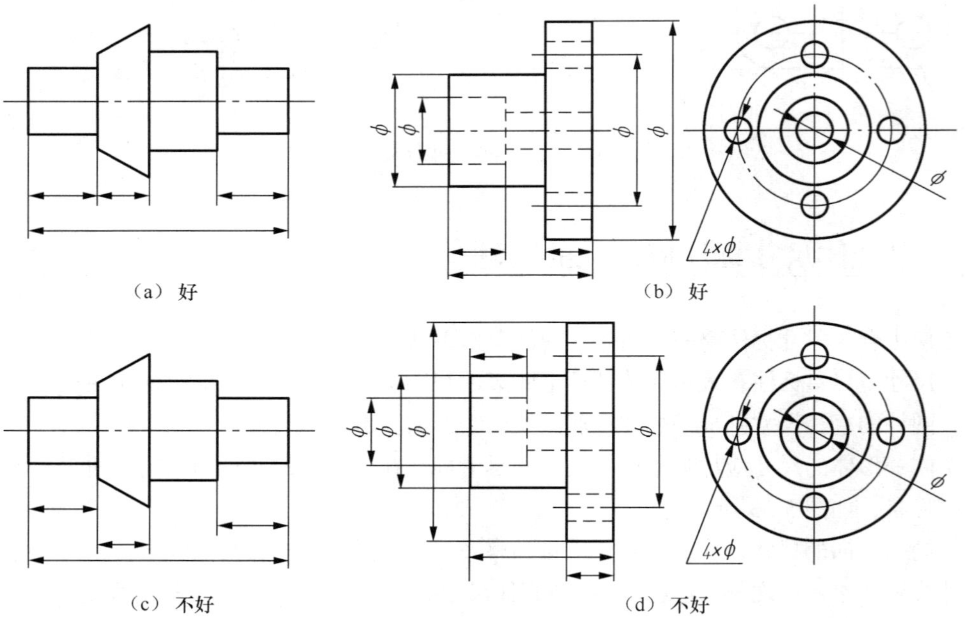

（a）好　　　　　　　　　　　（b）好

（c）不好　　　　　　　　　　（d）不好

图 5-34　尺寸标注应注意的问题（三）

（4）尺寸不要直接标注在截交线和相贯线上。交线是组合体各基本形体间叠加（或挖切）相交时自然产生的，所以不应在交线上标注尺寸，如图 5-35 所示。

（5）尺寸尽量不标注在虚线上，如图 5-32 所示。

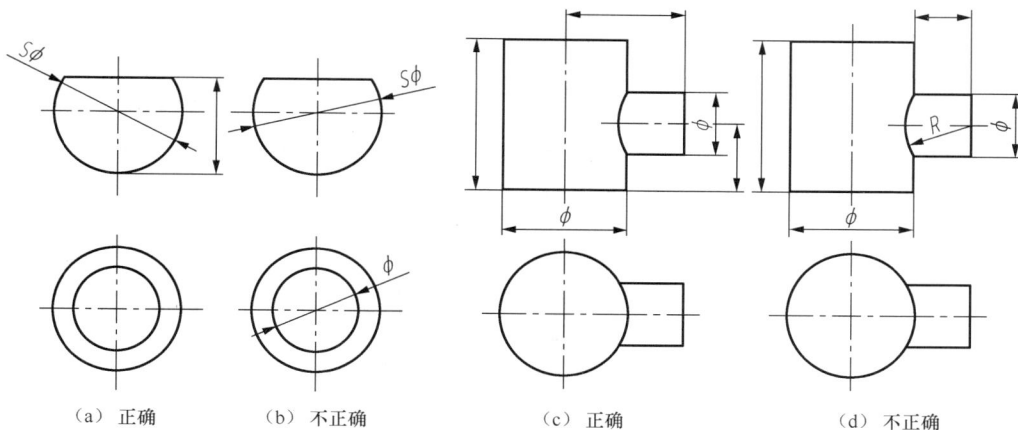

（a）正确　　　（b）不正确　　　（c）正确　　　（d）不正确

图 5-35　尺寸标注应注意的问题（四）

四、常见组合体尺寸标注示例

1. 基本几何体、切割体和相贯体的尺寸标注

（1）常见基本几何体尺寸标注。如图 5-36 所示，平面体需标注底和高的尺寸，或上底、下底和高的尺寸。底面尺寸一般标注在反映底面实形的视图中，高度尺寸标注在反映形体高度的视图中。回转体尺寸一般应注出底面圆或上、下底面圆的直径及高度尺寸。

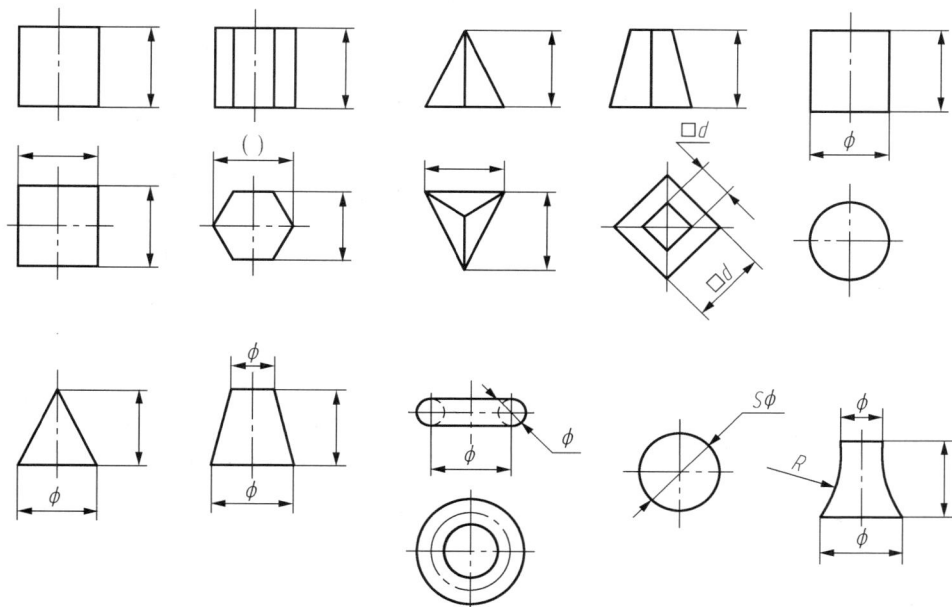

图 5-36　常见基本几何体尺寸标注

115

（2）常见切割体和相贯体的尺寸标注。基本形体被切割或相贯时，除了标注它的大小外，还应标注截平面与形体之间或形体之间的相对位置尺寸，如图 5-37 所示。尺寸确定后，截交线、相贯线的形状和大小也随之确定了。

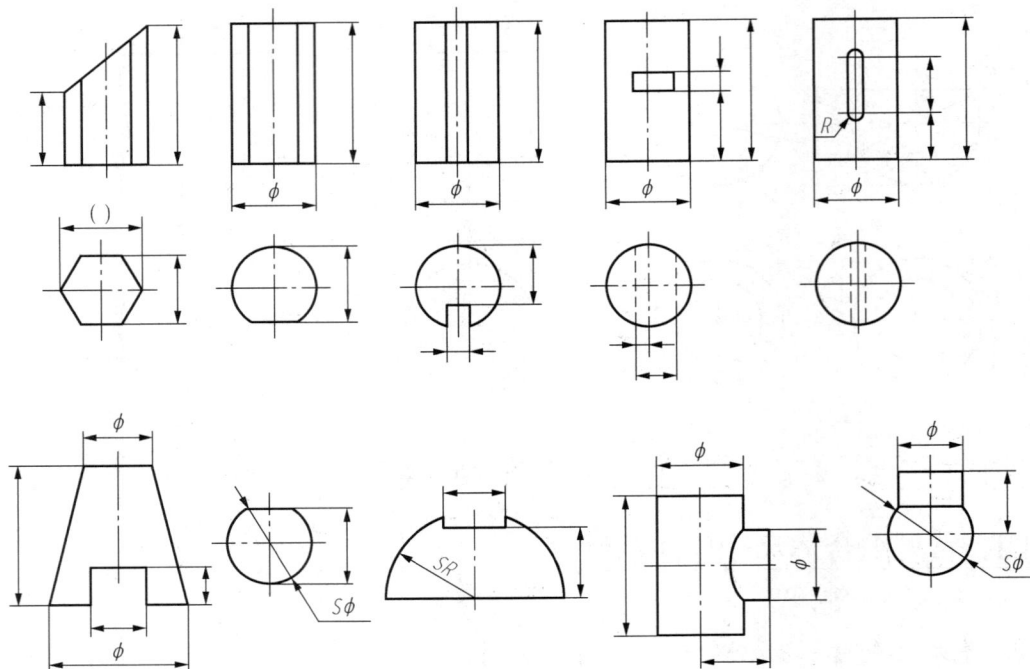

图 5-37　常见切割体与相贯体的标注

2. 组合体常见结构的尺寸标注

图 5-38 给出了组合体常见结构尺寸标注的示例。

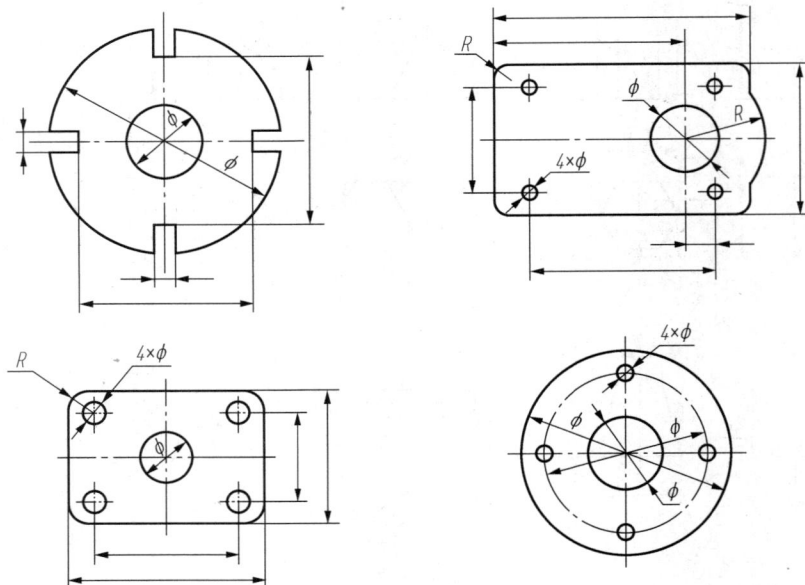

图 5-38　组合体常见结构的尺寸标注

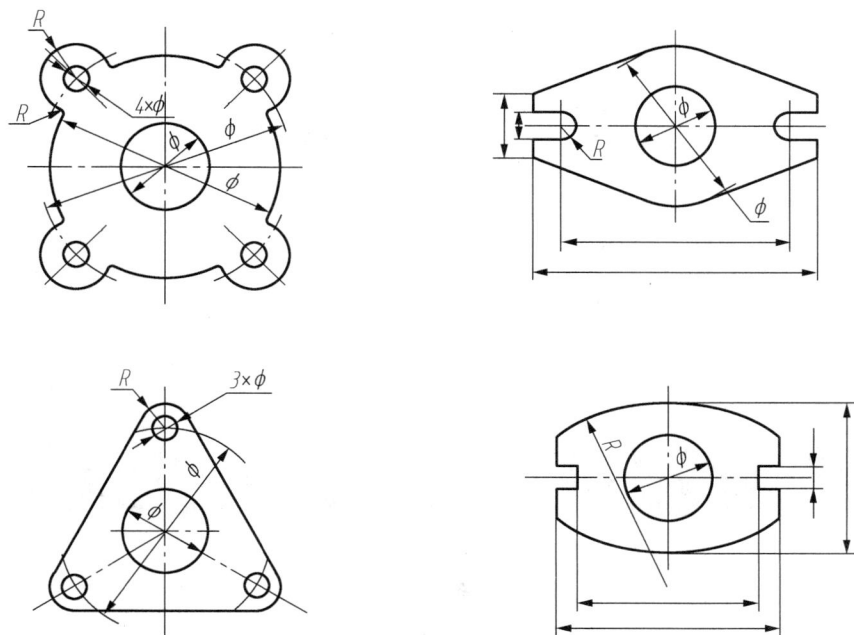

图 5-38 组合体常见结构的尺寸标注（续）

在生产实际中，对于结构形状复杂的机件，仅采用前面所介绍的三视图，是难以将它们的内、外部结构形状表达清楚的。为了完整、清晰、简明地表达各种机件，满足生产用图的需要，国家标准《技术制图》和《机械制图》规定了绘制机械图样的基本表示法：视图、剖视图、断面图、局部放大图、简化画法及第三角画法。

【学习目标】

（1）掌握视图、剖视图、断面图、局部放大图的画法和标注的规定及其运用。

（2）了解常用的简化画法规定。

（3）能够比较恰当地综合应用各种基本表示法表达一般机械零件。

（4）了解第三角画法的原理及特点。

任务一　视图

任务引出

如图 6-1 所示，为了将这些外部结构形状复杂、形态各异的机件全面、准确、清晰地表达出来，可以采用国家标准规定的各种视图。

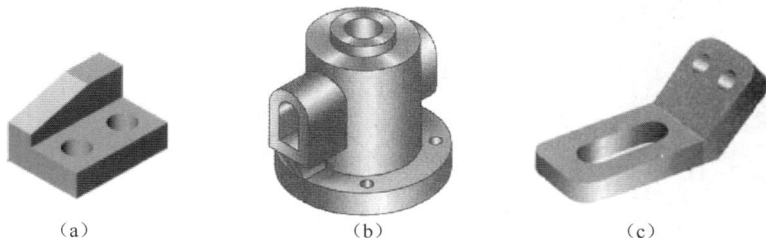

(a)　　　　　　　(b)　　　　　　　(c)

图 6-1　机件

任务描述

视图是根据有关国家标准和规定，绘制出的机件的多面正投影图形。视图主要用于表达机件外部结构形状，对机件中不可见的结构形状必要时才用细虚线画出。视图分为 4 类，即基本视图、向视图、局部视图和斜视图等。

相关知识

基本视图的形成原理

一、基本视图

将机件向基本投影面投射所得的视图称为基本视图。表示一个机件可以有 6 个基本投射方向，即在原有 3 个投影面的基础上，在机件的前方、上方和左方各增加一个投影面即前立面、顶面和左侧面，组成一个正六面体，如图 6-2（a）所示，6 个面所确定的 6 个投影面称为基本投影面。

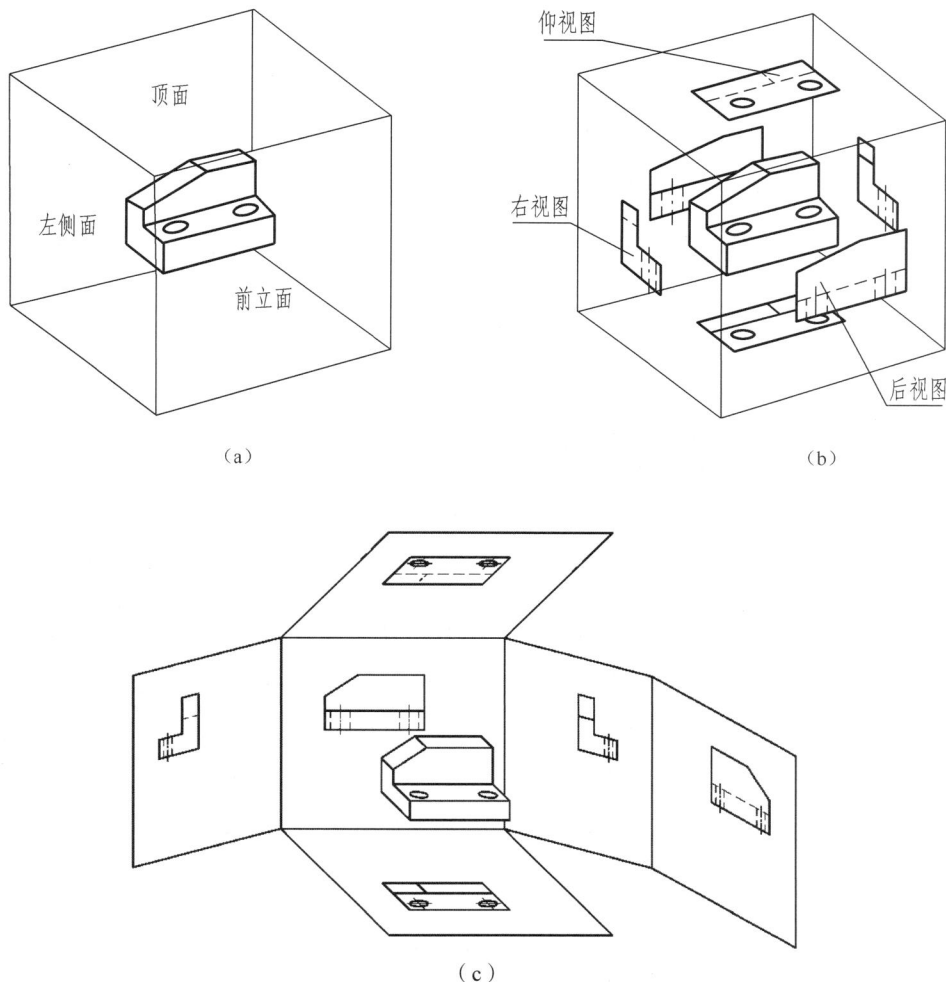

（a）

（b）

（c）

图 6-2　6 个基本视图

将机件正放在该正六面体中间，用正投影的方法向 6 个基本投影面分别进行投射，就得到了该机件的 6 个基本视图，如图 6-2（b）所示。它们分别为：

主视图——由前向后投射所得到的视图；　俯视图——由上向下投射所得到的视图；

左视图——由左向右投射所得到的视图；　后视图——由后向前投射所得到的视图；

仰视图——由下向上投射所得到的视图；　右视图——由右向左投射所得到的视图。

6 个投影面连同它上面的视图展开，如图 6-2（c）所示，正投影面保持不动，其他各投影面逐步展开到与正投影面在同一个平面上。展开后，6 个视图的配置如图 6-3 所示，在同一张图纸内按照图 6-3 配置视图时，一律不标注视图的名称，它们仍保持"长对正，高平齐，宽相等"的投影关系，即：主、俯、后、仰视图长相等；主、左、后、右视图高平齐；俯、左、仰、右视图宽相等。

6 个基本视图也反映了机件的上下、左右和前后的方位关系，如图 6-3 所示，除后视图之外，在围绕主视图的俯、仰、左、右 4 个视图中，远离主视图的一侧，表示机件的前方，靠近主视图的一侧表示机件的后方。

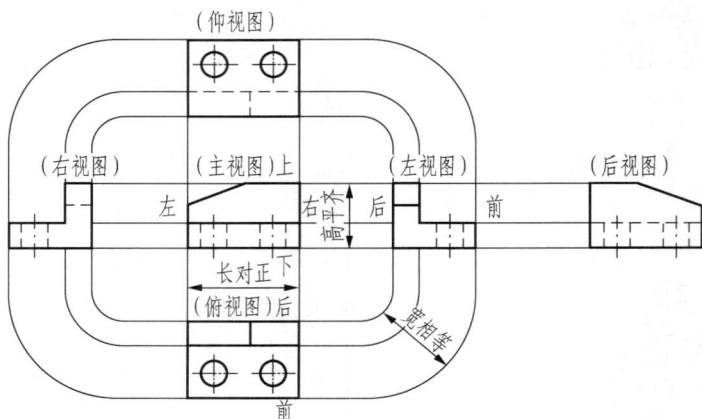

图 6-3　基本视图的配置

实际画图时，无须将 6 个基本视图全部画出，应根据机件的复杂程度和表达需要，选用其中必要的几个基本视图。通常优先选用主、俯、左 3 个视图。

二、向视图

向视图的形成原理及案例

向视图是可自由配置的基本视图。当基本视图由于在图纸中合理布局图形的原因，而不能按照图 6-3 配置时，可按向视图配置。如图 6-4 中的向视图 D、向视图 E 和向视图 F。

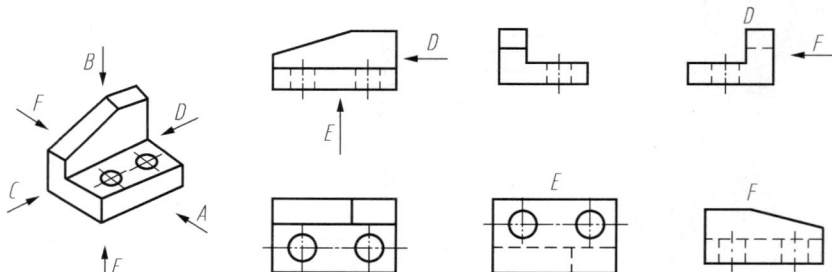

图 6-4　向视图

1. 向视图的标注

向视图必须在图形上方中间位置处标注"X"("X"为大写拉丁字母），在相应视图的附近用箭头指明投射方向，并标注相同字母。

2. 注意事项

（1）向视图是基本视图（完整视图）的另一种表达形式，是只能平移（不能旋转）的基本视图。其投射方向应与基本视图的投射方向一一对应。

（2）注意"后视图"的投射方向，务必标注在左视图或右视图上，不能在俯、仰视图上画箭头。

三、局部视图

局部视图是将物体的某一部分向基本投影面投射所得的视图。图 6-5（a）所示的机件，采用主、俯两个基本视图，已将机件的主体形状基本表达清楚，如图 6-5（b）所示。而对于机件两边凸缘的形状，如果分别绘制出左、右视图，则使图形重复和烦琐。采用局部视图 A 和局部视图 B 表达两边凸缘的形状，既简化图形又突出重点，如图 6-5（b）所示。

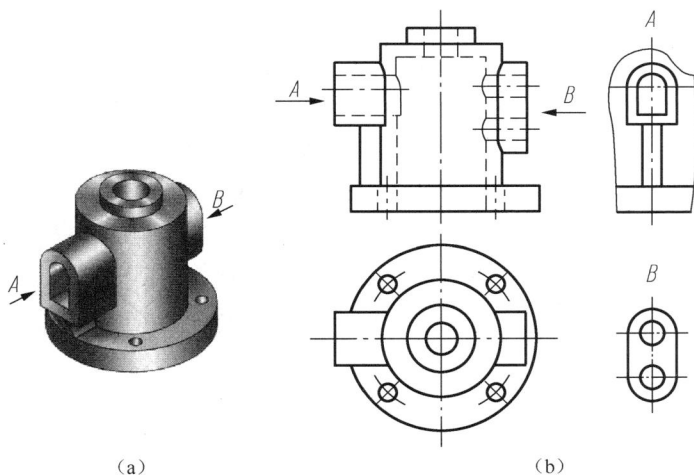

（a）　　　　　　　　　　　　　　（b）

图 6-5　局部视图

局部视图的标注、配置和画法如下。

1. 局部视图的标注

在局部视图上方正中位置用大写拉丁字母标出视图名称"X"，在相应视图附近用箭头指明投射方向，并注上相同的字母，如图 6-5（b）所示。

2. 局部视图的配置

（1）局部视图可按基本视图配置，若此时中间又没有其他图形隔开，则不必标注，如图 6-8（b）中水平板的局部视图。

（2）局部视图也可按向视图配置，并按向视图的标注方法标注，如图6-5（b）所示。

（3）局部视图还可按第三角画法配置，配置在视图上需要表示的局部结构附近，并用细点画线连接两图形，此时不需另行标注，如图6-6所示。

3．局部视图的画法

（1）局部视图的断裂边界用波浪线或双折线表示，如图6-5（b）中的"A"所示。当所表示的局部结构的外形轮廓是完整的且外形轮廓又为封闭图形时，断裂边界可省略不画，如图6-5（b）中的"B"所示。

（2）对称机件的视图可只画一半或 1/4，并在对称中心线两端画出对称符号，即两条与其垂直的平行细实线，如图6-7所示。这种简化画法是局部视图的一种特殊画法。

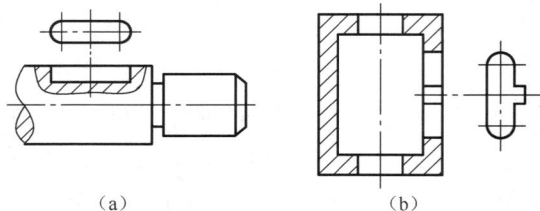

（a） （b）

图6-6 局部视图按第三角画法配置

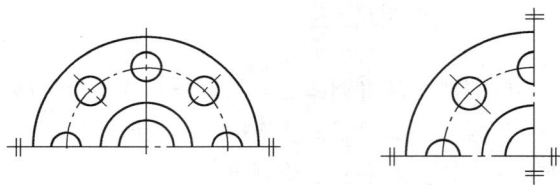

图6-7 对称机件视图的画法

四、斜视图

斜视图是将机件向不平行于基本投影面的平面投射所得的视图，用于表达机件上倾斜结构的真实形状。如图 6-8（a）所示，当机件的某局部结构不平行于任何基本投影面，在基本投影面上不能反映其实形时，可以设立一个与倾斜结构的主要平面平行并垂直于一个基本投影面的辅助投影面 H_1，然后将倾斜部分向 H_1 面投射，则在 H_1 面上可得到反映倾斜部分实形的视图，即斜视图。

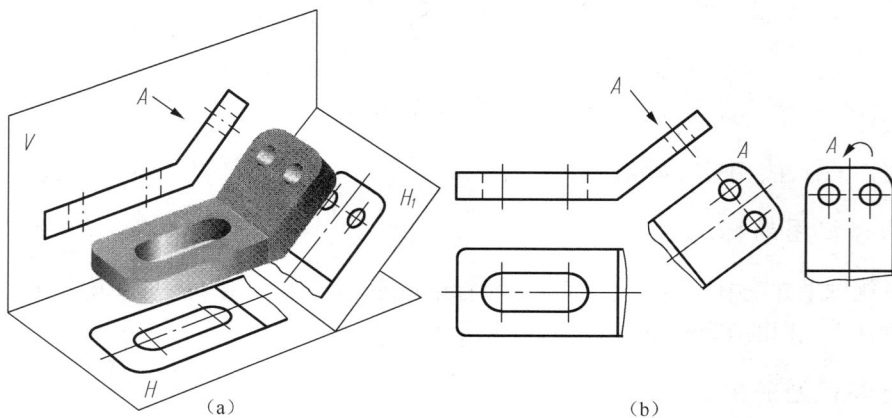

斜视图的形成

（a） （b）

图6-8 斜视图

1. 斜视图的配置与标注

斜视图的配置与标注方法同向视图，如图 6-8（b）和图 6-9（a）所示。必要时，允许将斜视图旋转配置，此时须按旋转方向加注旋转符号，如"A⤵"或"⤵A"，旋转符号画法如图 6-9（c）所示，表示该视图名称的大写拉丁字母应靠近旋转符号的箭头端，如图 6-8（b）所示。也允许将旋转角度注写在字母之后，如图 6-9（b）所示。

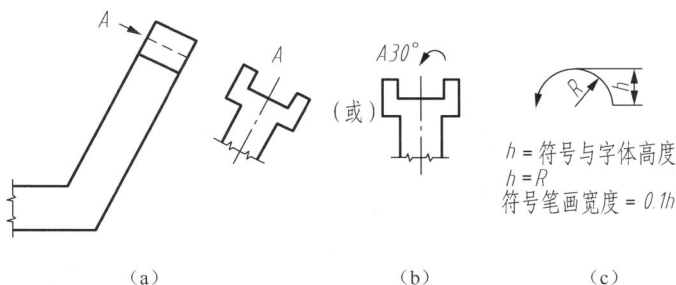

（a）　　　　　　　　　　（b）　　　　　　　　（c）

图 6-9　斜视图表示法

2. 斜视图的画法

斜视图一般只需表达机件倾斜部分的形状，可在适当位置用波浪线或双折线表示其断裂边界，其余的在其他视图中已经表达清楚的部分不必画出，如图 6-8（b）及图 6-9（a）、（b）所示。

五、识读视图举例

上述介绍了基本视图、向视图、局部视图和斜视图，在实际应用时，应根据机件的复杂程度和表达需要，灵活选用各种表达方法。

图 6-10（a）所示为压紧杆的三视图。由于压紧杆左端耳板是倾斜的，其左视图和俯视图都不能反映实形，且画图烦琐且表达不清楚，故可按图 6-10（b）所示，在 P 面上作反映耳板实形的斜视图"A"。表达了压紧杆局部倾斜结构实形的斜视图用波浪线断开，其余部分的轮廓线不必画出。

图 6-10（c）所示为压紧杆的表达方案一：采用一个基本视图（主视图）；两个局部视图（一个是局部视图 B，另一个位于右视图位置上，不必标注）；一个斜视图（A）。

图 6-10（d）所示为压紧杆的表达方案二：采用一个基本视图（主视图）；一个配置在俯视图位置上的局部视图（不必标注）；一个旋转配置的斜视图（⤵A）；一个画在右端凸台附近，按第三角画法配置的局部视图（用细点画线连接，不必标注）。

（a）三视图　　　　　　　　　　　（b）立体图

（c）方案一　　　　　　　　　　　（d）方案二

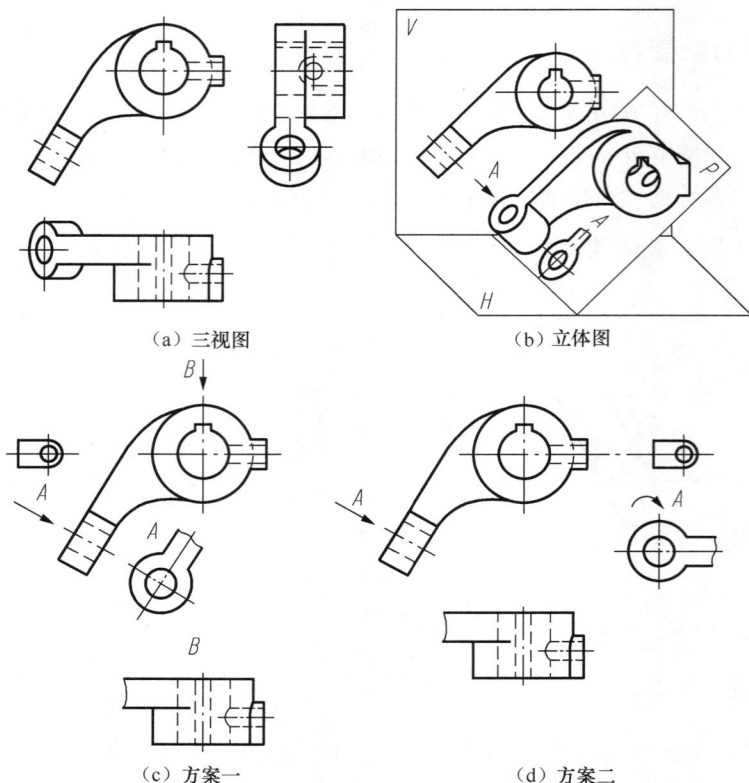

图 6-10　压紧杆的表达方案

任务二　剖视图

任务引出

视图表达的重点是机件的外部形状，而图 6-11 所示的机件内部结构比较复杂，视图上会出现较多虚线而使图形不清楚，不便于看图和标注尺寸。因此可采用剖视图的画法来表达。

任务描述

剖视图利用假想平面剖切，可将内部不可见结构形状变为可见。

相关知识

一、剖视图的形成、画法及标注

剖视图的生成原理

1. 剖视图的形成

假想用剖切面剖开机件，将处在观察者和剖切面之间的部分移去，将剩余部分向投影面投射所得的图形称为剖视图，简称剖视，如图 6-11（a）所示。图 6-11（b）所示的主视图即为剖视图。

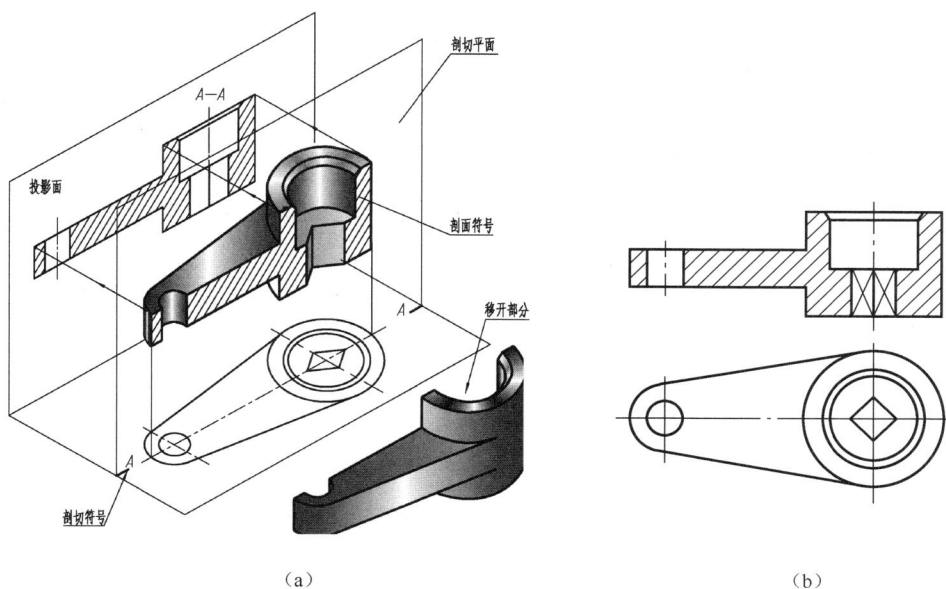

（a）

（b）

图 6-11　剖视图的形成

2. 剖面符号

机件被假想平面剖切后，在剖视图中，剖切面与机件接触部分称为剖面区域。为了区别具有实体材料的切断面（即剖面区域）和其余部分（剖切面后面的可见轮廓及结构的中空部分），应在剖面区域内画出剖面符号，如图 6-11 所示。国家标准规定了各种材料类别的剖面符号，机械图样中常见的剖面符号如表 6-1 所示。

表6-1　　　　　　　　　　　　机械图样中常见的剖面符号

材料		剖面符号	材料	剖面符号
金属材料（已有规定剖面符号者除外）			液体	
非金属材料（已有规定剖面符号者除外）			木质胶合板（不分层数）	
木材	纵剖面		混凝土	
	横剖面			
玻璃及供观察用的其他透明材料			钢筋混凝土	
线圈绕组元件			砖	
转子、电枢、变压器和电抗器等的叠钢片			基础周围的泥土	
型砂、填砂、粉末冶金、砂轮、陶瓷刀片、硬质合金刀片等			格网（筛网、过滤网等）	

在机械图样中，金属材料使用最多，其剖面符号采用平行细实线，且特称为剖面线。绘制剖面线时，同一机械图样中的同一零件的剖面线应方向相同、间隔相等。剖面线的间隔应按剖面区域的大小确定。剖面线的方向一般与主要轮廓或剖面区域的对称线成 45° 角。必要时也可采用 30°、60°、0°、90° 的细实线，如图 6-12 所示。

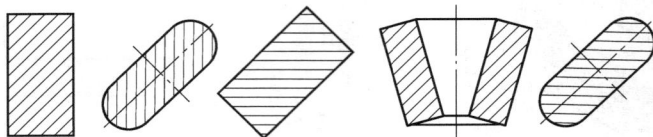

图 6-12　剖面线的角度

3. 画剖视图的注意点

（1）确定剖切面位置时，一般用平行或垂直于某一基本投影面的平面，沿机件内部孔、槽的对称面或轴线剖开机件。图 6-11 中剖切平面位置取平行于正投影面并通过内部通孔轴线的机件对称平面。

（2）用粗实线画出剖切面与机件相接触的断面图形，在剖面区域内画出剖面符号。同时，剖切后暴露出来的可见轮廓线应全部画出，如图 6-11（b）所示。

（3）机件的一个视图画成剖视图之后，其他视图的完整性不受影响，如图 6-11（b）所示的俯视图仍完整画出。

（4）在剖视图中，尽量避免用细虚线表示机件上不可见的结构。

4. 剖视图的配置及标注

（1）剖视图的配置：首先考虑配置在基本视图的方位，如图 6-11（b）所示；也可按投影关系配置在与剖切符号相对应的位置上；必要时允许配置在其他适当位置，如图 6-13 中的 $B—B$ 所示。

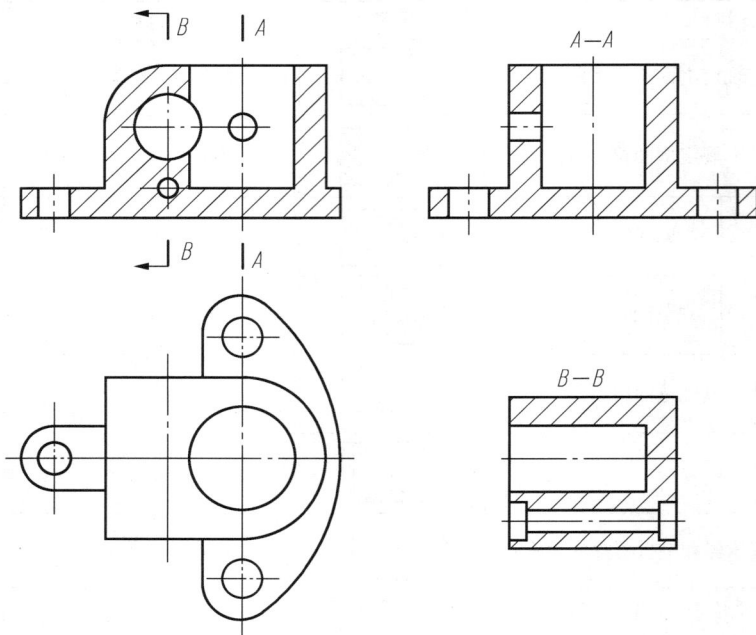

图 6-13　剖视图的标注

（2）剖视图的标注。

① 剖切符号：剖切符号是指明剖切面起讫和转折处的位置及投射方向的符号。剖切符号用粗实线的短画表示，且尽可能不与图形的轮廓线相交；投射方向用箭头表示，与剖切符号垂直并画在粗实线短画的外端，如图 6-13 所示。

② 剖切线：是指示剖切面位置的线，用细点画线表示，画在剖切符号之间。剖切线通常省略不画。

③ 字母：表示剖视图的名称，用相同的大写拉丁字母"X"注写在剖切符号处，并在剖视图上方注出"X—X"。字母一律水平书写，如图 6-13 所示。

当剖视图按投影关系配置，中间又无其他图形隔开时，可省略箭头，如图 6-13 中 A—A 所示。

当单一剖切平面重合于机件的对称平面或基本对称平面，并且剖视图按投影关系配置，中间又无其他图形隔开时，可省略标注，如图 6-11（b）和图 6-13 中的主视图所示。

二、剖视图的种类

根据剖切范围的大小，剖视图可分为全剖视图、半剖视图和局部剖视图。

1. 全剖视图

用剖切面完全地剖开机件所得到的剖视图称为全剖视图。图 6-11 和图 6-13 所示均为全剖视图。全剖视图一般适用于外形比较简单、内部结构比较复杂的机件。

全剖视图的画法

2. 半剖视图

当机件具有对称平面时，向垂直于对称平面的投影面上投射所得的图形，可以以对称中心线为界，一半画成剖视图，另一半画成视图，这种剖视图称为半剖视图，如图 6-14 所示。

半剖视图的画法及案例

半剖视图主要适用于内、外部形状都比较复杂、都需要表达的对称机件。图 6-14（c）所示支座的主视图，以左、右对称中心线为界，一半画成视图，表达其外形；另一半画成剖视图，表达其内部阶梯孔。俯视图以前、后对称中心线为界，后一半画成视图，表达了顶板及 4 个小孔的形状和位置；前一半画成 A—A 剖视图，表示凸台及其上面的小孔。

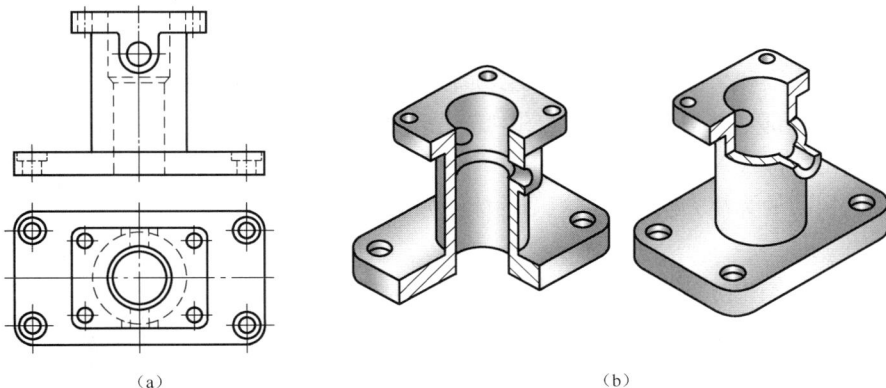

（a）　　　　　　　　　　　　　（b）

图 6-14 半剖视图

（c）

（d）

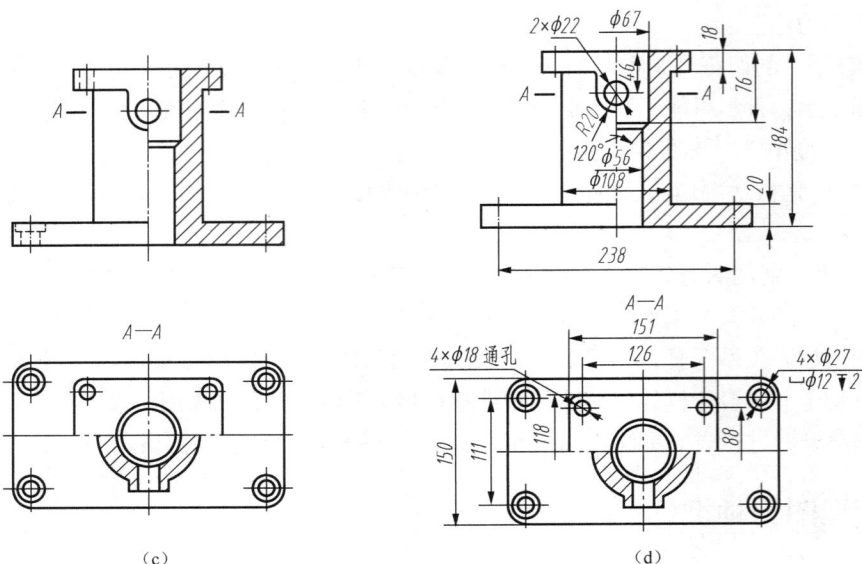

图 6-14　半剖视图（续）

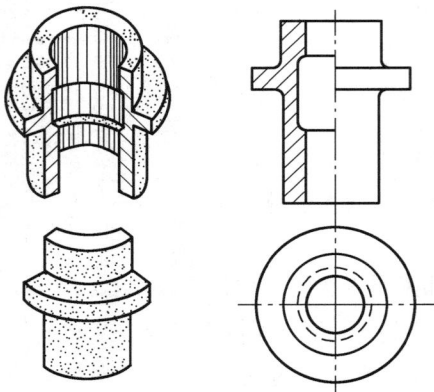

图 6-15 所示为汽车牵引钩弹簧衬套的半剖视图，在主视图中同时表达了内、外部结构形状。

当机件的形状基本对称，且不对称部分已另有图形表达清楚时，也可画成半剖视图，如图 6-16 所示。

图 6-15　汽车牵引钩弹簧衬套的半剖视图

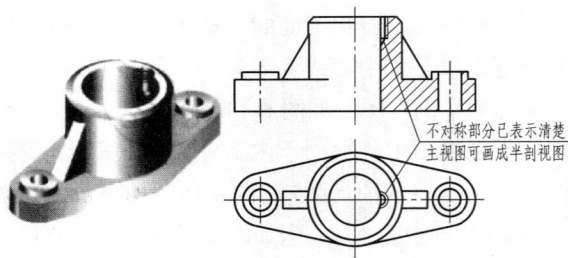

图 6-16　基本对称结构的半剖视图

画半剖视图时应注意以下问题。

（1）半个剖视图和半个视图的分界线必须是细点画线，不能画成粗实线。

（2）机件的内部形状已在半个剖视图中表达清楚，因此在另半个视图部分不必再画出细虚线。

（3）半剖视图的标注方法与全剖视图的标注方法相同，如图 6-14（c）所示。

（4）在半剖视图中标注尺寸，对于机件对称结构未完整表示的要素，其尺寸线应略超过对称中心线，并只在尺寸线的一端画箭头，如图 6-14（d）所示。

局部剖视图的画法及案例

3. 局部剖视图

用剖切面局部地剖开机件所得的剖视图称为局部剖视图，如图 6-17 所示。

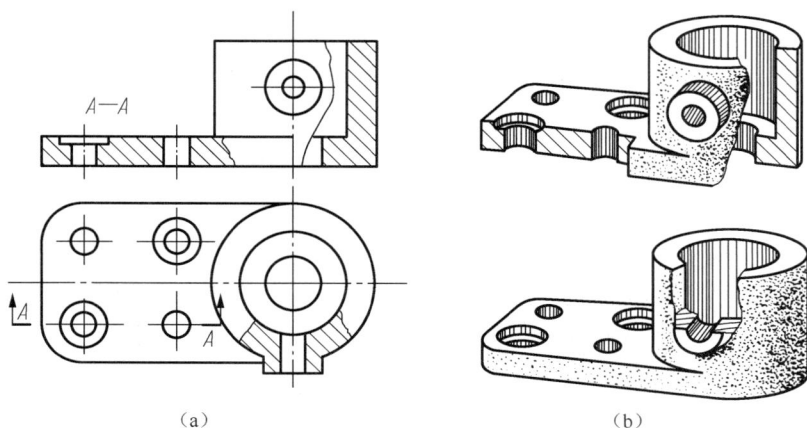

| （a） | （b） |

图 6-17 局部剖视图

局部剖视图适用范围如下。

（1）当机件的内、外形状都比较复杂，不必或不宜采用全剖或半剖视图时，可采用局部剖视图，如图 6-17 所示。

（2）当对称机件的轮廓线与中心线重合，不能用半剖时，可采用局部剖视图，如图 6-18 所示。

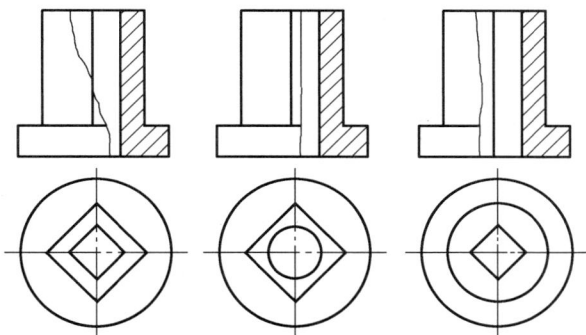

图 6-18 不便采用半剖视图的对称机件

（3）当轴、手柄、连杆等实心杆件上有孔、槽时，采用局部剖视图，如图 6-19 所示。

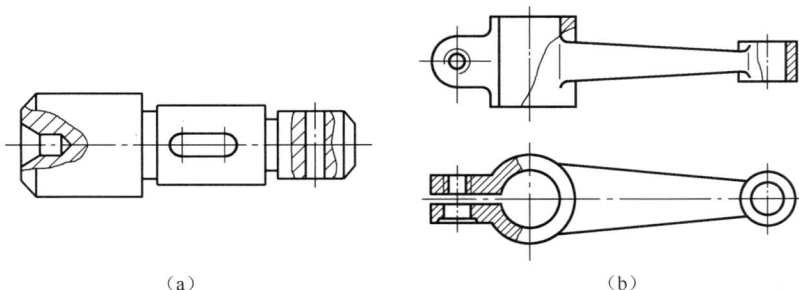

| （a） | （b） |

图 6-19 轴、杆件采用局部剖视图

画局部剖视图时应注意以下几点。

（1）局部剖视图中，剖视图部分与视图部分之间用波浪线或双折线分界，如图 6-17 和图 6-20 所示。波浪线应画在机件的实体部分，不能超出实体轮廓线，如遇孔、槽等中空结构应断开，波浪线和双折线不能与视图中的其他图线重合，也不能画在其延长线上，如图 6-21（a）、（b）所示。

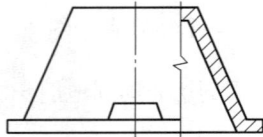

图 6-20　分界线为双折线的局部剖视图

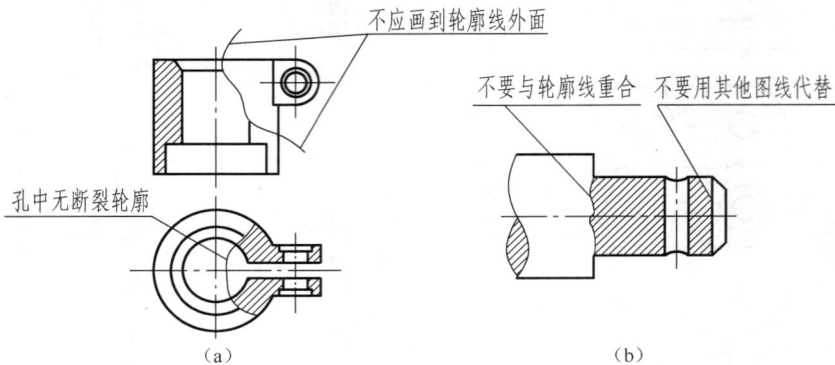

图 6-21　波浪线的错误画法

（2）局部剖视图是一种比较灵活的表达方法，运用得当，可使图形简明、清晰。但在一个视图中，采用局部剖视图的部位不宜过多，以免使图形过于破碎。

（3）当用单一剖切平面剖切，且剖切位置明显时，局部剖视图不必标注。当剖切平面的位置不明显或局部剖视图未按投影关系配置时，应标注剖切符号、投射方向和局部剖视图的名称，如图 6-17（a）所示。

三、剖切平面的种类

前面叙述的全剖视图、半剖视图和局部剖视图，都是用平行于基本投影面的单一剖切平面剖切机件得到的。由于机件内部结构形状的多样性和复杂性，常需要选用不同数量和位置的剖切面剖开机件，才能把其内部形状表达清楚。国家标准规定，根据机件的结构特点，可选择以下剖切面：单一剖切面、几个平行的剖切面、几个相交的剖切面。用其中任何一种剖切面都可以得到全剖视图、半剖视图和局部剖视图。

1．单一剖切面

单一剖切面包括单一剖切平面、单一斜剖切平面和单一剖切柱面。

（1）单一剖切平面。单一剖切平面（平行于基本投影面）是画剖视图时最常用的一种。前面所述的全剖视图、半剖视图和局部剖视图的图例都是用这种剖切面剖开机件而得到的。

（2）单一斜剖切平面。如图 6-22（a）所示，对于机件上倾斜部分的内部结构可以采用不平行于任何基本投影面（应垂直于某一基本投影面）的斜剖切平面剖切，如图 6-22（b）中 A—A 所示。这种剖视图最好配置在与倾斜部分保持投影关系的位置，如图 6-22（b）所示；也可以配置在其他位置；还可以把剖视图旋转放正，此时必须在剖视图上方标注出旋转符号和剖视图名称"X—X⤴"或"⤴X—X"，如图 6-22（c）所示。

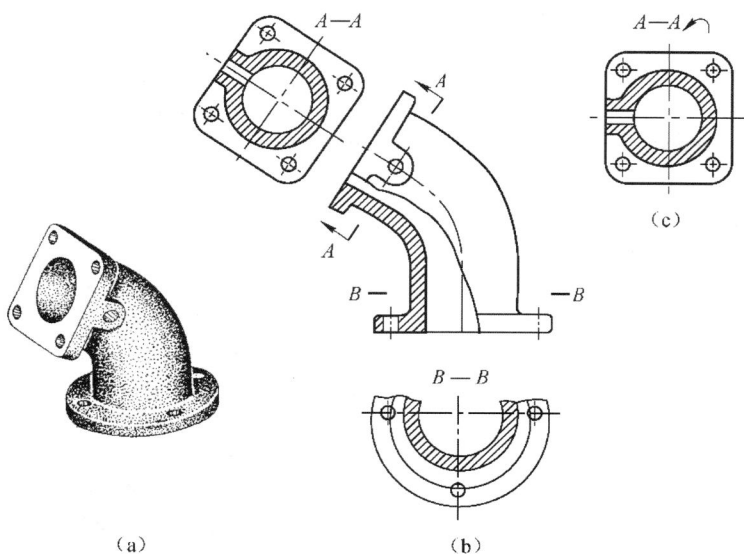

（a）　　　　　　　　　（b）

图 6-22　单一斜剖切平面

用单一斜剖切平面剖切的应用，如图 6-23 所示的汽车驻车制动器拉杆臂的剖视图 $A—A$。

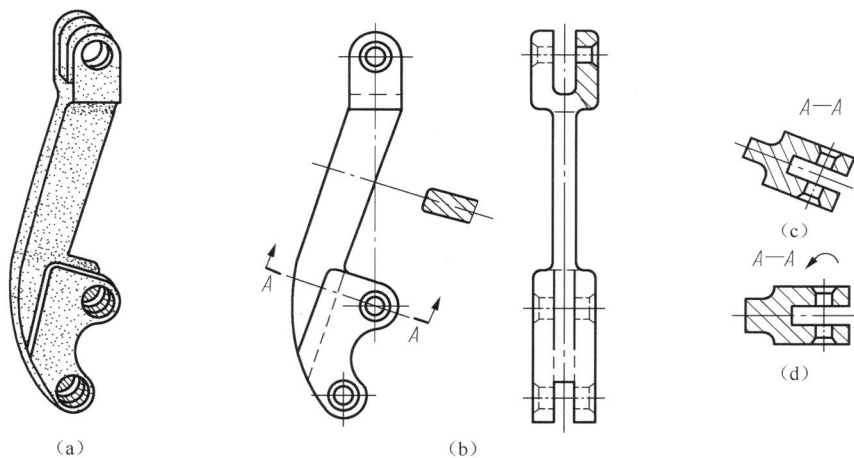

（a）　　　　　　　　　　（b）

图 6-23　汽车驻车制动器拉杆臂的剖视图

（3）单一剖切柱面。采用柱面剖切时，机件的剖视图按展开方式绘制，此时应在剖视图名称后加注展开符号 ，如图 6-24 所示。

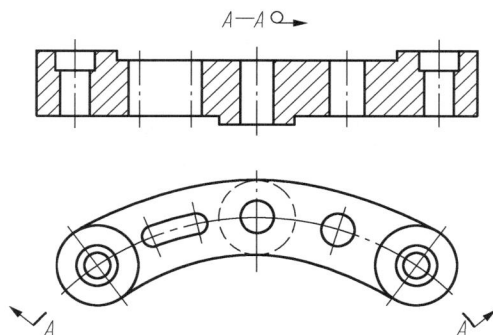

图 6-24　单一剖切柱面

2. 几个平行的剖切面

如图 6-25 所示，机件上有较多不在同一平面内的内部结构，可以用几个相互平行且与基本投影面平行的剖切平面剖开机件。

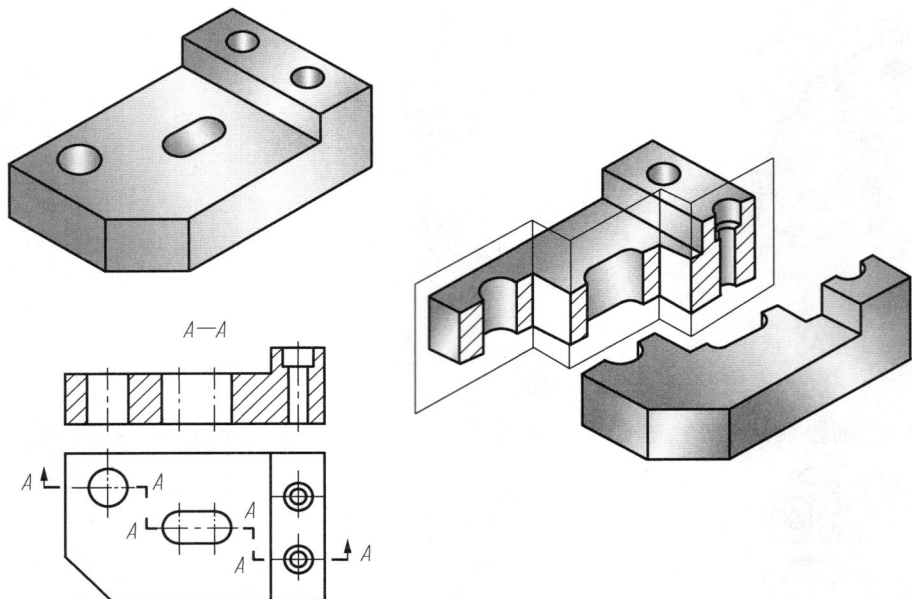

图 6-25　用几个平行的剖切面剖切

图 6-26 所示为采用两个互相平行的剖切平面将机件剖开画出的半剖的主视图。图中肋板采用了简化画法。

（1）标注方法。在相应视图上用剖切符号表示剖切平面的起讫和转折剖切位置，并在剖切符号旁标注相同的字母；在起讫剖切符号外侧画箭头表示投射方向；在剖视图的上方标注 "X—X"，如图 6-25 所示。当转折处空间狭小又不致引起误解时，允许省略字母。当剖视图按投影关系配置，中间没有其他图形隔开时，可以省略箭头，如图 6-27 所示。

（2）采用几个平行的剖切面画剖视图时应注意以下几点。

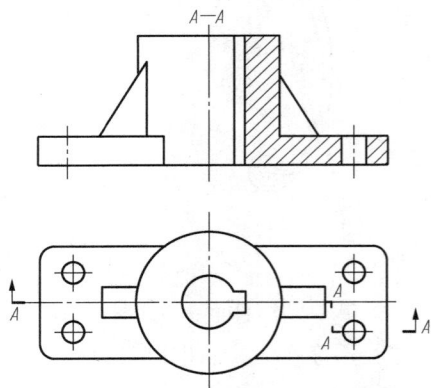

图 6-26　几个平行的剖切平面剖加后画出的半剖视图

① 为了表达孔、槽等内部结构的实形，几个平行剖切平面应同时平行于某一个基本投影面。

② 剖视图中不应出现不完整的结构要素，如图 6-27（a）所示。仅当两个要素在图形上具有公共对称中心线或轴线时，才可出现不完整要素，这时应各画一半，并以对称中心线或轴线为界，如图 6-28 所示。

③ 因为剖视图是假想剖开机件得到的，所以不应画出剖切平面转折处的投影，如图 6-27（b）所示。

④ 为清晰起见，各剖切平面的转折处不应重合在图形的实线或虚线上，如图6-27（c）所示。

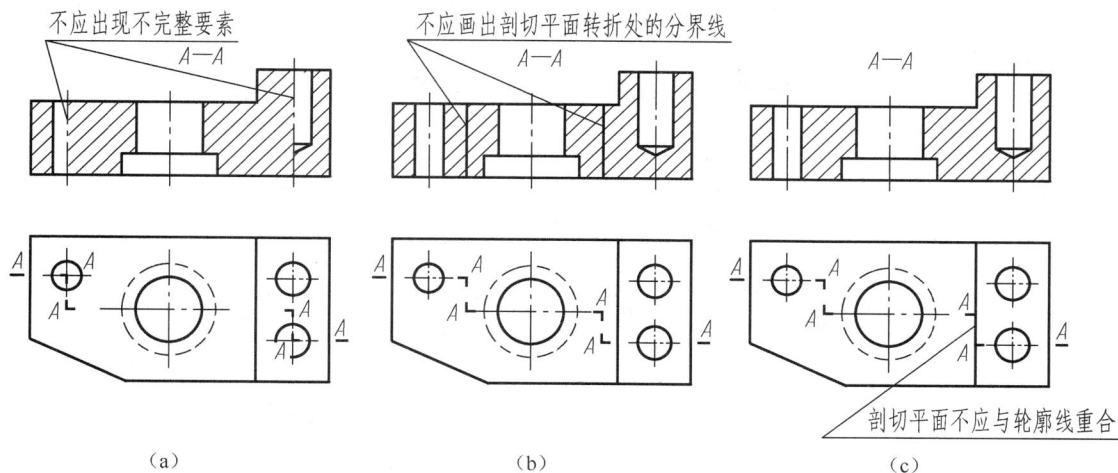

不应出现不完整要素

不应画出剖切平面转折处的分界线

$A-A$　　$A-A$　　$A-A$

剖切平面不应与轮廓线重合

（a）　　　（b）　　　（c）

图 6-27　用几个平行的剖切平面剖切时不应出现的问题

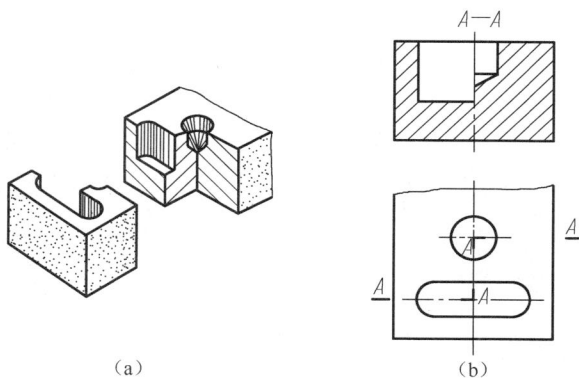

$A-A$

（a）　　　（b）

图 6-28　具有公共对称中心线要素的剖视图

3. 几个相交的剖切面

（1）当机件的内部结构用一个剖切平面不能完全表达，且这个机件在整体上又具有回转轴时，可用几个相交的剖切平面（交线垂直于某一基本投影面）剖开机件，并将与投影面不平行的剖开的结构及其相关部分旋转到与选定的投影面平行后再进行投射，如图6-29所示。

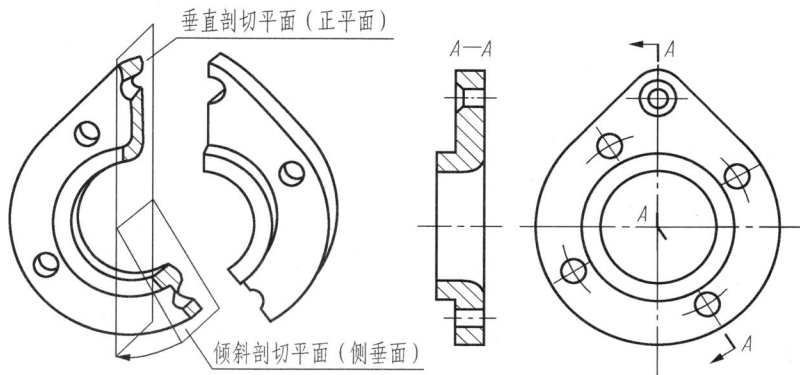

垂直剖切平面（正平面）

$A-A$

A

A

倾斜剖切平面（侧垂面）

图 6-29　用两个相交的剖切平面剖切

采用这种画法，必须进行标注。在相应视图上用剖切符号表示剖切平面的起讫和转折剖切位置，并在剖切符号旁标注相同的字母；在起讫剖切符号外侧画箭头表示投射方向；在剖视图的上方标注"X—X"，如图 6-29 所示。当转折处空间狭小又不致引起误解时，允许省略字母。

剖切平面后的结构仍按原来的位置投影，如图 6-30 中的油孔。

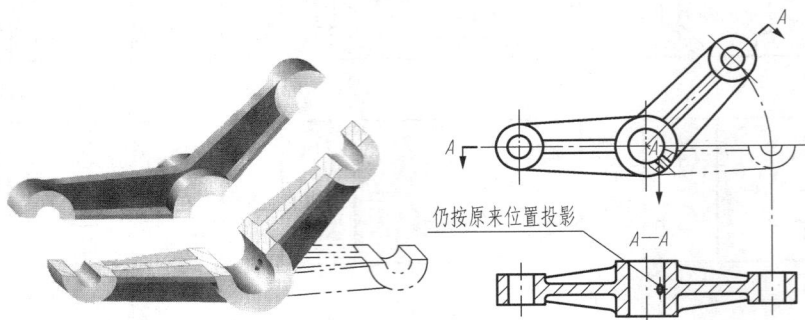

图 6-30　剖切平面后的结构仍按原来的位置投影

当剖切后产生不完整要素时，应将此部分按不剖绘制，如图 6-31 中的臂。

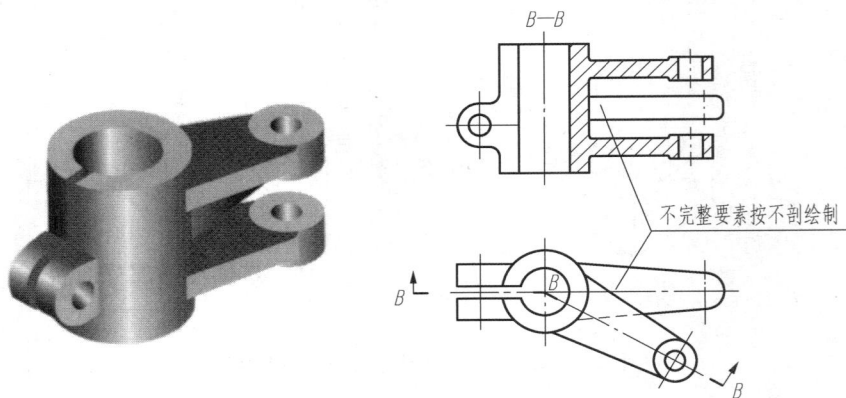

图 6-31　产生不完整要素按不剖绘制

（2）连续几个相交的剖切平面进行剖切，此时剖视图应采用展开画法，并在剖视图上方标注"X—X○⌒"，如图 6-32 所示。

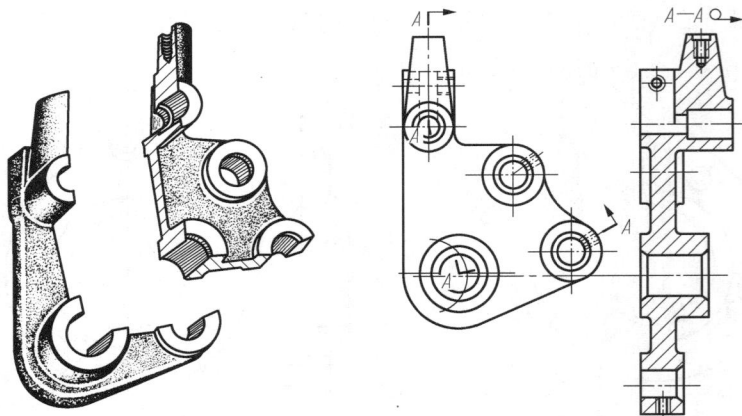

图 6-32　连续几个相交的剖切平面剖切示例

（3）相交的剖切平面与其他剖切面组合。当机件内部结构形状复杂，用前面的几种剖切面剖切不能表达完整时，可采用组合的剖切平面，如图 6-33 所示。

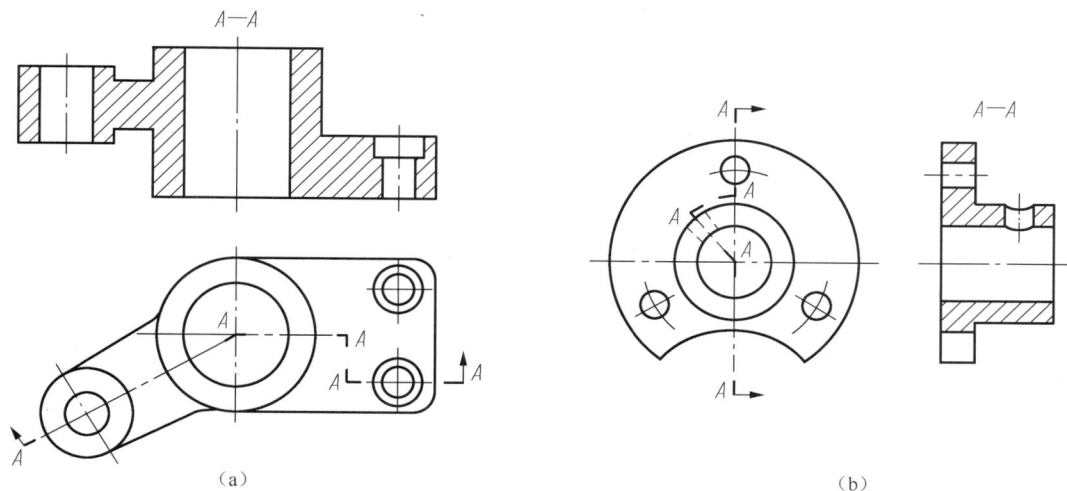

（a）　　　　　　　　　　　　　　　　　　　　（b）

图 6-33　组合剖切平面剖切示例

任务三　断面图

任务引出

如图 6-34（a）所示的轴，假想用剖切平面 W_1 剖切键槽处使其断开，对此绘制了两个不同的图形，图 6-34（b）所示为键槽处的剖视图，图 6-34（c）仅画出了表示键槽断面形状的断面图。

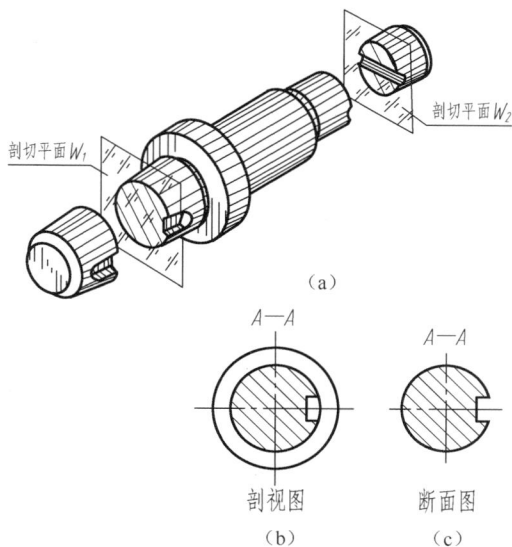

（a）

剖视图　　　断面图

（b）　　　（c）

图 6-34　剖切轴的不同画法比较

任务描述

图 6-34（c）所示的断面图，图形表达目的明确、画图简便、表达清晰，效果更佳。

相关知识

一、断面图的概念

假想用剖切平面将机件的某处切断，仅画出其断面的图形，称为断面图，如图 6-35 所示。

断面图与剖视图是两种不同的表达方法，两者虽然都是先假想剖开机件后再投射，但是，剖视图不仅要画出被剖切面切到的部分，还应画出剖切面之后的可见部分；而断面图则仅画出被剖切面切断的断面形状。

断面图的画法及案例

二、断面图的种类

断面图可分为移出断面图和重合断面图两种。

1. 移出断面图

画在视图之外的断面图称为移出断面图。

（1）移出断面图的画法。

① 移出断面图的轮廓线用粗实线绘制，如图 6-35 所示。

② 移出断面图应配置在剖切符号或剖切线的延长线上，如图 6-35 所示；必要时，也可配置在其他适当位置，如图 6-36 所示；断面图形对称时，移出断面图也可画在视图的中断处，如图 6-37 所示。

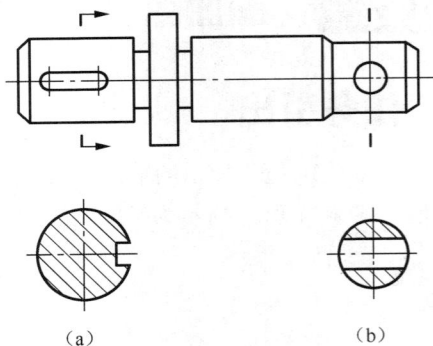

图 6-35　移出断面图的形成

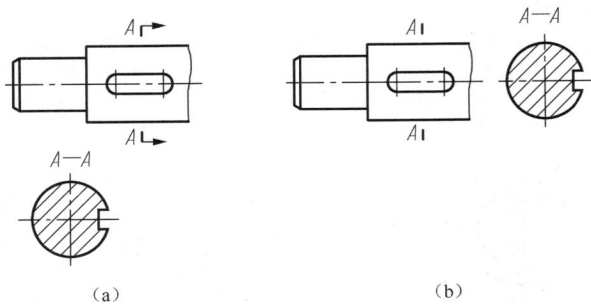

图 6-36　移出断面图配置

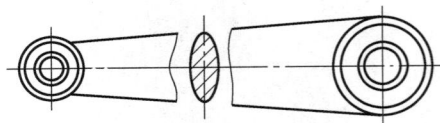

图 6-37　对称断面的配置

③ 当剖切平面通过由回转面形成的孔或凹坑的轴线时，这些结构按剖视图要求绘制，如图 6-38（a）所示。

当剖切平面通过非回转面，会导致出现完全分离的两个断面时，这些结构也按剖视绘制，如图 6-38（b）所示。

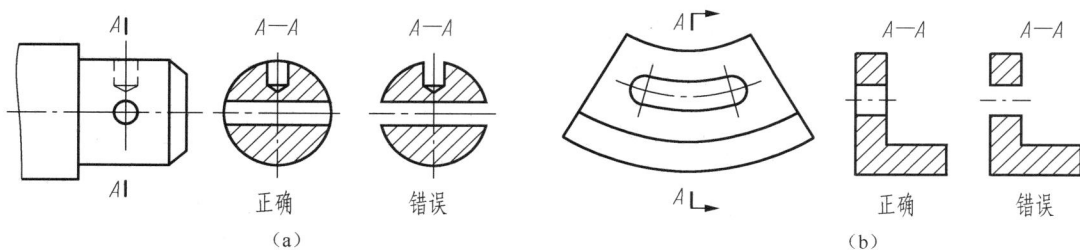

图 6-38　按剖视绘制的移出断面图

④ 由两个或多个相交的剖切平面剖切机件而得到的移出断面图，绘制时图形的中间应用波浪线断开，如图 6-39 所示。

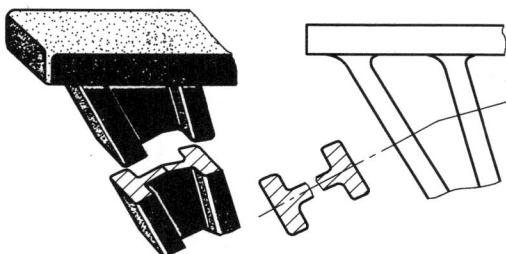

图 6-39　相交平面切得的移出断面图

⑤ 在不致引起误解时，允许将图形旋转，其标注形式如图 6-40 中的 *B—B*、*D—D* 所示。

（2）移出断面图的标注。一般用剖切符号表示剖切位置，用箭头指明投射方向，并注上字母。在移出断面图上方，用同样的字母标出移出断面图的名称"*X—X*"（*X* 为大写拉丁字母），如图 6-36（a）所示。

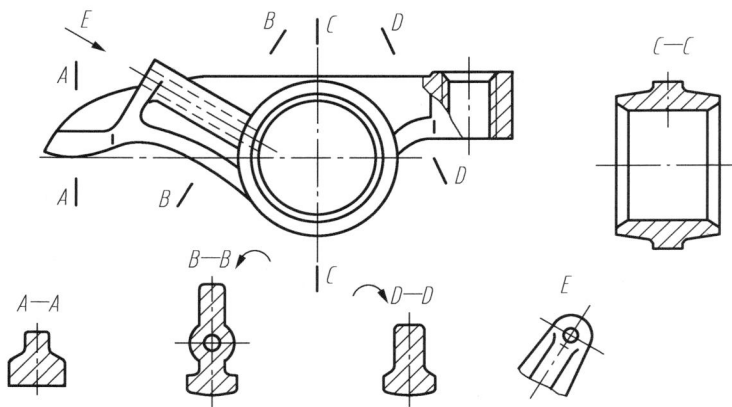

图 6-40　配置在适当位置的移出断面图

移出断面图按国家标准规定进行标注，因其图形配置部位的不同及图形是否对称，标注形式也不同，具体标注方法如表 6-2 所示。

表6-2   移出断面图的配置与标注方法

	配置	移出断面图的配置与标注的关系		
断面 对称性		配置在剖切线或剖切符号 的延长线上	移位配置	按投影关系配置
移出断面图的对称性与标注的关系	对称			
	说明	配置在剖切线延长线上的对称图形：不必标注字母和箭头	移位配置的对称图形：不必标注箭头	按投影关系配置的对称图形：不必标注箭头
	不对称			
	说明	配置在剖切符号延长线上的不对称图形：不必标注字母	移位配置的不对称图形：完整标注剖切符号、箭头和字母	按投影关系配置的不对称图形：不必标注箭头

2. 重合断面图

画在视图之内的断面图称为重合断面图，如图 6-41 所示。

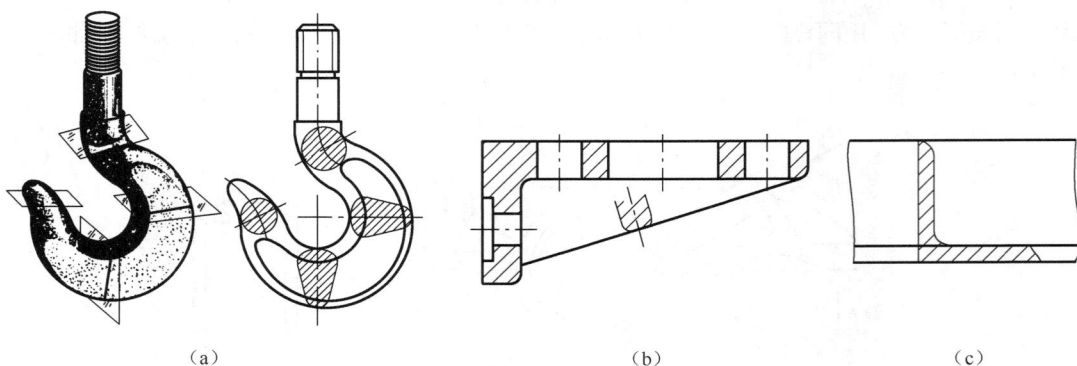

（a）   （b）   （c）

图 6-41   重合断面图

（1）重合断面图的画法。

① 重合断面图的轮廓线用细实线绘制。

② 当视图中的轮廓线与重合断面图的图形重合时，视图中的轮廓线仍应连续画出，不可间断，如图 6-41（b）、（c）所示。

（2）重合断面图的标注。当重合断面图的图形对称时，不必标注，如图 6-41（a）、（b）所

示；当重合断面图的图形不对称时，可标注也可省略标注，即当不致引起误解时，才省略不注，如图 6-41（c）所示。

任务四　局部放大图和简化画法

任务引出

上述各种表达方法是机件的主要常规表达方法，当机械图样中存在一些特殊情况时，可以采用国家标准规定的局部放大图的画法和简化画法。

任务描述

局部放大图的画法和简化画法可以简化画图和提高绘图效率。

相关知识

一、局部放大图

当机件上的某些细小结构在原图上表达不清楚或不便于标注尺寸时，可以将这些结构用大于原图形所采用的比例单独画出，这种用大于原图比例画出的图形称为局部放大图，如图 6-42 所示。

画局部放大图时应注意以下几点。

（1）局部放大图可画成视图、剖视图或断面图，与原图上被放大部分的表达方式无关。局部放大图应尽量配置在被放大部位的附近，并用波浪线画出被放大部分的范围，如图 6-43 所示。

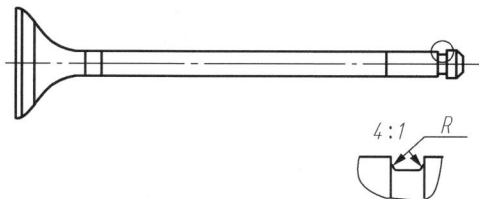

图 6-42　发动机排气门局部放大图

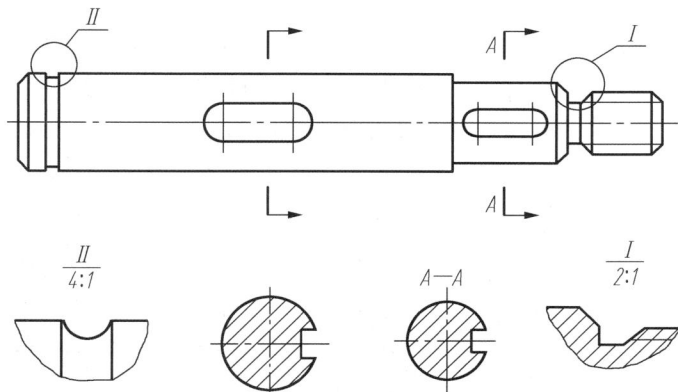

图 6-43　局部放大图（一）

（2）画局部放大图时，除螺纹牙型、齿轮和链轮的齿形外，应在原图上将被放大部分用细实线圈出，并在局部放大图的上方注明所采用的比例，如图 6-42 所示；若在同一机件上有几处被放

大，须用罗马数字依次标明被放大部位，并在局部放大图的上方标注出相应的罗马数字及所采用的比例，如图 6-44 所示的转向拉杆球头销局部放大图。

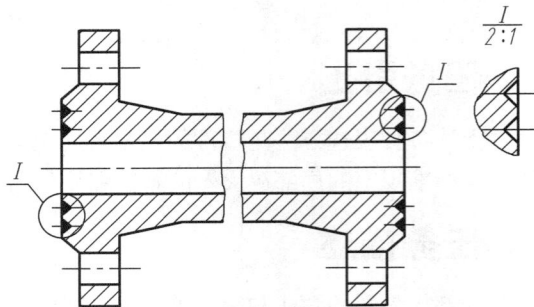

（3）同一机件上不同部位的局部放大图，当其图形相同或对称时，只需画出其中的一个，并在几个被放大的部位标注出同一罗马数字，如图 6-45 所示。

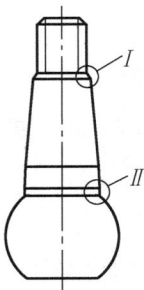

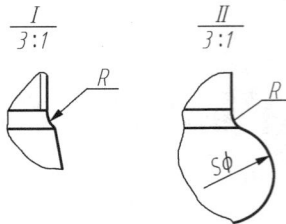

图 6-44　转向拉杆球头销局部放大图　　　　　图 6-45　局部放大图（二）

（4）必要时可用几个视图表达同一个被放大部位的结构，如图 6-46 所示。

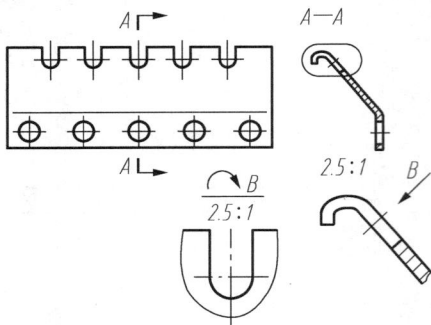

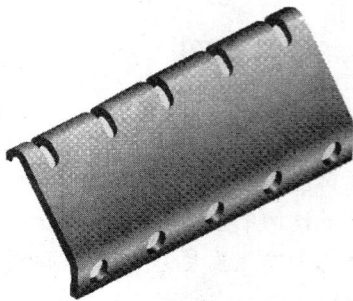

图 6-46　多个图形表达同一个被放大结构

二、简化画法

（1）对于机件的肋、轮辐及薄壁等，如按纵向剖切（剖切平面通过其轴线或基本对称平面），这些结构在剖视图上都不画剖面符号，而用粗实线将它与其相邻的部分分开，如图 6-47（a）、（b）所示。当剖切平面横向剖切这些结构时，要在剖视图上画出剖面线，如图 6-47（b）中的俯视图所示。

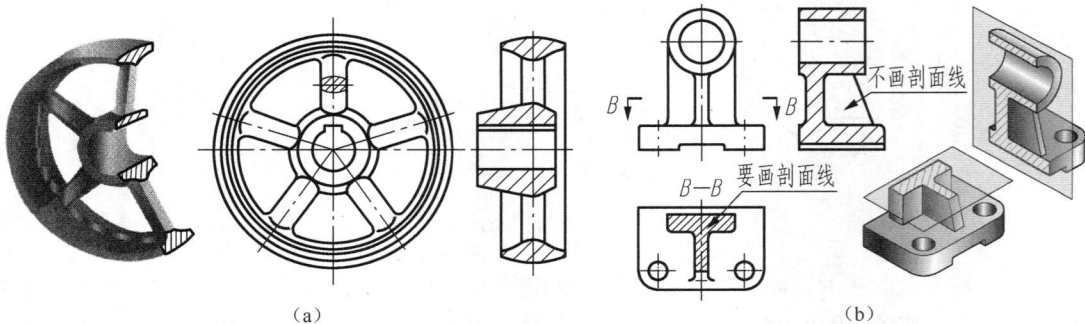

（a）　　　　　　　　　　　　　　　（b）

图 6-47　肋、轮辐及薄壁的简化画法

（2）回转体上均匀分布的肋、孔、轮辐等结构在剖视图中的画法。当机件回转体上均匀分布的肋、孔、轮辐等结构不处于剖切平面上时，可将这些结构旋转到剖切平面上画出，如图6-48所示。

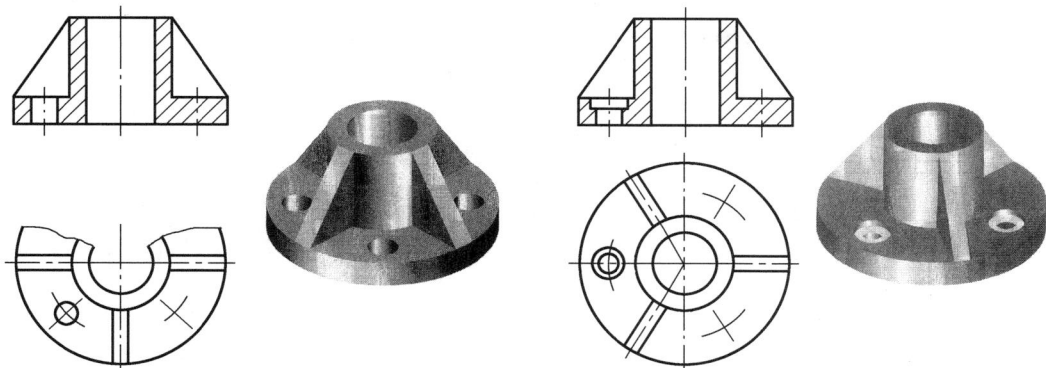

图6-48　均布肋、孔、轮辐的简化画法

（3）在剖视图的剖面区域中可再作一次局部剖视图，两者剖面线应同方向、同间隔，但要互相错开，并用引出线标注局部剖视图的名称，如图6-49所示的 *B—B*。

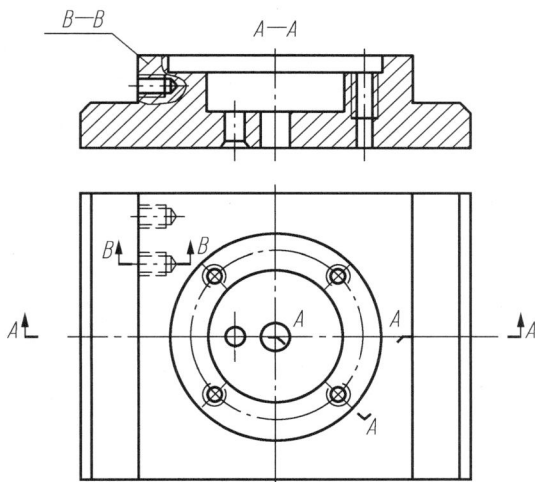

图6-49　在剖视图的剖面区域再作一次局部剖

（4）当机件上具有若干相同结构（如齿、槽等），并按一定规律分布时，只需画出几个完整的结构，其余用细实线连接，但需在图中注明该结构的总数，如图6-50所示。

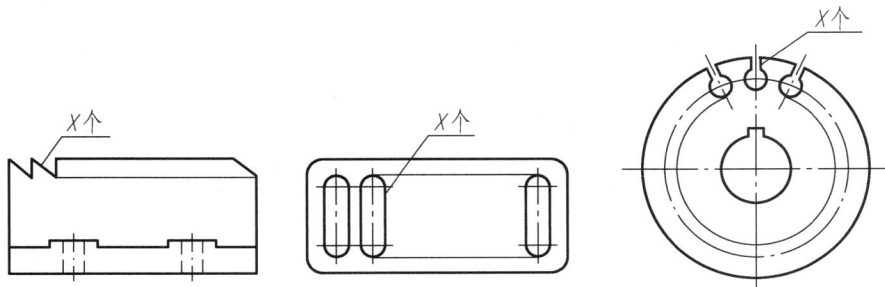

图6-50　相同结构的简化画法

（5）若干直径相同并按规律分布的孔、管道等，可以仅画出一个或几个，其余只需表明其中心位置，并在图中注明它们的总数，如图6-51所示。

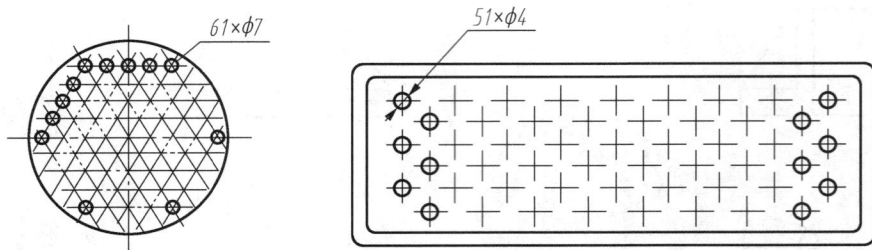

图6-51　按规律分布的等径孔

（6）圆盘形法兰和类似结构上按圆周均匀分布的孔，可按图6-52所示的方式表达。

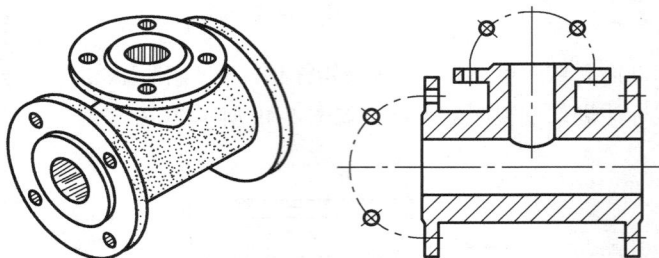

图6-52　法兰盘上均布孔的简化画法

（7）较长的机件（轴、杆等）沿长度方向的形状一致或按一定规律变化时，可断开后缩短绘制，折断线一般采用波浪线，但必须按实际长度标注尺寸，如图6-53所示。

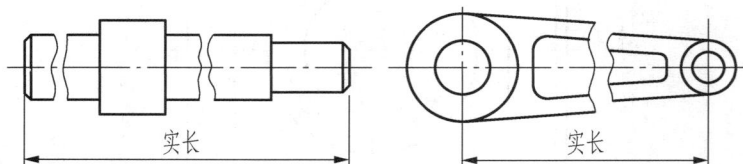

图6-53　较长机件的简化画法

（8）机件上的小平面在图形中不能充分表达时，可用平面符号（相交的两条细实线）表示，如图6-54所示。

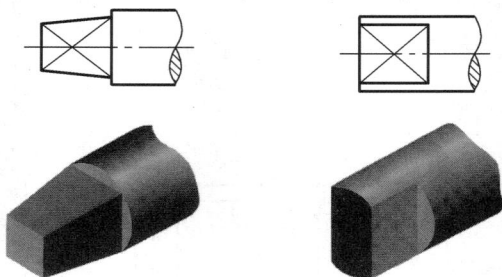

图6-54　用平面符号表示平面

（9）在不致引起误解时，非圆曲线的相贯线及过渡线允许简化为圆弧或直线，如图 6-55（a）所示；当机件上有较小结构及斜度等已在一个图形中表达清楚时，在其他图形中可简化表达或省略，如图 6-55（a）中的俯视图、图 6-55（b）中的主视图。

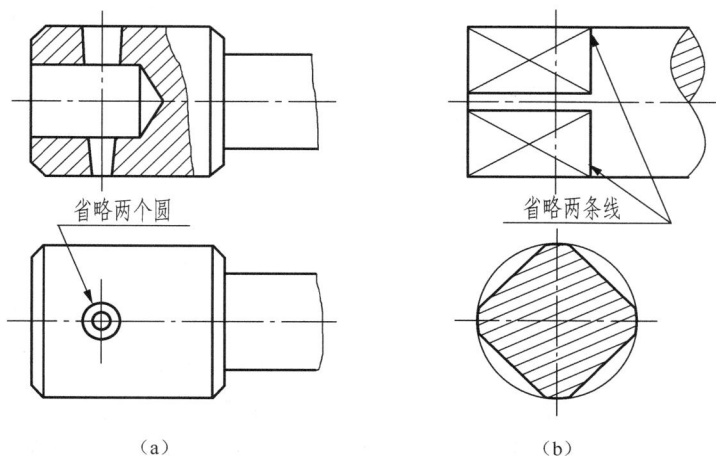

图 6-55　较小结构的简化画法

（10）与投影面倾斜角度等于或小于 30° 的圆或圆弧，其投影可用圆或圆弧代替，如图 6-56 所示。倾斜结构需在其失真投影上标注真实尺寸时，应在所注尺寸数值下方加画粗实线。

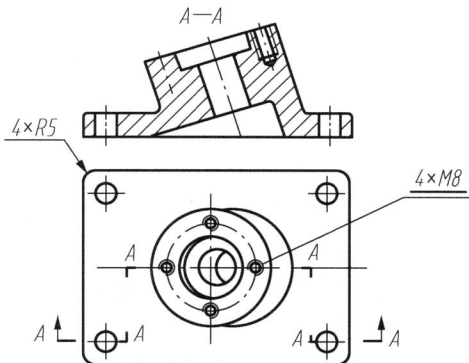

图 6-56　倾斜的圆和圆弧的简化画法

任务五　第三角画法简介

任务引出

图 6-57（a）和（b）所示的是同一机件的两组三视图，识读并观察两组三视图的区别。

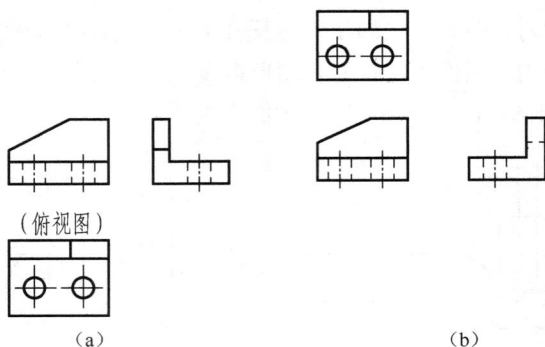

图 6-57　机件的两组视图

任务描述

目前，在国际上使用的投影制有两种，即第一角投影（又称第一角画法）和第三角投影（又称第三角画法），中国、法国、英国、德国和俄罗斯等国家采用第一角投影，美国、加拿大、日本、澳大利亚、新加坡等国家采用第三角投影。ISO 国际标准规定：在表达机件结构时，第一角画法和第三角画法同等有效。国家标准 GB/T 14692—2008《技术制图　投影法》规定，必要时（如按合同规定等），允许使用第三角画法。如图 6-57（a）所示为第一角画法所得视图，图 6-57（b）所示为第三角画法所得视图。

相关知识

一、第三角画法视图的形成

3 个互相垂直的投影面 V、H、W 将空间分成 8 个分角 Ⅰ，Ⅱ，…，Ⅶ，Ⅷ，如图 6-58 所示。我国国家标准规定采用第一角画法，是将物体放在第一分角内向投影面投射的。而第三角画法则是将物体放在第三分角内进行投射的，如图 6-59 所示。此时，投影面位于观察者与物体之间，假想投影面是透明的，就得到了第三角投影。两种画法投影面展开如图 6-60 和图 6-61 所示。

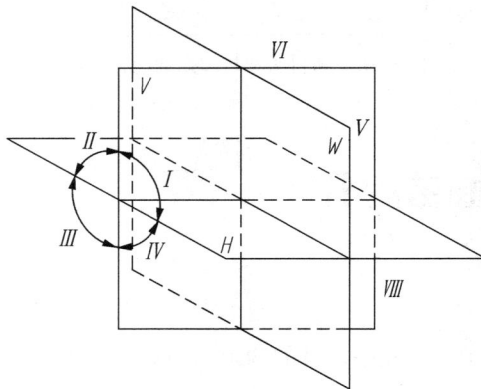

图 6-58　8 个分角

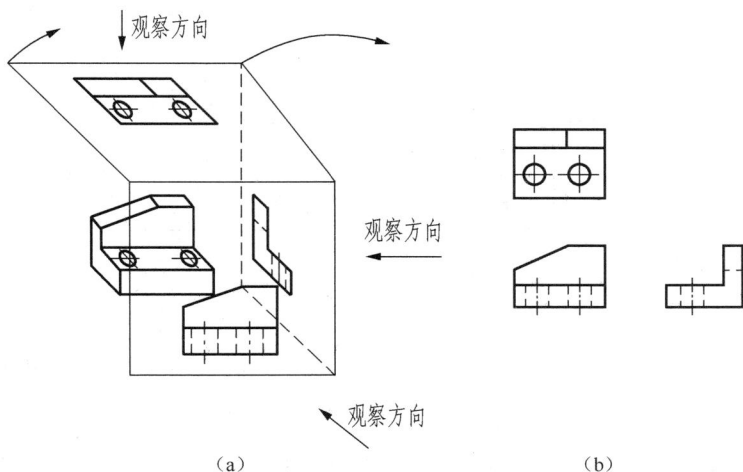

（a）　　　　　　　　　　　　　（b）

图 6-59　第三角投影

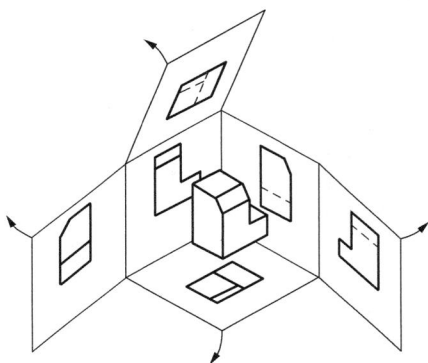

图 6-60　第一角画法投影面的展开

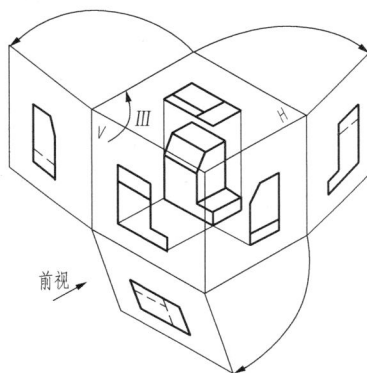

图 6-61　第三角画法投影面的展开

二、第三角画法与第一角画法的区别

（1）在第三角画法与第一角画法中，观察者、物体和投影面的相对位置不同。

第一角画法：观察者→物体→投影面，如图 6-60 所示。

第三角画法：观察者→投影面→物体，如图 6-61 所示。

（2）第三角画法与第一角画法的 6 个基本投影面的展开方式和 6 个基本视图的配置不同，如图 6-62 和图 6-63 所示。

采用两种不同画法得到的 6 个基本视图，其名称完全相同。按 GB/T 16948—1997《技术产品文件　词汇　投影法术语》的规定，将两种画法得到的 6 个基本视图统一称为：主视图、俯视图、左视图、后视图、仰视图和右视图。也可将第三角画法中的主视图称为"前视图"，俯视图称为"顶视图"，仰视图称为"底视图"，后视图称为"背视图"，这些均为俗称。

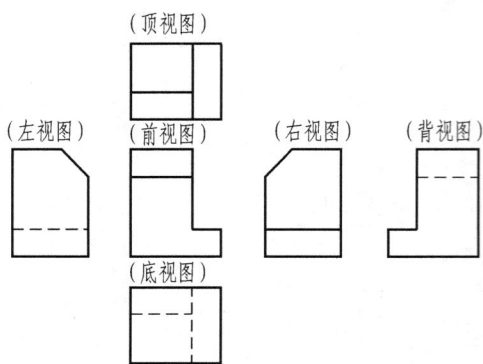

图 6-62　第三角画法视图的规定配置

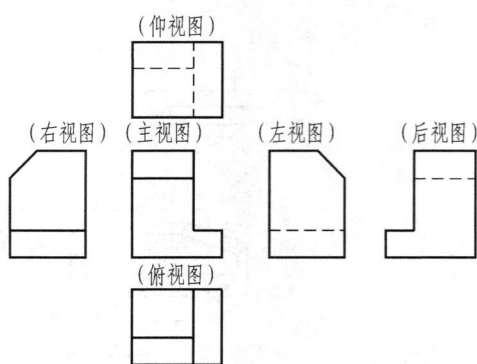

图 6-63　第一角画法视图的规定配置

三、第三角画法与第一角画法的识别符号

国家标准（GB/T 14692—2008）中规定，采用第三角画法时，必须在图样中画出第三角投影的识别符号，而在采用第一角画法时，如有必要也可画出第一角投影的识别符号。两种投影的识别符号如图 6-64 所示。

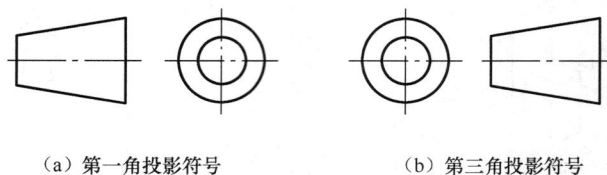

（a）第一角投影符号　　　　（b）第三角投影符号

图 6-64　两种投影法的识别符号

模块七
标准件与常用件

在机械设备的装配及安装工程中，广泛使用螺栓、螺柱、螺钉、键、销、滚动轴承和普通圆柱螺旋压缩弹簧等，由于这些零件或部件应用广、用量大，国家标准对其结构、规格尺寸和技术要求作了统一规定，实行了标准化，所以统称为标准件。此外，齿轮等常用机件仅对其部分结构要素实行了标准化。

【学习目标】

（1）了解常用零件和常用结构要素的作用及有关的基本知识。

（2）熟练掌握螺纹及螺纹连接的画法规定，掌握螺纹连接紧固件的连接画法，了解螺纹紧固件的标记规定。

（3）熟悉圆柱齿轮及其啮合画法的规定，并了解锥齿轮、蜗杆蜗轮及其啮合的画法。

（4）了解键、销、弹簧及滚动轴承的画法规定及图示特点。

任务一　螺纹及螺纹紧固件

任务引出

图 7-1 所示的是螺栓连接、螺柱连接和螺钉连接等螺纹紧固件连接的示意图。

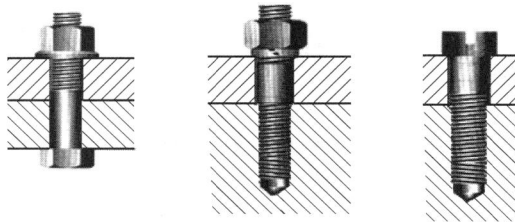

图 7-1　螺栓连接、螺柱连接和螺钉连接

任务描述

为了减少设计和绘图工作量，国家标准对上述机件及其含有的多次重复出现的、已经标准化的结构要素（如螺纹、轮齿和键齿等）规定了简化的特殊表示法。

相关知识

一、螺纹

1. 螺纹的加工

螺纹是在圆柱或圆锥表面上沿螺旋线所形成的，具有相同轴向断面的连续凸起和沟槽的结构。螺纹的凸起部分称为牙。在圆柱或圆锥外表面上形成的螺纹称为外螺纹，在圆柱或圆锥内表面上形成的螺纹称为内螺纹。

螺纹的加工方法很多，图 7-2（a）所示为在车床上车削外螺纹，图 7-2（b）所示为在车床上车削内螺纹，工件作等速旋转运动，刀具沿工件轴向作等速直线运动，其合成运动使切入工件的刀尖在工件表面上切制出螺纹；图 7-2（c）所示为碾压螺纹；图 7-2（d）所示为丝锥，用于攻内螺纹；图 7-2（e）所示为板牙，用于套外螺纹。

（a）车削外螺纹   （b）车削内螺纹

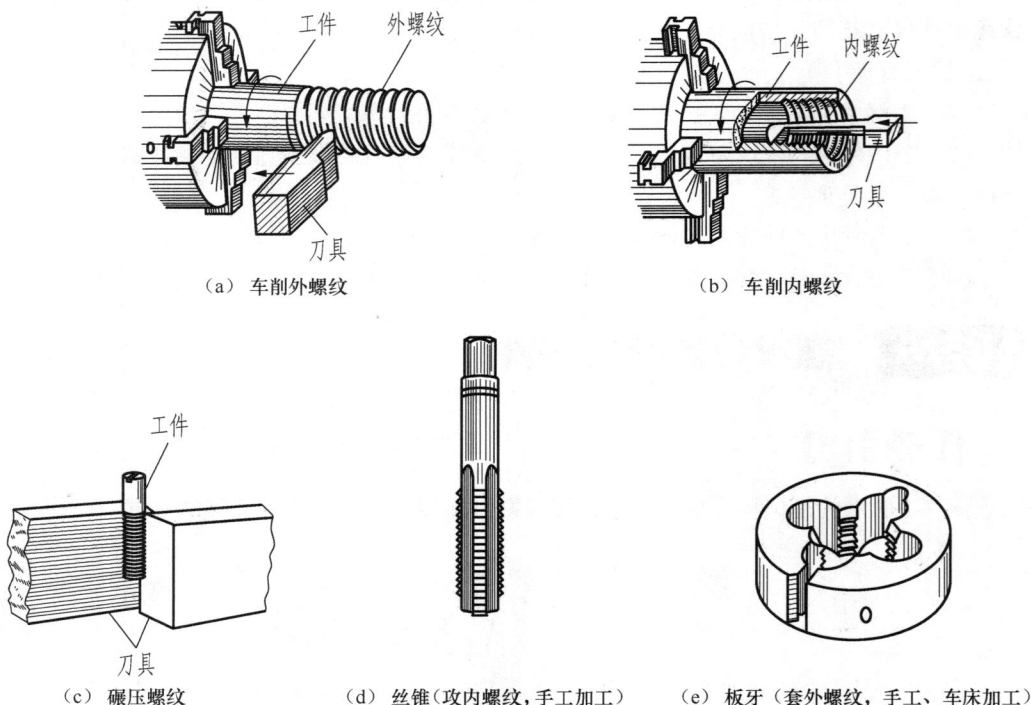

（c）碾压螺纹   （d）丝锥（攻内螺纹，手工加工）   （e）板牙（套外螺纹，手工、车床加工）

图 7-2　螺纹的加工方法

2. 螺纹的结构要素

螺纹的结构要素包括牙型、直径、线数、螺距和旋向等。内、外螺纹总是成对使用的，只有当内、外螺纹的 5 个结构要素完全一致时，才能正常地旋合。

（1）牙型。通过螺纹轴线断面上的螺纹轮廓形状称为牙型。牙型由牙顶、牙底和两牙侧构成，相邻两牙侧面间的夹角称为牙型角。常见的螺纹牙型有三角形、梯形、锯齿形和矩形，如表 7-1 所示。其中矩形螺纹尚未标准化，其余牙型的螺纹均为标准螺纹。

表 7-1　　　　　　　　　　常用标准螺纹的分类、牙型及符号

螺纹分类			牙型及牙型角	特征代号	说　明
连接螺纹	普通螺纹	粗牙普通螺纹	60°	M	用于一般零件连接
		细牙普通螺纹			与粗牙普通螺纹大径相同时，螺距小，小径大，强度高，多用于精密零件、薄壁零件
	管螺纹	55°非密封管螺纹	55°	G	用于非螺纹密封的低压管路的连接
		55°密封管螺纹　圆锥外螺纹	55°	R₁、R₂	用于螺纹密封的中、高压管路的连接
		圆锥内螺纹	55°	Rc	
		圆柱内螺纹	55°	Rp	
传动螺纹	梯形螺纹		30°	Tr	可双向传递运动及动力，常用于承受双向力的丝杠传动
	锯齿形螺纹		3° 30°	B	只能传递单向动力

（2）直径。螺纹的直径有大径、小径和中径，如图 7-3 所示。

大径（D、d）是指与外螺纹牙顶或内螺纹牙底相切的假想圆柱或圆锥的直径。大径又称公称直径。内螺纹用大写字母表示，外螺纹用小写字母表示。

小径（D_1、d_1）是指与外螺纹牙底或内螺纹牙顶相切的假想圆柱或圆锥的直径。

中径（D_2、d_2）是指介于大、小径之间的一个假想圆柱面的直径，在该圆柱面的母线上牙型凸起和沟槽的宽度相等。

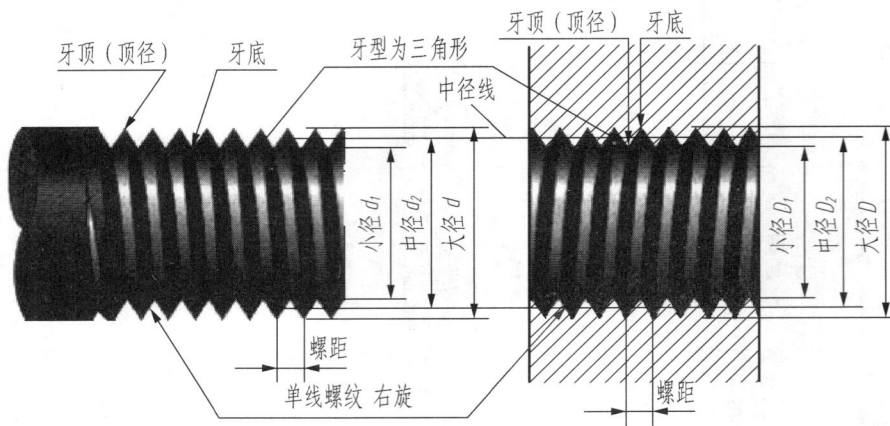

图 7-3　螺纹各部分的名称

（3）线数。在同一圆柱（锥）面上形成螺纹螺旋线的条数称为线数（n），螺纹有单线和多线之分。沿一条螺旋线形成的螺纹称为单线螺纹；沿两条或两条以上螺旋线形成的螺纹称为多线螺纹，如图 7-4 所示。

（4）螺距和导程。螺距是指相邻两牙在中径线上对应两点间的轴向距离（P）。导程是指同一条螺旋线上的相邻两牙在中径线上对应两点间的轴向距离（P_h）。螺距、导程和线数三者之间的关系为 $P_h = nP$，如图 7-4 所示。

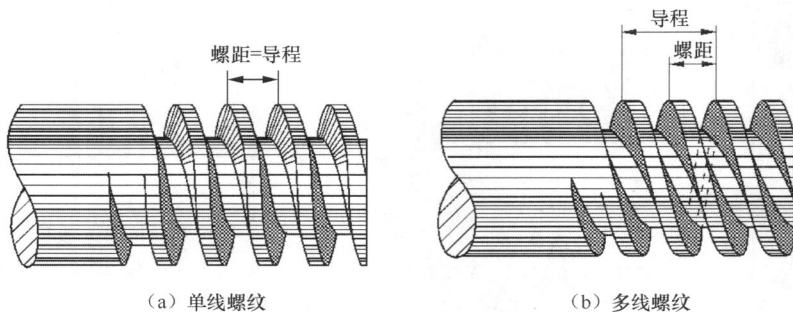

（a）单线螺纹　　　　　　（b）多线螺纹

图 7-4　螺纹的线数、导程和螺距

（5）旋向。螺纹有左旋和右旋两种。沿轴向方向看顺时针方向旋入的螺纹称为右旋螺纹，逆时针方向旋入的螺纹称为左旋螺纹，如图 7-5 所示。工程中常用右旋螺纹。

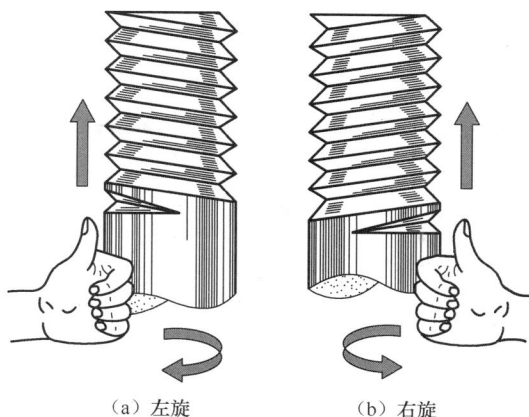

（a）左旋　　　　　　（b）右旋

图 7-5　螺纹的旋向

3. 螺纹的种类

螺纹的牙型、大径和螺距是螺纹最基本的要素，称为螺纹的三要素。国家标准中对螺纹的三要素作了一系列的规定。

（1）按螺纹三要素是否符合国家标准分类，螺纹可分为标准螺纹、特殊螺纹、非标准螺纹。

① 标准螺纹：牙型、大径和螺距均符合国家标准的螺纹。

② 特殊螺纹：牙型符合国家标准，大径和螺距不符合国家标准的螺纹。

③ 非标准螺纹：牙型不符合国家标准的螺纹。

（2）按用途分类，螺纹可分为连接螺纹、传动螺纹、管螺纹和专用螺纹。

4. 螺纹的规定画法（GB/T 4459.1—1995）

（1）外螺纹的画法。外螺纹的牙顶（大径）和螺纹终止线用粗实线表示；牙底（小径）用细实线表示，倒角或倒圆部分均应画出，通常小径画成大径的 0.85。在投影为圆的视图中，表示小径的细实线圆只画约 3/4 圈，表示轴上倒角的粗实线圆省略不画，如图 7-6（a）所示。在外螺纹的非圆剖视图中，螺纹终止线只画大、小径之间的一小段粗实线，剖面线应穿过表示小径的细实线起止于粗实线，如图 7-6（b）所示。

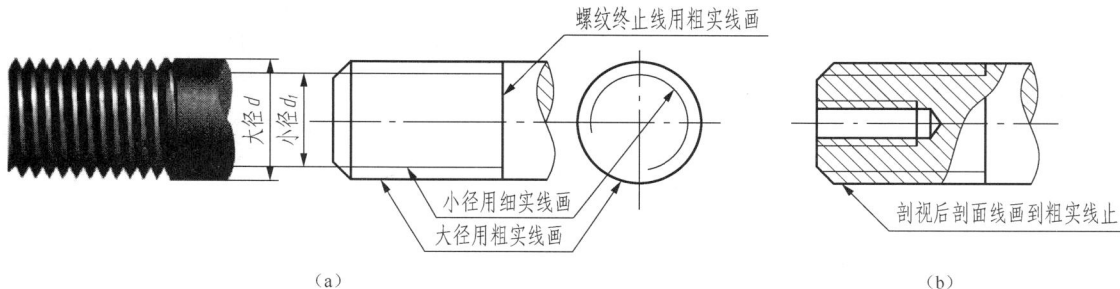

（a）　　　　　　　　　　　　　　　　　　（b）

图 7-6　外螺纹的画法

当需要表示螺纹收尾时，螺尾部分的牙底用与轴线成 30° 的细实线绘制，如图 7-7 所示。

（2）内螺纹的画法。在剖视图中，螺纹孔小径和螺纹终止线用粗实线表示，大径用细实线表示，剖面线要画到小径粗实线处。在投影为圆的视图中，表示大径的细实线圆只画约 3/4 圈，表示孔口倒角的粗实线圆省略不画，如图7-8（a）所示。不可见螺纹的图线用细虚线绘制，如图7-8（b）所示。

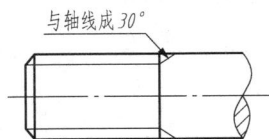

图7-7　螺纹收尾的画法

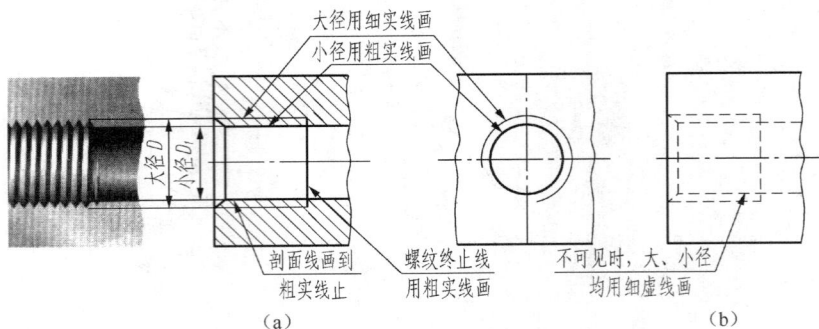

图7-8　内螺纹的画法

对于不穿通螺孔，绘制时一般应将钻孔深度与螺纹深度分别画出，钻孔深度一般比螺纹深度大约0.5D，并注意孔底处钻头的锥角面为120°，如图7-9所示。

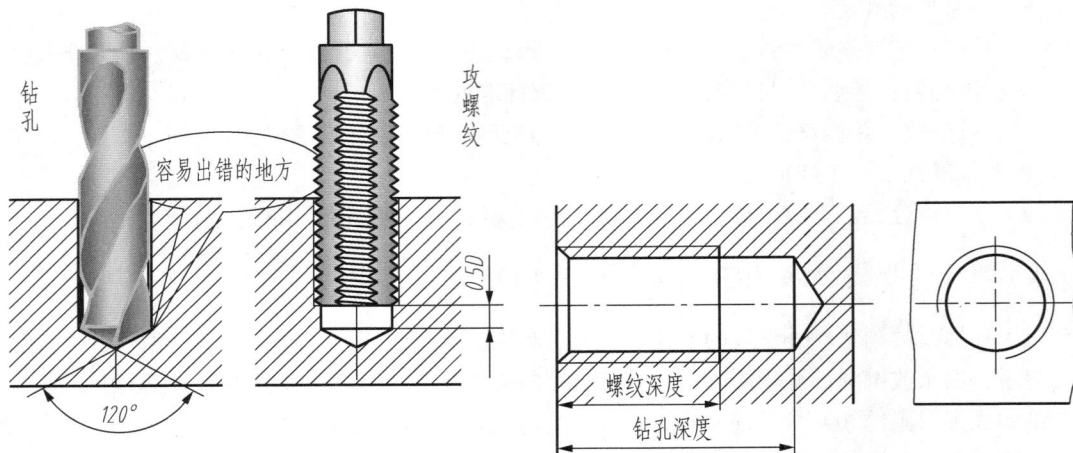

图7-9　不穿通螺孔的画法

（3）内、外螺纹的连接画法。内、外螺纹旋合时，常采用剖视图画出，其旋合部分应按外螺纹的画法绘制，其余部分仍按各自的规定画法绘制。表示内、外螺纹大小径的粗实线与细实线应分别对齐，如图7-10所示。

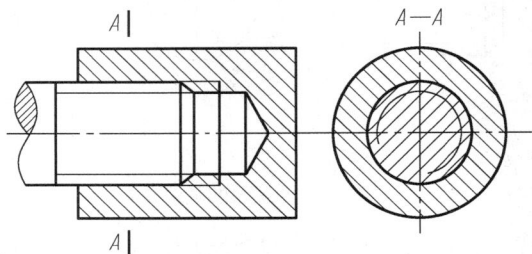

图7-10　内、外螺纹连接的画法

（4）牙型的表示法。当需要表示牙型时，可采用局部剖视图、全剖视图或局部放大图的形式绘制，如图 7-11 所示。

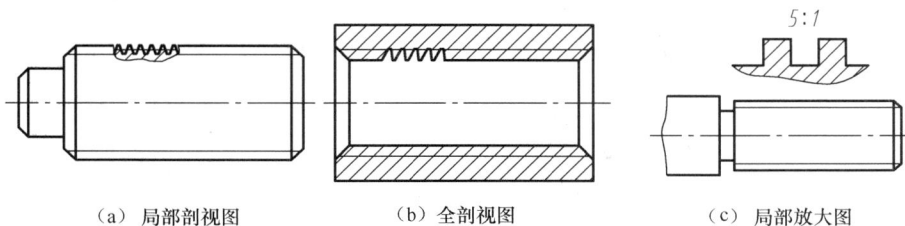

（a）局部剖视图　　　　　　（b）全剖视图　　　　　　（c）局部放大图

图 7-11　螺纹牙型的表示方法

5. 螺纹的标注方法

螺纹按国家标准规定的画法画出后，不能反映其牙型、螺距、线数和旋向等结构要素及其种类，因此，还必须按国家标准规定在图样中进行标注。螺纹的标注包括螺纹的标记、长度和配合代号。

螺纹的标记用来表示对螺纹的具体要求，不同种类的螺纹其标记形式不同，下面介绍几种常用螺纹的标记及其在图样上的标注。

（1）普通螺纹的规定标记。（GB/T 197—2018）

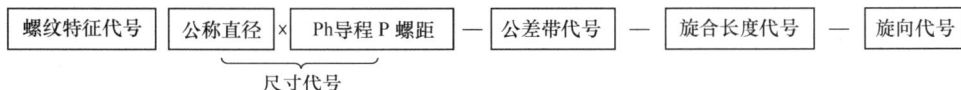

注意

（1）单线螺纹的尺寸代号为公称直径 × 螺距，不必注写"Ph 导程"和"P"字样；粗牙螺纹不注螺距。

（2）普通螺纹公差带代号包括中径公差带代号和顶径公差带代号，当中径公差带代号与顶径公差带代号相同时，只注写一个公差带代号。表示内、外螺纹的配合代号时，采用"内螺纹公差带代号/外螺纹公差带代号"的形式。

（3）最常用的中等公差等级螺纹（公称直径≤1.4mm 的 5H、6h 和公称直径≥1.6mm 的 6H、6g）不标注公差带代号。

（4）一般情况下旋合长度不标注具体数值。旋合长度代号：长旋合长度（L）；中等旋合长度（N，一般不标注）；短旋合长度（S）。

（5）左旋螺纹应在规定位置注写"LH"字样，右旋螺纹不标注旋向代号。

例如：

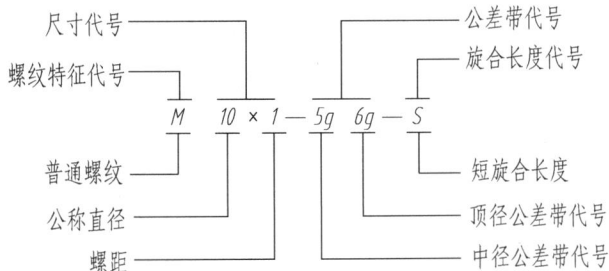

又例如：

公差带代号

旋合长度代号

旋向代号

尺寸代号

螺纹特征代号

M 16× Ph3 P1.5 — 5g 6g—L—LH

普通螺纹

公称直径16mm

导程3mm

螺距1.5mm

左旋

长旋合长度

顶径公差带代号

中径公差带代号

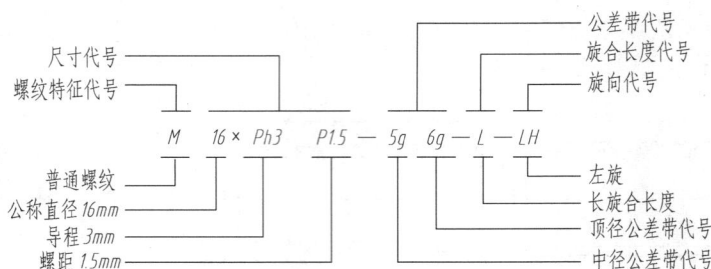

（2）梯形螺纹和锯齿形螺纹的规定标记。（GB/T 5796—2005、GB/T 13576—2008）

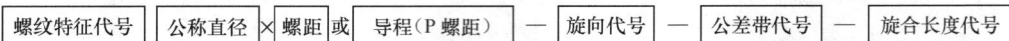

| 螺纹特征代号 | 公称直径 × 螺距 或 导程（P 螺距） | — | 旋向代号 | — | 公差带代号 | — | 旋合长度代号 |

梯形螺纹和锯齿形螺纹的标注示例如表7-2所示。普通螺纹、梯形螺纹和锯齿形螺纹的标注方法是用尺寸的标注形式，注写在内、外螺纹大径的尺寸线上，如表7-2所示。

（3）管螺纹的规定标记。

① 55°非密封管螺纹标记。（GB/T 7307—2001）

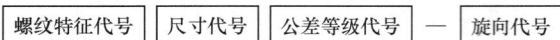

| 螺纹特征代号 | 尺寸代号 | 公差等级代号 | — | 旋向代号 |

例如：

G 1¹/₂ A

螺纹特征代号

公差等级代号

尺寸代号

G 1/2 - LH

螺纹特征代号

旋向代号（LH 左旋，右旋不标）

尺寸代号

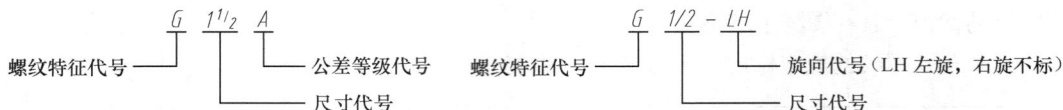

② 55°密封管螺纹标记。（GB/T 7306.1—2000、GB/T 7306.2—2000）

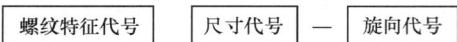

| 螺纹特征代号 | 尺寸代号 | — | 旋向代号 |

例如：

R₁ 3

螺纹特征代号

尺寸代号

Rc 1/2 LH

螺纹特征代号

旋向代号
（LH 左旋）

尺寸代号

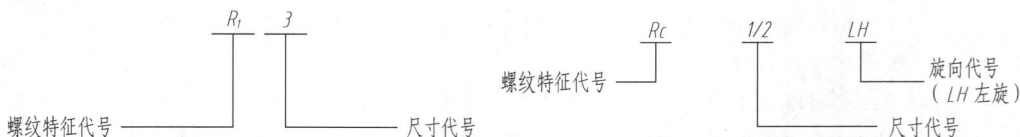

管螺纹的尺寸代号并不是指螺纹大径，也不是管螺纹本身的任何一个直径，而是指加工管螺纹的管子内径的英寸数据，其大径、小径和螺距等参数可以从附录一中的附表3、附表4查得。

常用标准螺纹的规定标注示例如表7-2所示。管螺纹的标记必须标注在大径的指引线上。

表7-2　　　　　　　　　　　　　　常用标准螺纹的规定标注

螺纹种类	标注内容和方式	图　例	说　明
粗牙普通螺纹（单线）	粗牙普通螺纹标注示例： M10-5g6g-S 　旋合长度代号 　顶径公差带代号 　中径公差带代号 M10-7H-L-LH 　左旋代号 　旋合长度代号 　中径和顶径公差带代号 M10-5g6g（不注螺纹旋合长度代号）	*M10-5g6g-S* *M10-7H-L-LH* M10-5g6g	1. 不注螺距 2. 中径和顶径公差带代号相同时，只标注一个代号，如7H 3. 旋合长度代号： S—短旋合长度 N—中等旋合长度 L—长旋合长度 常用中等旋合长度，N常省略不注 4. 右旋省略不注，左旋要标注"LH"

续表

螺纹种类	标注内容和方式	图　　例	说　　明
细牙普通螺纹（单线）	细牙普通螺纹标注示例： M10 × 1.25−5g6g	*M10×1.25-5g6g*	1. 要标注螺距 2. 其他规定同粗牙普通螺纹
55°非密封管螺纹（单线）	1. 55°非密封内管螺纹示例： G1/2 2. 55°非密封外管螺纹示例： 公差等级为 A 级　G1/2A 公差等级为 B 级　G1/2B	*G1/2* *G1/2A*	1. 管螺纹均从大径处引出指引线标注 2. 特征代号为 G，尺寸代号为 1/2，外螺纹公差等级为 A 级 3. 外螺纹公差等级分为 A 级和 B 级两种；内螺纹公差等级只有一种，所以不加标记；表示螺纹副时，仅需标注外螺纹的标记
55°密封管螺纹（单线）	1. 55°密封圆柱内管螺纹示例： Rp1/2 2. 55°密封圆锥内管螺纹示例： Rc1/2 3. 55°密封圆锥外管螺纹示例： $R_1$1/2 或 $R_2$1/2	*Rp1/2* *Rc1/2*	1. 管螺纹均从大径处引出指引线标注 2. 特征代号为 R Rp—圆柱内螺纹 Rc—圆锥内螺纹 R_1—与圆柱内螺纹相配合的圆锥外螺纹 R_2—与圆锥内螺纹相配合的圆锥外螺纹 3. 尺寸代号为 1/2 4. 内、外螺纹均只有一种公差带，故不注公差带代号；表示螺纹副时，尺寸代号只注写一次
梯形螺纹（单线或多线）	1. 单线梯形螺纹标注示例： Tr40×7 − 7e 　　中径公差带代号 　　螺距 　　公称直径 2. 多线梯形螺纹标注示例： Tr40×14(P7)LH　−7e 　　左旋　中径公差带代号 　　螺距 　　导程 　　公称直径	*Tr40×7-7e* *Tr40×14(P7)LH-7e*	1. 要标注螺距 2. 多线的要标注导程 3. 右旋省略不注，左旋要标注"LH" 4. 标注中径公差带代号 5. 旋合长度代号为： S—短旋合长度 N—中等旋合长度 L—长旋合长度 常用中等旋合长度，N常省略不注

续表

螺纹种类	标注内容和方式	图　例	说　明
锯齿形螺纹（单线或多线）	1. 单线锯齿形螺纹标注示例： B40×7 　　螺距 　　公称直径 2. 多线锯齿形螺纹标注示例： B40×14(P7)　−7e 　　中径公差带代号 　　螺距 　　导程 　　公称直径	 *B40×14(P7)−7e*	1. 要标注螺距 2. 多线的要标注导程 3. 右旋省略不注，左旋要标注"LH" 4. 标注中径公差带代号 5. 旋合长度代号为： S—短旋合长度 N—中等旋合长度 L—长旋合长度 常用中等旋合长度，N常省略不注

二、螺纹紧固件及标记

1. 螺纹紧固件的种类及标记

常用的螺纹紧固件有螺栓、双头螺柱、螺钉、螺母和垫圈等，如图 7-12 所示。

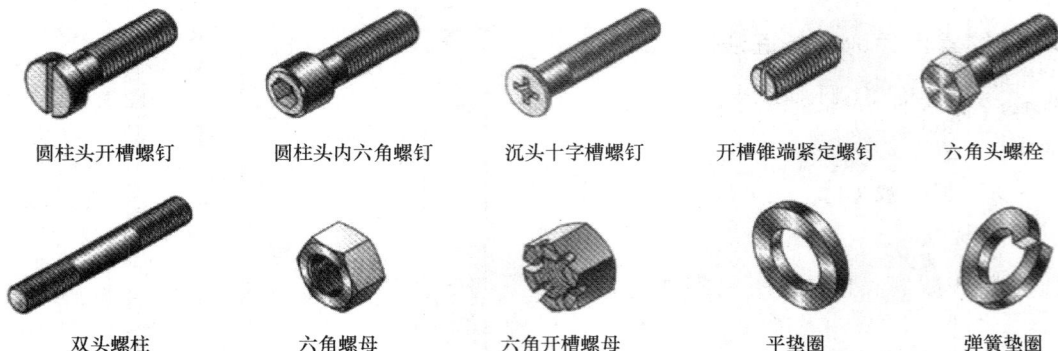

圆柱头开槽螺钉　　圆柱头内六角螺钉　　沉头十字槽螺钉　　开槽锥端紧定螺钉　　六角头螺栓

双头螺柱　　　　六角螺母　　　　六角开槽螺母　　　　平垫圈　　　　弹簧垫圈

图 7-12　常用的螺纹紧固件

它们是标准件，结构形式和尺寸已全部标准化，根据规定标记可在相应的标准中查出有关尺寸。常用的螺纹紧固件图例及其标记如表 7-3 所示。

表 7-3　　　　　　　　　　　　　常用螺纹紧固件的图例及其标记

名称及国家标准代号	图　例	标记及说明
六角头螺栓 A 级和 B 级 GB/T 5782—2016	 *M12*　*60*	螺栓 GB/T 5782 M12 × 60 表示 A 级六角头螺栓，螺纹规格 M12，公称长度 *l*=60mm

续表

名称及国家标准代号	图　　例	标记及说明
双头螺柱 （$b_m=d$） GB/T 897—1988	10　　50　　M12	螺柱 GB/T 897 M12 × 50 表示 B 型双头螺柱，两端均为粗牙普通螺纹，规格是 M12，公称长度 l=50mm
开槽沉头螺钉 GB/T 68—2016	60　　M10	螺钉 GB/T 68 M10 × 60 表示开槽沉头螺钉，螺纹规格是 M10，公称长度 l=60mm
开槽长圆柱端 紧定螺钉 GB/T 75—2018	M5　　25	螺钉 GB/T 75 M5 × 25 表示长圆柱端紧定螺钉，螺纹规格是 M5，公称长度 l=25mm
1 型六角螺母 A 级和 B 级 GB/T 6170—2015	M12	螺母 GB/T 6170 M12 表示 A 级 1 型六角螺母，螺纹规格是 M12
平垫圈 A 级 GB/T 97.1—2002	12	垫圈 GB/T 97.1 12—140HV 表示 A 级平垫圈，公称尺寸（螺纹规格）为 12mm，性能等级为 140 HV 级
标准型弹簧垫圈 GB/T 93—1987	$\phi20$	垫圈 GB/T 93 20 20 表示标准型弹簧垫圈的规格（螺纹大径）是$\phi20$mm

2. 常用螺纹紧固件的画法

（1）按标准规定的数据画图。根据其规定标记查阅有关标准，按查得的标准规定的数据画出零件工作图，一般只有标准件生产厂才有必要这样画图。

（2）按比例画图。按螺纹公称直径（D、d）的一定比例画图，称为比例画法，如图 7-13 所示。

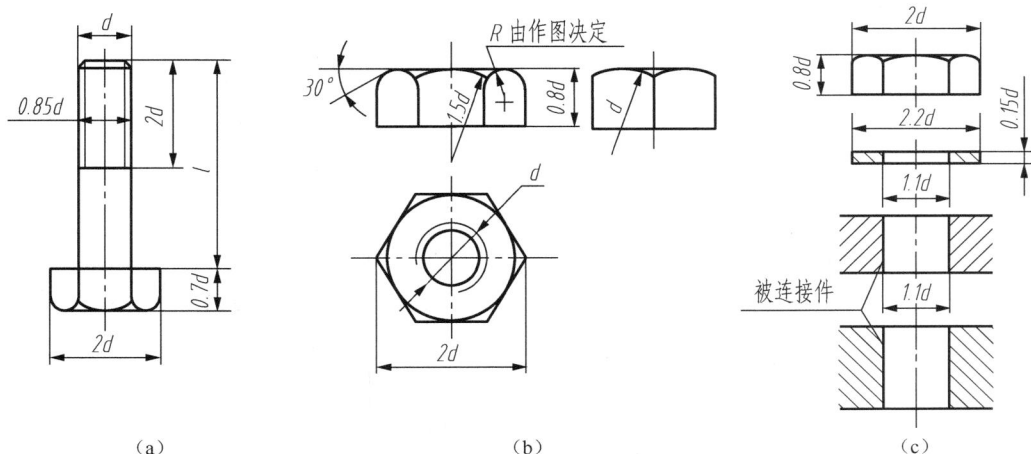

图 7-13　常见螺纹紧固件的比例画法

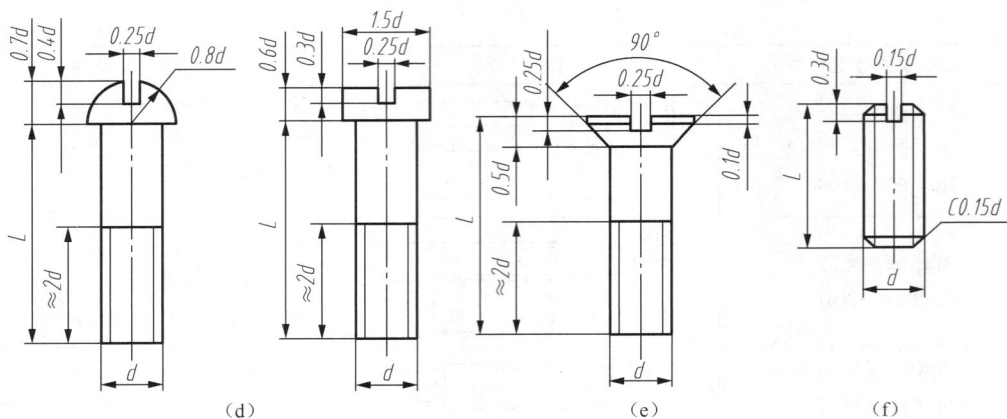

（d）　　　　　　　　　　（e）　　　　　　　　　　（f）

图 7-13　常见螺纹紧固件的比例画法（续）

三、螺纹紧固件连接图的画法

螺纹紧固件连接图画法的基本规定如下。

（1）两零件的接触表面画一条线；不接触表面，无论间隔多小都要画两条线。

（2）相邻的两金属零件，剖面线的方向相反，或方向一致间隔不等，同一零件在各个视图中，其剖面线的方向和间隔应相同。

（3）在剖视图中，剖切平面通过螺栓、螺母、垫圈等标准件或实心零件（球、杆等）的轴线时，这些零件按不剖绘制。

螺栓连接的画法

1．螺栓连接

螺栓用于连接厚度不大的两零件。两被连接零件上的通孔直径稍大于螺纹的公称直径，将螺栓穿入两零件的通孔，在螺杆的一端套上垫圈，垫圈的作用是防止损伤零件表面，并能增加支撑面积，使之受力均匀，再拧紧螺母使之紧固，其连接画法如图 7-14 所示。

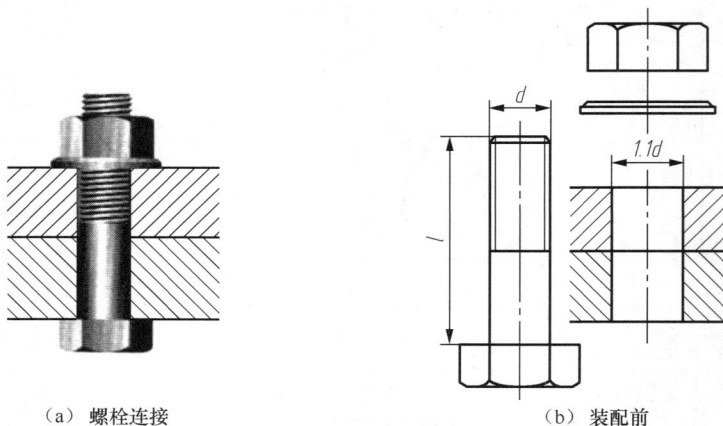

（a）螺栓连接　　　　　　　　（b）装配前

图 7-14　螺栓连接的画法

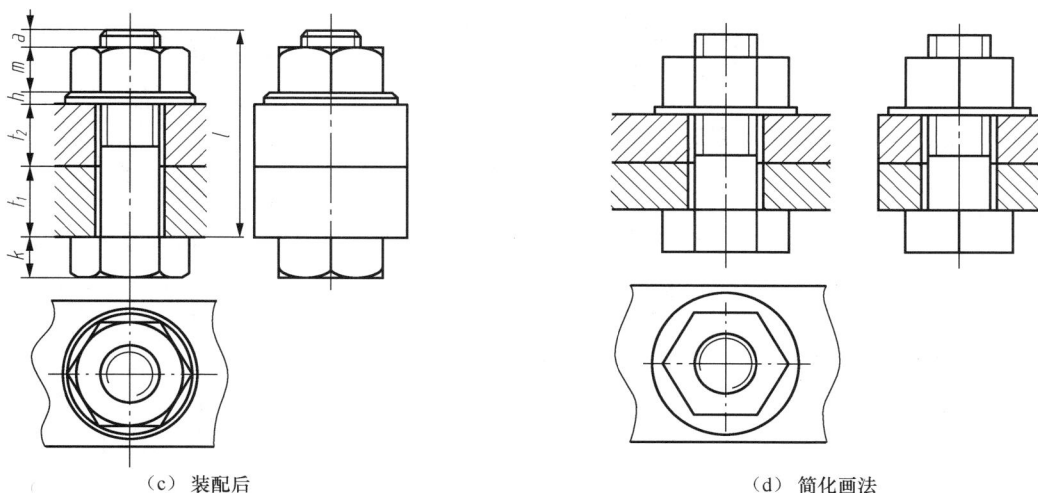

（c）装配后　　　　　　　　　　　　　　　　（d）简化画法

图 7-14　螺栓连接的画法（续）

螺栓的公称长度估算公式为

$$l=t_1+t_2+h+m+a$$

式中，t_1、t_2——两被连接件的厚度；

　　　　h——垫圈厚度，$h=0.15d$；

　　　　m——螺母厚度，$m=0.8d$；

　　　　a——螺栓伸出螺母的长度，$a=0.3d$。

计算后 l 值应在螺栓公称长度范围（见附表 5）中选取与其相近的标准值。

2. 双头螺柱连接

双头螺柱用于被连接零件之一较厚或不便钻通孔的情况。双头螺柱的一端旋入较厚零件的螺纹孔中，称为旋入端。双头螺柱的另一端穿过较薄零件上的通孔，再套上垫圈，拧紧螺母，此端称为紧固端，其连接画法如图 7-15 所示。

双头螺柱的连接画法

螺柱的公称长度估算公式为

$$l=t+h+m+a$$

式中，t——较薄零件的厚度；

　　　　h——弹簧垫圈厚度；

　　　　m——螺母厚度；

　　　　a——螺柱伸出螺母的长度。

计算后 l 值应在螺柱公称长度范围（见附表 8）中选取与其相近的标准值。

画螺柱连接图时应注意：上部的紧固部分与螺栓连接相同，下部的旋入部分按内、外螺纹旋合画法，其螺纹终止线应与两机件结合面平齐，表示旋入端全部旋入螺孔内。

（a）螺柱连接　　　　　　　（b）装配前　　　　　　　（c）装配后

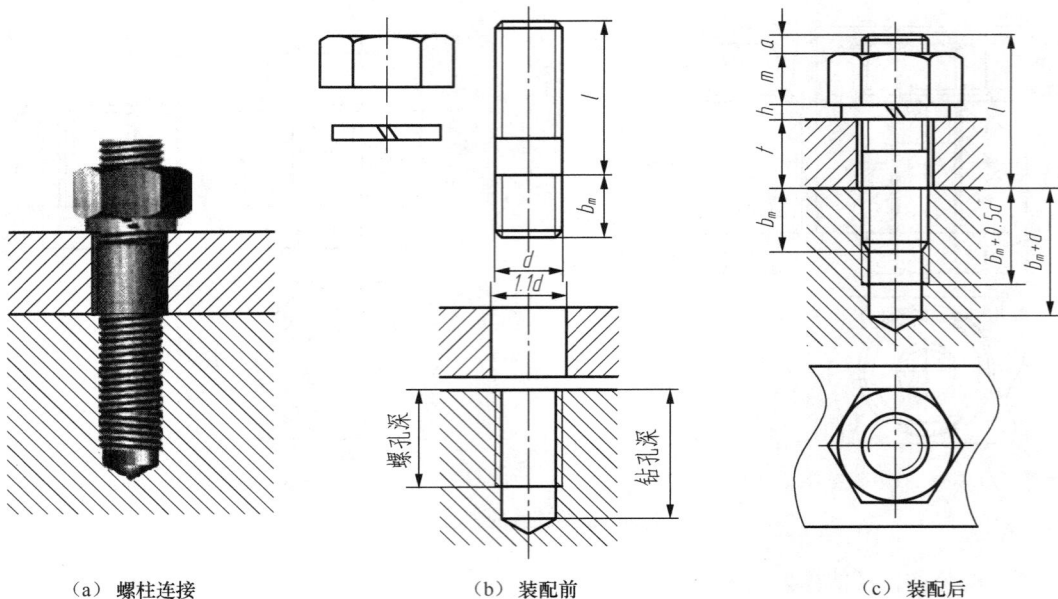

图 7-15　螺柱连接的画法

3. 螺钉连接

螺钉连接也用于被连接零件之一较厚或不便钻通孔的情况，与螺柱连接不同的是，螺钉连接多用于受力不大的场合。较薄零件上的通孔直径稍大于螺纹的公称直径，将螺钉穿过光孔而旋进较厚零件的螺孔，依靠螺钉头部的压紧和螺钉与零件的螺孔旋紧而连接，其连接画法如图 7-16 所示。

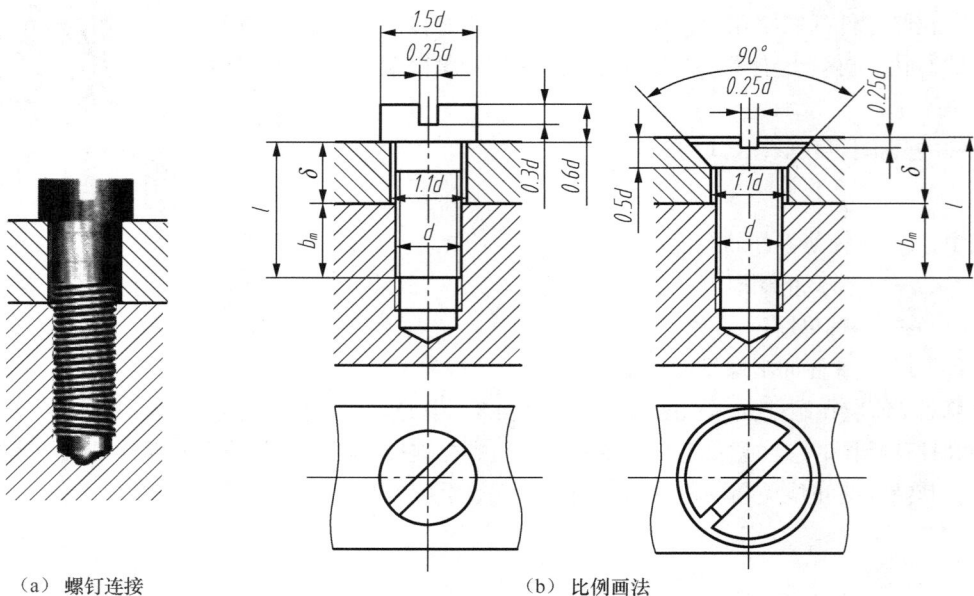

螺钉连接的画法

（a）螺钉连接　　　　　　　　　　（b）比例画法

图 7-16　螺钉连接的画法

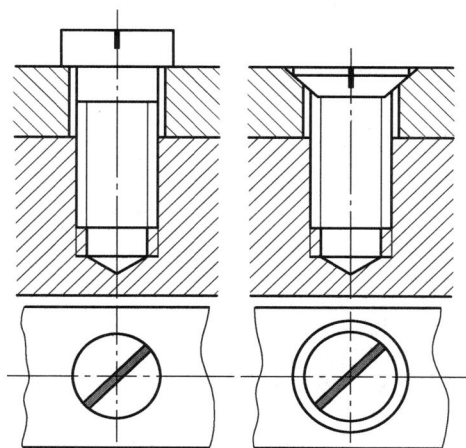

（c）简化画法

图 7-16　螺钉连接的画法（续）

螺钉的公称长度估算公式为

$$l=\delta+b_{m}$$

式中，δ——钻通孔零件的厚度；

b_{m}——螺钉旋入螺孔的长度，b_{m} 的取值方法和螺柱相同。

计算后 l 值应在螺钉公称长度范围（见附表 9）中选取与其相近的标准值。

画螺钉连接图时，应注意以下几点。

（1）螺纹终止线不应与零件结合面平齐，而应画在光孔件的范围内，以表示螺钉尚有拧紧的余地，而较薄零件已被压紧。

（2）螺钉头部的一字旋具槽在非圆视图上应放正，在圆的视图上应绘制成与中心线倾斜 45°的位置，如图 7-16 所示。

锥端紧定螺钉连接的画法如图 7-17 所示。

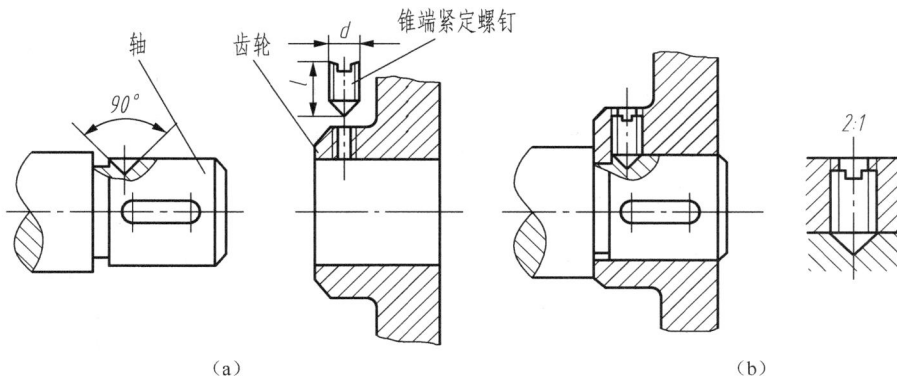

（a）　　　　　　　　　　　　　　　　　　　　（b）

图 7-17　锥端紧定螺钉连接的画法

任务二　键与销

任务引出

图 7-18（a）、（b）所示分别为键连接与销连接的示意图。

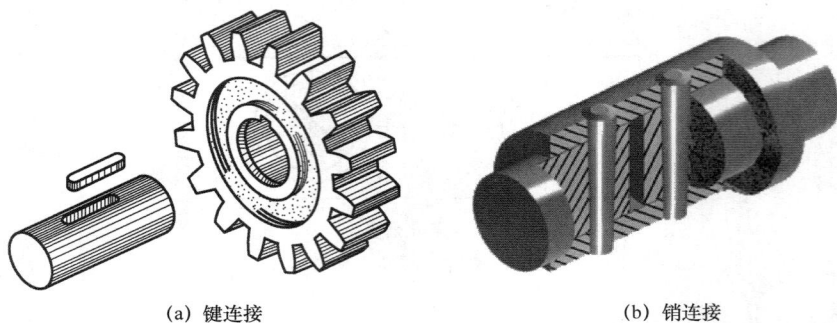

(a) 键连接　　　　　　　　　　　　　　(b) 销连接

图 7-18　键连接与销连接

任务描述

键与销都是标准件，国家标准已经将它们的结构、尺寸标准化。

相关知识

一、键

键连接是一种可拆连接，主要用于连接轴与轴上的传动件（如齿轮、带轮等），使轴和传动件不产生相对转动，保证两者同步旋转，传递扭矩和旋转运动。

1. 常用键

常用的键有普通平键、半圆键和钩头型楔键等，普通平键又分 A 型、B 型和 C 型，如图 7-19 所示。

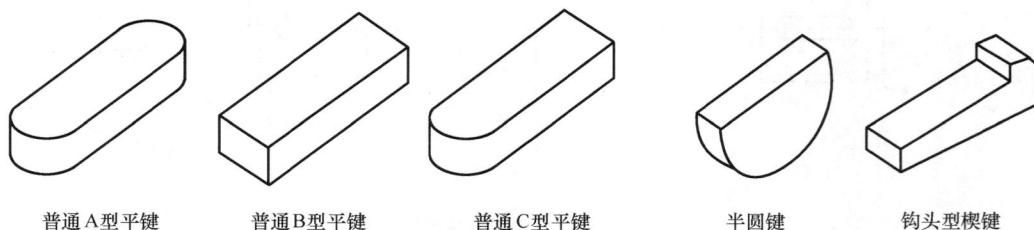

普通A型平键　　　普通B型平键　　　普通C型平键　　　半圆键　　　钩头型楔键

图 7-19　常用键的种类

常用键的种类、形式、标记和连接画法如表 7-4 所示。

表 7-4　　　　　　　　常用键的种类、形式、尺寸、标记和连接画法

名称及标准	形式、尺寸与标记	连 接 画 法
普通 A 型平键 GB/T 1096—2003	*R=0.5b* GB/T 1096 键 *b*×*h*×*L*	
半圆键 GB/T 1099.1—2003	GB/T 1099.1 键 *b*×*h*×*D*	
钩头型楔键 GB/T 1565—2003	45°　*C*或*r* 1:100 GB/T 1565 键 *b*×*h*×*L*	

（1）键连接的画法。由表 7-4 连接画法可知：主视图中剖切平面通过轴的轴线以及键的对称平面，轴和键按不剖绘制，为了表示键与轴的连接关系，可采用局部剖视图。

左视图中键被横向剖切，键要画出剖面线（与轴、轮毂的剖面线有区别）。普通平键和半圆键都是以两侧面为工作面的，键的两个侧面分别与轴和轮毂的键槽侧面配合，各画一条线。键的顶面、底面为非工作面，其底面与轴的键槽底面接触，只画一条线；其顶面与轮毂的键槽底面不接触，应画成两条线。

钩头型楔键的顶面有 1：100 的斜度，连接时将键打入键槽。因此，顶面与底面同为工作面，分别与轴和轮毂的槽底面配合，各画一条线。而键的两个侧面为非工作面，但画图时侧面不留间隙。

（2）键槽的画法及尺寸标注。因为键是标准件，所以一般不必画出零件图。但要画出零件上与键相配合的键槽。轴和轮毂上键槽的常用加工方法如图 7-20 所示。

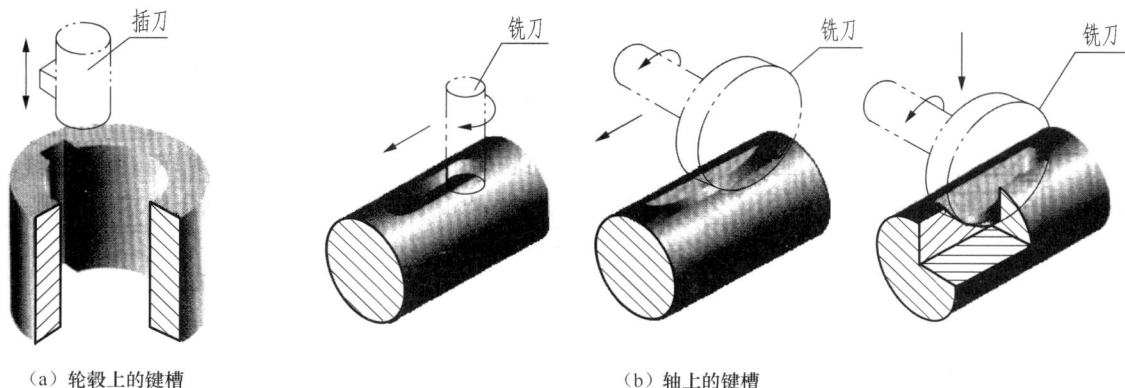

（a）轮毂上的键槽　　　　　　　　　　　　　（b）轴上的键槽

图 7-20　键槽的加工方法

键槽的宽度 b 可根据轴的直径 d 查表确定，轴上的槽深 t_1 和轮毂上的槽深 t_0 可从键的标准中查出，键的长度 l 应小于或等于轮毂的长度。键槽的画法和尺寸标注如图 7-21 所示。

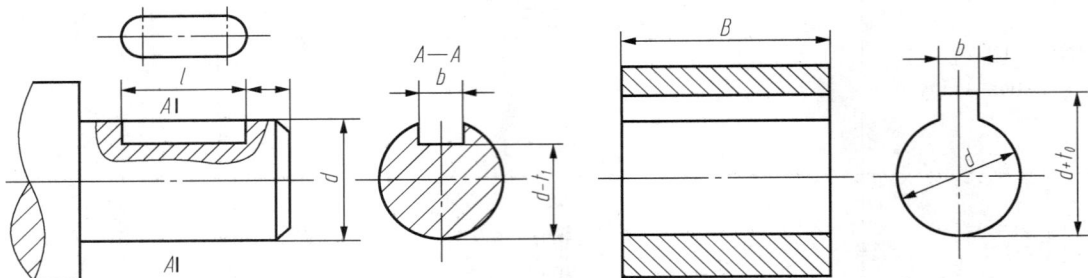

图 7-21 键槽的画法和尺寸标注

2. 花键

花键连接适用于载荷较大、定心精度较高或导向性好的连接上。其结构和尺寸均已标准化。矩形花键应用较广，矩形花键连接如图 7-22 所示。

（1）矩形花键的画法。

① 外花键（花键轴）。在平行和垂直于花键轴线的投影面的视图中，外花键的大径（D）用粗实线绘制，小径（d）用细实线绘

内外花键及其连接画法

图 7-22 矩形花键连接

制，工作长度（L）的终止线和尾部末端用细实线绘制。尾部一般用倾斜于轴线 30° 的细实线画出。在断面图中可画出部分或全部齿形，如图 7-23 所示。

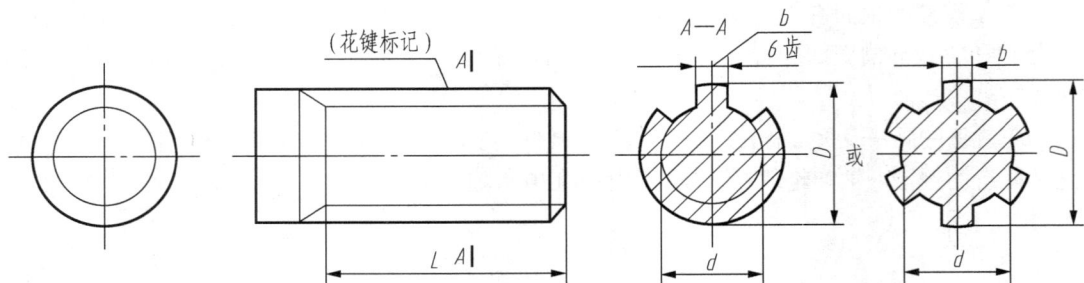

图 7-23 外花键画法

② 内花键（花键孔）。在平行于花键轴线的投影面的剖视图中，大径（D）、小径（d）均用粗实线绘制，在垂直于花键轴线的投影面的视图中，可画出部分或全部齿形，如图 7-24 所示。

③ 矩形花键连接画法。矩形花键连接一般用剖视图表示，其连接部分按外花键的画法，如图 7-25 所示。

（2）花键的标记。内、外花键的大径 D、小径 d、齿宽 b 可采用一般尺寸标注方法，也可由大径处引线，并写出花键标记，如图 7-23～图 7-25 所示。

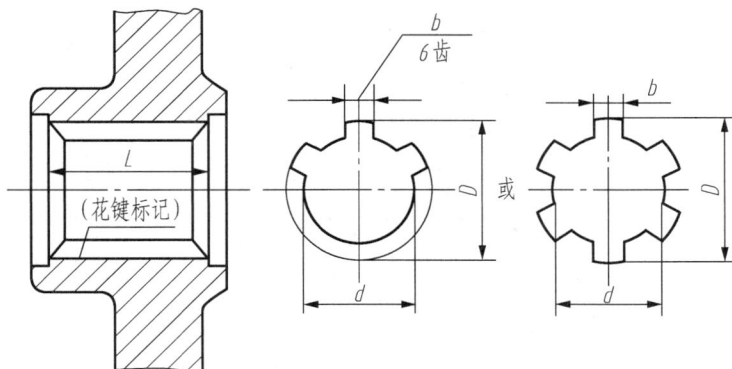

图 7-24　内花键画法

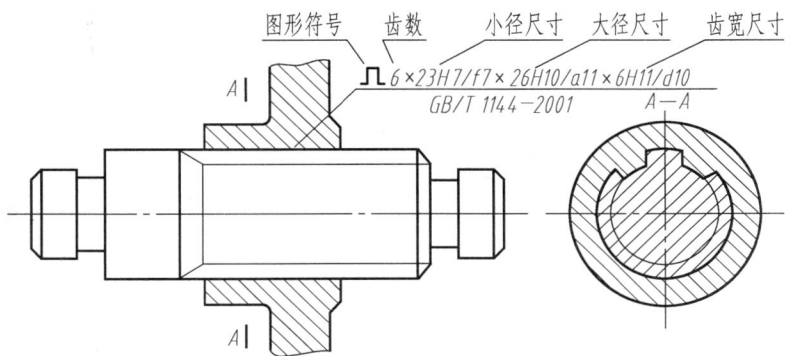

图 7-25　矩形花键连接画法和标注

花键标记由表示花键类型的图形符号，键齿部分的有关参数、尺寸和公差要求，以及标准编号 3 部分组成：

图形符号 ⊓ 齿数 N × 小径 d × 大径 D × 齿宽 b 标准编号

图形符号 ⊓ 表示花键类型为矩形花键，图形符号 ⋀ 表示花键类型为渐开线花键。

外花键代号：⊓ 6 × 23 f 7 × 26a11 × 6d10 GB/T 1144—2001。

内花键代号：⊓ 6 × 23H7 × 26H10 × 6H11 GB/T 1144—2001。

花键副（花键连接）代号：⊓ 6 × 23H7/f 7 × 26H10/a11 × 6H11/d10 GB/T 1144—2001。

二、销

销是标准件，通常用于零件间的连接和定位。常用的销有圆柱销、圆锥销和开口销。

销的种类、标记及连接画法如表 7-5 所示，通过销的基本轴线剖切时，销按不剖处理。

销及其连接的画法

表 7-5   销的种类、标记及连接画法

名称及标准	主要尺寸及标记	连 接 画 法
圆柱销 GB/T 119.1—2000	销 GB/T 119.1 Ad×l	
圆锥销 GB/T 117—2000	销 GB/T 117 Ad×l	
开口销 GB/T 91—2000	销 GB/T 91 d×l	

销孔尺寸标注如图 7-26 所示。

（1）用销连接的两个零件上的销孔通常需要一起加工，因此在图样中标注时，一般要注写"配作"。

（2）圆锥销的公称直径是小端直径，在圆锥销孔上需要用指引线标注尺寸。

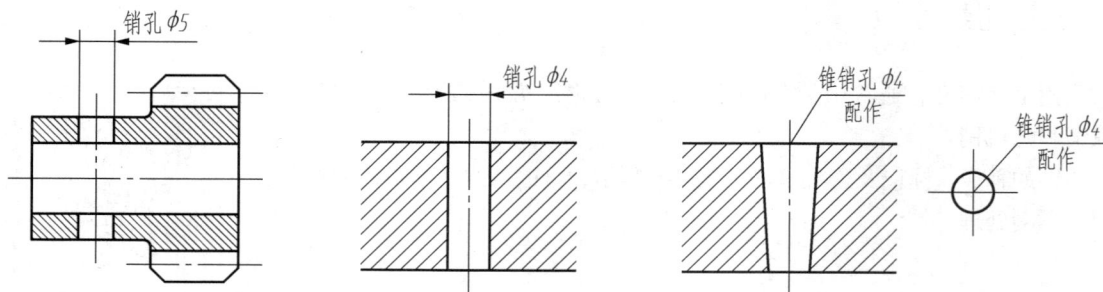

图 7-26 销孔尺寸标注

任务三　滚动轴承

任务引出

滚动轴承广泛应用于各种机械设备中，它具有摩擦力小、结构紧凑、机械效率高等优点。

任务描述

滚动轴承是支撑转动轴的标准部件，应根据设计要求，选用标准系列的滚动轴承。

相关知识

一、滚动轴承的结构和种类

1. 滚动轴承的结构

滚动轴承一般由 4 个部分组成，如图 7-27 所示。

（1）内圈：紧密套装在轴上，随轴转动。

（2）外圈：安装在轴承座的孔内，固定不动。

（3）滚动体：安装在内、外圈之间的滚道中，随内圈的转动而滚动，有球、圆柱滚子、圆锥滚子、滚针等。

（4）保持架：用来把滚动体隔开，并将其均匀地分布在内、外圈之间。

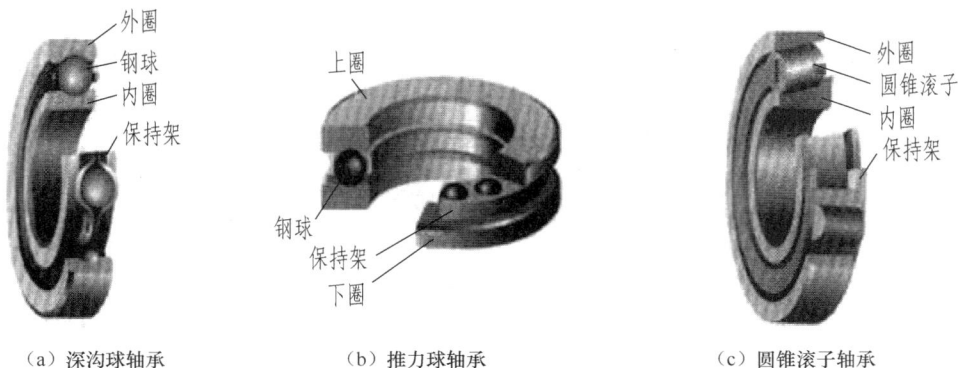

（a）深沟球轴承　　　　　　　（b）推力球轴承　　　　　　　（c）圆锥滚子轴承

图 7-27　滚动轴承的结构和类型

2. 滚动轴承的种类

滚动轴承种类繁多，常用分类方法有以下 3 种。

（1）按承受载荷的方向，滚动轴承可分为向心轴承、推力轴承和向心推力轴承。

向心轴承：主要承受径向载荷，如图 7-27（a）所示的深沟球轴承。

推力轴承：只承受轴向载荷，如图 7-27（b）所示的推力球轴承。

向心推力轴承：同时承受径向和轴向载荷，如图 7-27（c）所示的圆锥滚子轴承。

（2）按滚动体的形状，滚动轴承可分为球轴承和滚子轴承。

球轴承：滚动体为球体的轴承。

滚子轴承：滚动体为圆柱滚子、圆锥滚子或滚针等的轴承。

（3）按滚动体的排列和结构分为单列、多列和轻、重、宽、窄系列轴承等。

二、滚动轴承的代号和标记

滚动轴承用代号表示其结构、种类、尺寸、公差等级和技术要求等特征，它由前置代号、基本代号和后置代号构成，其排列顺序如下。

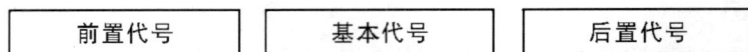

前置代号	基本代号	后置代号

1. 基本代号

滚动轴承基本代号由轴承类型代号、尺寸系列代号和内径代号构成（滚针轴承除外），书写顺序如图 7-28 所示。

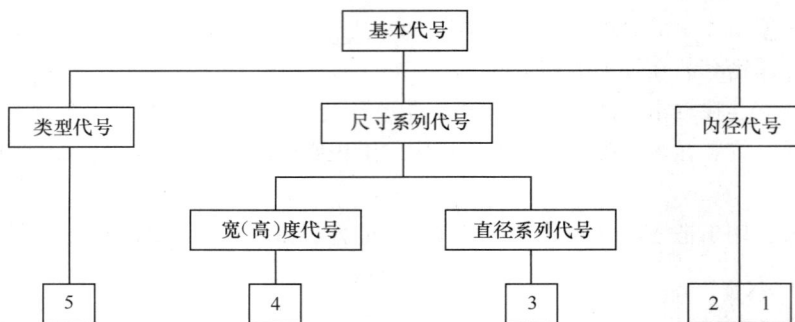

图 7-28　轴承代号

（1）类型代号用阿拉伯数字或大写拉丁字母表示（见表 7-6）。

表 7-6　　　　　　　　　　滚动轴承类型代号

代　号	轴承类型	代　号	轴承类型
0	双列角接触球轴承	6	深沟球轴承
1	调心球轴承	7	角接触球轴承
2	调心滚子轴承和推力调心滚子轴承	8	推力圆柱滚子轴承
3	圆锥滚子轴承	N	圆柱滚子轴承
4	双列深沟球轴承	U	外球面球轴承
5	推力球轴承	QJ	四点接触球轴承

注：在表中代号后或代号前加字母或数字表示该轴承中的不同结构。

（2）尺寸系列代号用数字表示。尺寸系列代号由轴承的宽（高）度系列代号（一位数字）和直径系列代号（一位数字）左右排列组成，表示在内径相同时，轴承可以有不同的宽（高）度和外径。向心轴承、推力轴承的尺寸系列代号如表 7-7 所示。

表 7-7　　　　　　　　　　向心轴承、推力轴承的尺寸系列代号

直径系列代号	向心轴承									推力轴承		
	宽度系列代号									高度系列代号		
	8	0	1	2	3	4	5	6	7	9	1	2
	尺寸系列代号											
7	—	—	17	—	37	—	—	—	—	—	—	—
8	—	08	18	28	38	48	58	68	—	—	—	—
9	—	09	19	29	39	49	59	69	—	—	—	—
0	—	00	10	20	30	40	50	60	70	90	10	—
1	—	01	11	21	31	41	51	61	71	91	11	—
2	82	02	12	22	32	42	52	62	72	92	12	22
3	83	03	13	23	33	43	53	63	73	93	13	23
4	—	04	—	24	—	—	—	—	74	94	14	24
5	—	—	—	—	—	—	—	—	—	95	—	—

（3）内径代号表示轴承内圈孔径，用两位数字表示，标注示例如表 7-8 所示。

表 7-8　　　　　　　　　　滚动轴承内径代号及其示例

轴承公称内径/mm		内 径 代 号	示 例
0.6～10（非整数）		用公称内径毫米数直接表示，其与尺寸系列代号之间用"/"分开	深沟球轴承 618/2.5 d=2.5mm
1～9（整数）		用公称内径毫米数直接表示，对深沟球轴承及角接触球轴承 7、8、9 直径系列，内径与尺寸系列代号之间用"/"分开	深沟球轴承 62/5，618/5 d=5mm
10～17	10	00	深沟球轴承 6200 d=10mm
	12	01	
	15	02	
	17	03	
20～480 （22、28、32 除外）		公称内径除以 5 的商数，商数为个位数，需要在商数左边加"0"，如 08	调心滚子轴承 23208 d=40mm
≥500 以及 22、28、32		用尺寸内径毫米数直接表示，但其与尺寸系列代号之间用"/"分开	调心滚子轴承 230/500 d=500mm 深沟球轴承 62/22 d=22mm

内径代号数字 00，01，02，03 分别表示内径 d=10mm，12mm，15mm，17mm，代号数字≥04 时，则乘以 5，即为轴承内径 d 的毫米数。

基本代号标注示例：

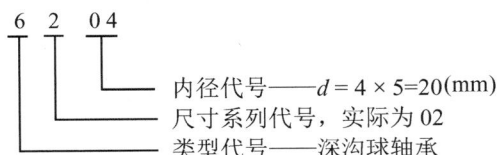

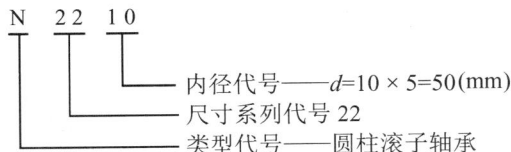

6 2 04
内径代号——d = 4 × 5=20(mm)
尺寸系列代号，实际为 02
类型代号——深沟球轴承

N 22 10
内径代号——d=10 × 5=50(mm)
尺寸系列代号 22
类型代号——圆柱滚子轴承

2. 前置代号和后置代号

滚动轴承的代号通常只使用基本代号。只有当轴承的结构形状、尺寸、公差、技术要求等有改变时，才在其基本代号的左、右添加补充的前置代号或后置代号，其具体编制及含义可查阅有关标准。

3. 滚动轴承的标记

滚动轴承的标记由 3 部分组成：滚动轴承　基本代号　国家标准号。

例如，滚动轴承　6204　GB/T 276—2013。

三、滚动轴承的画法

滚动轴承是标准件，不必画出它的零件图。在装配图中，按国标规定可采用通用画法、特征画法和规定画法，各种画法示例如表 7-9 所示。

表 7-9　　　　　　　　　　　　　常用滚动轴承的画法

轴承类型	结构形式	通用画法	特征画法	规定画法	承载特征
		（均指滚动轴承在所属装配图的剖视图中的画法）			
深沟球轴承（GB/T 276—2013）6000 型					主要承受径向载荷
圆锥滚子轴承（GB/T 297—2015）30000 型					可同时承受径向和轴向载荷
推力球轴承（GB/T 301—2015）51000 型					承受单方向的轴向载荷
3 种画法的选用场合		当不需要确切地表示滚动轴承的外形轮廓、承载特性和结构特征时采用	当需要较形象地表示滚动轴承的结构特征时采用	在滚动轴承的产品图样、产品样本、产品标准和产品使用说明书中采用	

任务四 齿轮

任务引出

齿轮是机械传动中广泛应用的零件，用来传递动力、改变转速和传动方向。

任务描述

常见的传动齿轮形式有以下 3 种。

（1）圆柱齿轮：用于两平行轴之间的传动，如图 7-29（a）所示。

（2）锥齿轮：用于两相交轴之间的传动，如图 7-29（b）所示。

（3）蜗杆蜗轮：用于两交叉轴之间的传动，如图 7-29（c）所示。

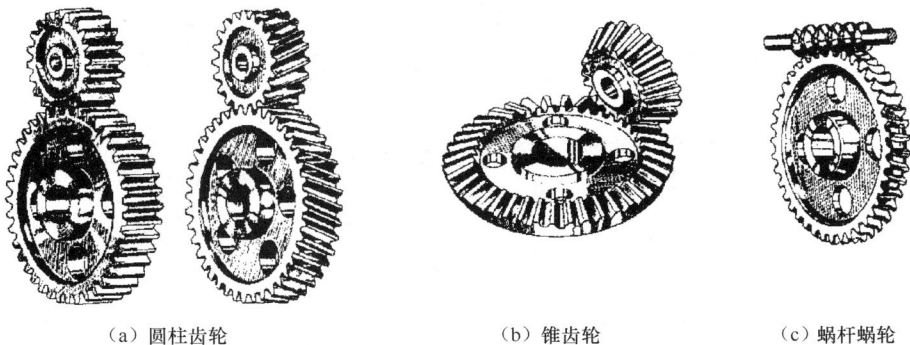

（a）圆柱齿轮　　　　　　　　　　　（b）锥齿轮　　　　　　　　　（c）蜗杆蜗轮

图 7-29　齿轮传动类型

相关知识

一、直齿圆柱齿轮

圆柱齿轮的轮齿有直齿、斜齿和人字齿等几种。这里主要介绍渐开线标准直齿圆柱齿轮。

1. 标准直齿圆柱齿轮各部分名称和尺寸关系（见图 7-30）

（1）齿顶圆。齿顶圆通过轮齿顶部的圆，其直径用 d_a 表示。

（2）齿根圆。齿根圆通过轮齿根部的圆，其直径用 d_f 表示。

（3）分度圆。分度圆是在齿顶圆与齿根圆之间的一个约定的假想圆，标准齿轮在该圆上的齿厚（s）与槽宽（e）相等，其直径用 d 表示。

（4）齿高。齿高是指齿顶圆与齿根圆之间的径向距离，用 h 表示。齿顶圆与分度圆之间的径向距离称为齿顶高，用 h_a 表示。分度圆与齿根圆之间的径向距离称为齿根高，用 h_f 表示。$h = h_a + h_f$。

（5）齿距、齿厚和槽宽。

① 分度圆上相邻两齿对应点之间的弧长称为齿距，用 p 表示。

② 分度圆上一个轮齿的两侧齿廓间的弧长称为齿厚，用 s 表示。

③ 分度圆上一个齿槽的两侧齿廓间的弧长称为槽宽，用 e 表示。

对于标准齿轮，齿距 p、齿厚 s、槽宽 e 之间有下列关系：$p=s+e$，$s=e=p/2$。

（6）中心距。中心距是指两啮合齿轮轴线之间的距离，用 a 表示，$a=(d_1+d_2)/2$。

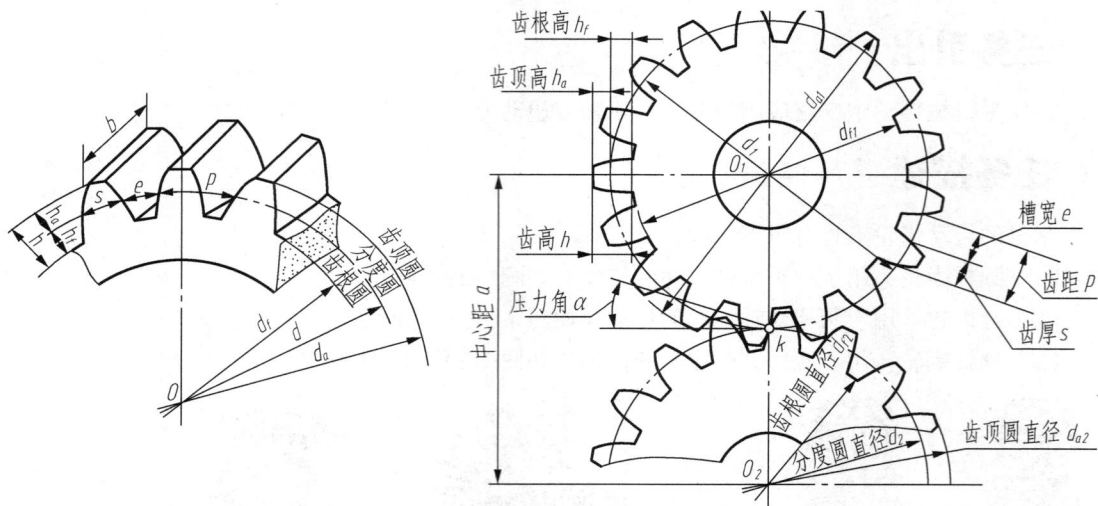

图 7-30　直齿圆柱齿轮各部分的名称

2. 直齿圆柱齿轮的基本参数

（1）齿数 z。齿轮上轮齿的个数。

（2）模数 m。当齿轮的齿数为 z，则分度圆周长 $=\pi d=zp$。所以 $d=pz/\pi$，令 $p/\pi=m$，则 $d=mz$。m 称为齿轮的模数，单位为 mm。模数是设计、制造齿轮的一个重要参数。模数大，齿距也大，齿厚 s、齿高 h 也随之增大，因而齿轮的承载能力增大。模数的数值已经标准化和系列化，如表 7-10 所示。

表 7-10　　　　　　渐开线圆柱齿轮模数（摘自 GB/T 1357—2008）　　　　　（单位：mm）

第一系列	1 1.25 1.5 2 2.5 3 4 5 6 8 10 12 16 20 25 32 40 50
第二系列	1.125 1.375 1.75 2.25 2.75 3.5 4.5 5.5 (6.5) 7 9 11 14 18 22 28 35 45

注：优先选用第一系列，括号内模数尽量不用。

（3）压力角 α。两个相啮合的轮齿齿廓在啮合点 K 处的公法线与两分度圆的公切线的夹角称为压力角，用 α 表示（见图 7-30）。我国标准齿轮的压力角为 20°。

标准直齿圆柱齿轮各基本尺寸的计算公式见表 7-11。

由表 7-11 可知，已知齿轮的模数 m 和齿数 z，可计算各部分的尺寸。

表 7-11　　　　　　标准直齿圆柱齿轮各部分尺寸的计算公式

基本参数：模数 m，齿数 z，压力角 $\alpha=20°$			
序　号	名　称	符　号	计算公式
1	齿距	p	$p=\pi m$
2	齿顶高	h_a	$h_a=m$
3	齿根高	h_f	$h_f=1.25m$
4	齿高	h	$h=2.25m$

续表

基本参数：模数 m，齿数 z，压力角 $\alpha =20°$

序　号	名　　称	符　号	计算公式
5	分度圆直径	d	$d=mz$
6	齿顶圆直径	d_a	$d_a=m(z+2)$
7	齿根圆直径	d_f	$d_f=m(z-2.5)$
8	中心距	a	$a=1/2m(z_1+z_2)$

3. 直齿圆柱齿轮的规定画法

（1）单个圆柱齿轮的画法。国家标准规定：齿顶圆和齿顶线用粗实线绘制；分度圆和分度线用细点画线绘制；齿根圆和齿根线用细实线绘制，也可省略不画。当非圆视图画成剖视图时，齿根线用粗实线表示，齿顶线与齿根线之间的区域表示轮齿部分，按不剖处理。

当表示斜齿或人字齿的齿线形状时，可用 3 条与齿线方向一致的细实线表示，如图 7-31 所示。

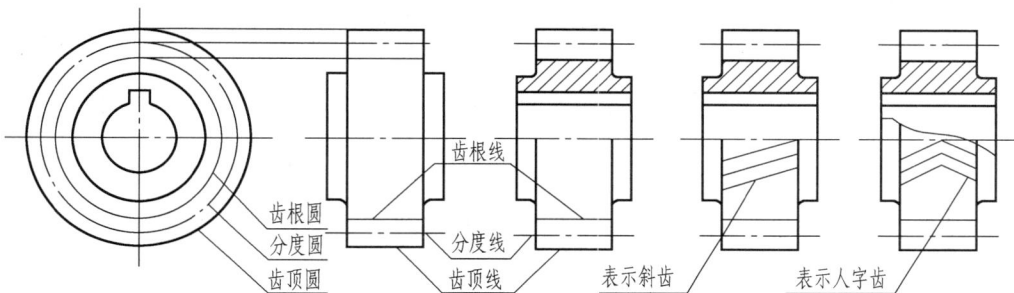

图 7-31　单个圆柱齿轮的画法

（2）啮合圆柱齿轮的画法。

两个标准齿轮相互啮合时，其模数 m 相同，两分度圆相切，此时分度圆又称为节圆。

在投影为圆的视图中，两齿顶圆均用粗实线绘制，啮合区内也可省略不画；两相切的分度圆均用细点画线绘制；两齿根圆均用细实线绘制，也可省略不画，如图 7-32（a）、（b）所示。

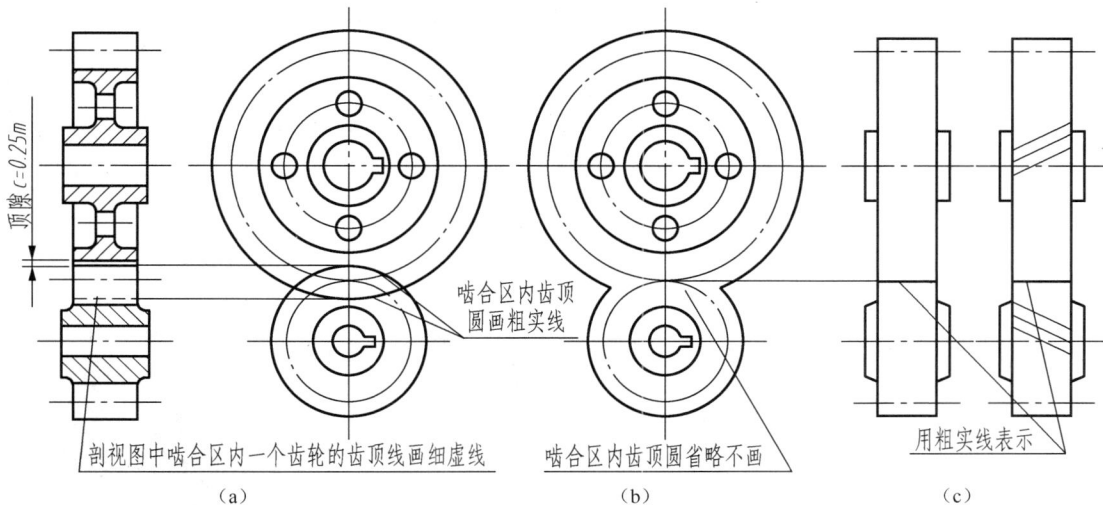

（a）　　　　　　　　　　　　（b）　　　　　　　　　　　　（c）

图 7-32　圆柱齿轮啮合的画法

在非圆视图中，若画剖视图，啮合区的画法：两齿轮的分度线重合为一条细点画线；两齿轮的齿根线均画成粗实线；齿顶线的画法是将一个齿轮的轮齿作为可见画成粗实线，另一个齿轮的轮齿被遮挡，其齿顶线画成细虚线，也可省略不画，如图 7-32（a）所示。若画视图，两节线重合画成粗实线；如果需要表示轮齿的方向，画法如图 7-32（c）所示。应注意，一个齿轮的齿顶线与另一个齿轮的齿根线之间有 $0.25m$（m 为模数）的顶隙，如图 7-33 所示。

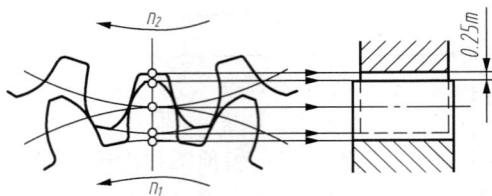

图 7-33　啮合齿轮间的顶隙

齿轮零件图如图 7-34 所示。

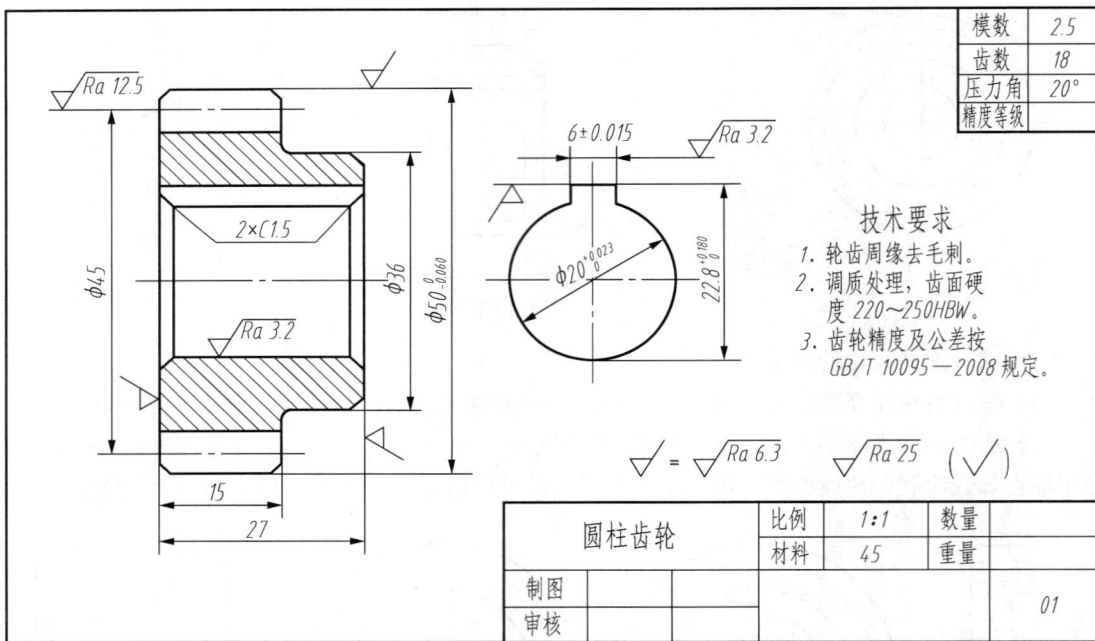

图 7-34　直齿圆柱齿轮的零件图

二、直齿锥齿轮

锥齿轮的轮齿分布在圆锥面上，轮齿的厚度、高度和模数沿轴向变化。规定大端的法向模数为标准模数。分度圆锥素线与锥齿轮轴线间的夹角称为分度圆锥角，用 δ 表示，是锥齿轮的一个基本参数。锥齿轮的背锥素线与分度圆锥素线垂直，如图 7-35 所示。

直齿锥齿轮的结构

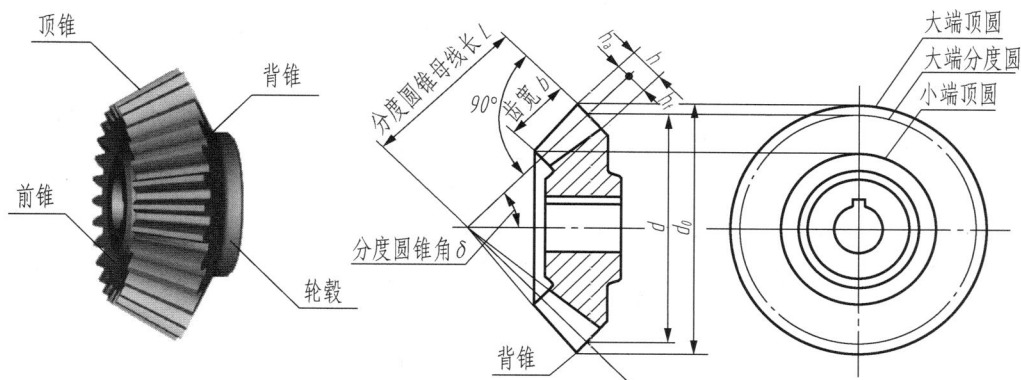

图 7-35　单个直齿锥齿轮的画法

（1）单个直齿锥齿轮的画法。一般用两个视图表示，主视图常采用全剖视，在投影为圆的视图中规定用粗实线画出大端和小端的齿顶圆，用细点画线画出大端分度圆，大、小端的齿根圆及小端的分度圆均不必画出，如图 7-35 所示。

（2）直齿锥齿轮啮合的画法。锥齿轮啮合时，两分度圆锥相切，锥顶交于一点。主视图多采用剖视图，如图 7-36 所示。

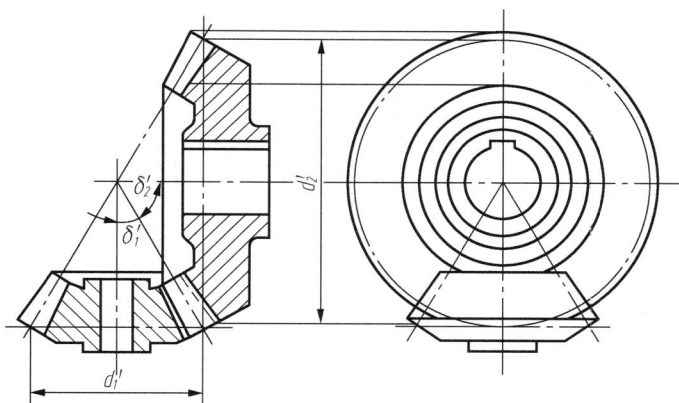

图 7-36　直齿锥齿轮啮合的画法

锥齿轮的画法

锥齿轮啮合的画法

三、蜗杆蜗轮

蜗杆蜗轮的主要参数是在通过蜗杆轴线并垂直于蜗轮轴线的平面内决定的。在此平面内，蜗轮的模数称为端面模数，蜗杆模数称为轴向模数，相啮合的蜗杆和蜗轮，模数相等。蜗杆的齿数称为头数，相当于螺纹的线数，常用单头或双头。蜗轮相当于斜齿圆柱齿轮，齿顶面和齿根面常加工成凹环面，以增加它和蜗杆的接触面积。蜗杆与蜗轮的画法，与圆柱齿轮的画法基本相同。

1. 蜗杆的画法

蜗杆的牙型一般采用局部剖视图表示，如图 7-37 所示。

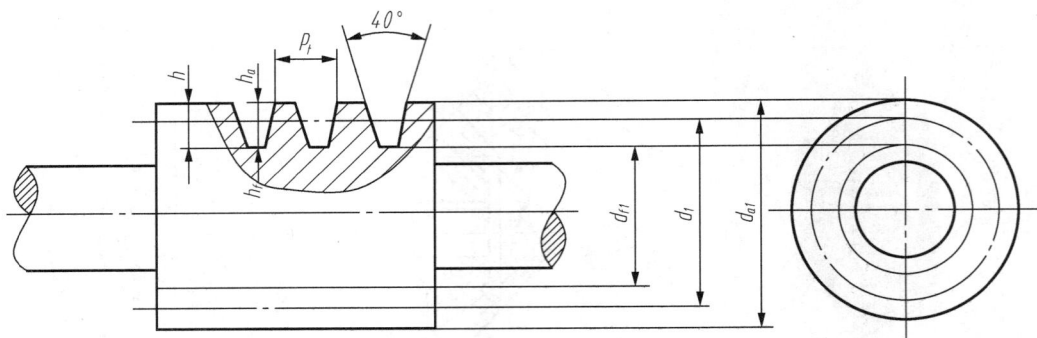

图 7-37　蜗杆各部分的名称及规定画法

2. 蜗轮的画法

在蜗轮投影为圆的视图中，只画分度圆和外圆，齿顶圆和齿根圆不必画出，在剖视图中，轮齿的画法与圆柱齿轮相同，如图 7-38 所示。

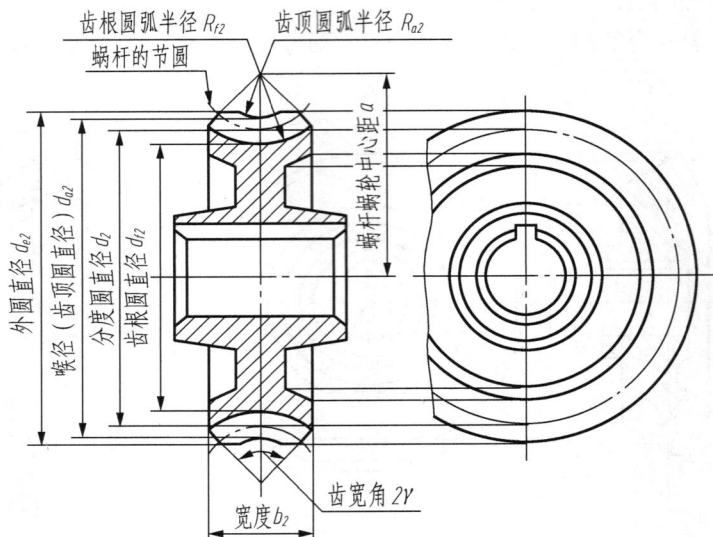

图 7-38　蜗轮各部分的名称及规定画法

3. 蜗杆蜗轮啮合的画法

蜗杆蜗轮啮合的画法如图 7-39 所示。

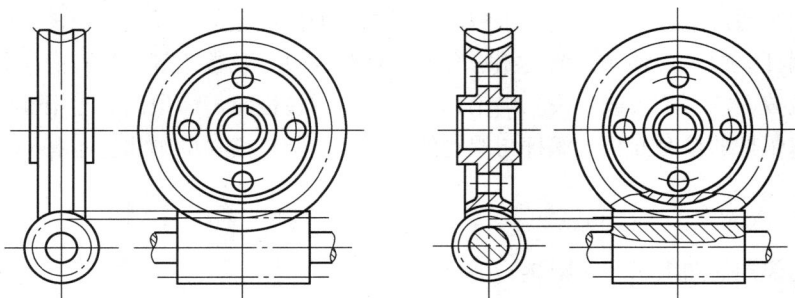

图 7-39　蜗杆蜗轮啮合的画法

蜗杆蜗轮啮合的
规定画法

任务五 弹簧

任务引出

弹簧在机械工程中应用广泛，是一种能储存能量的零件，主要用于减振、夹紧、储存能量和测量等。其特点是外力去除后，能恢复原状。

任务描述

弹簧的种类繁多，常见的有螺旋弹簧、板弹簧、碟形弹簧和涡卷弹簧等，如图7-40所示。

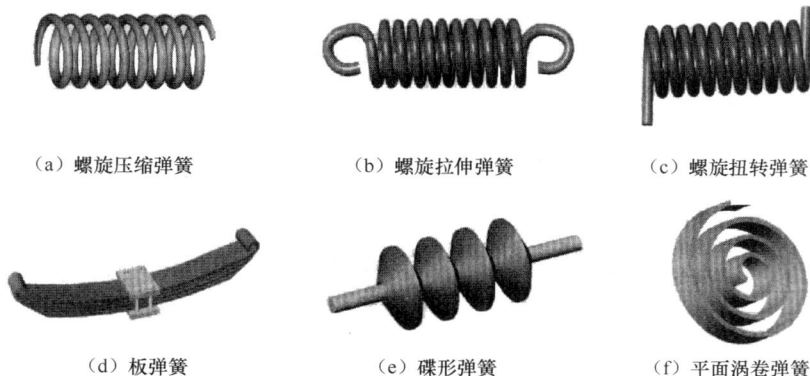

（a）螺旋压缩弹簧　　　　　（b）螺旋拉伸弹簧　　　　　（c）螺旋扭转弹簧

（d）板弹簧　　　　　（e）碟形弹簧　　　　　（f）平面涡卷弹簧

图7-40 弹簧的种类

相关知识

一、圆柱螺旋压缩弹簧各部分的名称和尺寸计算

圆柱螺旋压缩弹簧各部分的名称及代号如图7-41所示。

（1）簧丝直径 d。它是制造弹簧的钢丝直径。

（2）弹簧外径 D。它是弹簧的外圈直径。

（3）弹簧内径 D_1。它是弹簧的内圈直径，$D_1=D-2d$。

（4）弹簧中径 D_2。它是弹簧的平均直径，$D_2=(D+D_1)/2$。

（5）节距 t。除两端支承圈外，相邻两圈的轴向距离。

（6）有效圈数 n。节距相等的圈数。

（7）支承圈数 n_2。为了使圆柱螺旋压缩弹簧工作时受力均匀、平稳，弹簧两端需并紧磨平的圈数，称为支承圈数。

（8）总圈数 n_1。有效圈数与支承圈数之和，即 $n_1=n+n_2$。

（9）自由高度 H_0。不受外力作用时弹簧的高度，$H_0=nt+(n_2-0.5d)$。

（10）展开长度 L。坯料的长度。

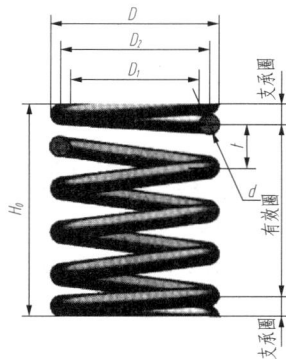

图7-41 圆柱螺旋压缩弹簧各部分名称及代号

二、圆柱螺旋压缩弹簧的规定画法

（1）在平行于圆柱螺旋压缩弹簧轴线的投影面的视图中，各圈的轮廓线均画为直线。

（2）圆柱螺旋压缩弹簧均可画成右旋，但左旋弹簧，不论画成左旋或右旋，一律要注出旋向"左"字。

（3）有效圈数在 4 圈以上时，可以每端只画出 1～2 圈（支承圈除外），螺旋弹簧的中间部分可以省略。省略后，允许适当缩短图形的长度。

（4）圆柱螺旋压缩弹簧如要求两端并紧且磨平时，不论支承圈有多少圈，均按支承圈 2.5 圈绘制。

弹簧的画法

三、圆柱螺旋压缩弹簧的作图步骤

已知圆柱螺旋压缩弹簧的簧丝直径 d、弹簧中径 D_2、节距 t、有效圈数 n、支承圈数 n_2，试画弹簧工作图。

画图之前先计算自由高度 H_0，作图步骤如图 7-42 所示。

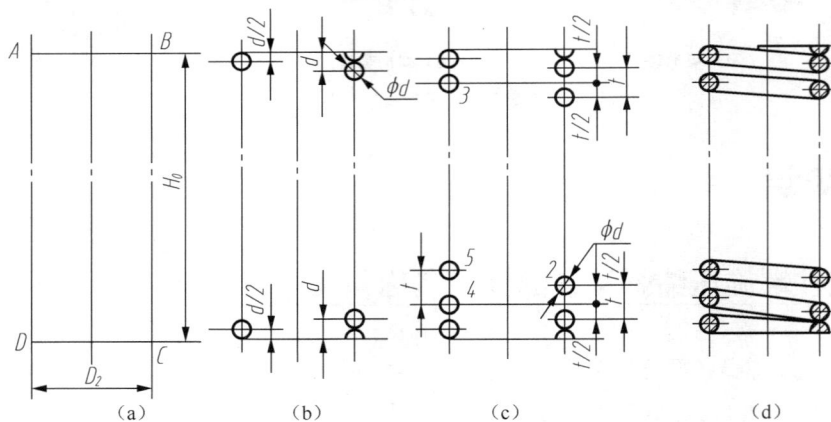

图 7-42　圆柱螺旋压缩弹簧的作图步骤

四、装配图中弹簧的画法

（1）被弹簧挡住部分的结构一般不画出，可见部分应从弹簧的外轮廓线或从弹簧钢丝剖面的中心线画起，如图 7-43（a）所示。

（2）簧丝直径小于或等于 2mm 的剖面，可以涂黑表示，如图 7-43（b）所示。也可采用示意画法，如图 7-43（c）所示。

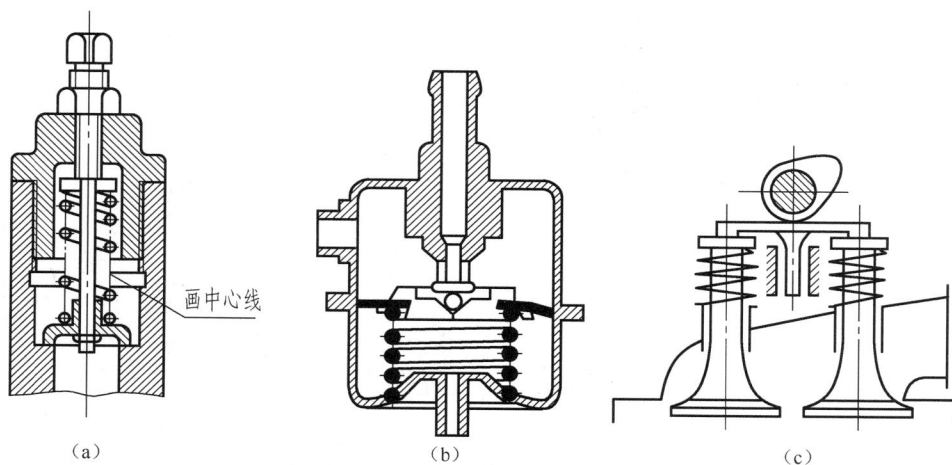

（a） （b） （c）

图 7-43 装配图中弹簧的画法

画中心线

模块八

零件图

　　任何机器或部件，都是由若干零件按照一定的装配关系和技术要求装配而成的。表示零件结构、大小及技术要求的图样，称为零件图。图 8-1（a）所示的滑动轴承是支撑传动轴的一个部件，图 8-1（b）所示为该部件中轴承座的零件图。

　　本模块主要讨论零件图的作用和内容、常见的零件工艺结构、零件的技术要求，介绍零件常用的表达方案、常见的尺寸标注形式及阅读和绘制零件图的方法和步骤等内容。

【学习目标】

（1）了解零件图的内容与作用。

（2）了解零件上常见的工艺结构。

（3）了解零件图的尺寸标注。

（4）掌握零件的技术要求。

（5）掌握阅读零件图的方法和步骤。

（6）了解常用零件的表达方案。

（7）能够绘制简单的零件图。

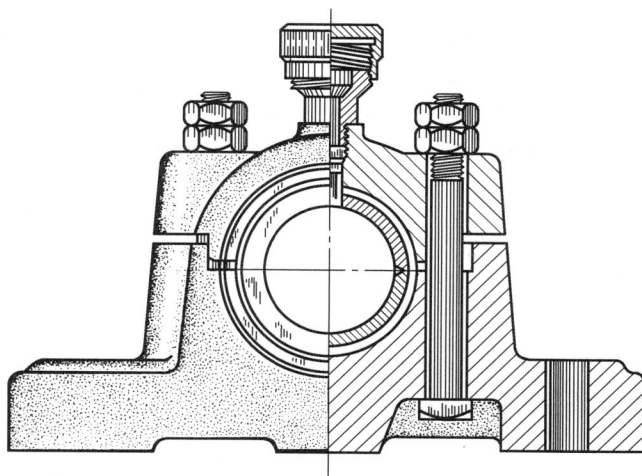

（a）滑动轴承

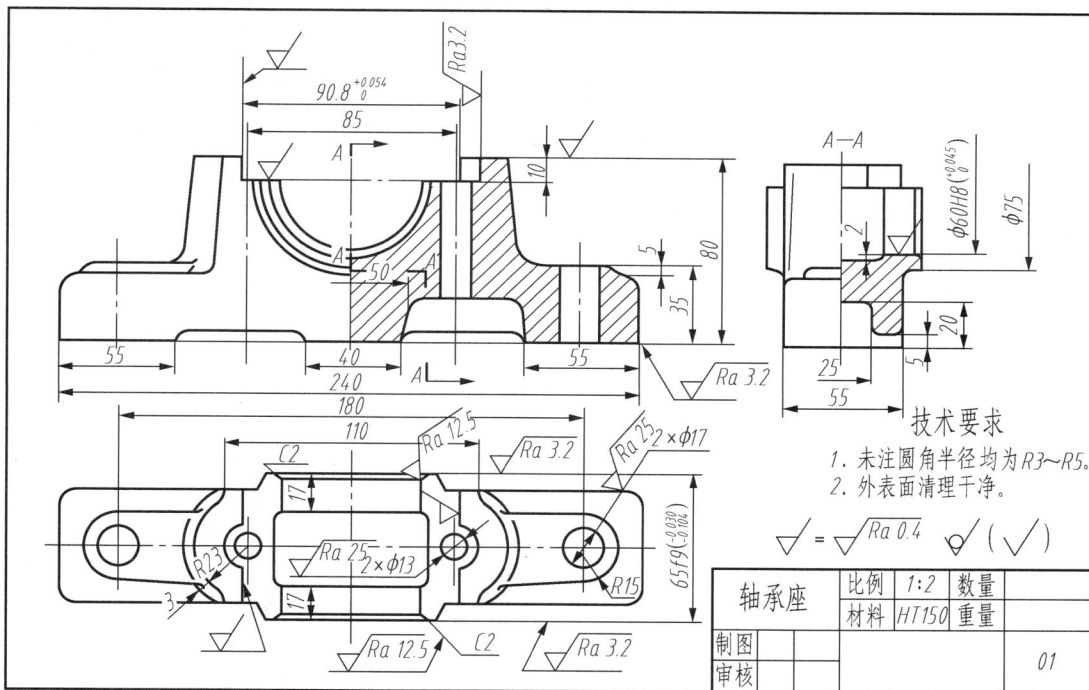

（b）轴承座的零件图

图 8-1　滑动轴承及轴承座零件图

任务一　零件图的作用与内容

任务引出

零件图是重要的技术文件，我们必须清楚地知道零件图包含的内容及其作用。

任务描述

本任务介绍零件图的作用与内容。

相关知识

一、零件图的作用

制造零件的主要依据就是零件图。其生产过程是：先根据零件图标题栏中所注明的材料进行备料，然后按零件图中的图形、尺寸和其他技术要求进行加工制造，再按尺寸、技术要求等检验加工出的零件是否达到规定的质量标准。零件图是设计部门提供给生产部门的重要技术文件。

二、零件图的内容

零件图是指导制造和检验零件的图样，因此，零件图中具备了制造和检验该零件时所需要的全部资料。如图 8-1（b）所示，一张完整的零件图应包括如下内容。

零件图的构成和用途

1. 一组图形

用一组图形（采用视图、剖视图、断面图、局部放大图和简化画法等表达方法）将零件各部分的结构形状正确、完整、清晰地表达出来。

2. 全部尺寸

用一组尺寸将制造零件所需的全部尺寸正确、完整、清晰、合理地标注出来。

3. 技术要求

用国家标准规定的代号、数字、字母或另加文字注解，简明、准确地给出零件在制造、检验或使用时应达到的各项技术指标，如图 8-1（b）中注出的表面粗糙度、尺寸公差等。

4. 标题栏

在标题栏中填写零件名称、绘图比例、材料、重量，以及设计、审核批准人员签名等内容。

任务二　零件上常见的工艺结构

任务引出

零件的工艺结构不是零件自身功能需要的结构，而是零件经过某种加工过程时，为了保证达到零件设计要求，必须使零件上具有某些特征结构，这些特征结构就称之为工艺结构。在绘制、阅读零件图的时候，必须掌握不同的加工过程应该具有何种工艺结构。下面简单介绍零件上常见的工艺结构。

任务描述

对于汽车和机床等机器设备上的多数零件，通常的制造过程是先制造（相当一部分通过铸造）出毛坯件，再将毛坯件经机械加工制作成零件。下面简单介绍零件上常见的工艺结构。

相关知识

铸造工艺结构的
表达及案例

一、铸造工艺结构

1. 铸造圆角

为了便于脱模和避免砂型尖角在浇注时（见图 8-2（a））发生落砂，以及防止铸件相邻两表面的尖角处出现裂纹、缩孔，将铸件各表面相交处做成圆角，如图 8-2（b）所示。在零件图上，该圆角一般都画出并标注圆角半径。当圆角半径相同（或多数相同）时，也可将其半径尺寸在技术要求中注出，如图 8-1 所示。

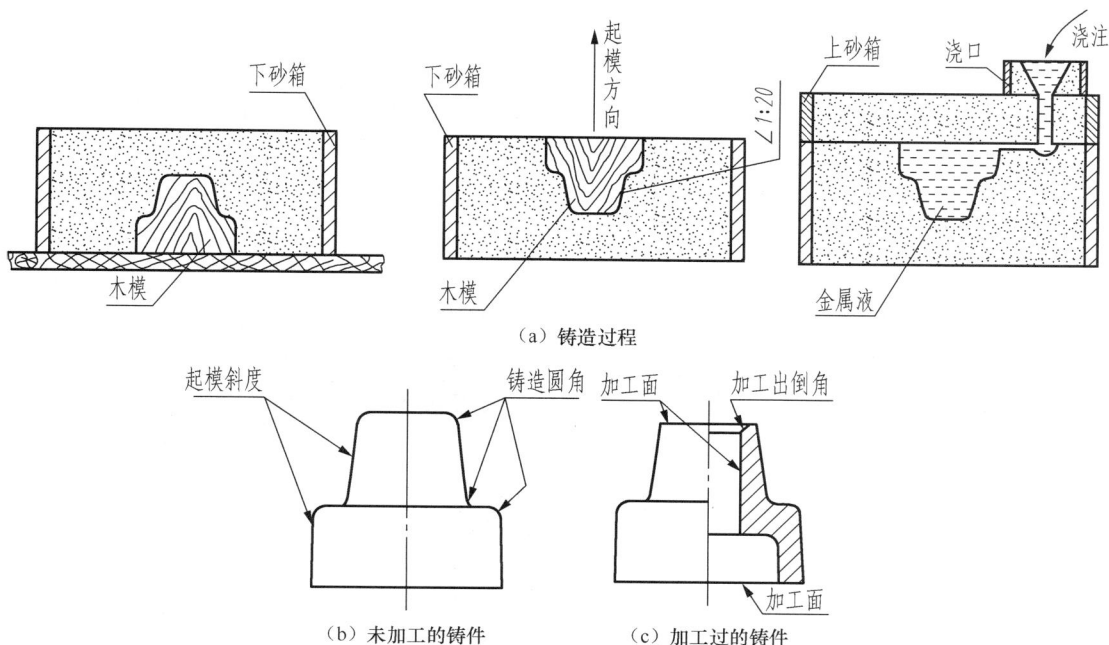

（a）铸造过程

（b）未加工的铸件　　（c）加工过的铸件

图 8-2　铸造圆角和起模斜度

铸造加工过程大致如图 8-2（a）所示。实际铸造过程还涉及冒口等较复杂结构，在此图中未作过多表达。

2. 起模斜度

造型时，为了能将模型顺利地从砂型中提取出来，常在铸件的内外壁上沿着起模方向设计出

斜度——起模斜度（或称拔模斜度），如图 8-2 所示。该斜度在零件图上可能不画、不标注，如有特殊要求，将在技术要求中说明。

3. 铸件壁厚

铸件的壁厚如果不均匀，则冷却的速度就不一样。壁薄处先冷却、先凝固；壁厚处后冷却，凝固收缩时因没有足够的金属液来补充，此处极易形成缩孔或在壁厚突变处产生裂纹，所以铸件壁厚都尽量设计得均匀或采用逐渐过渡的结构，如图 8-3 所示。

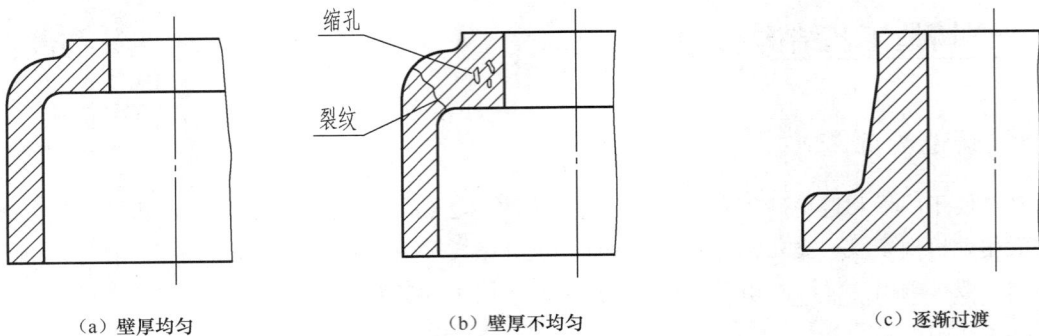

（a）壁厚均匀 （b）壁厚不均匀 （c）逐渐过渡

图 8-3　铸件的壁厚

4. 过渡线

由于铸造工艺过程的要求，铸件上相邻两表面的交线处出现了由铸造圆角形成的曲面，使得铸件表面的相贯线、截交线变得不明显，通常将这种线称为过渡线。在图样中过渡线是用细实线按没有圆角时的理论相贯线、截交线画法画出的，如图 8-4 所示。

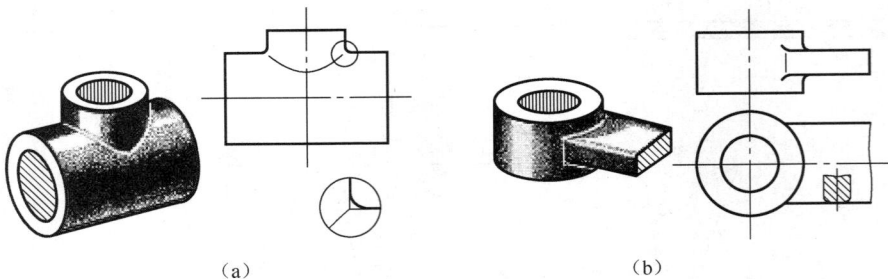

（a）　　　　　　　　（b）

图 8-4　零件图中的过渡线

二、机械加工工艺结构

1. 倒角和倒圆

为了去除毛刺、锐边和便于装配，在轴和孔的端部，一般都加工出倒角；为了避免应力集中产生裂纹，往往在轴肩处加工成圆角的形式，此圆角称为倒圆，如图 8-5（a）所示。

（a）倒角和倒圆一般标注

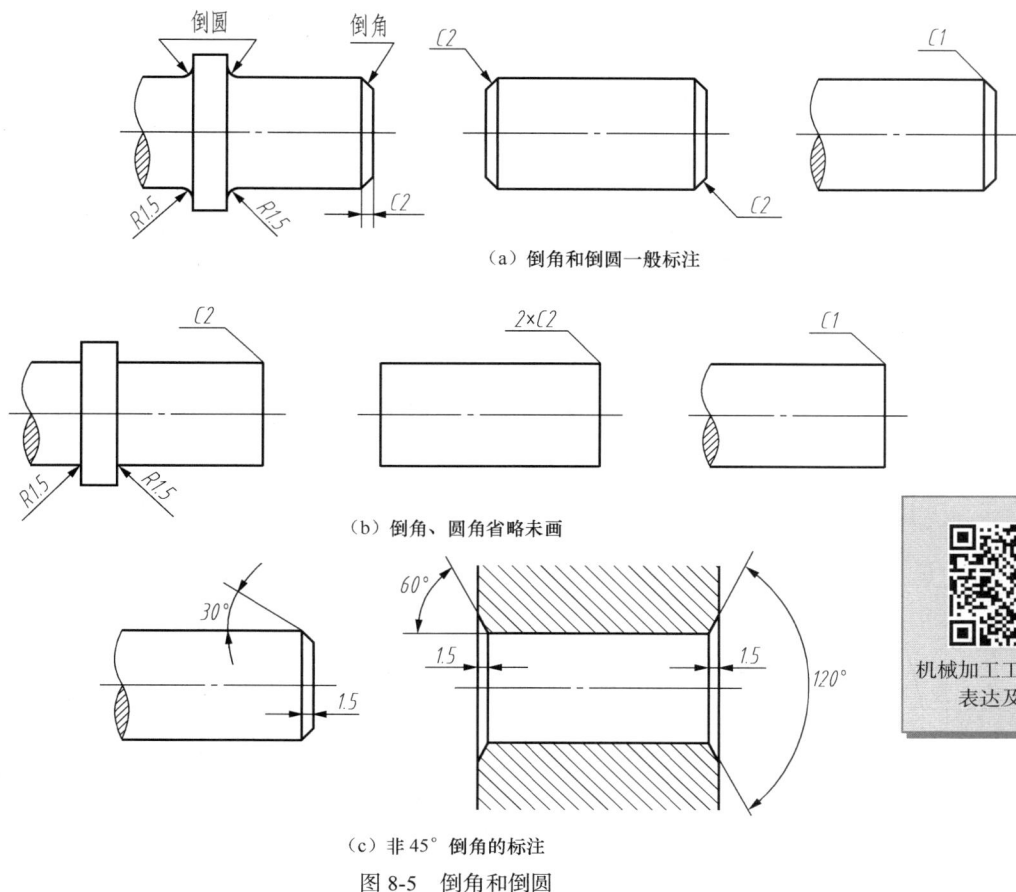

（b）倒角、圆角省略未画

机械加工工艺结构的
表达及案例

（c）非45°倒角的标注

图 8-5　倒角和倒圆

45°倒角用 *C* 表示，*C* 与轴向尺寸（加工倒角后形成的圆台轴向长度尺寸）连注，如图 8-5（a）中的 *C2*。在不致引起误解的情况下，零件图中的 45°倒角和圆角都可以省略不画，仅按图 8-5（b）的形式标注尺寸。非 45°倒角的画法和尺寸标注如图 8-5（c）所示，分别标注角度和轴向尺寸。倒角、倒圆均为标准结构，国家标准的规定见附表 23。

2. 退刀槽和砂轮越程槽

切削时（主要是车制螺纹或磨削轴时），为了便于退出刀具获得没有螺尾的螺纹或使砂轮可稍微越过加工面，常在被加工面的轴肩处预先车出退刀槽或砂轮越程槽，如图 8-6 所示。其尺寸可按"槽宽×槽深"或"槽宽×直径"的形式注出。当槽的结构比较复杂时，通常画出局部放大图标注尺寸。退刀槽和砂轮越程槽均为标准结构，砂轮越程槽国家标准的规定见附表 24。

3. 凸台和凹坑

为了使零件表面接触良好和减少加工面积，常在铸件的接触部位铸出凸台和凹坑，其常见形式如图 8-7 所示。图 8-8 所示为凸台和凹坑结构合理与不合理的对比图例。

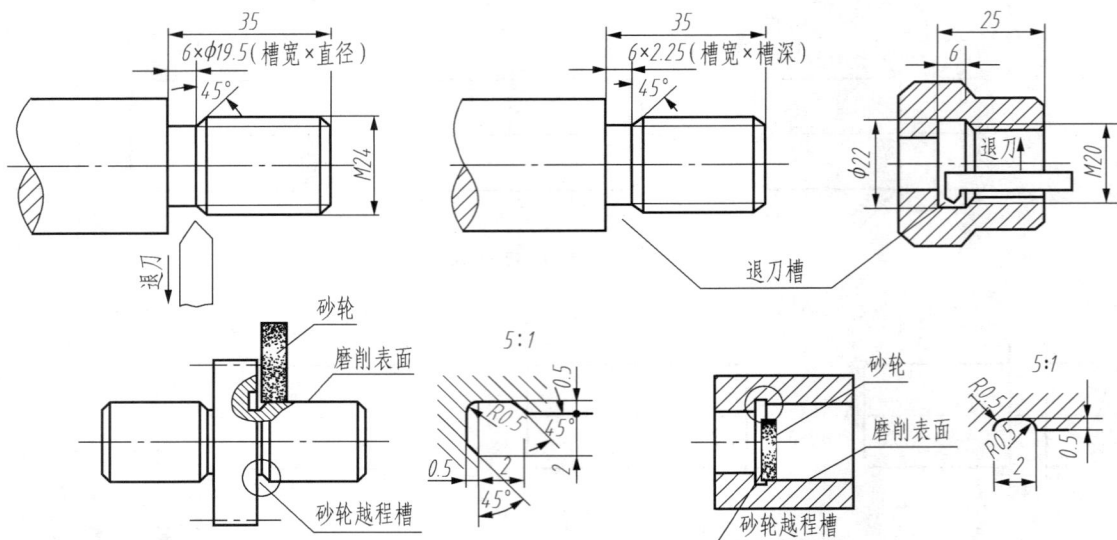

图 8-6　退刀槽和砂轮越程槽

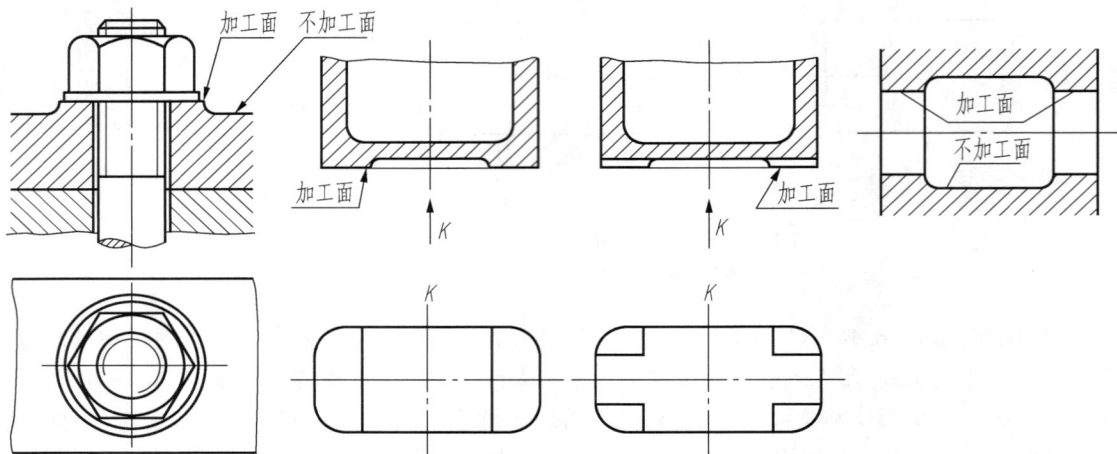

图 8-7　零件上的凸台和凹坑

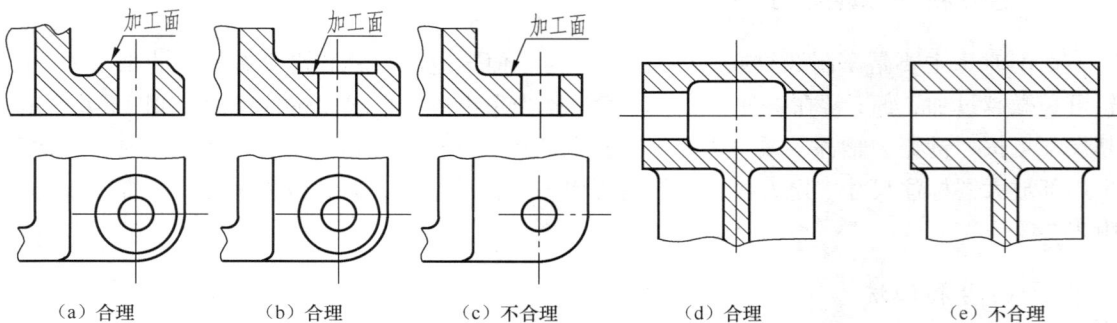

（a）合理　　　　（b）合理　　　　（c）不合理　　　　（d）合理　　　　（e）不合理

图 8-8　凸台与凹坑结构的合理与不合理的对比图例

4. 钻孔结构

零件上各种不同形式和用途的孔，大部分是用钻头加工而成的。钻孔时，钻头的轴线应与被加工表面垂直，以保证钻孔位置准确，并且避免钻头因单边受力而折断。因此，当零件表面如图 8-9（a）、（b）、（c）所示倾斜时，可设置凸台或凹坑，如图 8-9（d）、（e）、（f）所示。

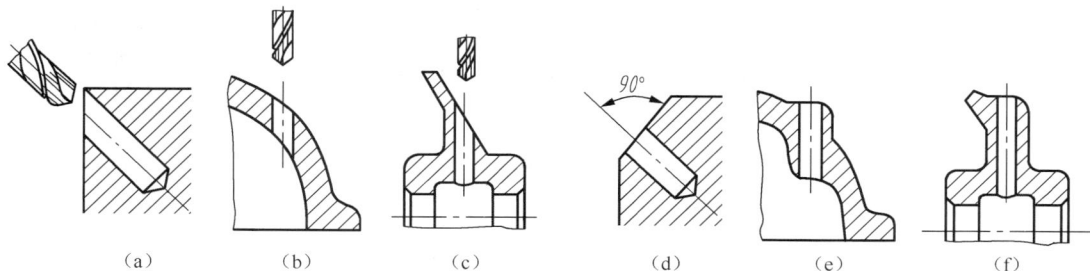

（a）　　　　　（b）　　　　　（c）　　　　　（d）　　　　　（e）　　　　　（f）

图 8-9　钻孔结构

任务三　零件图的尺寸标注

任务引出

零件图是指导零件生产加工的技术文件，零件图上的尺寸决定了零件上各个结构的大小和位置，我们必须掌握零件图的尺寸标注方法，及一些常见零件结构的尺寸标注规定。

任务描述

零件的大小是由零件图中所标注的尺寸确定的，是制造和检验零件的依据。零件图中的尺寸是设计人员按照国家标准规定，并根据生产实践经验标注的。

相关知识

零件图中的尺寸标注，除了要符合我们在模块一中介绍的国家标准的一般规定外，还要尽量标注得合理，"合理"具体包括以下两方面。

（1）满足设计要求——满足零件在机器中能够正常工作的要求。

（2）满足工艺要求——满足零件的制造、加工、测量和检验的要求。

一、尺寸基准

1. 基准的概念

基准是指零件在机器中或在加工测量时，用以确定其位置的一些面、线或点。

在零件的设计中，通常以下列面、线作为尺寸标注的基准。

（1）零件结构的对称面。

（2）零件的主要支承面和装配接触面。

（3）零件的主要加工面。

（4）零件上的主要回转面的轴线。

2. 基准的分类

基准按用途分，可分为以下两类。

（1）设计基准——在机器工作时确定零件位置的面、线或点。

（2）工艺基准——在加工或测量时确定零件位置的面、线或点。

尺寸基准的选择
及案例

3. 基准的选择

标注尺寸时，最好的情形是能够把设计基准与工艺基准统一起来，对于零件的功能尺寸，如果设计基准与工艺基准不能统一，则应采用设计基准，以保证设计要求。对于不重要的尺寸可以按照工艺基准标注尺寸。

二、尺寸标注的形式

尺寸在零件图上同一方向的标注形式有以下 3 种。

1. 链状式

如图 8-10（a）所示，把尺寸依次注写成链状，其优点是每一个尺寸的加工误差较小，但如果以零件左端面为基准标注尺寸，则 B 端面到基准的误差是尺寸 10、36 的误差之和，C 端面到基准的误差是 10、36、28 这 3 个尺寸的误差之和。所以链状式常用于标注类似图 8-11 所示挺杆导管体的各导管孔中心距尺寸，缺点就是 A 孔与 F 孔的中心距有积累误差。

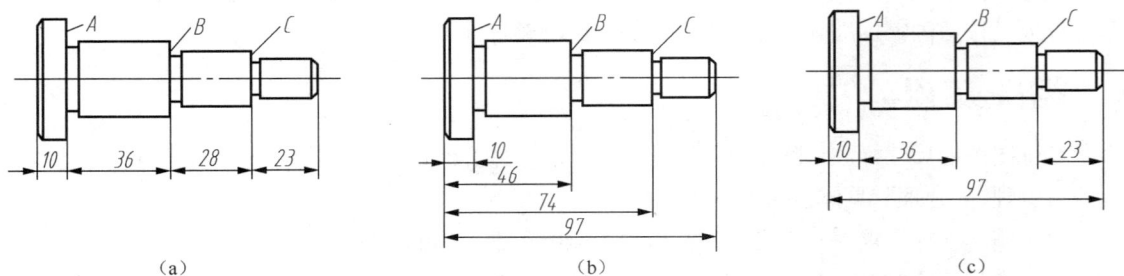

（a）　　　　　　　　　　　　（b）　　　　　　　　　　　　（c）

图 8-10　尺寸标注形式

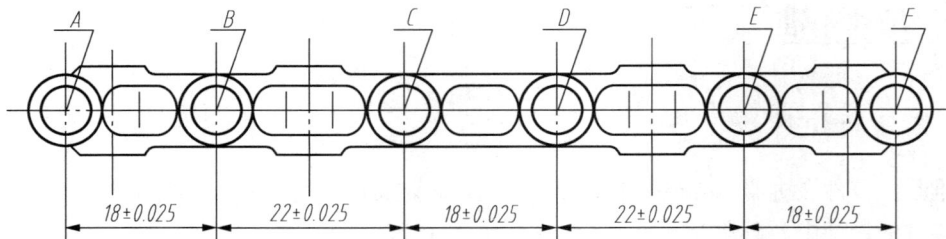

图 8-11　适于链状式尺寸标注的零件

2. 坐标式

如图 8-10（b）所示，把零件的各个尺寸都从一个事先选定的基准（如左端面）注起。坐标式标注尺寸可以减少图 8-10 中 B、C 端面的尺寸误差，但每一段尺寸的误差比链状式要大。如图 8-12 所示，当零件上各孔相对零件左端面的要求较高时，常采用坐标式的尺寸标注。采用数控机床加工的零件的尺寸适宜采用坐标式标注方法，这种注法便于操作者编程。

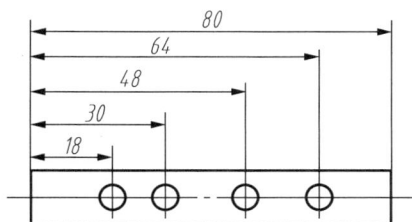

图 8-12 适于坐标式尺寸标注的零件

3. 综合式

综合式是链状式与坐标式的综合，如图 8-10（c）所示。综合式具有上述两种标注方式的优点，它既可以满足设计要求又可以满足工艺要求，因而应用最多。

三、尺寸标注的基本原则

1. 重要的尺寸一定要直接标注

重要尺寸是指那些影响产品工作性能、精度的尺寸，设计时是经过计算校核的，一般是指以下几类尺寸。

（1）直接影响机件传动准确性的尺寸，如互相啮合的两齿轮的轴间距。

（2）直接影响机器性能的尺寸，如车辆的车轮轴间距。

（3）两零件的配合尺寸，如轴、孔的直径尺寸等。

直接注出这些尺寸可以避免加工误差的积累，以保证设计要求，如图 8-10（c）中的 A、B 端面间的轴颈长度 36。

2. 避免注成封闭尺寸链

尺寸链是指头尾相接的尺寸形成的尺寸组，每个尺寸称之为一环。如图 8-13 所示 5 个尺寸构成一个封闭尺寸链。这种注法会使得重要尺寸 36 得不到保证。为避免这种情况，生产中通常将最不重要的一个尺寸不标注，如图 8-10（c）中 B、C 端面间的尺寸 28 省略不注，并将这个尺寸称之为开口环。加工完成后，图 8-10（c）中所注 4 个尺寸的误差全部积累到该尺寸上，但由于该尺寸不重要，所以不影响机器的设计性能。

有时为了作为设计和加工时的参考，也注成封闭尺寸链，但这时要根据需要把某个不重要的尺寸用圆括号括起来，将这一尺寸称为参考尺寸，如图 8-14 所示尺寸"（28）"。

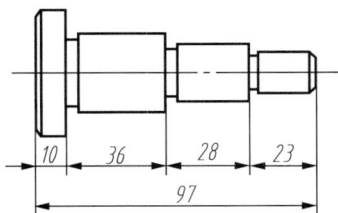

图 8-13 避免注成封闭尺寸链

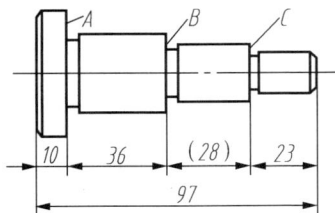

图 8-14 标注参考尺寸

3. 按加工顺序注尺寸

按加工顺序注尺寸，符合加工过程，便于加工和测量。图 8-15（a）所示的轴，是在普通通

用车床和铣床上加工的，需先在车床上加工外圆，再到铣床上加工键槽，所以先按车床的加工顺序标注尺寸，再注键槽尺寸。其中 51 是长度方向的重要尺寸，必须直接注出，其余尺寸都可以按加工顺序标注。图 8-15（b）所注尺寸用于备料；图 8-15（c）所示尺寸用于加工左端 $\phi35$ 的轴颈；图 8-15（d）所示尺寸用于加工 $\phi40$ 的轴颈；图 8-15（e）所示尺寸 51 是加工右端 $\phi35$ 轴颈时必须保证的功能尺寸；图 8-15（f）所示尺寸用于加工键槽。

4. 按加工方法注尺寸

一个零件一般需要经过多种加工方法制成，因而按加工方法集中标注尺寸，便于生产者看图，以提高工作效率，降低生产成本。如图 8-15（a）所示，图下方所注尺寸为车削尺寸，上方所注尺寸为铣削尺寸。

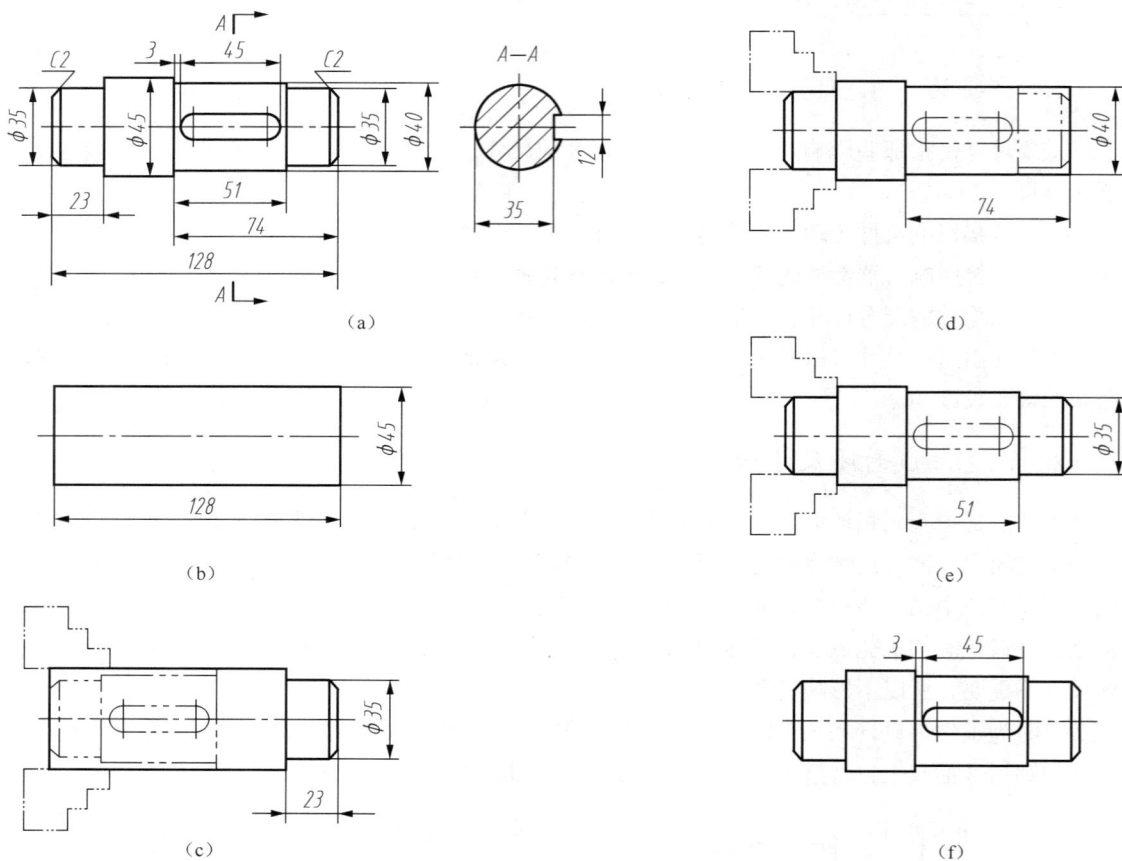

图 8-15　按加工顺序注尺寸

5. 尺寸标注要便于测量

标注尺寸时，应考虑零件在加工过程中测量是否方便。如图 8-16（a）所示零件，如果按图 8-16（b）所示标注阶梯孔的深度尺寸，则 $\phi15$ 孔的深度 8 不便于测量，这是由于阶梯孔的加工过程如图 8-16（c）、（d）、（e）所示。

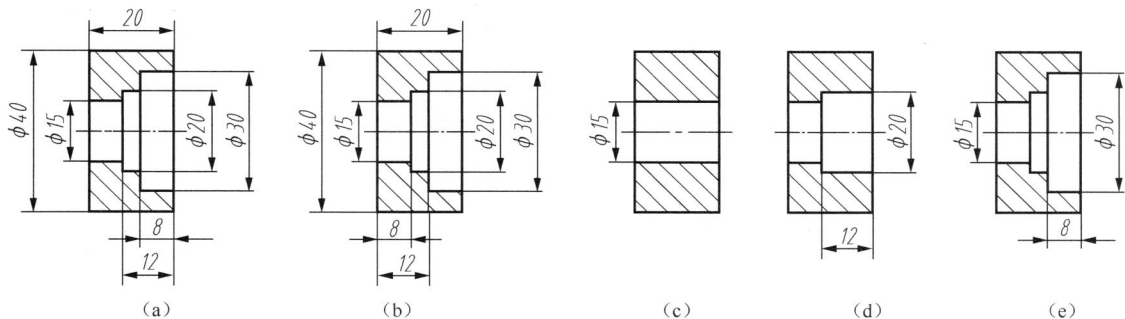

图 8-16　尺寸标注应便于测量

6. 注意与相关零件的尺寸协调一致

对于零件上有配合要求的孔、轴的基本尺寸以及螺纹连接的内、外螺纹的有关尺寸等要注意尺寸基准、标注内容和形式的协调一致。

由上述尺寸标注的原则可知，要做到尺寸标注合理，就必须了解零件的加工与测量方法，就要了解加工零件所用的设备与测量工具。

四、常见零件结构的尺寸标注

常见零件结构的尺寸标注如表 8-1 所示。

表 8-1　　　　　　　　　　　常见零件结构的尺寸标注

零件结构类型		标注方法	说明
光孔	一般孔		$4 \times \phi 5$ 表示直径为 5，有规律分布的 4 个光孔，孔深可与孔径连注，也可分开注出
	精加工孔		钻孔深为 12，孔需精加工的直径为 $\phi 5^{+0.012}_{0}$，孔的深度为 10
	锥销孔		$\phi 5$ 为与锥销孔相配的圆锥销小头直径。锥销孔通常是相邻两零件装配后一起加工的

191

零件结构类型		标 注 方 法	说 明
沉孔	埋头孔		$6 \times \phi7$ 表示直径为 7、有规律分布的 6 个孔。锥形部分尺寸可以旁注，也可直接注出
	柱形沉孔		$4 \times \phi6$ 的意义同上。柱形沉孔的直径为 10，深度为 3.5，均需注出
	锪平面		锪平面$\phi16$ 的深度不需标注，一般锪平到不出现毛面为止
螺孔	通孔		$3 \times M6$ 表示公称直径为 6、有规律分布的 3 个螺孔。可以旁注，也可直接注出
	不通孔		螺孔深度可与螺孔直径连注，也可分开注出
			需要注出孔深时，应明确标注孔深尺寸
退刀槽及砂轮越程槽			为便于选择割槽刀，退刀槽宽度应直接注出，直径 D 可直接注出，也可注出切入深度 a
倒角			45° 倒角用 C 表示，并与其轴向尺寸连注；倒角不是 45° 时，角度和轴向尺寸是分开标注的

零件结构类型		标 注 方 法	说　　明
滚花		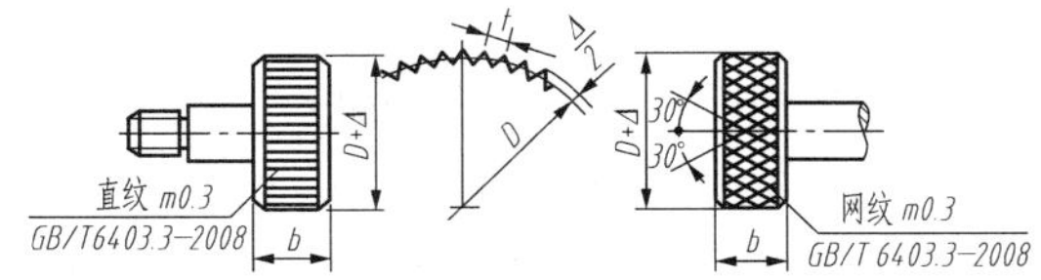	滚花有直纹与网纹两种形式。滚花前的直径尺寸为 D，滚花后的直径为 $D+\Delta$，Δ 应按模数查相应的标准确定
平面		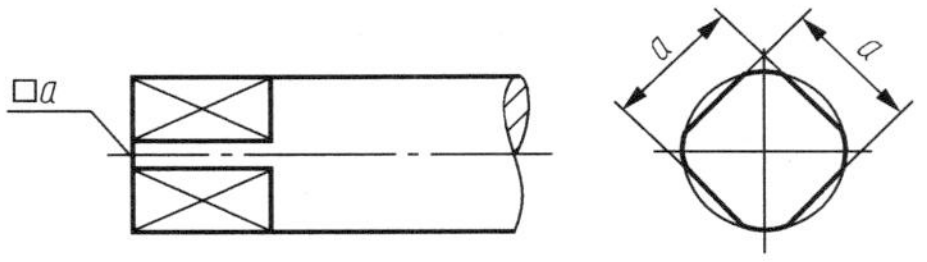	在没有表示正方形实形的图形上，该正方形的尺寸可以用 □ a（a 为正方形边长）表示；否则要直接标注
键槽	平键键槽	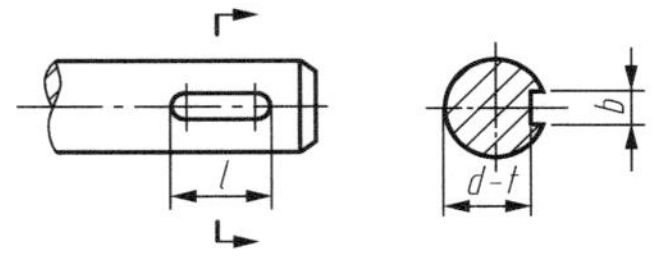	标注 $d-t$，便于测量
	半圆键键槽	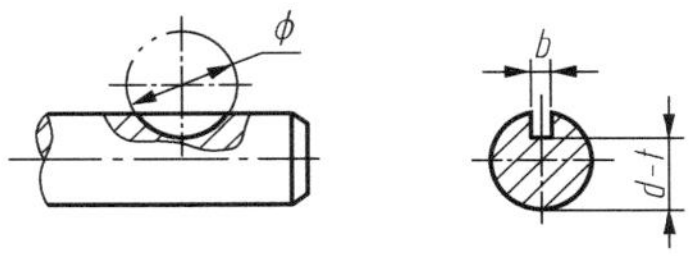	标注直径，便于选择铣刀，便于测量
锥轴、锥孔		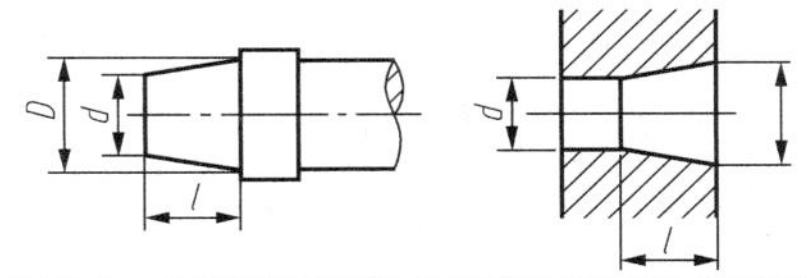	当锥度要求不高时，这样标注便于制造模型
		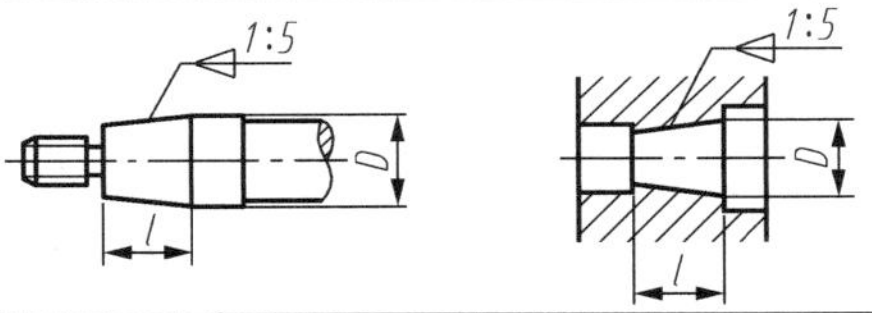	当锥度要求准确，并为保证一端直径尺寸时的标注形式
中心孔		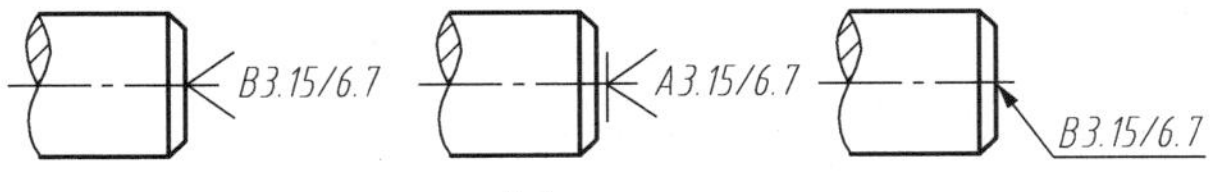 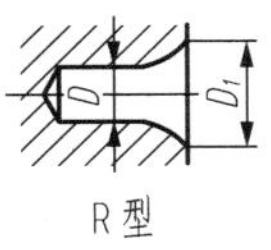 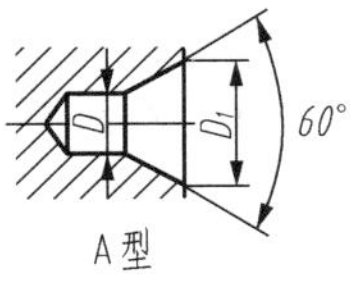 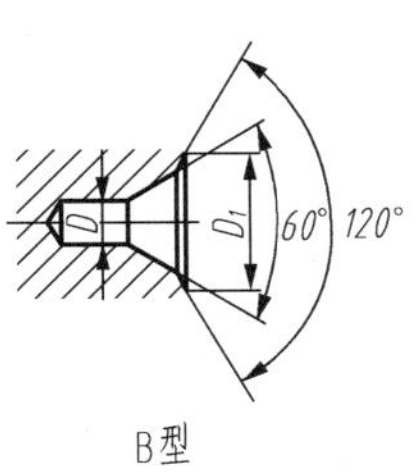 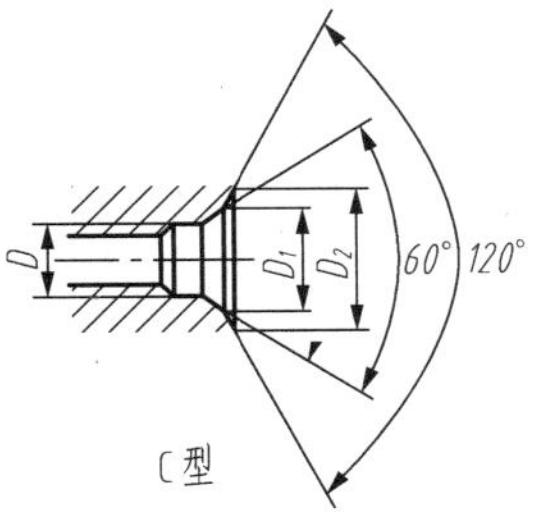 (a)	中心孔是标准结构，如需在图样上表明中心孔要求时，可用符号表示 中心孔分为 R 型、A 型、B 型、C 型等。B 型、C 型是有保护锥面的中心孔。C 型中心孔中的螺纹用于轴端固定；R 型中心孔用于某些重要零件。标注示例中，A3.15/6.7 表明采用 A 型中心孔，D=3.15，D_1=6.7 图（a）左图为完工零件上要求保留中心孔的标注示例，B 型可保留 图（a）中图为在完工零件上要求不保留中心孔的标注示例，A 型不可保留 图（a）右图为在完工零件上保留中心孔或不保留中心孔都可以的标注示例
		 R 型 (b)　　　A 型 (c)	
		 B 型 （d）　　　C 型 (e)	

任务四 零件图上的技术要求

任务引出

零件图上除了有图形和尺寸之外，还必须有制造零件的质量要求，一般称作技术要求。本任务介绍零件图上的技术要求。

任务描述

为了指导加工生产机器零件，技术要求主要内容有：表面结构、极限与配合、几何公差、材料热处理及表面处理等，本任务将介绍前三项内容。

相关知识

一、表面粗糙度

经过机械加工之后的零件表面，总是会出现宏观和微观的几何形状误差。为保证零件达到设计要求，就要限制零件的这些几何形状误差。在这里首先来了解微观几何形状误差——表面结构（宏观几何形状误差是几何公差涉及的内容）。表面结构涉及表面粗糙度、表面波纹度、原始轮廓、表面纹理、表面缺陷等，这里主要介绍最常用的表面粗糙度，因为表面粗糙度对零件的功能要求、使用寿命、美观程度都有重大影响。

1. 表面粗糙度的概念

表面粗糙度是指加工表面上具有的较小间距和峰谷所组成的微观几何形状特征。

经过加工的零件表面，看起来很光滑，但将其置于放大镜（或显微镜）下观察时，则可见其表面具有微小的峰谷，如图 8-17 所示。这种情况，是由于在加工过程中，刀具从零件表面上分离材料时的塑性变形、机械振动及刀具与被加工表面的摩擦而产生的。表面粗糙度对零件耐磨性、抗疲劳强度、耐腐蚀性、密封性、外观以及零件间的配合稳定性等都有很大影响。

通常，表面越粗糙，零件的表面性能越差；反之，则表面性能越好，但加工成本也随之增加。因此，国家

图 8-17 显微镜下零件表面的情况

标准（GB/T 3505—2009《产品几何技术规范（GPS）表面结构 轮廓法 术语、定义及表面结构参数》）规定了零件表面粗糙度的评定参数，以便在保证使用功能的前提下，选用较为经济的评定参数值（本任务只介绍常用的高度方向的评定参数 Ra 和 Rz）。

2. 表面粗糙度的评定参数

（1）轮廓算术平均偏差 Ra：在取样长度内，被测轮廓上各点到基准线的距离 Z_i 的绝对值的

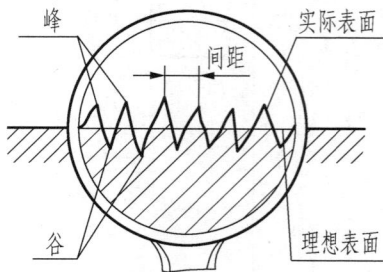

算术平均值，如图 8-18 所示，其值为

$$Ra = \frac{1}{l}\int_0^l |Z(x)|\,\mathrm{d}x \qquad 或 \qquad Ra = \frac{1}{n}\sum_{i=1}^{n}|Z_i|$$

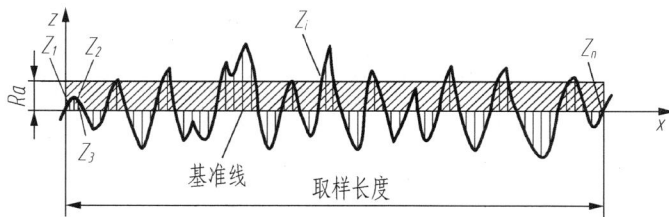

图 8-18 轮廓算术平均偏差

（2）轮廓最大高度 Rz：在取样长度内，最大轮廓峰高 Zp 与最大轮廓谷深 Zv 之和的高度，如图 8-19 所示，其值为

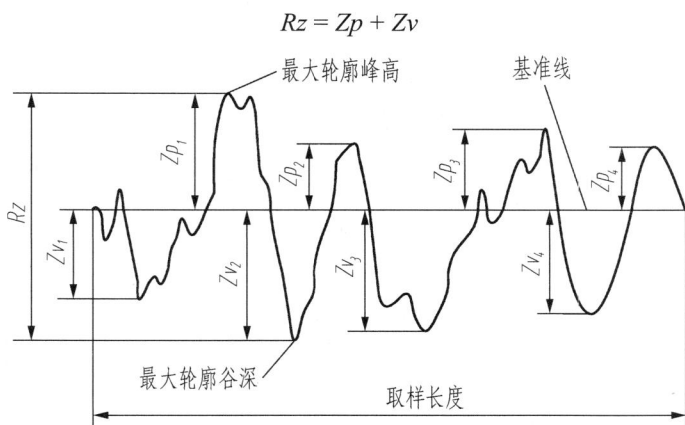

$$Rz = Zp + Zv$$

图 8-19 轮廓最大高度 Rz

（3）Ra、Rz 的系列数值。表 8-2 列出了高度方向的评定参数 Ra、Rz 的系列数值。

表 8-2　　　　　　　　　　　　　　Ra、Rz系列数值　　　　　　　　　　　　　（单位：μm）

Ra	Rz	Ra	Rz
0.012	0.05	1.6	6.3
0.025	0.1	3.2	12.5
0.05	0.2	6.3	25
0.1	0.4	12.5	50
0.2	0.8	25	100
0.4	1.6	50	200
0.8	3.2	100	400

注：表列为第一系列数值。

3. 表面粗糙度的标注

（1）表面结构符号。

① 表面结构符号与代号。国家标准（GB/T 131—2006《产品几何技术规范（GPS）　技术产品文件中表面结构的表示法》）规定的表面结构符号

表面粗糙度标注及案例

195

与代号及其意义如表 8-3 所示。

表 8-3　　　　　　　　　　　　　表面结构的符号与代号

符号与代号		意义及说明
符号	√	基本图形符号，表示表面可用任何方法获得。当不加注粗糙度参数值或有关说明时，仅适用于简化代号标注
	√（加一短线）	扩展图形符号，基本图形符号加一短线，表示表面是用去除材料的方法获得的。例如：车、铣、钻、磨、剪切、抛光、腐蚀、电火花加工、气割等。可称其为加工符号
	√（加一小圆）	扩展图形符号，基本图形符号加一小圆，表示表面是用不去除材料的方法获得的。例如：铸、锻、冲压变形、热轧、冷轧、粉末冶金等。或者是用于保持原供应状况的表面（包括保持上道工序的状况）。可称其为毛坯符号
	√‾ √‾ √‾	完整图形符号。在上述 3 个符号的长边上均加一横线，以便注写对表面结构特征的补充信息
	√○ √○ √○	在上述 3 种图形符号上均可加一小圆，表示在图样某个视图上构成封闭轮廓的各表面（不是工件所有表面）具有相同的表面结构要求
代号（图形符号中注写了参数代号和数值等）	√ Ra 1.6　或　√ U Ra 1.6	用任何方法获得的表面粗糙度 Ra 的上限值为 1.6μm
	√ Ra max 3.2	用去除材料的方法获得的表面粗糙度 Ra 的最大值为 3.2μm
	√ Ra max 3.2 Ra min 1.6	用去除材料的方法获得的表面粗糙度 Ra 最大值为 3.2μm，最小值为 1.6μm
	√ Ra 6.3 Ra 3.2　或　√ U Ra 6.3 L Ra 3.2	用去除材料的方法获得的表面粗糙度 Ra 上限值为 6.3μm，下限值为 3.2μm
	√ Rz 3.2　或　√ U Rz 3.2	用任何方法获得的表面粗糙度 Rz 的上限值为 3.2μm
	√ Ra 6.3 Rz 12.5　或　√ U Ra 6.3 U Rz 12.5	用去除材料的方法获得的表面粗糙度 Ra 上限值为 6.3μm，Rz 上限值为 12.5μm

② 表面结构图形符号的画法。在图样上表示零件表面结构图形符号的画法如图 8-20 所示。

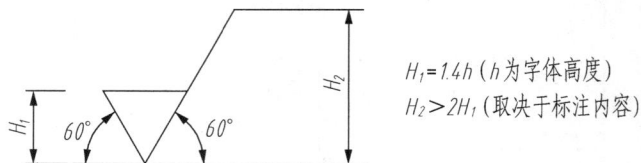

$H_1=1.4h$（h 为字体高度）
$H_2>2H_1$（取决于标注内容）

图 8-20　表面结构图形符号的画法

（2）表面结构参数及补充要求的标注。为了表明表面结构要求，要在表面结构符号的相应位置处，标注表面结构参数和数值，必要时还应标注补充要求，包括传输带、取样长度、加工工艺、表面纹理及方向、加工余量等。标注有关说明如图 8-21 所示。

① a——注写表面结构参数的代号和单一要求的数值（单位为μm），以及取样长度或传输带（单位为 mm）等。

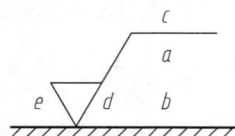

图 8-21　表面结构图形符号标注说明

② *b*——注写表面结构高度参数第二个单一要求。

③ *c*——注写表面加工方法、镀覆、涂覆、表面处理等工艺要求，如车、磨、镀等。

④ *d*——注写加工表面纹理方向符号，如"="" ⊥"等。

⑤ *e*——注写所要求的加工余量（单位为 mm）。

（3）表面粗糙度标注规定。下面介绍国家标准对表面粗糙度标注的规定，如表 8-4 所示。

表 8-4　　　　　　　　　　　　　　　　　表面粗糙度的标注方法

总则：在同一图样上，每一表面一般只标注一次代（符）号，并尽可能标注在相应的尺寸及公差的同一视图上。除非另有说明，所标注的表面粗糙度要求是对完工零件表面的要求。表面粗糙度符号、代号一般注在可见轮廓线、尺寸界线、引出线（引出线应有指向箭头）、特征尺寸的尺寸线、几何公差框格上。

图　例	说　明	图　例	说　明
	表面粗糙度参数的注写和读取方向与尺寸的注写和读取方向一致。符号的尖端必须从材料外指向要求的表面		表面粗糙度符号可标注在轮廓线上，必要时可用带箭头的指引线引出标注
	必要时表面粗糙度符号可用带点或箭头的指引线引出标注		在不致引起误解的情况下，表面粗糙度要求可以注在给定的尺寸线上
	圆柱和棱柱表面的表面粗糙度要求只标注一次。如果每个棱柱表面有不同的表面要求，则应分别单独标注		当多个表面有共同的表面粗糙度要求或图纸空间有限时，可用带字母的完整符号标注，并以等式的形式，在图形或标题栏附近进行简化标注
	当工件上多个表面有相同的表面粗糙度要求时，其代号可统一标注在图样的标题栏附近，并在圆括号内给出无任何其他标注的基本符号		当零件所有表面具有相同的表面粗糙度要求时，其代号可标注在图样的标题栏附近，并在圆括号内给出无任何其他标注的基本符号

续表

图 例	说 明	图 例	说 明
	对多个表面共同的表面粗糙度要求，可以用基本代号和扩展代号标注，但要在标题栏附近以等式的形式说明这些代号的意义		零件上连续表面只标注一次表面粗糙度要求
	当在某个视图上构成封闭轮廓的各表面有相同的表面粗糙度要求时，可在完整符号上加一个小圆，注在封闭轮廓上（如1～6面，不包括前后表面）		用细实线相连的不连续的同一表面只标注一次表面粗糙度要求
	渐开线花键的表面粗糙度注法		齿轮的表面粗糙度注法
	重复要素（孔、槽、齿）的表面粗糙度注法		同一表面上有不同的表面粗糙度要求时，用细实线画出其分界线，并注出相应的表面粗糙度代号和尺寸
	螺纹的表面粗糙度注法		零件需要局部热处理或局部镀（涂）时，应用粗点画线画出其范围，并标注相应的尺寸，也可将其要求注写在表面粗糙度符号内

图　例	说　明
	中心孔的工作表面、键槽工作面、倒角、圆角的表面粗糙度代号，可以标注在尺寸线、符号线的延长线上

二、极限与配合

在一批相同规格的零件中任取一个，不需修配便可装到机器上并能满足使用要求的性质，称为互换性。互换性原则已经广泛地应用在机械、仪器的产品设计、生产与维修中。在产品的设计过程中，最大限度地使用标准件，能够缩短设计周期，有利于产品的更新换代；在产品的制造过程中，互换性极大地提高了生产效率，尤其是机器（如汽车）的装配生产实现了流水线作业，有利于组织专业化生产，使用专用设备和计算机辅助制造（CAM）技术；在机器设备的使用和维修方面，便于及时更换零部件，可缩短维修时间（如世界一级方程式锦标赛中更换赛车轮胎只用几秒钟的时间），降低成本。互换性在产品的设计、制造、使用和维修方面都具有重要意义。

为使零件具有互换性，必须保证零件的尺寸、表面粗糙度、几何形状及零件上有关要素的相互位置等技术要求的一致性。就尺寸而言，互换性要求尺寸的一致性，并不是要求零件都准确地制成一个指定的尺寸，而只是限定其在一个合理的范围内。对于相互配合的零件，这个范围，一是要求在使用和制造上是合理、经济的；二是要求保证相互配合的尺寸之间形成一定的配合关系，以满足不同的使用要求。前者要以"公差"的标准化——极限制来解决，后者要以"配合"的标准化来解决，由此产生了"极限与配合"制度。

1. 极限与配合的基本概念

（1）基本术语及定义。下面结合图 8-22 用图解的方式，介绍极限与配合相关的术语及定义。

① 尺寸：以特定单位表示线性尺寸的数值。它由数字和长度单位（如 mm）组成，包括直径、半径、长度、宽度、高度、厚度及中心距等。它不包括用角度单位表示的角度尺寸。

② 公称尺寸：由图样规范确定的理想形状要素的尺寸，一般直径公称尺寸以符号 D 表示，如图 8-22 中的 $\phi 80$。公称尺寸也可以是一个小数值。

③ 实际尺寸：通过测量获得的某一孔、轴的尺寸。孔、轴可以是圆柱形内、外表面，也可以是由两平行平面或切面形成的包容面、被包容面。如键槽和键的宽度方向两侧面，即分别为内表面——"孔"和外表面——"轴"。

④ 极限尺寸：允许零件实际尺寸变化的两个极限值。其中较大的一个称为上极限尺寸，如

图 8-22 中孔、轴的上极限尺寸分别为 80.065、79.970；较小的一个称为下极限尺寸，如图 8-22 中的孔、轴的下极限尺寸分别为 80.020、79.940。极限尺寸可以大于、小于或等于公称尺寸。

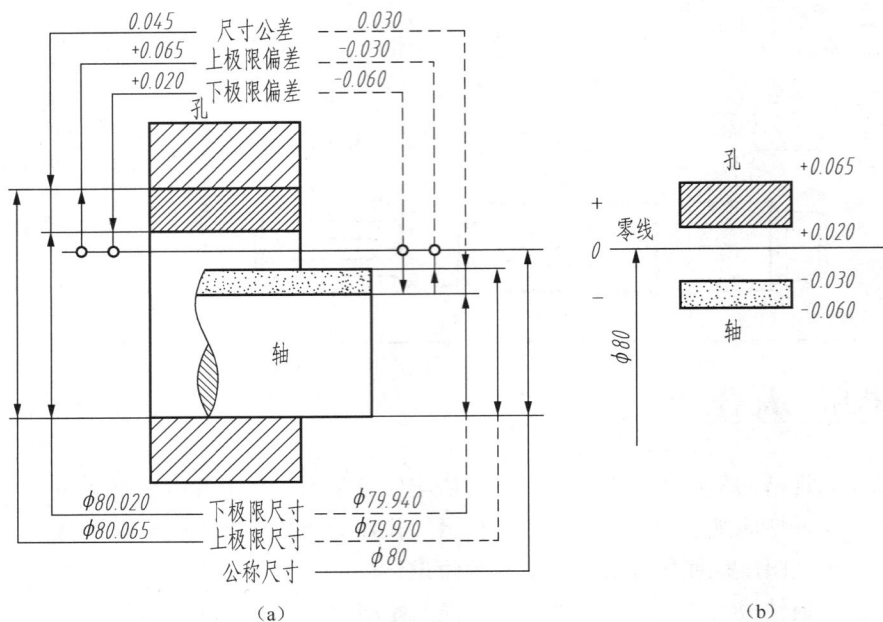

图 8-22　术语图解和公差带示意图

⑤ 偏差：某一尺寸减其公称尺寸所得的代数差。实际尺寸减其公称尺寸所得的代数差称为实际偏差。偏差可以是正值、负值或零。

⑥ 上极限偏差和下极限偏差。

$$上极限偏差=上极限尺寸-公称尺寸$$

$$下极限偏差=下极限尺寸-公称尺寸$$

孔的上、下极限偏差代号分别用大写字母 ES、EI 表示；轴的上、下极限偏差代号分别用小写字母 es、ei 表示。图 8-22 中孔、轴的极限偏差可分别计算如下：

孔的上极限偏差（ES）=80.065-80=+0.065，下极限偏差（EI）=80.020-80=+0.020

轴的上极限偏差（es）=79.970-80=-0.030，下极限偏差（ei）=79.940-80=-0.060

⑦ 极限偏差：上极限偏差和下极限偏差统称为极限偏差。极限偏差可查附表 21、附表 22。

⑧ 尺寸公差（简称公差）：上极限尺寸减下极限尺寸之差，或上极限偏差减下极限偏差之差。它是允许尺寸的变动量，恒为正值。图 8-22 中孔、轴的公差可分别计算如下：

孔公差=80.065-80.020=0.045，或孔公差=（+0.065）-（+0.020）=0.045

轴公差=79.970-79.940=0.030，或轴公差=（-0.030）-（-0.060）=0.030

由此可知，公差用于限制尺寸误差。公差越小，零件的精度越高，实际尺寸的允许变动量也越小，零件的加工难度越大；反之，公差越大，尺寸的精度越低。

⑨ 公差带图：在分析尺寸、偏差和公差时，将它们同时画出是不成比例的，为了形象地表示公称尺寸、偏差和公差的关系，只画出放大的孔和轴的公差带，这就是极限与配合的图解，简称公差带图解。所谓公差带就是在公差带图解中，由代表上极限偏差和下极限偏差，或上极限尺寸和下极限尺寸的两条直线所限定的一个区域。它是由公差大小和其相对零线的位置（基本偏差）

来确定的。图 8-22（b）就是图 8-22（a）的公差带图解。

⑩ 零线：在公差带图解中，表示公称尺寸的一条直线，是确定偏差和公差的基准。

⑪ 标准公差等级（IT）：国家标准规定的公差值，用于确定公差带的大小。

标准公差等级共分 20 级，从 IT01、IT0、IT1 至 IT18。从 IT01 至 IT18 等级依次降低，而相应的标准公差数值依次增大，即

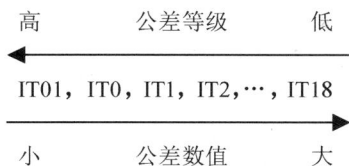

各级标准公差的数值，可查阅附表 18。从表中可以看出，同一公差等级（例如 IT7）对所有公称尺寸的一组公差值，是随着公称尺寸的增大而增大的，但它们都应视为具有同等精确程度。

⑫ 基本偏差：确定公差带相对零线位置的那个极限偏差称为基本偏差。它可以是上极限偏差，也可以是下极限偏差，一般为靠近零线的那个偏差，如图 8-23 所示。

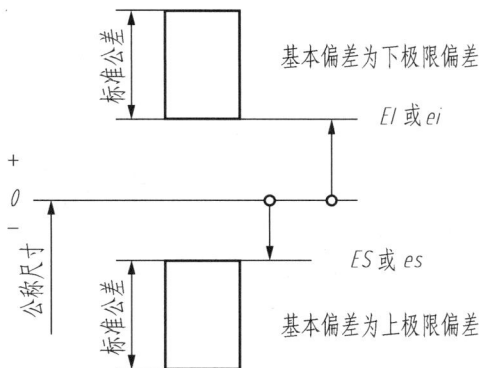

图 8-23　标准公差与基本偏差

国家标准规定了基本偏差代号，对孔用大写拉丁字母 A，B，C，…，ZC 表示；对轴用小写拉丁字母 a，b，c，…，zc 表示，孔和轴各有 28 个基本偏差，轴、孔的基本偏差数值见附表 19、附表 20。基本偏差系列如图 8-24 所示，图中只画出公差带图的一端，此端即为基本偏差。开口的一端表示公差带的延伸方向，而公差带的封闭位置取决于标准公差等级。

（a）轴的基本偏差。在轴的基本偏差中，a～h 为上极限偏差，j～zc 为下极限偏差。js 的公差带对称地分布于零线两侧，即 es=+IT/2，ei=−IT/2，在基本偏差表中写成 ±IT/2。

（b）孔的基本偏差。在孔的基本偏差中，从 A～H 为下极限偏差，从 J～ZC 为上极限偏差。JS 的公差带对称地分布于零线两侧，即 ES=+IT/2，EI=−IT/2，在基本偏差表中写成 ±IT/2。

⑬ 孔和轴的公差带代号：由基本偏差代号和公差等级代号组成，如图 8-25 所示。

公差带由"公差带大小"和"公差带位置"这两个要素组成。公差带大小由标准公差确定，公差带位置由基本偏差确定。

（a）孔

（b）轴

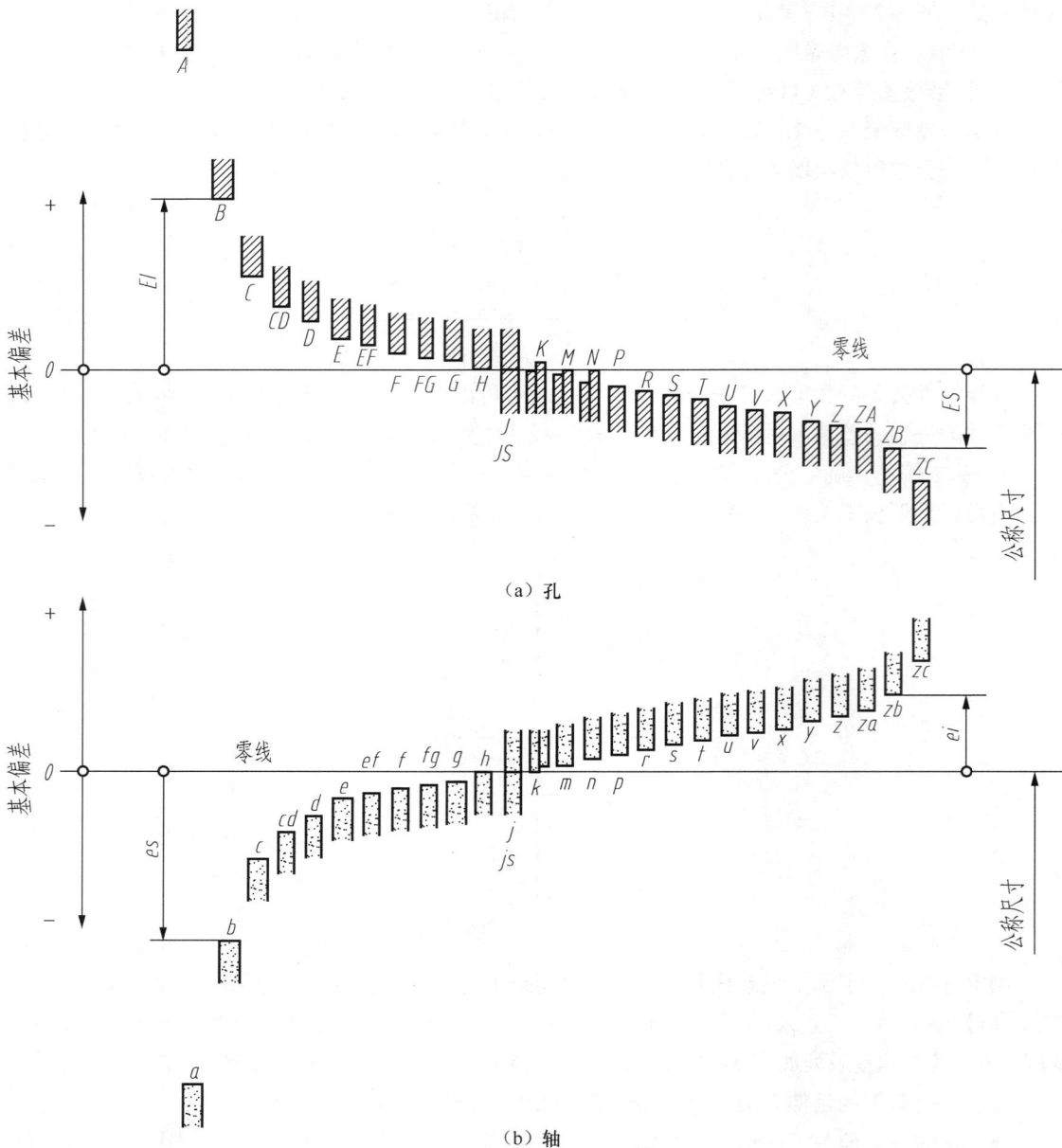

图 8-24　基本偏差系列

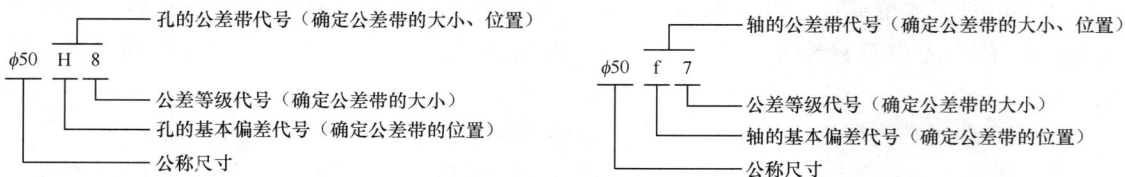

孔的公差带代号（确定公差带的大小、位置）

$\phi50$ H 8

公差等级代号（确定公差带的大小）

孔的基本偏差代号（确定公差带的位置）

公称尺寸

轴的公差带代号（确定公差带的大小、位置）

$\phi50$ f 7

公差等级代号（确定公差带的大小）

轴的基本偏差代号（确定公差带的位置）

公称尺寸

图 8-25　孔、轴公差带代号的写法

（2）配合。

① 配合的定义：公称尺寸相同的、相互结合的孔和轴公差带之间的关系，称为配合。由于

孔和轴的实际尺寸不同，装配后可能产生"间隙"或"过盈"。

② 间隙和过盈。

（a）间隙是指孔的尺寸减去相配合的轴的尺寸所得的差为正。图 8-26（a）所示为孔、轴之间配合出现间隙的示意图。间隙配合中的最大、最小间隙如图8-26（b）所示。图 8-26（c）所示为其公差带图解。

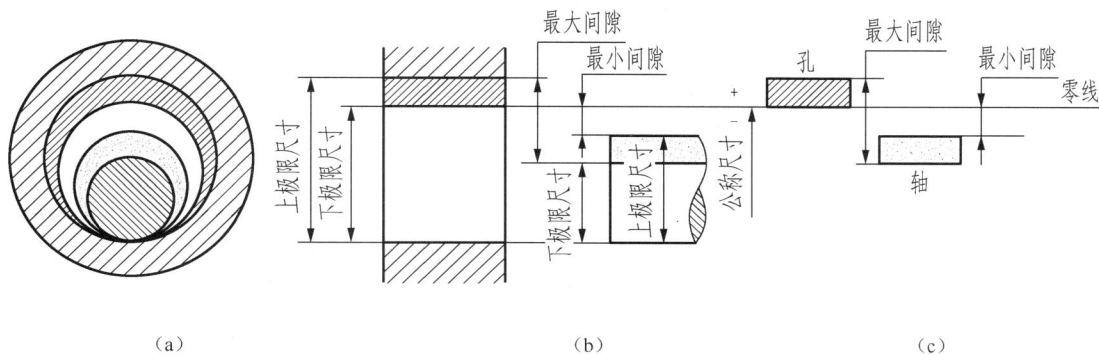

（a） （b） （c）

图 8-26 间隙配合

（b）过盈是指孔的尺寸减去相配合的轴的尺寸所得的差为负。图 8-27（a）所示为孔、轴配合出现过盈的示意图。过盈配合中的最大、最小过盈如图8-27（b）所示。图 8-27（c）所示为其公差带图解。

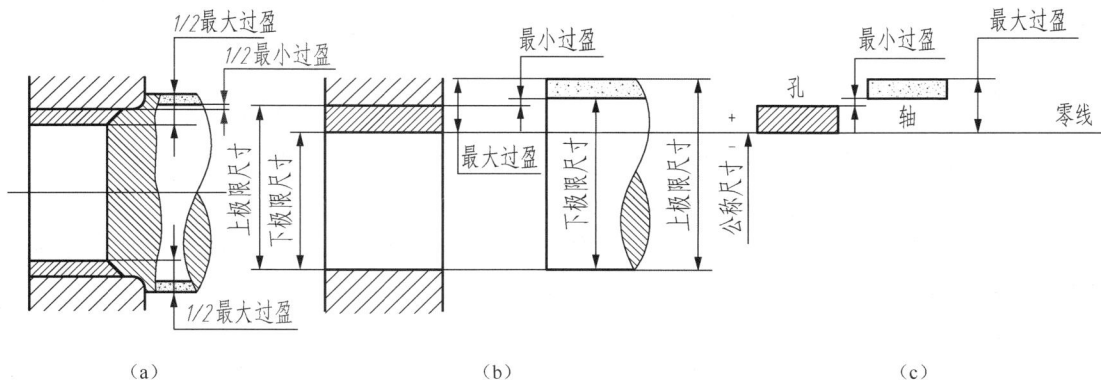

（a） （b） （c）

图 8-27 过盈配合

③ 配合的种类：根据孔、轴之间形成间隙或过盈的情况，可将配合分为 3 类。

（a）间隙配合：具有间隙的配合称为间隙配合，包括最小间隙等于零的情况。此时，孔的公差带在轴的公差带之上，如图 8-26（c）所示。间隙配合主要用于孔、轴间的活动连接。

（b）过盈配合：具有过盈的配合称为过盈配合，包括最小过盈等于零的情况。此时，孔的公差带在轴的公差带之下，如图 8-27（c）所示。过盈配合主要用于孔、轴间的紧固连接，它不允许两者有相对运动。

（c）过渡配合：可能具有间隙或过盈的配合称为过渡配合。此时，孔的公差带与轴的公差带相互交叠，如图 8-28 和图 8-29 所示。过渡配合主要用于孔、轴间的定位连接。

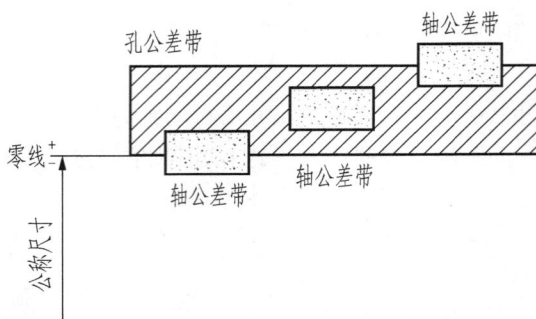

图 8-28　过渡配合

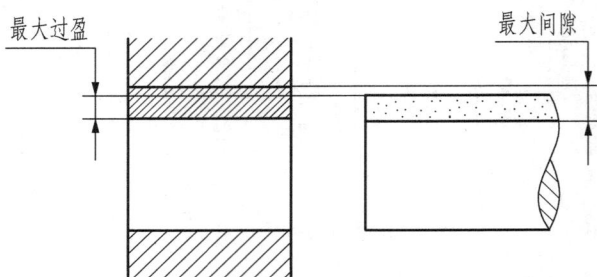

图 8-29　过渡配合的最大间隙和最大过盈

④ 配合代号的注写形式。相互配合的孔、轴的公称尺寸是相同的，在公称尺寸后，将孔、轴公差带用分数形式写出，如：$\phi52H7/f6$ 或 $\phi52\dfrac{H7}{f6}$，分子为孔公差带代号，分母为轴公差带代号。

2. 配合制度

配合制度（配合的基准制）就是将孔或轴的公差带固定，改变轴或孔的公差带的位置，来实现所需要的配合的制度。国家标准规定有基孔制和基轴制两种配合制度。

（1）基孔制配合。基本偏差为一定的孔的公差带，与不同基本偏差的轴的公差带形成各种配合的一种制度，称为基孔制配合，如图 8-30 所示。

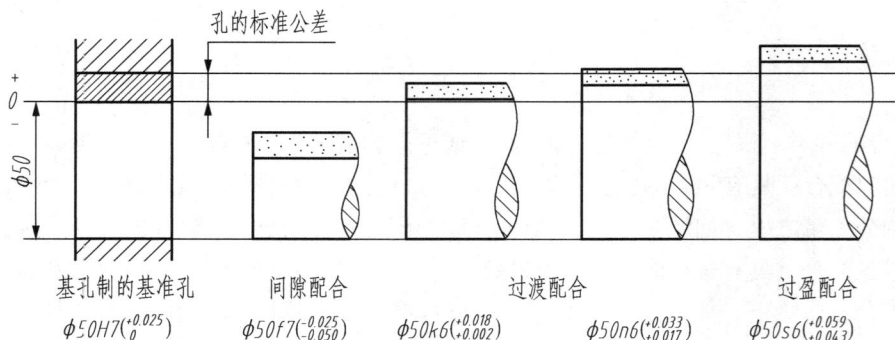

图 8-30　基孔制配合

在基孔制配合中选作基准的孔，称为基准孔。基准孔的下极限尺寸应与公称尺寸相等，即下极限偏差为零，也就是基准孔的基本偏差代号为 H。在基孔制配合中，轴的基本偏差 a～h 用于间

隙配合；j～zc 用于过渡配合和过盈配合。

例如，在基孔制配合中：$\phi50H7/f7$（间隙配合），$\phi50H7/k6$ 和 $\phi50H7/n6$（过渡配合），$\phi50H7/s6$（过盈配合），它们的配合示意图，即孔、轴公差带之间的关系，如图 8-30 所示。

（2）基轴制配合。基本偏差为一定的轴的公差带，与不同基本偏差的孔的公差带形成各种配合的一种制度，称为基轴制配合，如图 8-31 所示。在基轴制配合中选作基准的轴，称为基准轴。基准轴的上极限尺寸与公称尺寸相等，即上极限偏差为零，也就是基准轴的基本偏差代号为 h。在基轴制配合中，孔的基本偏差 A～H 用于间隙配合；J～ZC 用于过渡配合和过盈配合。

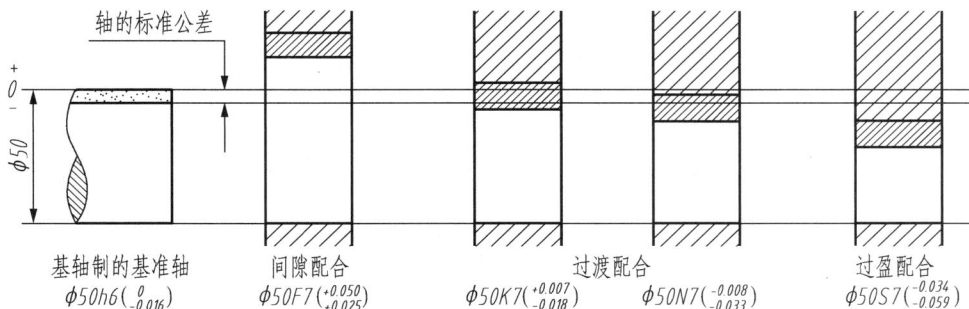

图 8-31 基轴制配合

例如，在基轴制配合中：$\phi50F7/h6$（间隙配合），$\phi50K7/h6$ 和 $\phi50N7/h6$（过渡配合），$\phi50S7/h6$（过盈配合），它们的配合示意图，即孔、轴公差带之间的关系，如图 8-31 所示。

表 8-5 所示为基孔制优先、常用配合系列，分子中均含有基本偏差代号 H。表 8-6 为基轴制优先、常用配合系列，分母中均含有基本偏差代号 h。而对分子中含有 H，同时分母中又含有 h 的配合，如 H8/h7、H9/h9 等，一般视为基孔制配合，也可视为基轴制配合，这是最小间隙为零的一种间隙配合。

（3）基孔制配合优先。我们在看图时，会看到较多的基孔制配合。这是因为国家标准明确规定，在一般情况下，优先选用基孔制配合。因为从工艺角度看，加工中等尺寸的孔，通常要用价格昂贵的扩孔钻、铰刀、拉刀等定值（不可调）刀具，而加工轴，则用一把车刀或一片砂轮就可以加工出不同的尺寸。因此，采用基孔制可以减少定值刀具、量具的品种和数量，降低生产成本，提高加工的经济性。

但在有些情况下，选用基轴制配合更好些。如图 8-32 所示，在活塞销连接中，活塞销与活塞的两个座孔是过渡配合，与连杆孔是间隙配合，此时，若采用基孔制，则活塞销座孔和连杆孔公差带相同，活塞销必须加工成两端大、中间小的阶梯状，来实现两种配合，不仅增加了加工量，同时，装配时会拉伤连杆孔。若采用基轴制，活塞销按一种公差带加工成光轴，而活塞销座孔和连杆孔按不同公差带加工，从而获得不同的配合，不仅加工成本低，而且便于装配，显然比较经济合理。

对于标准件，是以标准件的孔或轴为基准的，例如滚动轴承外圈外径与箱体轴承座孔处的配合应视为基轴制，而滚动轴承的内圈内径与轴的配合则视为基孔制。键和键槽的配合也是基轴制。

此外，某些特殊情况也可由任一孔、轴公差带组成配合，如 M7/g6，称为混合制配合。

表 8-5　基孔制优先、常用配合

基准孔	a	b	c	d	e	f	g	h	js	k	m	n	p	r	s	t	u	v	x	y	z
			间 隙 配 合						过 渡 配 合				过 盈 配 合								
H6							$\frac{H6}{g5}$	$\frac{H6}{h5}$	$\frac{H6}{js5}$	$\frac{H6}{k5}$	$\frac{H6}{m5}$	$\frac{H6}{n5}$	$\frac{H6}{p5}$	$\frac{H6}{r5}$	$\frac{H6}{s5}$	$\frac{H6}{t5}$					
H7						$\frac{H7}{f6}$	$\frac{H7}{g6}$	$\frac{H7}{h6}$	$\frac{H7}{js6}$	$\frac{H7}{k6}$	$\frac{H7}{m6}$	$\frac{H7}{n6}$	$\frac{H7}{p6}$	$\frac{H7}{r6}$	$\frac{H7}{s6}$	$\frac{H7}{t6}$	$\frac{H7}{u6}$	$\frac{H7}{v6}$	$\frac{H7}{x6}$	$\frac{H7}{y6}$	$\frac{H7}{z6}$
H8					$\frac{H8}{e7}$	$\frac{H8}{f7}$	$\frac{H8}{g7}$	$\frac{H8}{h7}$	$\frac{H8}{js7}$	$\frac{H8}{k7}$	$\frac{H8}{m7}$	$\frac{H8}{n7}$	$\frac{H8}{p7}$	$\frac{H8}{r7}$	$\frac{H8}{s7}$	$\frac{H8}{t7}$	$\frac{H8}{u7}$				
H8				$\frac{H8}{d8}$	$\frac{H8}{e8}$	$\frac{H8}{f8}$		$\frac{H8}{h8}$													
H9			$\frac{H9}{c9}$	$\frac{H9}{d9}$	$\frac{H9}{e9}$	$\frac{H9}{f9}$		$\frac{H9}{h9}$													
H10			$\frac{H10}{c10}$	$\frac{H10}{d10}$				$\frac{H10}{h10}$													
H11	$\frac{H11}{a11}$	$\frac{H11}{b11}$	$\frac{H11}{c11}$	$\frac{H11}{d11}$				$\frac{H11}{h11}$													
H12		$\frac{H12}{b12}$						$\frac{H12}{h12}$													

注：1. $\frac{H6}{n5}$、$\frac{H7}{p6}$ 在公称尺寸小于或等于 3mm 和 $\frac{H8}{r7}$ 在小于或等于 100mm 时，为过渡配合。

　　2. 标注▶的配合为优先配合。

表 8-6

基轴制优先、常用配合

基准轴	孔																				
	A	B	C	D	E	F	G	H	JS	K	M	N	P	R	S	T	U	V	X	Y	Z
	间 隙 配 合								过 渡 配 合				过 盈 配 合								
h5						$\dfrac{F6}{h5}$	$\dfrac{G6}{h5}$	$\dfrac{H6}{h5}$	$\dfrac{JS6}{h5}$	$\dfrac{K6}{h5}$	$\dfrac{M6}{h5}$	$\dfrac{N6}{h5}$	$\dfrac{P6}{h5}$	$\dfrac{R6}{h5}$	$\dfrac{S6}{h5}$	$\dfrac{T6}{h5}$					
h6						$\dfrac{F7}{h6}$	$\dfrac{G7}{h6}$	$\dfrac{H7}{h6}$	$\dfrac{JS7}{h6}$	$\dfrac{K7}{h6}$	$\dfrac{M7}{h6}$	$\dfrac{N7}{h6}$	$\dfrac{P7}{h6}$	$\dfrac{R7}{h6}$	$\dfrac{S7}{h6}$	$\dfrac{T7}{h6}$	$\dfrac{U7}{h6}$				
h7					$\dfrac{E8}{h7}$	$\dfrac{F8}{h7}$		$\dfrac{H8}{h7}$	$\dfrac{JS8}{h7}$	$\dfrac{K8}{h7}$	$\dfrac{M8}{h7}$	$\dfrac{N8}{h7}$									
h8				$\dfrac{D8}{h8}$	$\dfrac{E8}{h8}$	$\dfrac{F8}{h8}$		$\dfrac{H8}{h8}$													
h9				$\dfrac{D9}{h9}$	$\dfrac{E9}{h9}$	$\dfrac{F9}{h9}$		$\dfrac{H9}{h9}$													
h10				$\dfrac{D10}{h10}$				$\dfrac{H10}{h10}$													
h11	$\dfrac{A11}{h11}$	$\dfrac{B11}{h11}$	$\dfrac{C11}{h11}$	$\dfrac{D11}{h11}$				$\dfrac{H11}{h11}$													
h12		$\dfrac{B12}{h12}$						$\dfrac{H12}{h12}$													

注：标注 ▶ 的配合为优先配合。

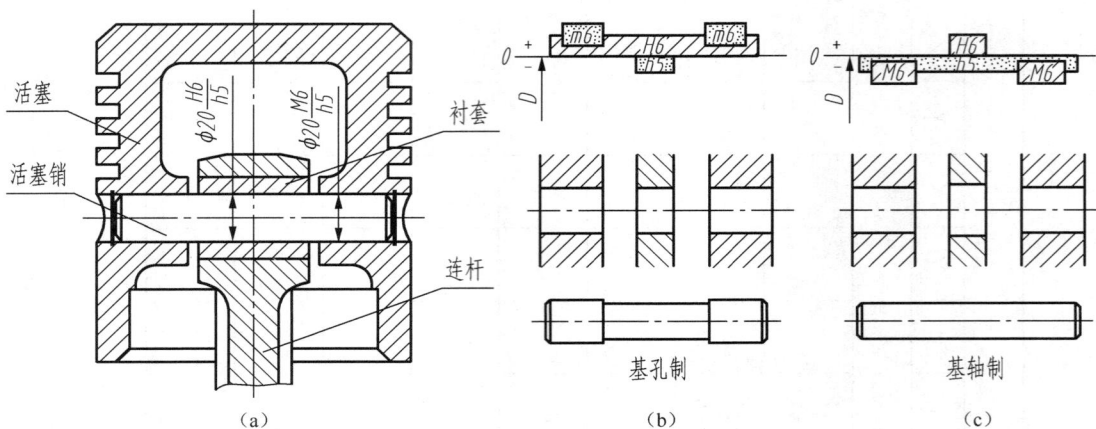

图 8-32　使用基轴制的例子

3. 极限与配合在图样上的标注

（1）在零件图上的标注。用于大批量生产的零件图，一般只注公差带代号，如图 8-33（a）所示。用于少量或单件生产的零件图，一般只注出极限偏差，如图 8-33（b）所示。当生产批量不确定时，可以同时注出公差带代号和对应的偏差值，如图 8-33（c）所示。当上、下极限偏差数值相同时，其数值只标注一次，在数值前注出符号"±"，如图 8-33（d）所示。

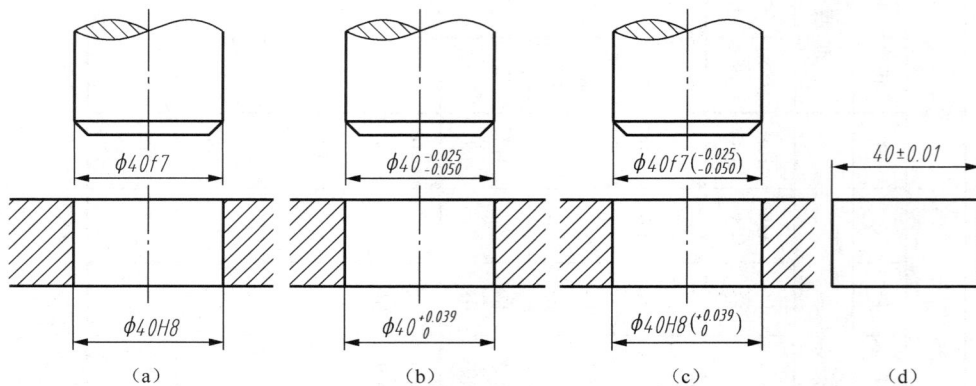

极限与配合标注
及案例

图 8-33　公差带代号、极限偏差在零件图上的标注形式

图中未注公差的尺寸应按国家标准 GB/T 1804—2000《一般公差　未注公差的线性和角度尺寸的公差》规定，采用一般公差，有精密 f、中等 m、粗糙 c、最粗 v 这 4 个等级。具体应用，取决于具体的行业需求和加工生产企业的加工水平。

（2）在装配图上的标注。

① 在装配图上标注配合代号的形式有 3 种，如图 8-34 所示。在装配图上标注配合零件的极限偏差的形式也有 3 种，如图 8-35 所示。

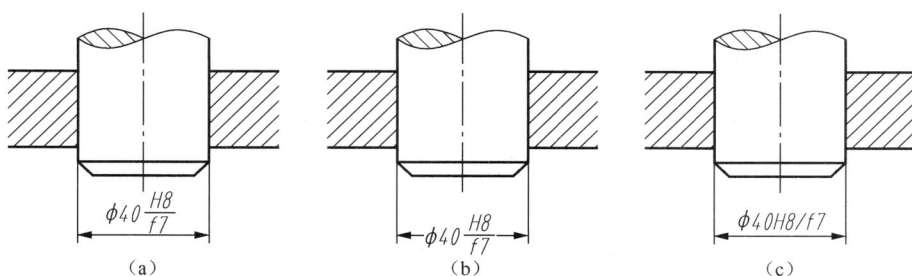

图 8-34　在装配图上标注配合代号的 3 种形式

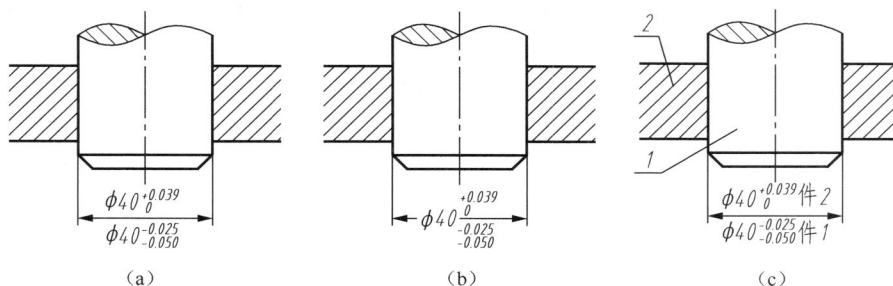

图 8-35　在装配图上标注配合零件的极限偏差的 3 种形式

② 非圆柱形的内（孔）表面与非圆柱形的外表面（轴）的配合的标注，如图 8-36 所示。

③ 标注零件与标准件（如轴承）的配合时，仅标注零件的公差带代号，如图 8-37 所示。

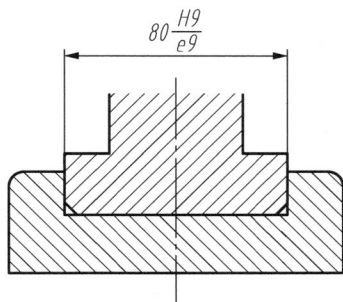

图 8-36　非圆柱形的内、外表面的配合标注

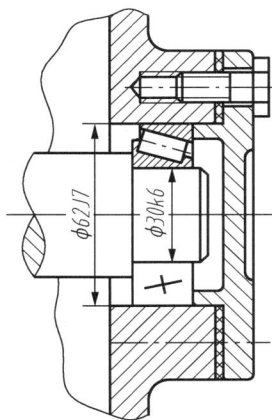

图 8-37　滚动轴承与孔、轴的配合代号的标注

三、几何公差

1. 几何公差的基本概念

（1）概述。在生产实践中，经过加工的零件，不但会产生尺寸误差，而且会产生形状、位置、方向和跳动等误差。例如，图 8-38（a）所示为一理想形状的销轴，而加工后的实际形状则如图 8-38（b）所示，轴线弯了，这是产生了直线度误差，属于形状误差。又如，图 8-39（a）所示

为一要求严格的平板，加工后的实际位置如图 8-39（b）所示，上表面倾斜了，这是产生了平行度误差，属于方向误差。

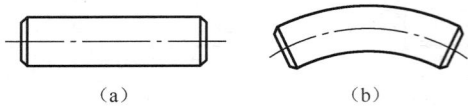

图 8-38　直线度误差

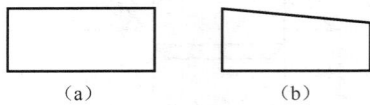

图 8-39　平行度误差

由于零件存在严重的形状、位置、方向和跳动误差，将造成装配困难，影响机器的质量，因此，对于精度要求较高的零件，设计者除给出尺寸公差外，还会根据设计要求，给出形状、位置、方向和跳动等误差的最大允许值，如图 8-40 中的 $\phi0.08$（即销轴轴线必须位于直径为公差值 $\phi0.08$ 的圆柱面内）、图 8-41 中的 0.01（即上表面必须位于距离为公差值 0.01 且平行于基准表面 A 的两平行平面之间）。只有这样，才能将其误差控制在一个合理的范围之内。为此，国家标准又规定了一项保证零件加工质量的技术指标——几何公差（包括形状公差、位置公差、方向公差、跳动公差），其研究对象是几何要素。

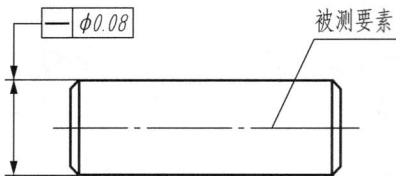

图 8-40　直线度公差

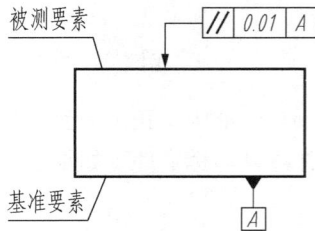

图 8-41　平行度公差

（2）基本术语及定义。

① 几何要素。构成零件几何特征的点、线或面，称为几何要素。这些要素是实际存在的，也可以是由实际要素取得的轴线或中心平面。

② 公称（理想）要素。设计时，图样上给出的要素的形状和位置关系等是没有几何误差的理想要素，称为公称（理想）要素。

③ 实际要素。零件上实际存在的要素。由于加工误差的存在，零件上要素的形状、位置、方向关系等产生了误差。

④ 被测要素。在图样上给出几何公差要求的要素，如图 8-40、图 8-41 所示。

⑤ 基准要素。用来确定被测要素方向或位置的要素，如图 8-41 中的 A。

⑥ 组成要素。构成零件外轮廓，能被人直接感觉到的要素，如图 8-41 中的被测要素平面。

⑦ 导出要素。导出要素是指零件上的轴线、球心、两平行平面的中心面等，是不可见的，但却随着相应的组成要素的存在而客观存在，如图 8-40 中的被测要素轴线。

⑧ 单一要素。仅对被测要素本身给出形状公差要求的要素，称为单一要素。如图 8-40 中的被测要素轴线此时就是单一要素。

⑨ 关联要素。与零件上其他要素有功能关系的要素称为关联要素。如图 8-41 中的被测要素与基准要素就是关联要素。

⑩ 形状公差。单一实际要素的形状所允许的变动全量。

⑪ 位置公差。关联实际要素的位置对基准所允许的变动全量。

⑫ 几何公差带。根据被测要素的特征和结构尺寸，限制被测要素变动的区域。

2. 公差特征项目的规定符号

几何公差的分类、几何特征及特征符号如表 8-7 所示。

表 8-7　　　　　　　　　　几何公差的分类、几何特征及特征符号

公差类型	几何特征	符号	有无基准	公差类型	几何特征	符号	有无基准
形状公差	直线度	—	无	位置公差	位置度	⊕	有或无
	平面度	▱	无		同心度 （用于中心点）	◎	有
	圆度	○	无		同轴度 （用于轴线）	◎	有
	圆柱度	⌭	无		对称度	═	有
	线轮廓度	⌒	无		线轮廓度	⌒	有
	面轮廓度	⌓	无		面轮廓度	⌓	有
方向公差	平行度	//	有	跳动公差	圆跳动	↗	有
	垂直度	⊥	有		全跳动	⌰	有
	倾斜度	∠	有				
	线轮廓度	⌒	有				
	面轮廓度	⌓	有				

3. 几何公差的标注

（1）公差框格。

① 几何公差要求在图样中用矩形公差框格给出，该框格由两格或多格组成，框格中的内容从左到右按几何特征符号、公差值、基准要素的次序填写，如图 8-42 所示。

② 当一个以上要素作为被测要素时，如 6 个要素，应在框格上方标明，如 "4×""6 槽" 等，如图 8-43 所示。

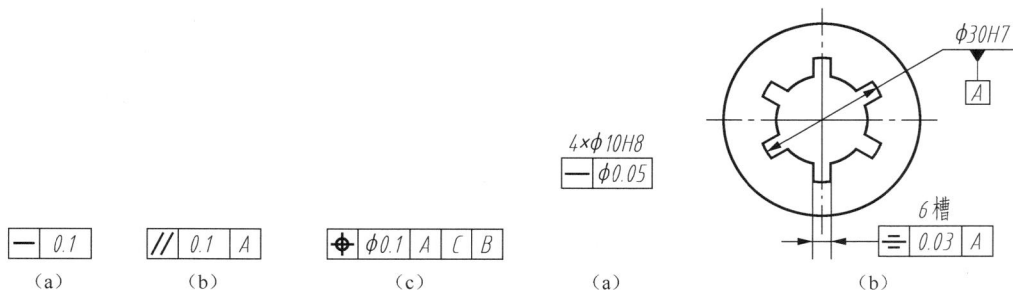

图 8-42　公差框格

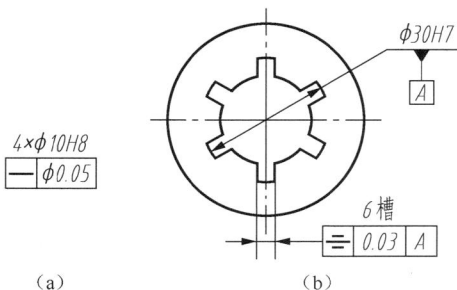

图 8-43　多个被测要素的简化标注

③ 如对同一要素有一个以上的几何特征的公差要求时，为方便起见，可将一个框格放在另

一个框格的下面，如图 8-44 所示。

（2）基准符号。对于要求方向、位置和跳动的几何公差，在图样上必须用基准符号表示被测要素与基准要素之间的关系，如图 8-43（b）中对称度要求的标注。基准符号有两种形式，如图 8-45 所示。

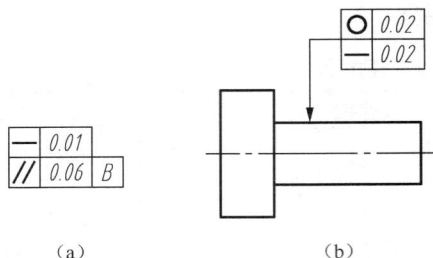

图 8-44　一个被测要素有多个几何公差要求的标注

图 8-45　基准符号的形式

（3）被测要素。用带箭头的指引线将公差框格与被测要素相连，按以下方式标注。

① 当被测要素是线或表面时，如图 8-46（a）、（b）所示，箭头指在该要素的轮廓线或轮廓线的延长线上，并与尺寸线明显地错开。

② 当被测要素是局部表面时，箭头指向引出线的水平线，引出线引自被测面，末端有圆点，该圆点处于实际表面上，如图 8-46（c）所示。

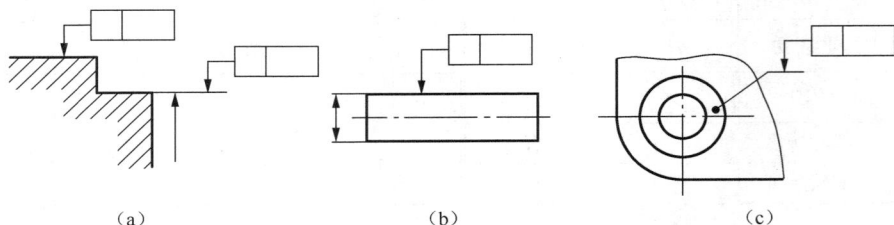

图 8-46　被测要素是轮廓线或轮廓面的标注

③ 当被测要素是轴线、中心平面或球心时，公差框格指引线的箭头与尺寸线对齐，如图 8-47 所示。

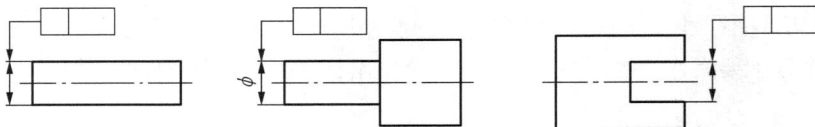

图 8-47　被测要素是轴线、中心平面的标注

④ 当几个被测要素有相同的几何特征和数值要求时，标注如图 8-48 所示。

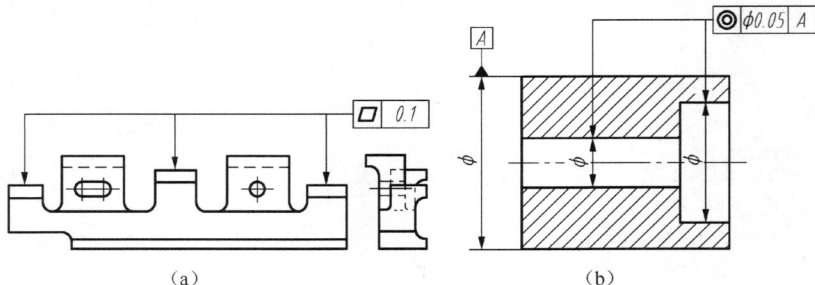

图 8-48　多个被测面具有同一几何特征和数值要求的标注

⑤ 当几个分离的被测要素有单一公差带时，在公差框格内公差值后面加注公共公差带符号CZ，如图 8-49 所示。

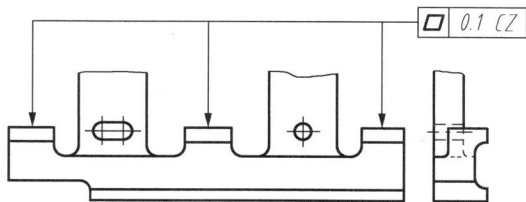

图 8-49　几个分离的被测要素有单一公差带的标注

⑥ 如果给出的公差仅适用于要素的某一指定局部，应采用粗点画线示出该局部的范围，并加注尺寸，如图 8-50 所示。

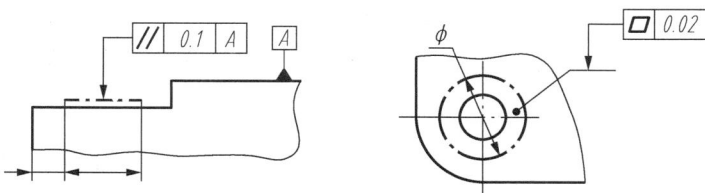

图 8-50　对要素的局部给出公差要求的标注

（4）基准要素。带基准字母的基准三角形应按如下规定放置。

① 当基准要素是轮廓线或轮廓面时，基准三角形放置在要素的轮廓线上或其延长线上，与尺寸线明显地错开，如图 8-51（a）所示。基准三角形也可放置在轮廓面引出线的水平线上，用圆点指在实际表面上，如图 8-51（b）所示。

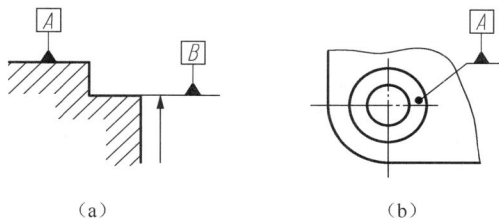

（a）　　　　　　（b）

图 8-51　基准要素是轮廓线或轮廓面的标注

② 当基准是尺寸要素确定的轴线、中心平面或中心点时，则基准三角形应放置在该尺寸线的延长线上，如图 8-52 所示。如没有足够的位置标注基准要素尺寸的两个尺寸箭头，则其中一个箭头可用基准三角形代替，如图 8-52（b）所示。

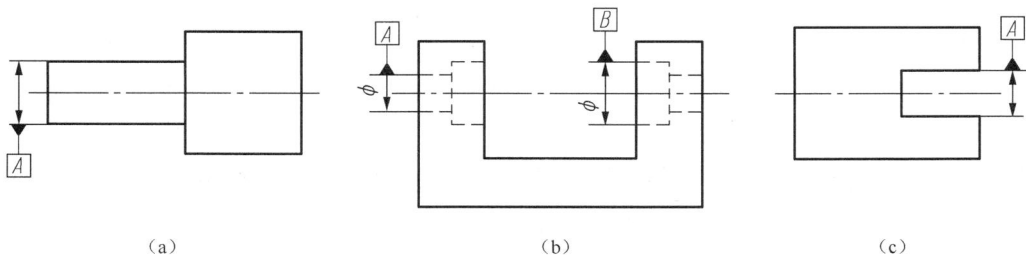

（a）　　　　　　　　　（b）　　　　　　　　　（c）

图 8-52　基准要素是轴线、中心平面时的标注

③ 如果只以要素的某一局部作基准，则应用粗点画线示出该部分并加注尺寸，基准三角形放置在粗点画线上，如图 8-53 所示。

④ 以单个要素作为基准时，用一个大写字母表示，如图 8-54（a）所示。以两个要素建立公

共基准时，用中间加连字符的两个大写字母表示，如图 8-54（b）所示。以两个或三个要素建立基准体系（即采用多基准）时，表示基准的大写字母按基准的优先顺序自左至右填写在各框格内，如图 8-54（c）所示。

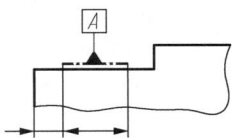

图 8-53　以要素的某一局部作基准的标注

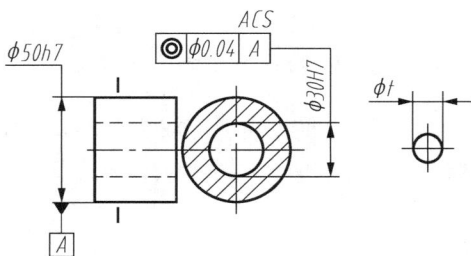

图 8-54　基准代号的表示

（5）公差数值及有关符号的标注。

① 公差数值一般为线性值，如公差带是圆形或圆柱形的，则在公差值前加注"ϕ"，如图 8-48（b）所示；如公差带是圆球形，则加注"$S\phi$"，如图 8-55（a）所示。

② 当要求被测要素任一长度或范围的公差值时，标注如图 8-55（b）、（c）所示。

③ 当不仅要求被测要素任一长度或范围的公差值，还要求被测要素全长或整个范围的公差值时，标注如图 8-55（d）、（e）所示。

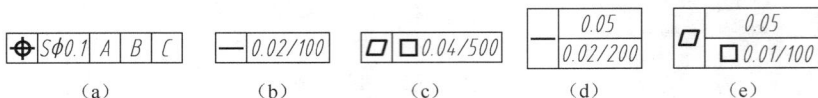

图 8-55　几何公差数值及有关符号

（6）同心度与同轴度的区别。

① 同心度与同轴度标注的区别。同心度的标注如图 8-56 所示。同心度框格上方所注"ACS"意即同心度，用以区别同轴度。同轴度的标注如图 8-57 所示。

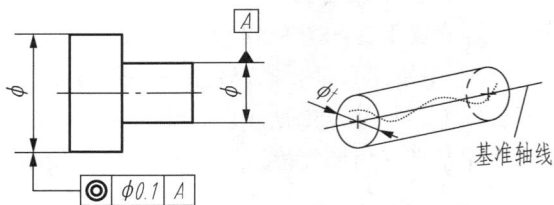

图 8-56　同心度的标注与公差带

图 8-57　同轴度的标注与公差带

② 同心度与同轴度公差带的区别。同心度公差带是直径为公差值 ϕt 的圆周所限定的区域，该圆周的圆心与基准点重合，如图 8-56 所示。

同轴度公差带是直径等于公差值 ϕt 的圆柱面所限定的区域，该圆柱面的轴线与基准轴线重合，如图 8-57 所示。

4. 几何公差带的定义及标注示例

表 8-8 列出了不同几何特征的几何公差带及其定义，标注和解释仅说明与规定有关的内容。此表只列出了一部分定义，没有列出的定义请查阅国家标准。

表 8-8　　几何公差带定义、标注和解释

分类	几何特征	公差带定义	标注和解释
形状公差	直线度 —	由于在公差值前加注了符号ϕ，公差带是直径等于公差值ϕt 的圆柱面所限定的区域 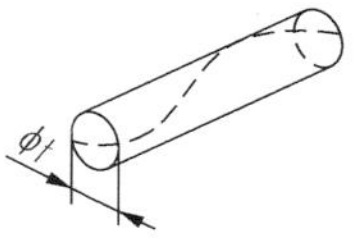 	外圆柱面的提取（实际）中心线应限定在直径等于ϕ0.08 的圆柱面内 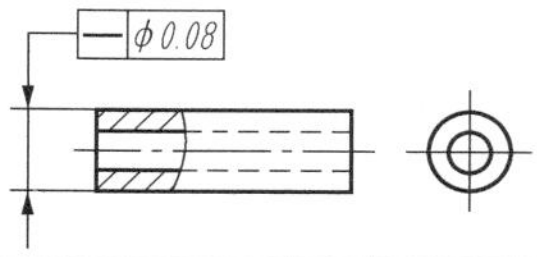
	平面度 ▱	公差带为距离为公差值 t 的两平行平面所限定的区域 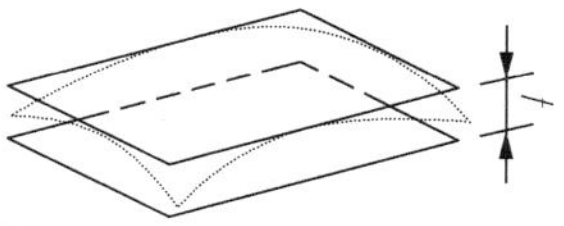 	提取（实际）表面应限制在间距等于 0.08 的两平行平面之间 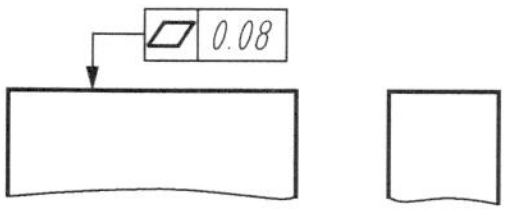
	圆度 ○	公差带为在给定横截面内，半径差等于公差值 t 的两同心圆所限定的区域 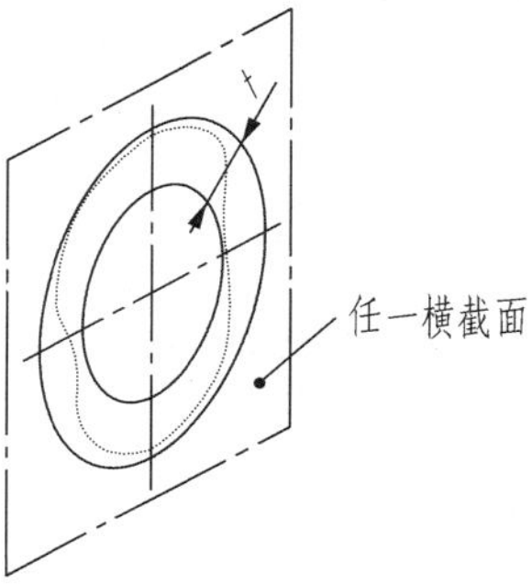 	在圆柱面的任意横截面内，提取（实际）圆周应限定在半径差等于公差值 0.03 的两个同心圆之间 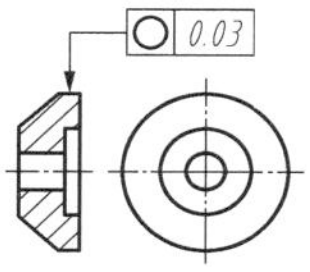 在圆锥面的任意横截面内，提取（实际）圆周应限定在半径差等于 0.1 的两同心圆之间 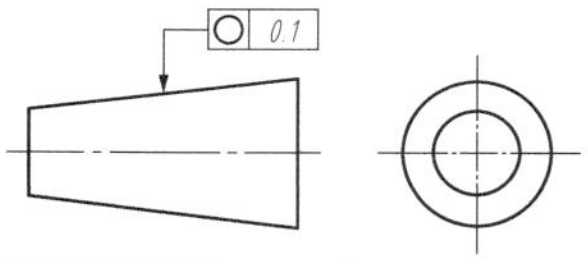
	圆柱度 ⌭	公差带为半径差等于公差值 t 的两同轴圆柱面所限定的区域 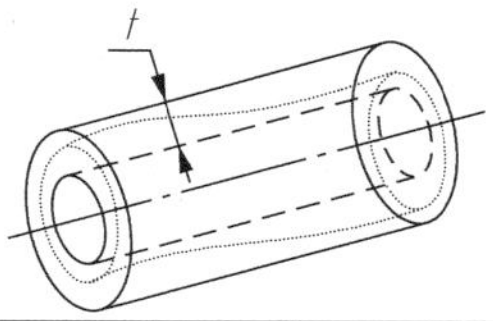 	提取（实际）圆柱面应限定在半径差等于 0.1 的两同轴圆柱面之间 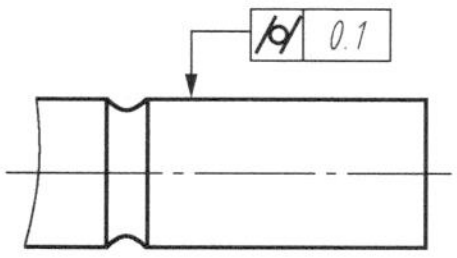
	线轮廓度 ⌒	公差带为直径等于公差值ϕt、圆心位于具有理论正确几何形状上的一系列圆的两包络线所限定的区域 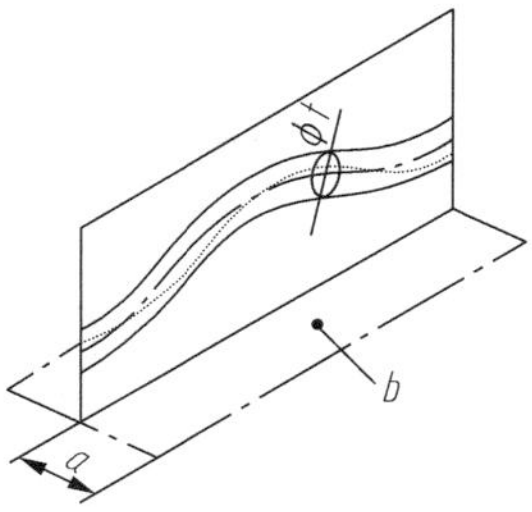 a 任一距离 b 垂直于右图视图所在平面	在任一平行于图示投影面的截面内，提取（实际）轮廓线应限定在直径等于 0.04、圆心位于被测要素理论正确几何形状上的一系列圆的两包络线之间 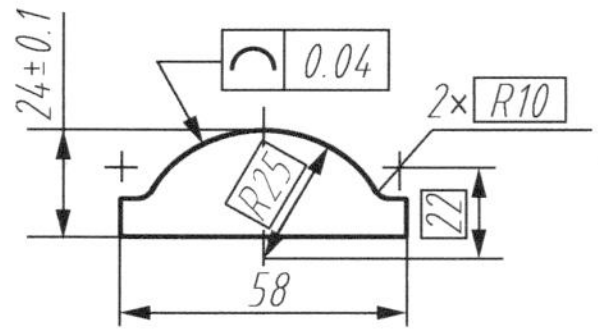

续表

分类	几何特征	公差带定义	标注和解释
方向公差	平行度 //	公差带为间距等于公差值 t、平行于基准平面的两平行平面限定的区域 基准平面	提取（实际）表面应限定在间距等于 0.01、平行于基准 D 的两平行平面之间
	垂直度 ⊥	如果公差值前加注符号 ϕ，则公差带为直径等于公差值 ϕt、轴线垂直于基准面的圆柱面所限定的区域 基准平面	圆柱面的提取（实际）中心线应限定在等于公差值 $\phi 0.01$、垂直于基准平面 A 的圆柱面内
	倾斜度 ∠	公差带为间距等于公差值 t 的两平行平面所限定的区域。该两平行平面按给定角度 α 倾斜于基准平面 基准平面	提取（实际）表面应限定在间距等于 0.08 的两平行平面之间。该两平行平面按理论正确角度 40° 倾斜于基准平面 A
位置公差	位置度 ⊕	公差值前加注符号 ϕ，公差带为直径等于公差值 ϕt 的圆柱面所限定的区域。该圆柱面的轴线的位置由基准平面 C、A、B 和理论正确尺寸确定 a 基准平面 A b 基准平面 B c 基准平面 C	提取（实际）中心线应限定在直径等于 $\phi 0.08$ 的圆柱面内。该圆柱面的轴线的位置应处于由基准平面 C、A、B 和理论正确尺寸 100、68 确定的理论正确位置上

续表

分类	几何 特征	公差带定义	标注和解释
位置 公差	同心度 ◎	公差值前标注符号ϕ，公差带为直径等于公差值ϕt的圆周所限定的区域。该圆周的圆心与基准点重合	在任意横截面内，内圆的提取（实际）中心点限定在直径等于$\phi 0.1$，以基准点A为圆心的圆周内
	同轴度 ◎	公差值前标注符号ϕ，公差带为直径等于公差值ϕt的圆柱面所限定的区域。该圆柱面的轴线与基准轴线重合	大圆柱面的提取（实际）中心线应限定在直径等于$\phi 0.1$、以基准轴线A为轴线的圆柱面内
	对称度 =	公差带为间距等于公差值t，对称于基准中心平面的两平行平面所限定的区域	提取（实际）中心面应限定在间距等于0.08、对称于基准中心平面A的两平行平面之间
	面轮廓度 ⌒	公差带为直径等于公差值t、球心位于由基准平面确定的被测要素理论正确几何形状上的一系列圆球的两包络面所限定的区域	提取（实际）轮廓面应限定在直径等于0.1、球心位于由基准平面A确定的被测要素理论正确几何形状上的一系列圆球的两等距包络面之间
跳动 公差	径向 圆跳动 ↗	公差带为在任一垂直于基准轴线的横截面内、半径差等于公差值t、圆心在基准轴线上的两同心圆所限定的区域	在任一垂直于基准A的横截面内，提取（实际）圆应限定在半径差等于0.1，圆心在基准轴线A上的两同心圆之间

续表

分类	几何特征	公差带定义	标注和解释
跳动公差	轴向圆跳动 ↗	公差带为与基准轴线同轴的任一半径的圆柱截面上，间距等于公差值 t 的两圆所限定的圆柱面区域	在与基准轴线 A 同轴的任一圆柱形截面上，提取（实际）圆应限定在轴向距离等于 0.1 的两个等圆之间
	径向全跳动 ↗↗	公差带为半径差等于公差值 t，与基准轴线同轴的两圆柱面所限定的区域	提取（实际）表面应限定在半径差等于 0.1，与公共基准轴线 A-B 同轴的两圆柱面之间
	轴向全跳动 ↗↗	公差带为间距等于公差值 t，垂直于基准轴线的两平行平面所限定的区域	提取（实际）表面应限定在间距等于 0.1、垂直于基准轴线 A 的两平行平面之间

任务五　识读零件图

任务引出

识读零件图是本门课程的学习目标之一，因此，我们必须掌握识读零件图的方法与步骤。

任务描述

本任务详细介绍识读零件图的方法与步骤，以及典型零件图的识读。

相关知识

一、读图要求

（1）了解零件的名称、用途、材料等。

（2）了解构成零件各部分结构的形状、特点和功用及它们之间的相对位置。

（3）了解零件的大小、制造方法和技术要求。

二、读图的方法与步骤

下面以图 8-58 为例加以说明。

1. 看标题栏——概括了解零件

看标题栏可以了解零件的名称、材料、绘图比例、重量等，即：该零件的名称是壳体，材料是铸造铝合金（常用的金属、非金属材料参见附表 25、附表 26），画图比例为 1：2。另外，从相关的技术资料（如装配图等）或其他途径了解零件的主要作用以及与其他零件的连接关系等。

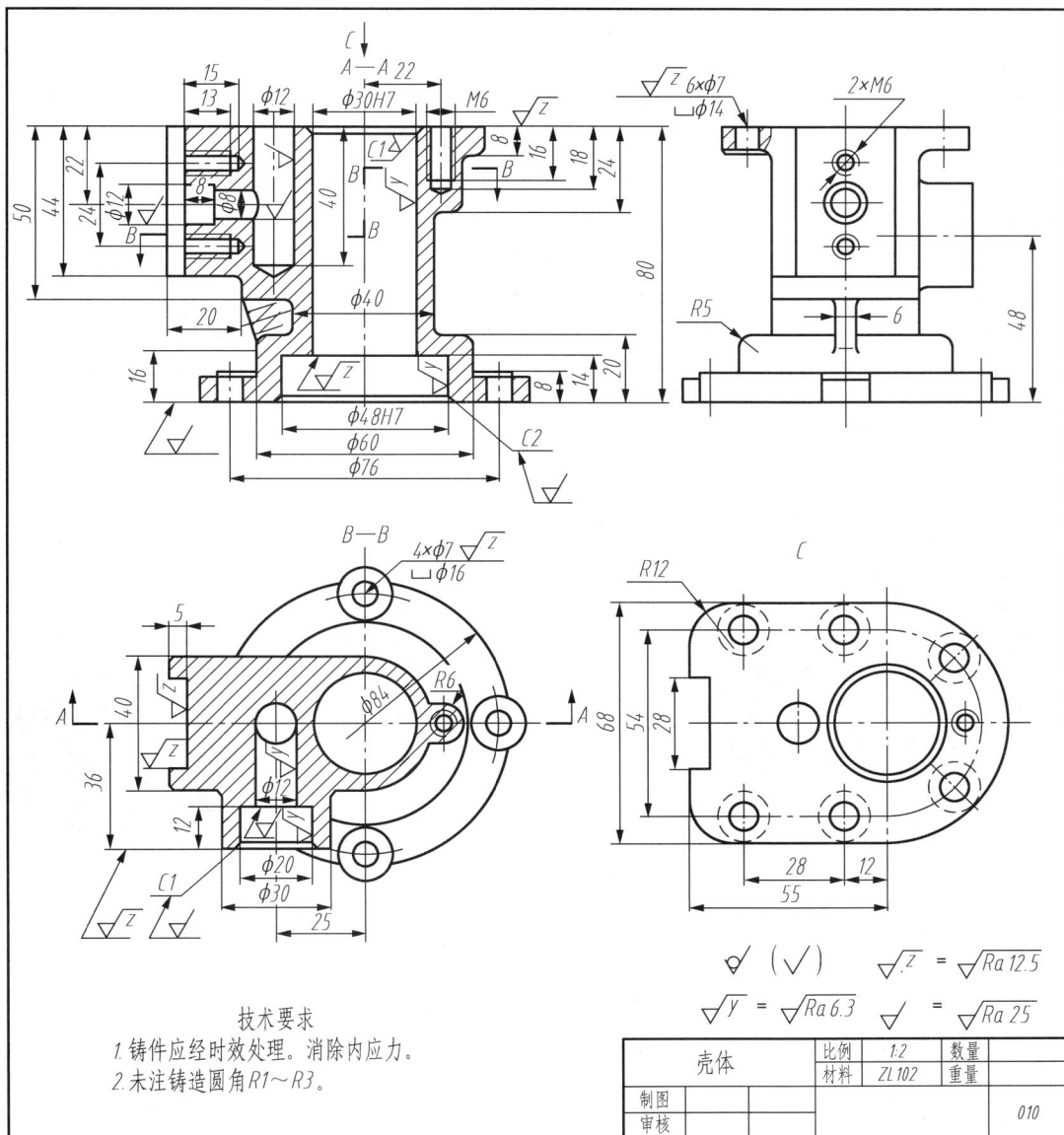

图 8-58 壳体零件图

2. 看视图——认识零件结构

（1）确定视图数量及视图名称。图 8-58 所示壳体的视图共有 4 个图形。首先找出主视图即 *A—A* 剖视图，根据投影关系可知 *B—B* 为俯视图，右上角图形为左视图，图形 *C* 为俯视方向的局部视图。

（2）分析视图，想象零件的结构形状。主视图是全剖视图，根据剖切符号 *A—A*，从俯视图可知主视图是用单一剖切平面（正平面）剖切获得的，从主视图中可以看清零件内部的主体结构及其形状。

俯视图也是全剖视图，剖切平面是两个互相平行的水平面。通过俯视图中的断面能够看出被剖切部位的内、外结构及位于其下方的底板形状和孔的分布情况。

左视图主要表达外形，局部剖是为了表示 6 × ϕ7 锪平孔的结构。

C 向局部视图表达了顶面的形状及孔的分布。

该壳体细小结构虽然很多，但因其结构比较规整，故不是很难读懂。由于壳体的内腔均属圆孔类，所以尽管结构多，但其形状、位置及其贯通情况也容易看清楚。

相反，外部结构却显得复杂，而且须将 4 个视图配合起来看才能看懂。经此粗略分析可知，该壳体是由主体圆筒、具有多个连接孔的顶板、底板和左方的长方体等部分组成的。其中，较难看懂的部分是左端长方体的结构形状。将几个视图相对照可知，长方体前、后两平面与主体圆筒相切（通过俯视图中尺寸 40 和主视图中 ϕ40 可想象出），长方体与顶板相连，顶端、左端均共面，在长方体的左端前后居中处自上向下开一宽 28 的方槽，方槽上下贯通。如此一部分一部分地看，再将各部分结构按其相对位置组合起来，就可以想象出壳体的整体形状，其外形如图 8-59（a）所示，内部结构如图 8-59（b）所示。

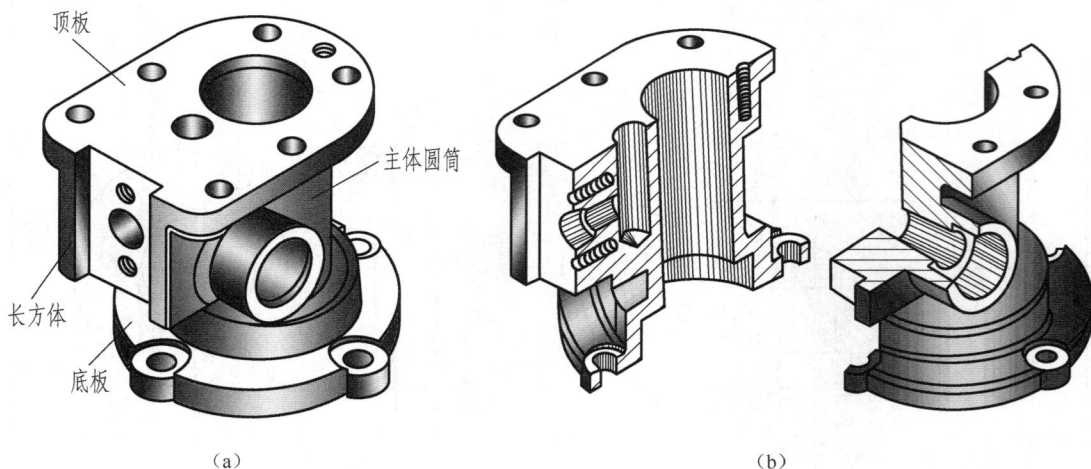

（a）　　　　　　　　　　　　　　（b）

图 8-59 壳体的轴测图

总之，看视图想象形状，要先看容易确定、能够看懂的部分，后看难以确定、不易看懂的部分；先看主要部分，后看次要部分；先看整体轮廓，后看细部结构。具体地说，就是要用形体分析法，分线框、对投影、想形状、定位置。对于局部投影的难解之处，采用线面分析法去分析。最后将其综合，想象出零件的整体形状。

3．看尺寸——了解零件大小

分析零件图上的尺寸，首先要找出 3 个方向的尺寸基准，然后从基准出发，按形体分析法，找出各组成部分的定形尺寸、定位尺寸及总体尺寸。

通过尺寸分析可知，壳体长度方向的尺寸基准是通过主体圆筒轴线的侧平面；宽度方向的尺寸基准是通过主体圆筒轴线的正平面；高度方向的尺寸基准是顶端面。然后再分析 3 类尺寸，例如：主视图中，定位尺寸有 22、22、24、$\phi76$；总体尺寸为 80；其余均为定形尺寸。

4．看技术要求——了解零件的精度

分析技术要求可知，图 8-58 中只有两处尺寸给出了公差带代号，即主体圆筒中的两个孔 $\phi30H7$、$\phi48H7$；这两个孔表面的 Ra 数值均为 6.3μm，其余加工面的 Ra 数值大部分为 25μm，可见壳体的表面比较粗糙。此外，从文字说明中可知，壳体的铸件应经时效处理，消除内应力，以避免零件在加工后发生变形。

分析技术要求时，关键是弄清楚哪些部位的要求比较高，是主要的工作面，以便在加工时考虑采取相应措施予以保证。

5．综合归纳

通过以上几方面的分析，将获得的全部信息和资料在头脑里进行一次综合、归纳，即可对该零件有全面的了解和认识，具体如下。

该壳体用 4 个视图表达，主、俯视图均采用全剖视图表达内部结构，俯视图是由两个平行的剖切平面剖得的；左视图主要表达外形，采用局部剖表达顶端的连接用通孔；另采用俯视图方向的局部视图 C 表达顶部形状及各孔的分布。

该壳体在工作中上、下、左端均需与其他零件连接，所以有螺栓连接孔或螺纹孔。

该壳体尺寸标注的基准分别是：高度方向的基准是顶端面；宽度方向的基准是过壳体主孔 $\phi30H7$ 轴线的正平面；长度基准是过壳体主孔 $\phi30H7$ 轴线的侧平面。

图 8-58 中有两个尺寸有公差要求，没有几何公差要求，表面粗糙度要求有 4 种，要求最高表面的 Ra 值为 6.3μm，可知这是一个精度较低的零件。该壳体要求经时效处理，以消除内应力。

以上所述是识读零件图的大致方法和步骤。在看图过程中，对有些零件图，往往还要参考有关技术资料和该产品的装配图，或同类产品的零件图，经过对比分析，才能彻底看懂。对读图的每一步骤，不要孤立地进行，要根据具体情况灵活运用，如对图形和尺寸，往往需要结合起来分析，才更有利于零件图的识读。零件图不仅综合反映了机械工程图学的基本知识，而且还包含了各种加工工艺方面的知识和经验。因此，读图不仅需要广泛的基础知识，还需要一定的实践经验，只有在读图实践中，注意总结经验，扩展知识，才能不断提高读图能力。

三、识读典型零件的零件图

零件的形状虽然多种多样，但根据它们在机器（或部件）中的作用和形状特征，通过比较、归纳，可大体将它们划分为几种类型。下面介绍常见的四大类零件（轴套类、盘盖类、叉架类和箱体类）的零件图的识读。

1. 轴套类零件

（1）用途和结构特点。

① 用途：轴一般是用来支撑传动零件和传递动力的，如图 8-60 所示铣刀头轴测图中的轴；套一般装在轴上，起轴向定位、传动或连接等作用。

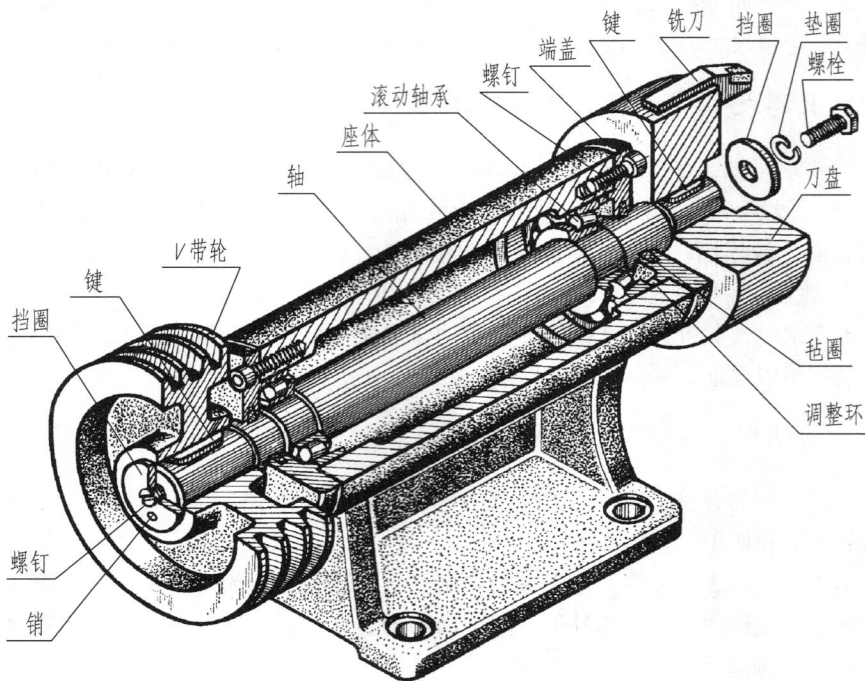

图 8-60　铣刀头轴测图

② 结构特点：轴套类零件的主要结构形状是由直径不等的圆柱体、圆锥体组成的——呈阶梯状，一般在车床和磨床上加工。根据用途可能要求其上有键槽、螺纹、退刀槽、砂轮越程槽、孔、圆角、倒角和中心孔等结构。

（2）概括了解。图 8-61 所示为铣刀头轴的零件图，图形采用 1∶2 的缩小比例绘制；采用 45 钢制造。

（3）看视图。

① 对轴套类零件，设计者一般只用一个基本视图——主视图来表达轴的各段长度和直径大小及各结构的轴向位置。为便于加工时看图，一般将轴线水平放置，小端向右绘制主视图。

② 轴上的局部结构，一般采用断面图、局部剖视图、局部放大图、局部视图等来表达。如图 8-61 所示，用局部剖视图、移出断面图和局部视图（简化画法）来表示左端键槽的位置、形状和深度，用局部放大图表达销孔和砂轮越程槽的结构，右端双键槽采用移出断面图表达；对形状简单且较长的轴段（如 $\phi44$ 轴段），采用断开画法（简化画法）表达。

（4）看尺寸标注。

① 轴套类零件有径向尺寸和轴向（长度方向）尺寸。设计者在选择尺寸基准时，必定选择轴线作为径向尺寸的基准，轴向尺寸的基准一般选取重要的定位面（即轴肩，如 $\phi35k6$ 处的轴承

定位面）或端面。

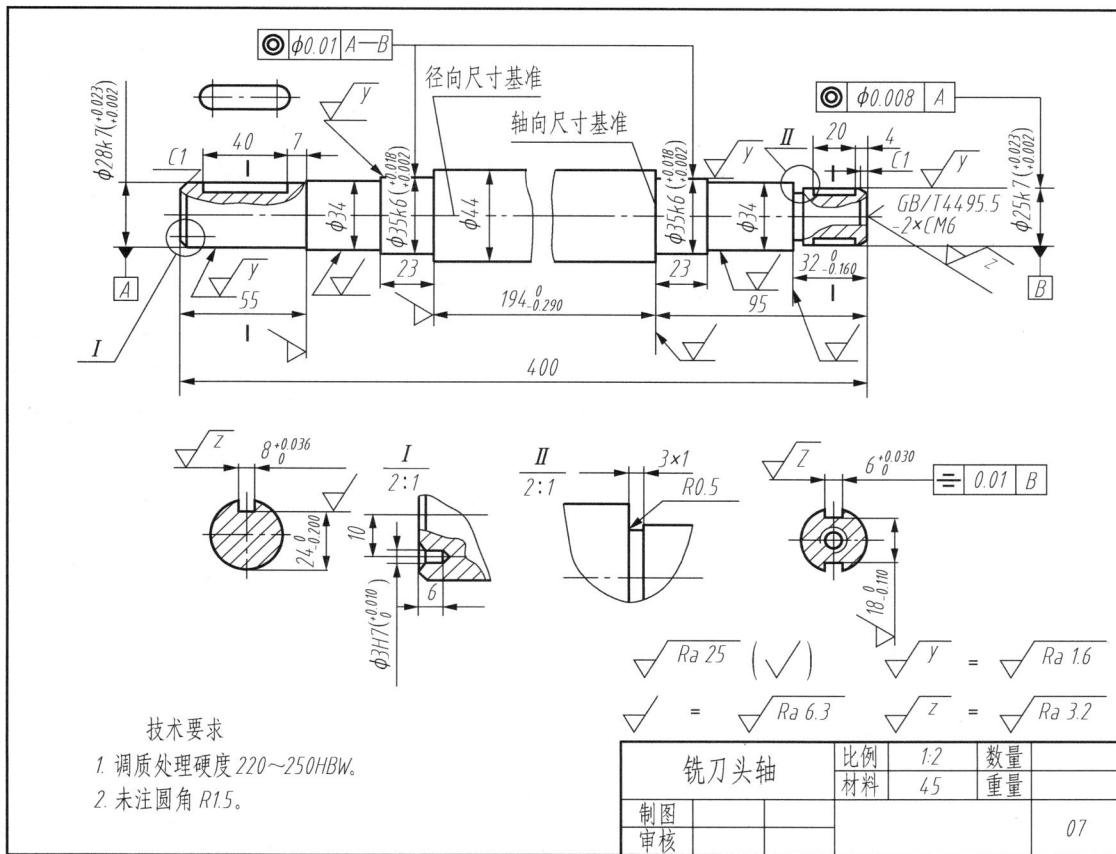

图 8-61　铣刀头轴的零件图

② 设计者一定将重要尺寸直接标注出来。如安装带轮、刀盘和滚动轴承的轴向尺寸 55、32、23 等。对其他尺寸，为测量方便，一般是按加工顺序标注的。

③ 轴套类零件上的标准结构（如倒角、退刀槽、砂轮越程槽、键槽、中心孔等）很多，其尺寸是根据相应的标准按规定注出的，如：$C1$、GB/T 4495.5—2×CM6、3×1 等。

（5）看技术要求。

① 有配合要求或有相对运动的轴段，设计者对其表面粗糙度、尺寸公差和几何公差都会控制得严格一些，如 $\phi35$、$\phi25$ 轴径。此外，对其他需特殊保证的尺寸也会有较高的要求，如图 8-61 中两轴承定位的轴肩距离给出了公差 $194_{-0.290}^{0}$。

② 为了提高强度和韧性，往往需要对轴类零件进行调质处理；对轴上与其他零件有相对运动的部分，为增加其耐磨性，有时还需要进行表面淬火、渗碳、渗氮等热处理。

（6）归纳总结。

该轴由 6 个图形表达，其中一个主视图，主视图上有 3 处局部剖，其中一处为简化画法；另有两个移出断面图，其中两个局部放大图、一个局部视图。

该轴共有 7 个同心的轴段。左右两端有倒角（为了起保护作用和便于装配）；左端轴段有一个键槽和一个销孔，右端轴段有双键槽，根据图 8-61 可知，左端键槽和销孔用于连接 V 带轮，右端双键槽用于连接铣刀盘；右端轴段因需要磨削，所以有砂轮越程槽；轴的两端加工有 C 型中心孔，用于加工轴的外圆及固定刀盘、带轮的轴向位置。

该轴尺寸标注的基准有两个，如图 8-61 中文字所示：轴肩是轴向尺寸基准，轴线是径向尺寸基准。

轴上有 11 个尺寸有公差要求（其余按一般公差处理）；另有 4 处几何公差要求：3 处同轴度、1 处对称度；有 4 种表面粗糙度要求，要求最高处的表面粗糙度值为 $Ra1.6\mu m$，要求最低处的表面粗糙度值为 $Ra25\mu m$。该轴还要求进行调质处理，硬度达到 $220\sim250HBW$。

（7）轴套类零件图示例。

① 柱塞套零件图如图 8-62 所示，其主视图与轴类零件相类似，轴线水平放置，因其中空的结构，主视图采用全剖视图表达。根据其结构，用相互平行的两个剖切平面剖切机件，获得全剖的左视图 D—D，再加上一个局部放大图就将柱塞套表达完整了。柱塞泵的柱塞与柱塞套是精密偶件，装配后为间隙极小的间隙配合，间隙为 0.002mm 左右，所以我们看到柱塞套内壁表面粗糙度要求很高，达到 $Ra0.025\mu m$，同时有圆柱度要求。但内孔（$\phi 8$）尺寸公差却较大，达到 0.1mm（$\pm 0.05mm$）。0.002mm 的极小间隙是采用分组装配法实现的，从而降低加工难度，减少生产成本。因此，柱塞与柱塞套不具有完全互换性，所以柱塞与柱塞套成为偶件。至于柱塞套的其他尺寸、技术要求等内容在此不再赘述。

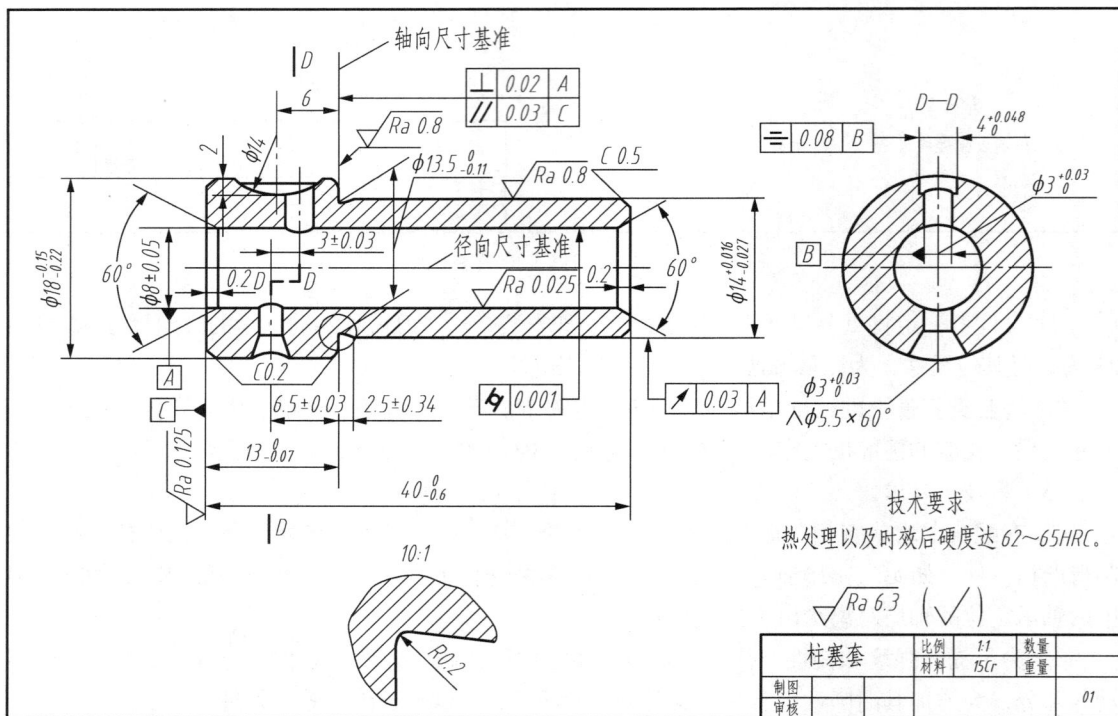

图 8-62　柱塞套零件图

② 图 8-63 所示为齿轮轴零件图。齿轮轴零件图与其他轴套类零件图的区别在于它有齿轮参数表，表中列出了加工、检验齿轮用到的所有参数，详见图 8-63 中的参数表。该齿轮轴除齿轮结构外，还有倒角、砂轮越程槽、键槽、螺纹、退刀槽和中心孔等标准结构。

齿轮轴零件图（图 8-63）：

模数	m	2
齿数	z_1	15
压力角	α	20°
精度等级	8-7-7HK	
公法线长度	W	9.28
跨齿数	k	2
配偶	件号	32
图号	齿数 z_2	55

技术要求
1. 调质处理硬度 220～250HBW。
2. 齿面淬火硬度 50～55HRC。
3. 锐角打毛刺后倒角 C(0.2～0.5)。
4. 表面处理：发蓝。

$\sqrt{\ } = \sqrt{Ra\,1.6}$ $\sqrt{Ra\,6.3}$ $(\sqrt{\ })$

齿轮轴	比例	1:1	数量	
	材料	45	重量	
制图				
审核				04

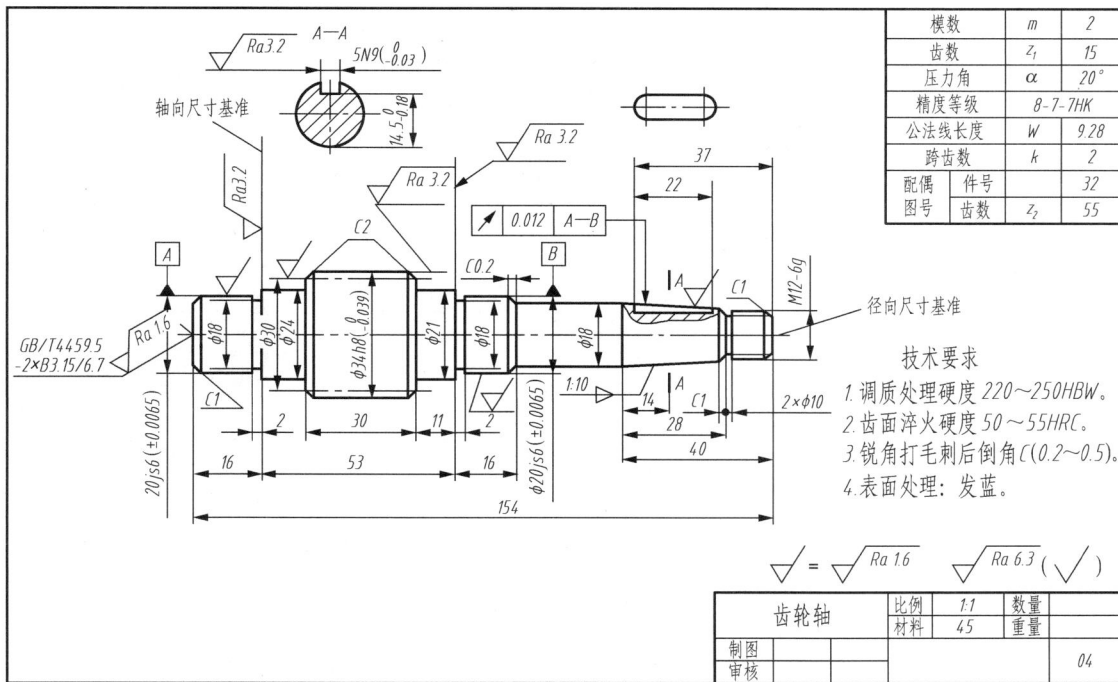

图 8-63 齿轮轴零件图

齿轮轴用于传递运动和扭矩。加工有键槽的锥度 1：10 的锥形轴颈通常用于安装输入运动和扭矩的皮带轮，所以该轴颈有径向圆跳动的公差要求。锥形轴颈小端一侧的螺纹用于皮带轮轴向定位。

2. 盘盖（轮盘）类零件

（1）用途和结构特点。

① 用途：盘盖类零件一般包括法兰盘、端盖、手轮、盘座、齿轮等。轮盘一般用来传递动力和扭矩，盖类零件在机器中主要起支撑、轴向定位及密封作用。

② 结构特点：盘盖类零件的基本形状是扁平的盘状，一般有一个端面是与其他零件连接的主要接触面。通常主要结构是回转体（盖类零件不一定是回转体，如图 8-64（c）所示），零件上常见的结构有凸台、凹坑、均布的圆孔、销孔和肋等。如图 8-64（a）、（b）所示，轮盘类零件是由轮毂、轮缘和轮辐 3 部分构成的，连接轮毂与轮缘的轮辐有多种形式，如图 8-65 所示，也可制成板式，轮毂上一般有与轴连接的键槽或销孔。图 8-66 所示为铣刀头的端盖零件图，其上的凸台、中间的通孔及盘上的连接孔等都是盘盖类零件的典型结构。

（2）概括了解。图 8-66 所示铣刀头端盖的零件图，图形采用 1：1 的比例绘制；采用 HT150 灰铸铁制造。

（3）看视图。

① 盘盖类零件主要在车床上加工（一些不以车床加工为主的盖类零件除外），所以设计者按其形状特征和加工位置绘制主视图——轴线水平放置，与它在车床上的加工位置相同。

② 盘盖类零件一般常用主、左（或右）两个视图来表达。主视图采用全剖或半剖视图（对称零件）表达零件上的孔、凹坑、凸台和肋等，剖切面可以是单一剖切面或几个相交的剖切面；

225

左视图则多表示其轴向外形和盘盖上孔及轮辐等结构的数量、分布情况等。图 8-66 所示端盖零件图采用主、左两视图表达，主视图全剖；因结构对称，左视图用局部视图表达。

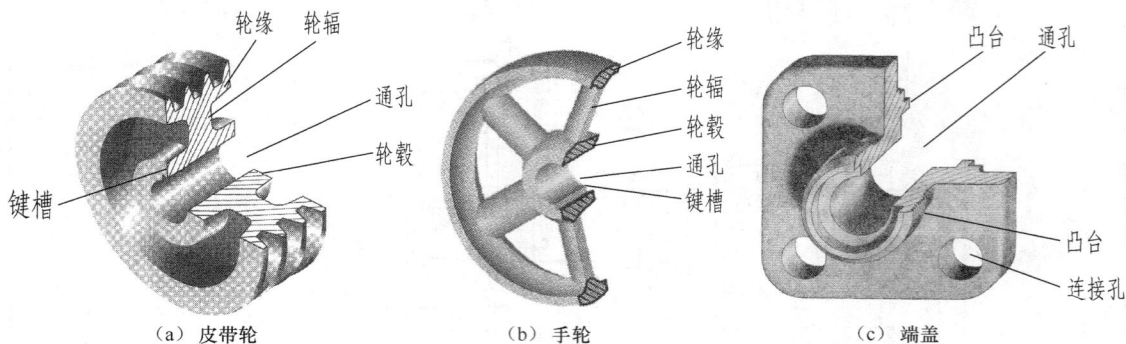

（a）皮带轮   （b）手轮   （c）端盖

图 8-64 盘盖类零件

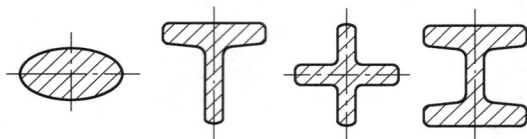

图 8-65 轮辐的断面形状

③ 盘盖类零件的轮辐常用移出断面图或重合断面图表示，其断面形状多样，如图 8-65 所示。

④ 零件上的其他细小结构常采用局部放大图和简化画法予以表达。图 8-66 所示端盖零件图采用一个局部放大图，表达了端盖的主要结构——装填密封填料的槽。

（4）看尺寸标注。

① 盘盖类零件主要标注径向尺寸和轴向尺寸。径向尺寸的基准为轴线，轴向尺寸的基准是经过加工并与其他零件相接触（或定位用）的较大端面，如图 8-66 所示。

② 零件上各圆柱体的直径及较大的孔径，其尺寸多注在非圆视图上。盘上小孔的定位圆直径尺寸（如左视图中的 $\phi 98$）注在投影为圆的视图上较为清晰。多个等径、均布的小孔一般常用"$6 \times \phi 9 EQS$"的形式标注，如图 8-66 所示。

（5）看技术要求。

① 有配合关系的内、外表面及起轴向定位作用的端面，其表面粗糙度要求高，如主视图中右端的两个端面（接触面）和一个有公差要求的外圆柱面（配合面）表面粗糙度值为 $Ra6.3\mu m$，其余为 $Ra25\mu m$。

② 有配合关系的孔、轴尺寸注有尺寸公差，如图中的 $\phi 80f7$，其余按一般公差处理；与其他零件相接触的表面，尤其是与运动零件相接触的表面，当要求较高时，会注出平行度或垂直度要求。

（6）归纳总结。

该端盖零件比较简单，采用 3 个图形表达：主视图、左视图和一个局部放大图。主视图是全剖视图，采用通过对称面的单一剖切平面剖切获得，表达凸台和通孔等结构；左视图因零件对称，采用局部视图表达，仅画出半个图形；局部放大图用于表达装填密封填料的槽。

该端盖尺寸标注的基准有两个，如图 8-66 中文字所示：一个轴向尺寸基准——凸台端面，一个径向尺寸基准——轴线。

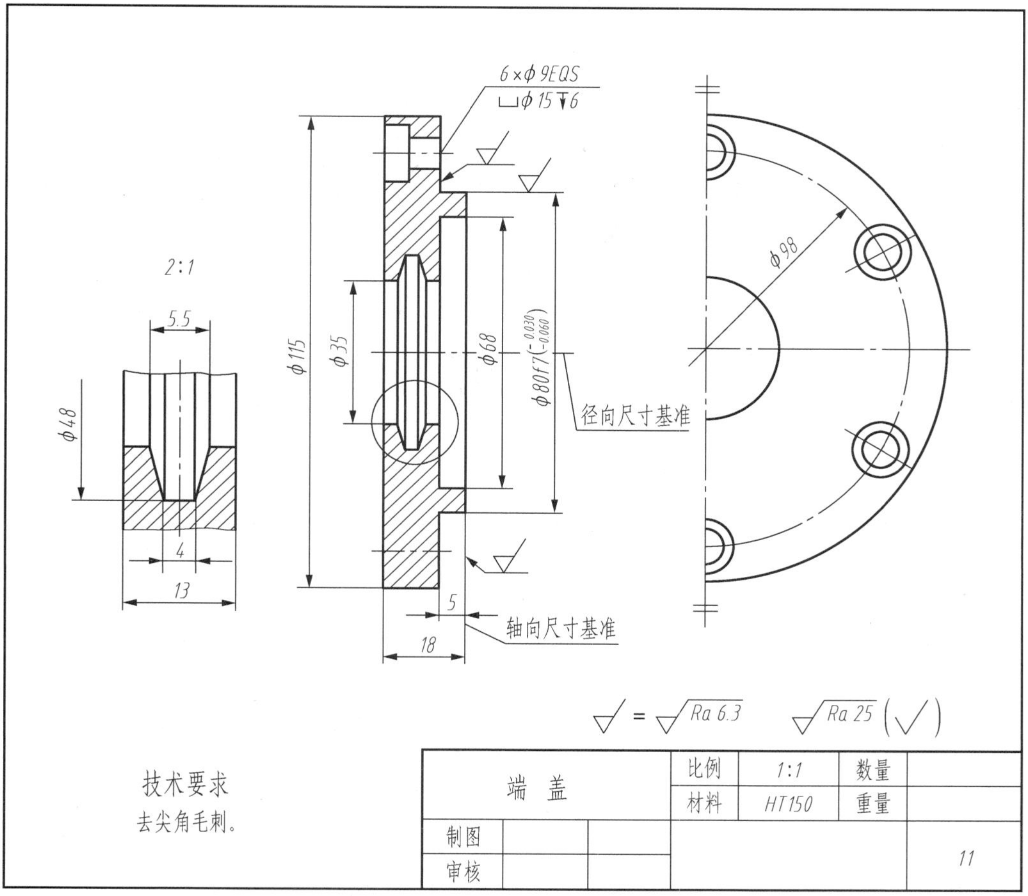

图 8-66　端盖零件图

　　端盖上只有 1 个尺寸有公差要求；没有几何公差要求；有 2 种表面粗糙度要求，要求高的表面粗糙度值为 $Ra6.3\mu m$，要求低的表面粗糙度值为 $Ra25\mu m$。

　　（7）盘盖类零件图示例。

　　① 图 8-67 所示为汽车变速器中间轴球轴承密封盖的零件图，图中采用了全剖的主视图和左视图表达。图 8-67 中有两个尺寸有公差要求；右端面既有平行度要求，又有平面度要求，圆周上均布的 4 个凸台上的连接孔轴线有位置度要求。密封盖有 4 种表面粗糙度要求，要求最高的表面粗糙度值为 $Ra3.2\mu m$，要求最低的表面是铸造表面。

　　② 图 8-68 所示为非回转体的盖类零件。因端盖结构简单，零件图仅用主、左两个视图表达，主视图采用相交的两个剖切平面剖得。图中有 3 个尺寸有公差要求；两孔轴线均有位置公差要求；有 4 种表面粗糙度要求，要求最高的表面粗糙度值为 $Ra0.8\mu m$，要求最低的表面是铸造表面。

　　图中两个 $\phi5$ 的销孔用于泵盖与泵体定位，图中注明"装配时作"，即要求此销孔在装配时加工。但在大批量生产时，有些加工设备的精度很高，可以预先加工，不必"装配时作"，使装配效率提高。如目前汽车生产中，发动机缸体与缸盖之间定位所用圆柱销孔就不是"装配时作"，是在加工缸体和缸盖时分别加工的。如果是圆锥销孔则必须"装配时作"。

综合案例——
支座零件的表达

227

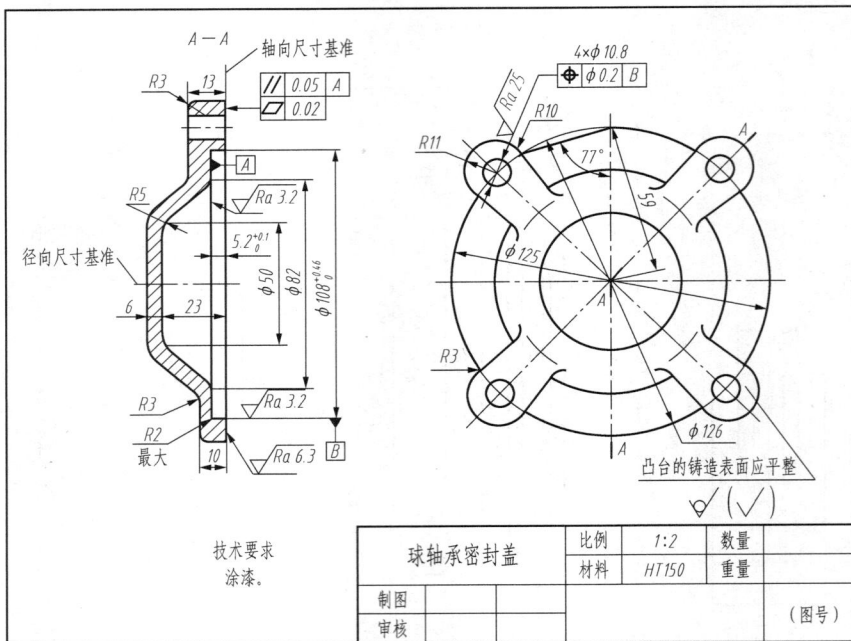

图 8-67 球轴承密封盖

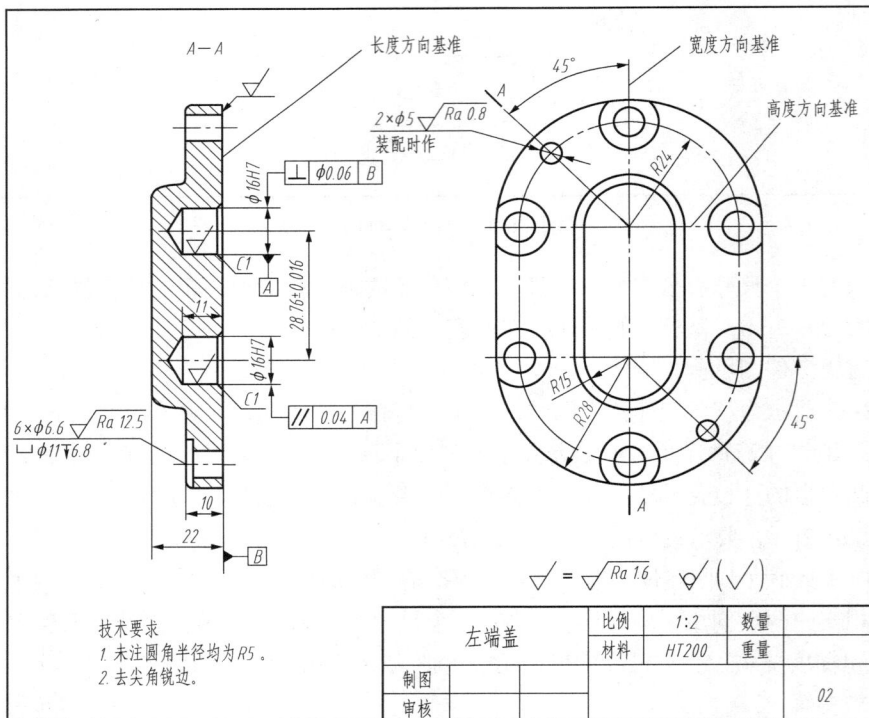

图 8-68 左端盖零件图

3. 叉架类零件

（1）用途和结构特点。

① 用途：叉架类零件包括拨叉、连杆、摇臂和各种支架等。拨叉主要用在发动机、机床等

各种机器的操纵机构上，起操纵、调速作用。连杆和支架主要起支撑和连接作用。

② 结构特点：叉架类零件结构形状较复杂，一般有倾斜、弯曲结构。常用铸造或锻压的方法制成毛坯，再经多道机械加工工序完成。

叉架类零件一般由 3 部分组成：安装（支撑）部分、工作部分和连接部分，如图 8-69 所示。安装和工作部分常有螺孔、凸台或凹坑等结构。连接部分多为肋板结构。图 8-69 所示的支座由安装板、空心圆柱（工作部分）、连接板 3 部分组成。

（2）概括了解。图 8-70 所示为支座的零件图，图形采用 1：2 的比例绘制；采用 HT200 灰铸铁制造。

（3）看视图。

① 叉架类零件的主视图一般按零件的工作位置安放，并反映其形状特征，如图 8-70 所示。

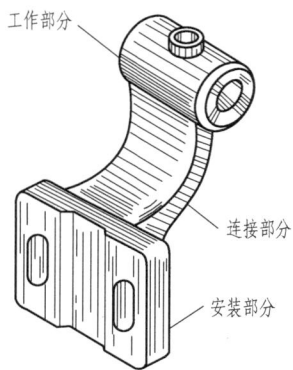

图 8-69　支座

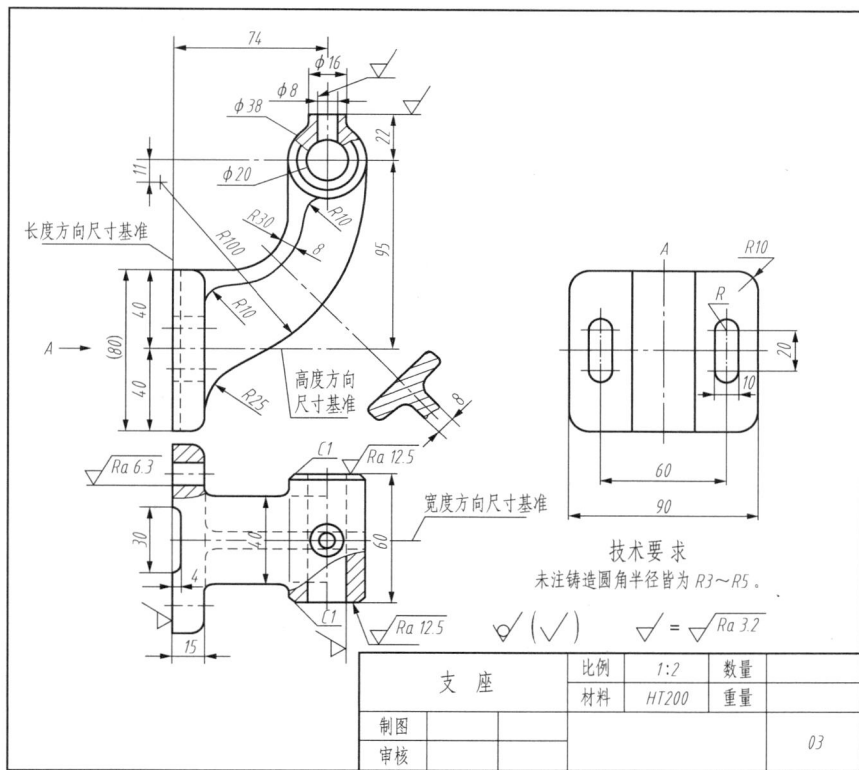

图 8-70　支座零件图

② 因叉架类零件结构复杂，所以视图数量一般较多，图 8-70 所示支座零件图采用 4 个图形表达。主视图表达了安装板、工作圆筒和连接板与肋的形体特征及上下、左右的相对位置关系。俯视图侧重反映零件各部分的前后对称关系及各部分的宽度。主、俯视图以表达外形为主，并采用 3 处局部剖视图用以表达通孔。为避免重复表达上端工作部分，左视图作局部视图 A，表达安装板的外形和长圆孔的形状。

③ 采用移出断面图表达弯曲的连接部分的断面形状。

（4）看尺寸标注。

① 支座 3 个方向的尺寸标注基准如图 8-70 所示：长度方向尺寸基准为安装板左端面——零件上最大的加工平面；宽度方向尺寸基准为前后对称面；高度方向的尺寸基准是安装板的上下对称面。

② 叉架类零件因形状复杂，尺寸较多。主视图中尺寸"（80）"为参考尺寸。

（5）看技术要求。

① 图 8-70 中共有 4 种表面粗糙度要求，要求最高的 4 个接触面其表面粗糙度值最小，为 $Ra3.2\mu m$；其次为 $Ra6.3\mu m$、$Ra12.5\mu m$，铸造表面粗糙度要求最低。

② 图 8-70 中所有尺寸均按一般公差处理，没有几何公差要求；未注铸造圆角半径为 $R3\sim R5$。

（6）归纳总结。

该支座经铸造制成毛坯，再经过切削加工完成。

该支座采用 4 个图形表达：主视图（局部剖）、俯视图（两处局部剖）、左视图（局部视图）和一个移出断面图。

该支座尺寸标注的基准如图 8-70 中文字所示。

所有尺寸均按一般公差要求；没有几何公差要求；有 4 种表面粗糙度要求，要求最高的表面粗糙度值为 $Ra3.2\mu m$，要求最低的表面为铸造表面（$\sqrt{\ }$）。

（7）叉架类零件图示例。

① 图 8-71 所示为托架零件图，由 4 个图形表达：主视图（两处局部剖）、左视图（一处局部剖）、一个局部视图和移出断面图（由两个倾斜相交的平面剖切）。

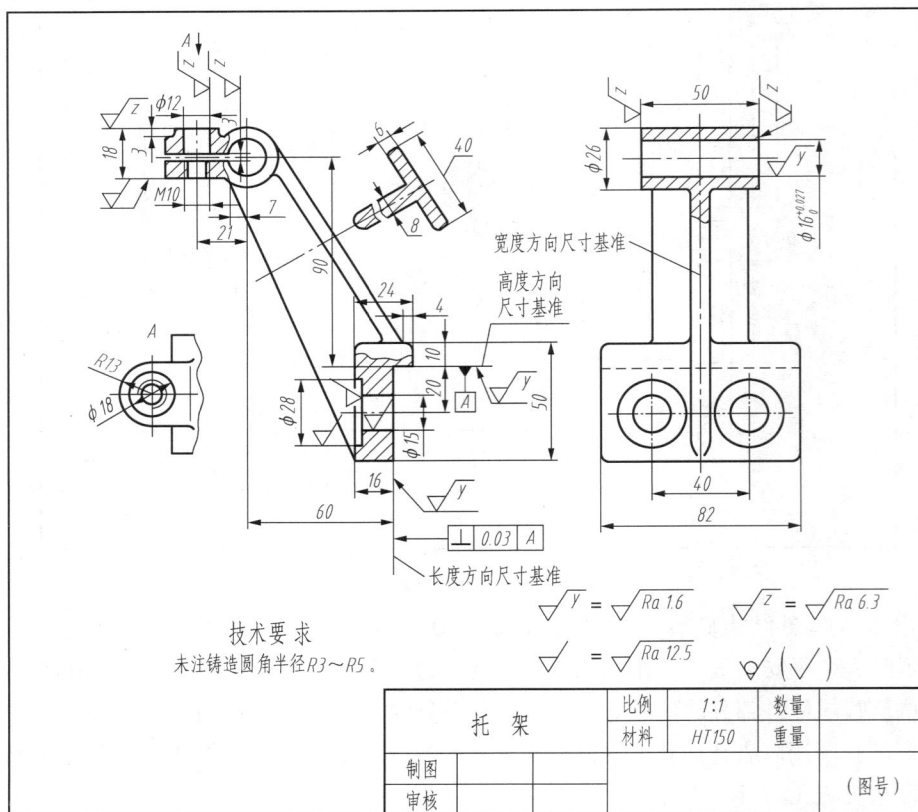

图 8-71　托架零件图

图 8-71 中 $\phi 16$ 孔有尺寸公差要求，其余尺寸按一般公差要求；下部安装板右端面有垂直度要求；表面粗糙度要求有 4 种，分别为 $Ra1.6\mu m$、$Ra6.3\mu m$、$Ra12.5\mu m$ 和铸造表面的表面粗糙度($\sqrt{}$)。

② 图 8-72 所示为制动支架零件图，由 6 个图形表达：主视图（两处局部剖和一个重合断面）、俯视图（两处局部剖）、左视图、一个局部视图和一个斜视图、一个移出断面图（用一个正垂面剖切）。

图 8-72 中 $\phi 16$、$\phi 14$ 孔有尺寸公差要求，其余尺寸按一般公差要求；表面粗糙度要求有 4 种，Ra 值分别为 $Ra3.2\mu m$、$Ra6.3\mu m$、$Ra12.5\mu m$ 和铸造表面的表面粗糙度（$\sqrt{}$）。

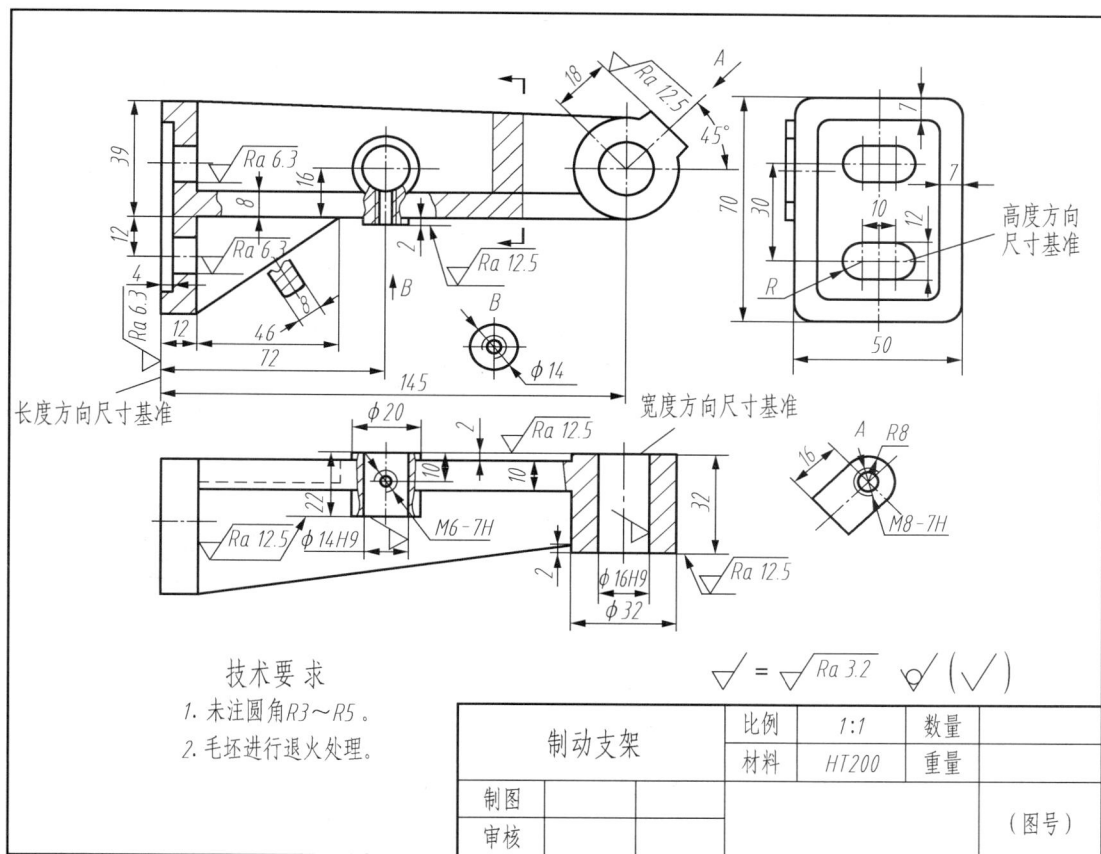

图 8-72 制动支架零件图

4. 箱体类零件

（1）用途和结构特点。

① 用途：箱体类零件主要起支撑、容纳、定位和密封作用，同时可以保护运动零件或其他零件。泵体、阀体、变速器箱体以及汽车的前、后桥的壳体等都属于这类零件。

② 结构特点：箱体类零件一般结构较复杂，毛坯多为铸件，须经多种方法加工完成，如图 8-73 所示减速器箱体。箱体类零件通常都有一个由薄壁围成的较大内腔和与其相连供安装用的底板；在箱壁上有多个向内或向外伸延的供安装轴承用的圆筒或半圆筒，并且常有肋板加固。此外，箱体类零件还有凸台、凹坑、起模斜度、铸造圆角、螺孔、销孔和倒角等许多细小结构。

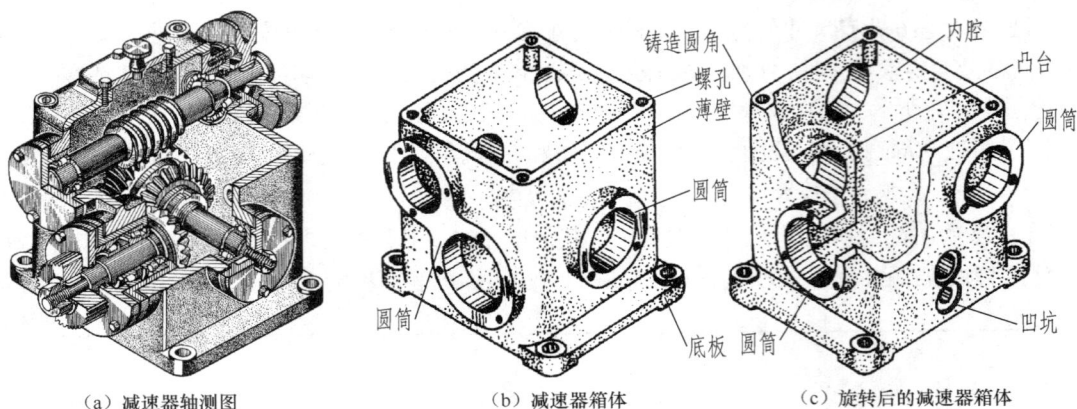

（a）减速器轴测图　　　　　（b）减速器箱体　　　　　（c）旋转后的减速器箱体

图 8-73　箱体类零件

（2）概括了解。图 8-74 所示铣刀头座体零件图，采用 1：2 的比例绘制；采用 HT200 灰铸铁制造。

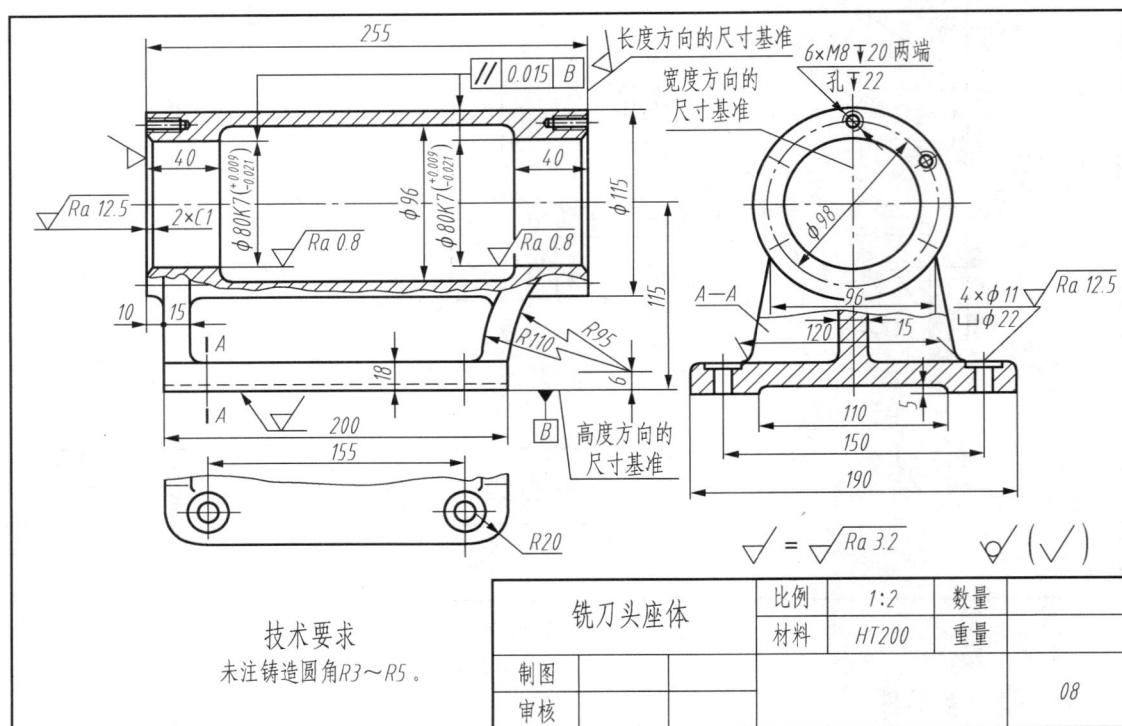

图 8-74　铣刀头座体零件图

（3）看视图。

① 箱体类零件由于结构复杂，加工位置变化也较多，所以主视图一般表达工作位置和主要形状特征及各部分的相对位置。

② 箱体类零件通常需要多个基本视图和向视图来表达复杂的结构，并采用剖视的方法表达内部结构；细小结构采用局部视图、局部剖视图和断面图来表达。此外，由于铸件上圆角很多，常有过渡线等。图 8-74 所示铣刀头座体是箱体类零件中较简单的零件，采用 3 个图形表达：主视

图、俯视图和左视图。主视图为表达内腔，作局部剖；左视图为表达连接孔、通槽和肋，也作局部剖；俯视图仅作局部视图表达底板形状。

（4）看尺寸标注。

① 铣刀头座体的底面是安装基面，以此作为高度方向的尺寸基准；长度方向选座体上部圆筒 $\phi115$ 的右端面为基准；宽度方向选座体的前后对称面为基准，如图 8-74 所示。

② 铣刀头座体的定位尺寸有：115、$\phi98$、150、155、10 和 6，其余均为定形尺寸。

（5）看技术要求。

① 零件上共有 4 种表面粗糙度要求，有配合要求的箱体孔和接触表面的表面粗糙度要求高，如 $\phi80K7$ 轴承孔的表面粗糙度值仅为 $Ra0.8\mu m$，底面及轴承孔左右端面的表面粗糙度值为 $Ra3.2\mu m$，其余表面要求都比较低，如图 8-74 所示。

② 对重要的箱体孔、中心距和表面，为保证产品性能，设计者会提出尺寸和几何公差的要求。如主视图中两个 $\phi80$ 的轴承孔，不仅有 K7 的尺寸公差要求，还有对底面的平行度要求。

③ 除主视图中两轴承孔直径尺寸 $\phi80K7$ 有公差要求，其余尺寸均按一般公差要求处理。

（6）归纳总结。

该座体经铸造制成毛坯，再经过切削加工完成。

该座体采用 3 个图形表达：主视图（局部剖）、左视图（局部剖）和俯视图（局部视图）。

该座体尺寸标注的基准如图 8-74 中文字标注所示。

座体只有两个轴承孔尺寸 $\phi80K7$ 有公差要求，其余尺寸均按一般公差要求；只有两个 $\phi80K7$ 轴承孔有平行度要求（位置公差）；有 4 种表面粗糙度要求，要求最高的表面粗糙度值为 $Ra0.8\mu m$，最低的表面为铸造表面（$\sqrt{}$）。

（7）箱体类零件图示例。

图 8-75 所示零件图是图 8-73 所示减速器箱体的零件图，因结构复杂，总共采用 7 个图形表达，即主、俯、左 3 个基本视图（均为剖视图），2 个局部视图和 2 个局部剖视图。

由于箱体的主视图方向外形简单，内腔复杂，所以主视图采用了全剖视图。它由两个平行的平面剖切，反映出蜗杆（输入轴）轴孔 $\phi35K7$、锥齿轮轴（输出轴）轴孔 $\phi48H7$ 和与蜗杆啮合的蜗轮轴孔（图形中部的孔）三者的相对位置以及与其他结构的关系。

左视图作大范围的局部剖视，目的是表达蜗轮轴的前、后两个轴孔和蜗杆轴孔，以及箱壁右侧上的两个螺孔。未剖的局部，则表达了安装底板上安装孔的凸台和安装接触面的结构形状。由于箱壁外部两个相连的凸台在剖视图中无法表达，所以采用了 C 向局部视图补充表达。

俯视图则侧重表示箱体侧壁和底板的形状及安装孔的相对位置。

B—B 局部剖视图是为了表示锥齿轮输出轴轴孔所在凸台的形状。D—D 局部剖视图是为了表达两个螺孔的结构，也便于标注尺寸。E 向局部视图表达了底板安装接触面的形状。

箱体以底面为安装基面，以此作为高度方向的尺寸基准。长度方向选蜗轮轴线为基准。宽度方向选用箱体的前后对称面为基准，如图 8-75 所示。

因为箱体结构复杂，所以尺寸较多，定位尺寸也较多。轴孔位置正确与否，直接影响传动件的正确啮合，因此轴孔的定位尺寸极为重要。蜗杆轴孔的位置，是由尺寸 92（高度方向的定位尺寸）和尺寸 25（宽度方向定位尺寸）所决定的。蜗轮轴孔的位置由按蜗杆蜗轮传动设计时计算的中心距 $40^{+0.060}_{0}$ 和 0（因轴线是长度方向基准）确定。蜗轮轴线和锥齿轮轴线（输出轴）垂直相交，因此它们的高度位置相同，其轴线的宽度距离 42 注在 C 向局部视图上。

图 8-75　减速器箱体零件图

图 8-75 中共有 5 种表面粗糙度要求，表面粗糙度值分别为 $Ra1.6\mu m$、$Ra6.3\mu m$、$Ra12.5\mu m$、$Ra25\mu m$ 及铸造表面粗糙度（$\sqrt{\ }$），$Ra1.6\mu m$ 是 5 个轴承孔表面的表面粗糙度值，因为是配合表面，所以要求最高。

5 个轴承孔的尺寸均有尺寸公差要求，相应地还有 2 个同轴度和 1 个垂直度要求。

任务六　画零件图

任务引出

绘制零件图是零件设计的过程，所以我们必须学习如何绘制零件图。

任务描述

在生产实际中，画零件图有两种方式：一种是测量零件，再根据测量所得资料画出零件图；另一种是根据装配图拆画零件图。在此我们介绍零件测绘的内容，根据装配图拆画零件图则在"模块九　装配图"中介绍。

零件的测绘是采用测量工具对零件进行测量，分析零件结构，拟定表达方案，绘制出零件图的过程。零件的测绘用于机器设备维修时没有备件又必须修复的情况，以及新产品的研发等过程。

零件的测绘

相关知识

一、画图前的准备工作

在画零件图前，应该从以下几方面仔细分析零件。

（1）了解零件的名称和用途。

（2）鉴定零件是由什么材料制成的。

（3）分析零件的结构，因为零件上的每一个结构都具有一定的功用。尤其是所测绘的零件磨损严重、破旧，甚至于某些部位缺损时，一定要认真分析零件结构，才能完整、正确地表达零件的结构。

（4）应对零件进行工艺分析，因为一个零件可以采用不同的加工顺序加工，所以零件结构形状的表达、基准的选择和尺寸的标注也不一样。

二、拟定表达方案

用途不同的零件，其结构形状也不相同。一个零件的表达方案应根据其结构形状、加工方法，以及其在机器中所处的位置等因素综合考虑来确定。表达方案选择的主要内容有：主视图的选择、视图数量的选择以及表达方法的选择。

零件视图的选择原则及案例

1. 主视图的选择

主视图是表达零件的一组视图的核心。无论画图还是看图，都要从主视图入手。所以主视图选择得恰当与否，直接关系到看图和画图是否方便。选择主视图时，应考虑以下 3 个方面的问题。

（1）主视图的投影方向。主视图的投影方向应该较多、较清楚地表达出零件的结构形状，以及各结构形状之间的相互位置关系。

例如，在绘制图 8-76 所示水平放置的轴的主视图时，我们有 6 个投影方向可以选择：2 个轴向，4 个径向。如果选择轴向——A 向作为主视图的投影方向，则主视图如图 8-77 所示，由多个同心圆构成，无法反映轴的结构特征与结构形状之间的相互位置关系。

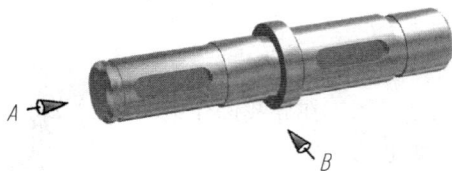

图 8-76 轴

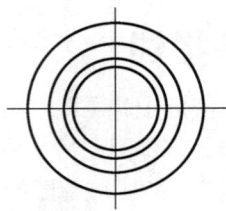

图 8-77 轴的 A 向投影

如果选择径向投影作为主视图的投影方向，则可较多地反映轴的结构特征，而 B 向是径向投影中反映轴的结构最多、最清楚的，如图 8-78（a）所示。

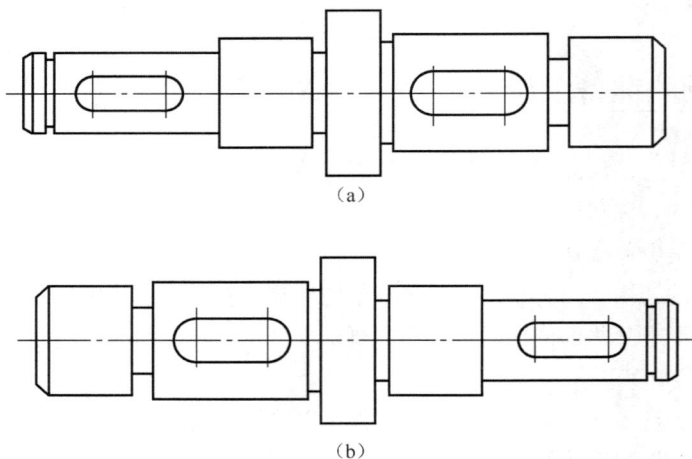

（a）

（b）

图 8-78 轴的 B 向投影

（2）零件的位置。当主视图的投影方向确定后，还需要确定视图在图样上如何放置。如图 8-78 所示的投影图是竖放还是横放，零件的主视图要考虑零件的工作位置或加工位置。

按工作位置画主视图便于把零件与整台机器联系起来，易于想象零件的工作状况。

按加工位置画主视图（尤其是机械加工），便于加工时看图，可以减少差错，提高生产效率，降低加工成本。

图 8-76 所示的轴，不论工作位置还是加工位置（因为轴类零件主要在车床上加工），都是水平的。所以必须水平放置，通常小端在右，如图 8-78（b）所示。

2. 视图数量与表达方法的选择

对于多数零件来说，仅有主视图不能完全表达零件的结构形状，还要选择其他视图。下面以图 8-79 所示壳体为例，说明其他视图数量的选择应从两个方面考虑。

（1）零件的复杂程度。根据零件的结构特点和复杂程度确定视图数量，在完整、清晰表达零件形状的前提下，尽量减少视图数量，使每个视图的表达都有重点，以免主次不分、烦琐、重复。

如采用图 8-80（b）所示表达方案，左视图采用半剖的方法表达，剖开部分与主视图相同，显然是不必要的重复表达。左视图的表达重点应该是零件左端的接头部分，

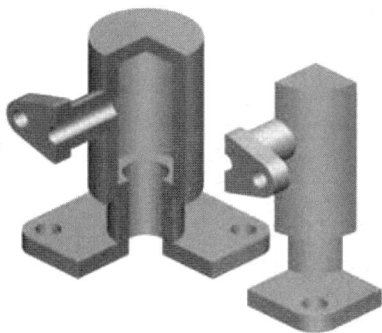

图 8-79 壳体

左视图的半剖使得接头端面形状仅画出一半，不如图 8-80（c）所示方案表达得更清楚、更简洁。

（2）表达方案的选择。应优先采用基本视图，并采用相应的剖视图和断面图表达内部结构和断面形状。如图 8-79 所示壳体，如果仅采用视图表示，势必因表达内部腔体结构使视图中出现大量虚线，如图 8-80（a）所示。而图 8-80（b）～（f）5 种表达方案均采用剖视的方法，则避免了虚线的出现，同时内部结构都表达得更加清楚。

对于一个稍复杂的零件来说，都可能有多种表达方案，如图 8-79 所示壳体，可以有图 8-80 所示的 6 种表达方案。我们已知图 8-80（a）、（b）都有缺点，至于图 8-80（c）～（f）4 种表达方案，它们的主视图相同，都采用全剖的方法表达，左视图均采用局部视图或局部剖视图表达，差别在于第三个视图。图 8-80（c）、（d）的俯视图采用全剖表达，将内部结构表达得更清楚。其余 2 个方案主要表达外形，图 8-80（f）采用俯视图局部剖的方式，表达了机体的外形和接头通孔的结构。而图 8-80（e）则采用局部仰视图表达底座的形状，未表达接头通孔的结构。图 8-80（f）的主视图采用两个相交的铅垂面剖切，因壳体结构简单，不必采用此方式。

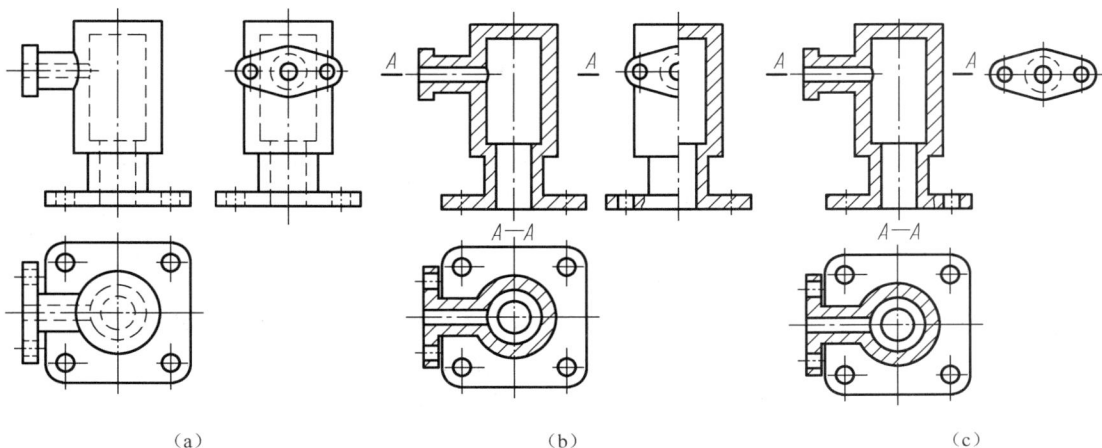

（a）　　　　　　　　　　（b）　　　　　　　　　　（c）

图 8-80 壳体表达方案的选择

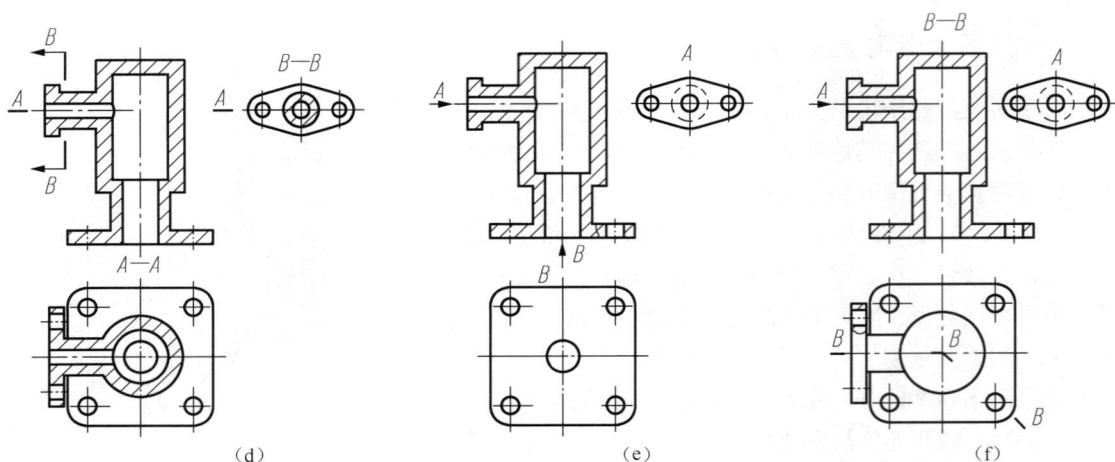

（d） （e） （f）

图 8-80　壳体表达方案的选择（续）

通过上述比较，图 8-80 所示的 6 个表达方案中，图（c）、（d）两个方案较好。

三、画零件草图

通常在测量零件的现场都不具备绘图条件，所以测绘的技术人员要徒手绘制零件草图，而后再经过整理，完成生产用的零件图。

综合案例——绘制
零件草图

1. 徒手绘制图形

确定零件的总体尺寸，选定比例，根据选定的表达方案，按大致目视比例，徒手画出视图、剖视图、断面图等。

2. 标注尺寸

（1）分析零件，确定哪些是影响机器性能的重要尺寸，再选定 3 个方向的尺寸基准。然后逐一测量零件的尺寸，注写在草图上。测量时应注意零件的制造缺陷或因长期使用造成的磨损等问题，区分哪些不该画，哪些应该改正。

（2）零件上标准结构的尺寸，如螺纹、退刀槽、键槽、销孔等尺寸，必须查阅标准手册确定。

（3）与相邻零件的相关尺寸一定要一致，如配合的孔、轴基本尺寸。

3. 注写技术要求

零件上的表面粗糙度、极限与配合、几何公差等技术要求通常采用类比法确定。

注意重要尺寸必须给出合适的公差以保证精度；有相对运动的表面及对形状、位置要求较严格的面、线等要素须确定合理的表面粗糙度、几何公差要求。

4. 填写标题栏

在标题栏中填写零件名称、材料、测绘者的姓名及完成时间等。

四、画零件图的方法与步骤

草图完成后，根据草图整理零件图，首先要审核草图，再经过设计、计算、选用，甚至重新确定表达方案等工作，才能开始画零件图。具体方法与步骤如下。

1. 对零件草图进行审核

（1）审核表达方案是否完整、清晰、简洁。

（2）审核零件上的结构形状是否完整，是否有多、少、破损等情况。

（3）审核尺寸标注是否完整、清晰、合理。

（4）审核技术要求是否满足零件的性能要求，而且具有良好的经济性。

画支座零件草图的步骤如图 8-81 所示。

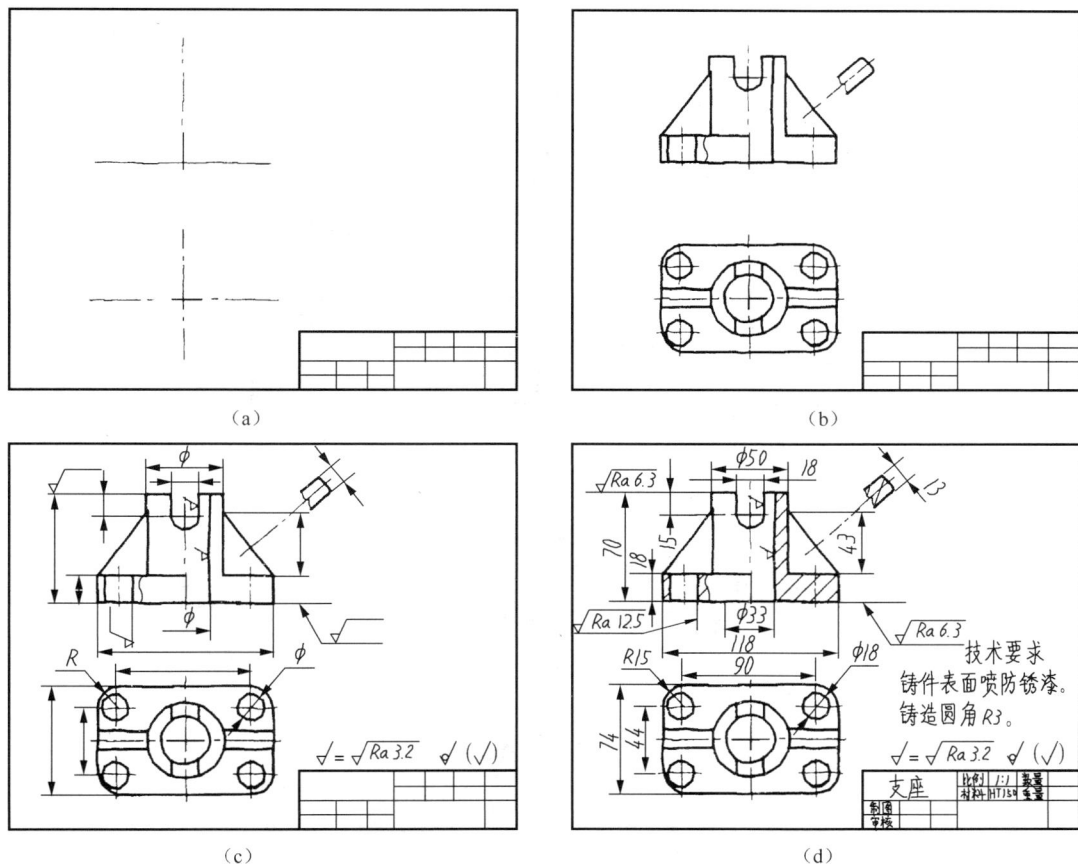

图 8-81 画支座零件草图的步骤

2. 画零件图的步骤

（1）选择比例。根据零件的复杂程度选择比例，优先采用 1∶1 的原值比例。

（2）选择图幅。根据表达方案、比例，留出标注尺寸和技术要求的位置，选择标准图幅。

（3）画底稿。

① 画出各个视图的基准线。

② 画各个视图。

③ 标注尺寸。

④ 注写技术要求。

⑤ 填写标题栏。

（4）校核。

（5）加深。

（6）审核。

以上是根据零件徒手绘制的草图整理零件图的步骤。

五、测量工具及工具的使用

常用测量工具有游标卡尺、千分尺、直尺、螺纹规、圆角规、内卡钳与外卡钳等，其使用方法如图 8-82～图 8-84 所示。

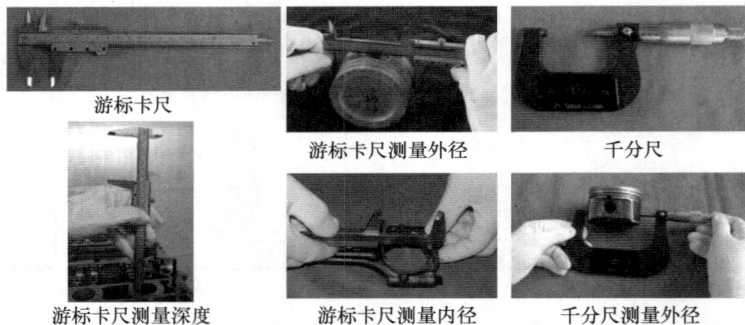

基本测量工具的使用

游标卡尺　　　　游标卡尺测量外径　　　　千分尺

游标卡尺测量深度　　　游标卡尺测量内径　　　千分尺测量外径

图 8-82　游标卡尺与千分尺

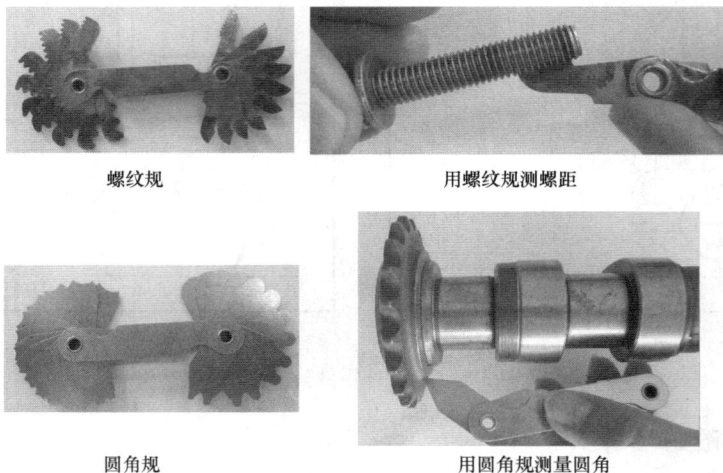

螺纹规　　　　　　用螺纹规测螺距

圆角规　　　　　　用圆角规测量圆角

图 8-83　螺纹规与圆角规

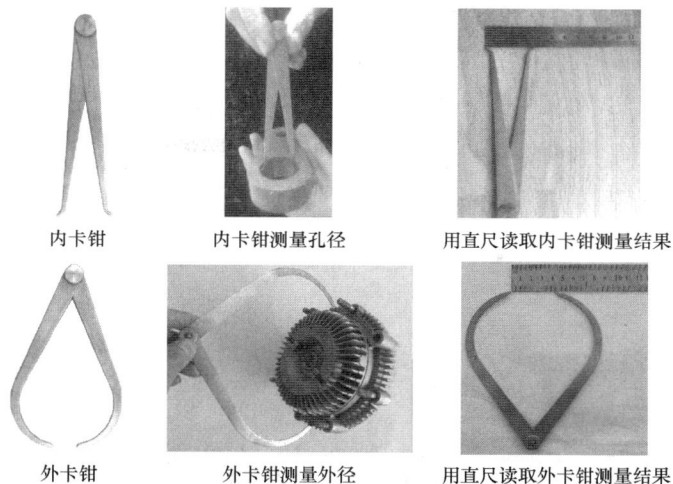

内卡钳　内卡钳测量孔径　用直尺读取内卡钳测量结果

外卡钳　外卡钳测量外径　用直尺读取外卡钳测量结果

图 8-84　内卡钳与外卡钳

六、零件测量数据处理

测绘时，要对实际测得的数据进行处理，不能将所有测得的尺寸直接标注在零件图上，应注意以下几点。

（1）对于计算尺寸应精确到小数点后 3 位。

（2）零件的配合尺寸应取标准值。

（3）零件上非配合面、非接触面、不重要表面在测量所得的尺寸有小数时，应圆整，并尽量与标准尺寸系列中的数值相同。

（4）对标准结构或与标准件相配合的结构，如螺孔、键槽、退刀槽、销孔以及与滚动轴承相配合的轴或壳体孔等尺寸均应取标准值。

装配图是表达机器（或部件）的图样。在机器的设计、装配、调整、检验、使用和维修过程中都要用到装配图。本模块将讨论装配图的作用和内容、机器（或部件）的表达方法、阅读装配图的方法步骤及根据装配图拆画零件图的方法步骤。

【学习目标】

（1）掌握装配图的特殊表达方法。

（2）掌握阅读装配图的方法和步骤。

（3）能够根据简单的装配图拆画零件图。

任务一　装配图的作用和内容

任务引出

学习装配图，需要先了解装配图的作用与内容。

任务描述

本任务介绍装配图的作用和内容。

装配图的构成和用途

相关知识

一、装配图的作用

设计机器时，是先画零件图？还是先画装配图？

装配图反映设计者的意图，表达机器（或部件）的工作原理、性能要求、零件间的装配关系和零件的主要结构形状，所以，不论是新产品开发，还是对其他产品进行模仿、

改制，设计部门都要先画出装配图；再根据装配图，拆画出零件图。而后，制造部门则先根据零件图制造零件，再根据装配图，将零件装配成机器（或部件）。

装配图也是安装、调试、操作和检修机器（或部件）的依据。

二、装配图的内容

图 9-1 所示为球阀装配图，其具体内容如下。

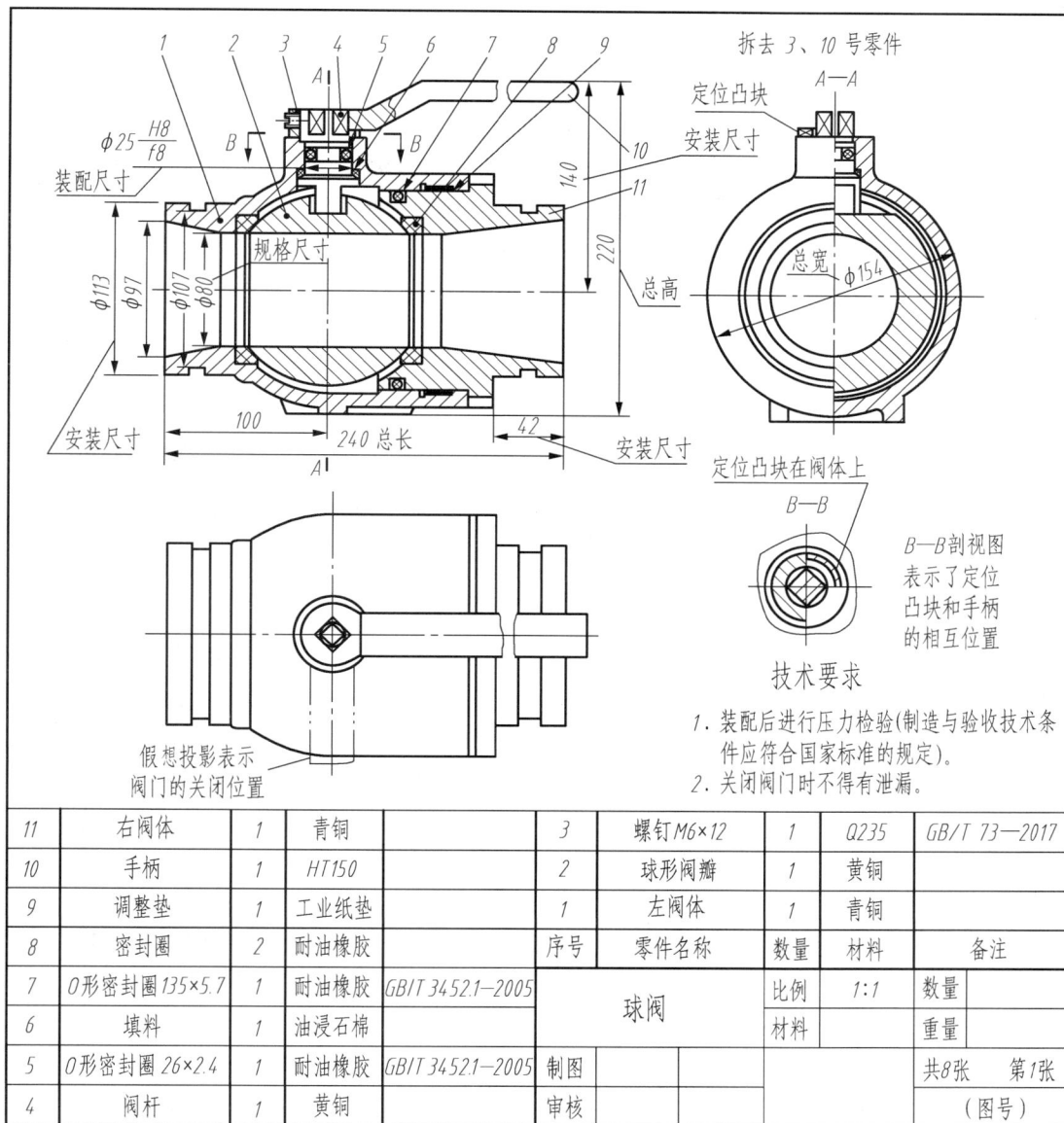

11	右阀体	1	青铜		3	螺钉M6×12	1	Q235	GB/T 73—2017
10	手柄	1	HT150		2	球形阀瓣	1	黄铜	
9	调整垫	1	工业纸垫		1	左阀体	1	青铜	
8	密封圈	2	耐油橡胶		序号	零件名称	数量	材料	备注
7	O形密封圈135×5.7	1	耐油橡胶	GB/T 3452.1—2005		球阀	比例	1:1	数量
6	填料	1	油浸石棉				材料		重量
5	O形密封圈26×2.4	1	耐油橡胶	GB/T 3452.1—2005	制图				共8张 第1张
4	阀杆	1	黄铜		审核				（图号）

图 9-1 球阀装配图

（1）一组图形。用一般表达方法和特殊表达方法，表达机器（或部件）的工作原理、零件之间的装配关系和零件的主要结构形状。

（2）必要的尺寸。根据装配、检验、安装和使用机器的需要，装配图中标注出机器（或部件）的性能（规格）尺寸、外形与安装尺寸、部件或零件间的相对位置和配合要求尺寸，以及机器在设计时所确定的其他重要尺寸。

（3）技术要求。注写出机器（或部件）的质量、装配、检验和使用等方面的要求。

（4）零、部件序号，明细栏和标题栏。图中零、部件按一定格式进行编号，并与明细栏中零、部件对应。

任务二　装配图的表达方法

任务引出

模块六中介绍的机械图样的基本表达方法在装配图中仍适用。由于装配图所表达的机器（或部件）是由若干零件所组成的，为了能够更清楚地表达机器（或部件）的工作原理和装配关系，装配图有其特有的表达方法。为了看懂装配图必须要掌握这些表达方法。

任务描述

本任务介绍表达机器（或部件）的装配图的规定画法和特殊画法。

相关知识

一、规定画法

（1）两个零件的接触表面（或基本尺寸相同且相互配合的工作表面），只用一条轮廓线表示，如图 9-2 所示零件 1 与零件 2 的接触面。

（2）在剖视图中，相互接触的两个零件的剖面线方向相反。3 个或 3 个以上零件相接触时，除其中两个零件的剖面线倾斜方向不同外，第三个零件则采用与前两个零件不同的剖面线间隔画出，如图 9-2 所示。在一张图样的各个视图中，同一零件的剖面线的方向与间隔应是一致的。

图 9-2　相邻零件的剖面线画法

（3）在剖视图中，若剖切平面通过实心杆件（如轴、杆等）和标准件（如螺母、螺栓、键和销等）的轴线，则这些零件按不剖画，仅画出外形。当剖切平面垂直于这些零件的轴线时，这些零件按剖视画，如图 9-3 所示。

二、特殊画法

1. 拆卸画法

当某一个或几个零件在装配图的某一视图中遮住了大部分装配关系或其他零件时，可假想拆

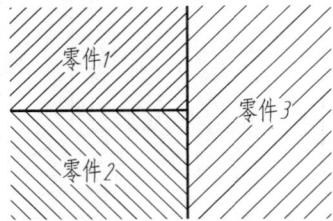

去一个或几个零件，只画出所要表达部分的视图，如图 9-1 所示球阀左视图。

2. 沿结合面剖切画法

为了表达内部结构，可沿结合面剖切机件，如图 9-3 所示，转子液压泵的右视图就是沿泵盖和垫片的结合面剖切后画出的。

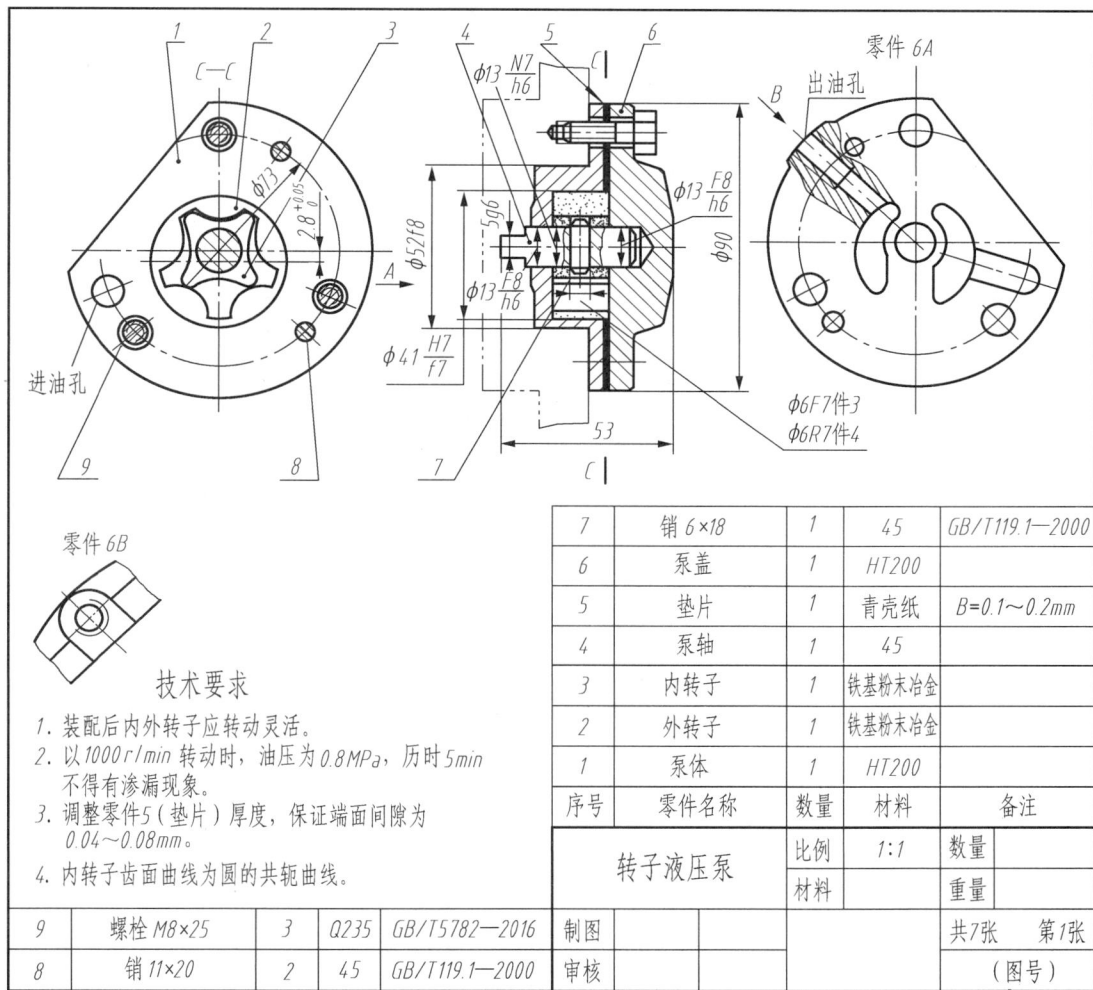

技术要求

1. 装配后内外转子应转动灵活。
2. 以 1000 r/min 转动时，油压为 0.8MPa，历时 5min 不得有渗漏现象。
3. 调整零件5（垫片）厚度，保证端面间隙为 0.04～0.08mm。
4. 内转子齿面曲线为圆的共轭曲线。

7	销 6×18	1	45	GB/T119.1—2000
6	泵盖	1	HT200	
5	垫片	1	青壳纸	B=0.1～0.2mm
4	泵轴	1	45	
3	内转子	1	铁基粉末冶金	
2	外转子	1	铁基粉末冶金	
1	泵体	1	HT200	
序号	零件名称	数量	材料	备注

转子液压泵	比例	1:1	数量	
	材料		重量	

9	螺栓 M8×25	3	Q235	GB/T5782—2016	制图			共7张 第1张
8	销 11×20	2	45	GB/T119.1—2000	审核			（图号）

图 9-3　转子液压泵

3. 单独表示某一零件画法

在装配图中，有时会看到某一零件的一个视图，如图 9-3 中"零件 6A""零件 6B"。这是因为零件 6 的形状、结构在装配图中未表达清楚，对理解装配关系及零件设计有影响，所以另外单独画出"零件 6A""零件 6B"视图。

4. 夸大画法

对于薄片零件、细丝弹簧和微小间隙等结构，在装配图中并未按其实际尺寸画出，而是采用

夸大画法画出，如图 9-3 中零件 5 垫片的画法。

5. 假想画法

为了表示与本部件有装配关系但又不属于本部件的其他相邻零、部件时，国标规定采用双点画线画出其他相邻零、部件轮廓，如图 9-3 中主视图。对于运动件的运动范围或极限位置，国标规定在一个极限位置画出该零件，在另一个极限位置用双点画线画出其轮廓，如图 9-1 中俯视图。

6. 展开画法

为了表达某些重叠的装配关系，国标规定可将其空间结构按顺序展开在一个平面上，再画出剖视图，如图 9-4 所示。

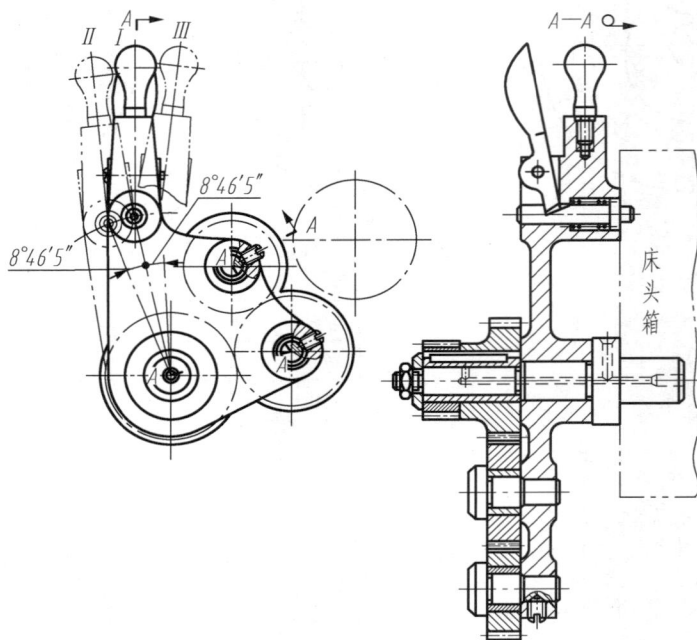

图 9-4　挂轮架的展开画法

7. 简化画法

（1）在装配图中，允许不画零件的工艺结构，如倒角、圆角、退刀槽等，如图 9-5 所示。

（2）在装配图中，螺母和螺栓头允许采用简化画法。对于螺纹紧固件等相同的零件组，允许只画出一处，其余可以只用点画线表示其中心位置，如图 9-5 和图 9-6 所示。

（3）在剖视图中，国标允许滚动轴承采用规定画法画出一半，另一半采用通用画法画出，如图 9-5 所示。

装配图的简化画法（上）

装配图的简化画法（下）

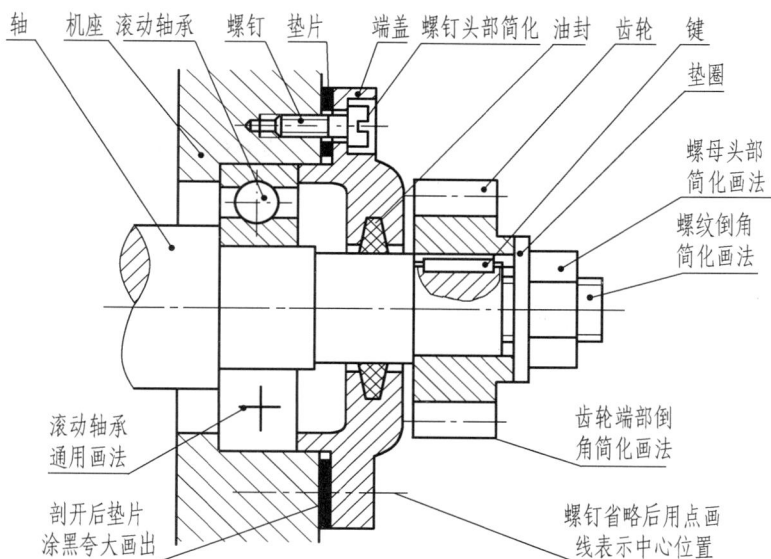

图 9-5 装配图的夸大画法与简化画法

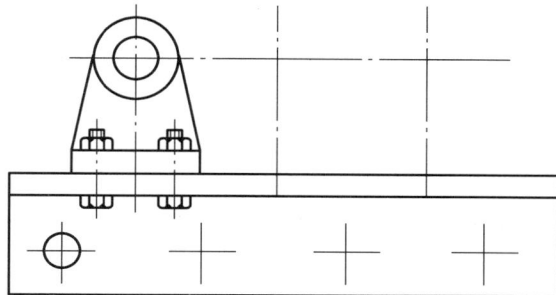

图 9-6 装配图中相同组件的简化画法

任务三 装配图的尺寸标注和技术要求

任务引出

在模块八零件图尺寸标注中，曾强调零件的尺寸标注要完整。装配图中画出了构成机器的所有零件，尺寸该如何标注？技术要求又该如何注写？这是本任务要解决的问题。

任务描述

本任务介绍装配图的尺寸标注及技术要求。

相关知识

一、尺寸标注

装配图不能像零件图那样注出所有尺寸，但必须注出说明机器性能、工作原理、装配关系及安装要求的 5 类尺寸。

1. 性能（规格）尺寸

性能（规格）尺寸表示机器或部件的性能和规格，它是设计、了解和选用机器的依据，如图 9-1 球阀主视图中的尺寸 $\phi80$。

2. 装配尺寸

（1）配合尺寸。配合尺寸表示两个零件之间的配合性质，如图 9-3 所示转子液压泵主视图中的 $\phi41H7/f7$、$\phi13N7/h6$。

（2）相对位置尺寸。相对位置尺寸是装配和调整机器所需要的尺寸，也是拆画零件图所需要的尺寸，如图 9-3 所示转子液压泵右视图中的 $\phi73$。

3. 安装尺寸

安装尺寸是机器或部件在地基上或与其他机器或部件相连接时所需要的尺寸，如图 9-1 所示球阀主视图中的尺寸 $\phi113$ 和 42，图 9-3 所示转子液压泵右视图中的尺寸 $\phi73$。

4. 外形尺寸

外形尺寸表示机器或部件外形轮廓的尺寸，是包装、运输和安装时需要的尺寸，如图 9-3 所示转子液压泵中的尺寸 53、$\phi90$。

5. 其他重要尺寸

这类尺寸是在设计中经过计算确定或选定的尺寸，但又未包括在上述 4 类尺寸中，如图 9-1 所示球阀主视图中的尺寸 $\phi107$ 和 $\phi97$，图 9-3 所示右视图中的尺寸 $2.8^{+0.05}_{0}$ 等。这类尺寸在拆画零件图时必须保证。

在一张装配图中，以上 5 类尺寸并不一定全部出现，但某一尺寸却有可能不仅仅属于一类尺寸，如图 9-3 中的 $\phi73$，它既是装配尺寸，又是安装尺寸。

二、技术要求

装配图中的技术要求通常用文字注写在明细栏的上方或图纸下方的空白处，其内容包括以下几方面。

（1）装配要求。机器或部件在装配过程中需注意的事项及装配后应达到的要求，如装配间隙、润滑要求等，如图 9-3 所示。

（2）检验要求。对装配后的机器或部件基本性能的检验、试验的要求，如图 9-1、图 9-3 所示。

（3）其他要求。对机器或部件的性能、规格参数、包装、运输及维护、保养、使用时的注意事项和要求等，如图 9-3 所示。

任务四 装配图上的零、部件序号和明细栏

任务引出

装配图表达了机器（或部件）中所有的零、部件，为了识别这些零、部件，装配图中标注了零、部件序号并绘制了说明零、部件的明细栏。必须了解这些规定，以便于识读装配图。

任务描述

装配图上对每个零、部件都用阿拉伯数字编写了序号，并按序号填写在明细栏中，如图 9-1 和图 9-3 所示。在看装配图时，可以根据零、部件序号查阅明细栏，了解零件的名称、材料和数量等。根据零、部件的序号及明细栏可以统计零、部件的数量，便于组织生产。本任务介绍装配图中零、部件序号的编排以及装配图中的明细栏的填写规定。

相关知识

一、零、部件序号

（1）相同的零、部件用同一个序号，其数量在明细栏中注明。

（2）零、部件序号指引线自所指部分的可见轮廓内引出，并在末端画一圆点，如图 9-7 所示。

（3）当所指部分（如很薄的零件或涂黑的剖面）内无法画圆点时，在指引线末端画箭头，并指向该部分的轮廓，如图 9-8 所示。

图 9-7　零、部件序号编写形式

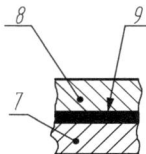

（4）一组紧固件以及装配关系清楚的零件组如螺栓、垫圈和螺母，经常采用公共指引线，如图 9-9 所示。

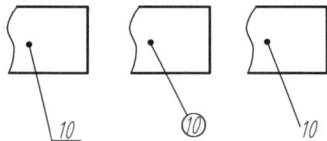

图 9-8　涂黑部分指引线末端采用箭头

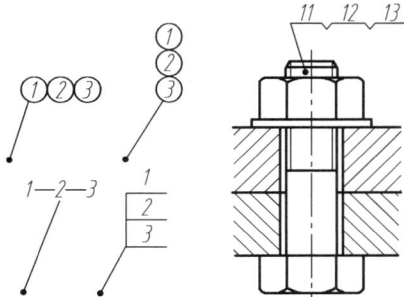

图 9-9　采用公共指引线的序号形式

（5）标准化组件如油杯、滚动轴承、电机等，经常被当作一个整体编写一个编号，如图 9-28 所示柱塞泵装配图中的 5 号件油杯。

（6）零、部件序号沿水平或垂直方向按顺时针或逆时针方向整齐排列。

二、明细栏

明细栏是机器或部件中全部零件的详细目录，国家标准《技术制图》对其作了规定，格式如图 9-10 所示。

明细栏中一般包含零件的序号、代号、名称、数量、材料、重量和备注等内容，如图 9-10 所示。

一般情况下，装配图的明细栏位于标题栏的上方，序号自下向上排列，并与图中序号对应。明细栏有时不在装配图中，而是以 A4 图幅作为装配图的续页，此时，序号则自上向下排列。

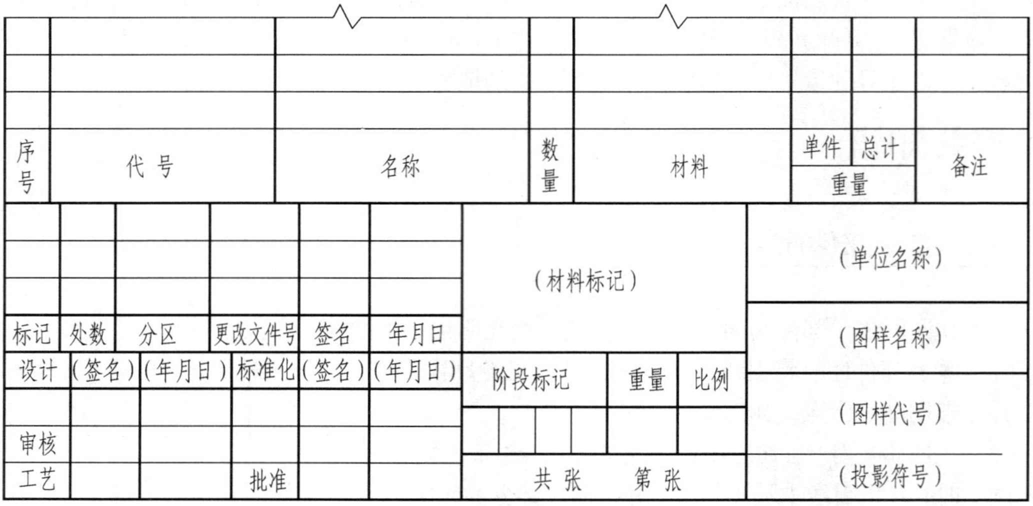

图 9-10　标题栏与明细栏

校内制图作业可以采用图 9-11 所示简化的标题栏与明细栏。

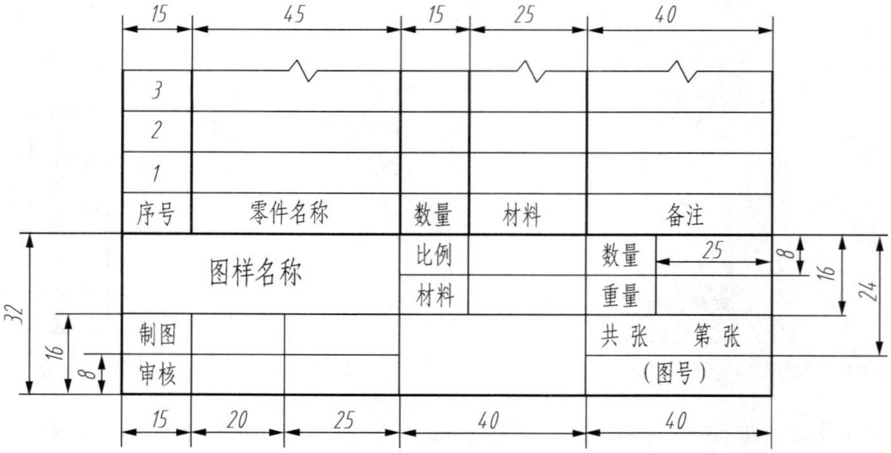

图 9-11　制图作业用标题栏与明细栏

任务五　常见装配结构

任务引出

为了使零件装配成机器（或部件）后能达到性能要求，并且在机器调试及日后维修时便于拆装，要求装配结构必须合理，这是绘制和识读装配图需要掌握的。

装配工艺结构画法

任务描述

本任务介绍常见的装配结构，并讨论其合理性。

相关知识

一、接触面与配合面

（1）两零件的接触面在同一方向上只能有一对平面接触，如图9-12所示。

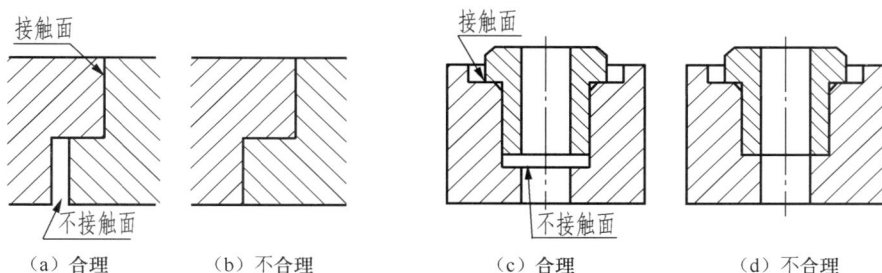

图 9-12　接触面的合理性

（2）同一方向上的孔和轴只允许有一对表面相配合，如图9-13所示。

（3）两圆锥面配合时，圆锥体的端面与锥孔底部之间应留有空隙，如图9-14所示，即 $L_2 > L_1$，以保证圆锥面配合，否则将增加零件制造的难度。

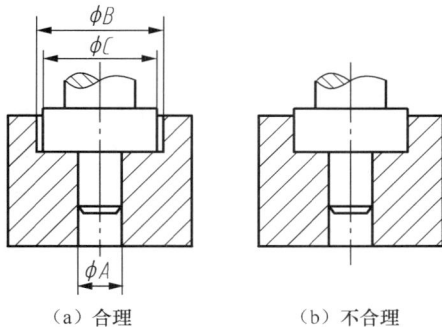

图 9-13　孔、轴配合的合理性　　　　图 9-14　圆锥面配合的合理性

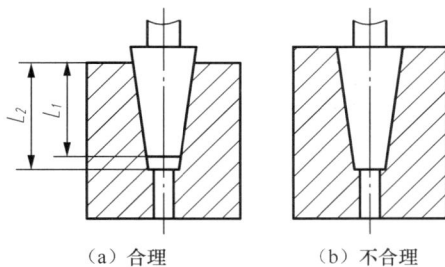

（4）两零件有一对直角相交的表面接触时，在转角处应制出不同的倒角、圆角或凹槽等结构，以保证接触良好，如图 9-15 所示。

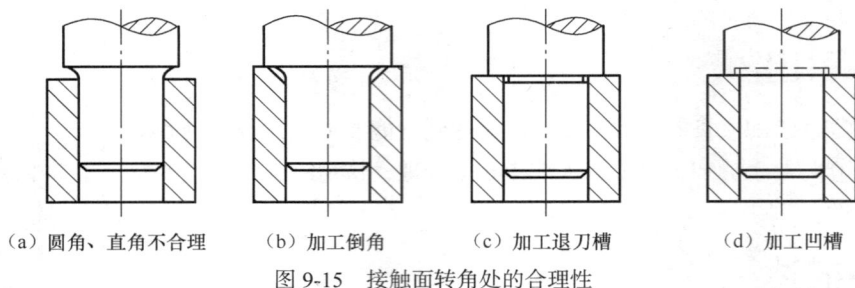

(a) 圆角、直角不合理　　(b) 加工倒角　　(c) 加工退刀槽　　(d) 加工凹槽

图 9-15　接触面转角处的合理性

（5）为保证螺纹能够拧紧，应适当加长螺纹尾部，在螺杆上加工出退刀槽，或者在螺孔上作出凹坑或倒角，如图 9-16 所示。

（6）为使螺栓等螺纹紧固件与被连接件表面有良好的接触，在被连接件上做出沉孔或凸台等结构，如图 9-17 所示。采用这种结构可以减少加工面积。

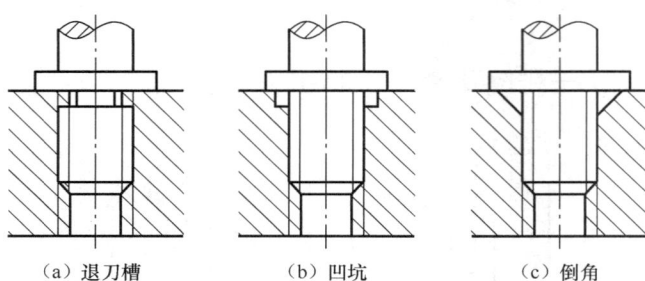

(a) 退刀槽　　(b) 凹坑　　(c) 倒角

图 9-16　螺纹连接的合理结构

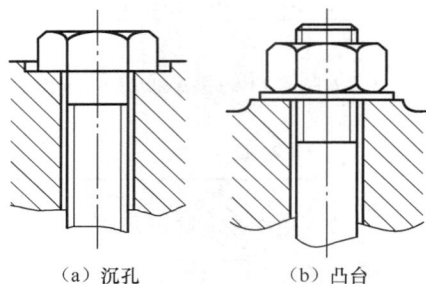

(a) 沉孔　　(b) 凸台

图 9-17　紧固件接触面的合理性

二、滚动轴承的定位及密封结构

（1）为防止滚动轴承产生轴向窜动，必须采用一定的结构固定其内、外圈，图 9-18 所示为常用定位结构：台肩、轴肩、弹性挡圈、端盖凸缘、圆螺母及止动垫圈和轴端挡圈等。

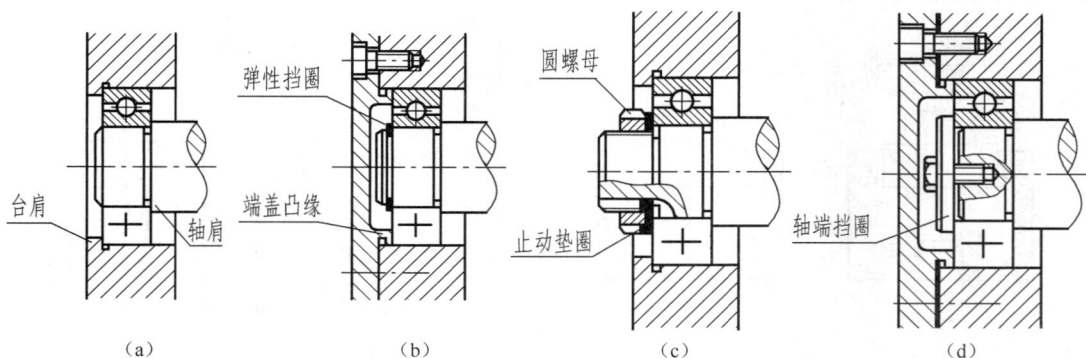

台肩　　轴肩　弹性挡圈　端盖凸缘　圆螺母　止动垫圈　轴端挡圈

(a)　　　　(b)　　　　(c)　　　　(d)

图 9-18　滚动轴承的定位

（2）滚动轴承需要进行密封，一方面是防止外部的灰尘和水进入轴承，另一方面是要防止轴承的润滑剂渗漏。几种常见的轴承密封结构如图 9-19 所示。密封所用密封件及局部结构已经标准化。

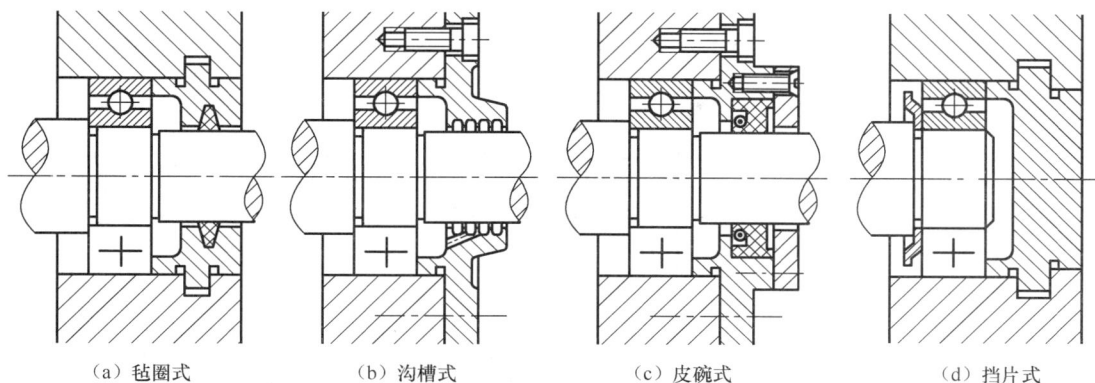

| （a）毡圈式 | （b）沟槽式 | （c）皮碗式 | （d）挡片式 |

图 9-19　轴承的密封结构

三、防松结构

机器运转时，由于受到振动或冲击，螺纹紧固件可能松动，一旦松动，极易造成严重事故。图 9-20 所示是螺纹紧固件防松的常见方式。

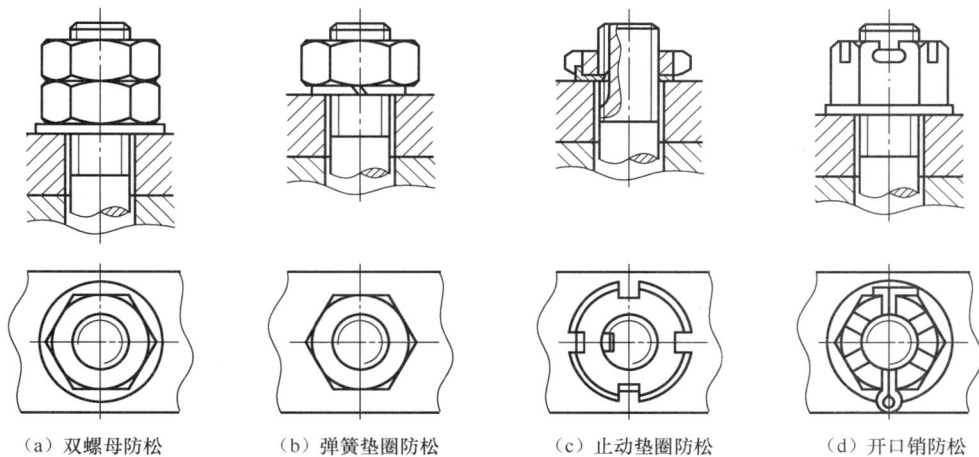

| （a）双螺母防松 | （b）弹簧垫圈防松 | （c）止动垫圈防松 | （d）开口销防松 |

图 9-20　螺纹紧固件的防松结构

（1）双螺母防松是依靠两螺母拧紧后，螺母之间产生的轴向力，使螺母牙与螺栓牙之间的摩擦力增大而防止螺母自动松脱。

（2）弹簧垫圈防松是在螺母拧紧后，垫圈受压变平，依靠这个变形力，使螺母牙与螺栓牙之间的摩擦力增大，同时垫圈开口的刀刃阻止螺母转动而防止螺母松脱。

（3）止动垫圈防松是止动垫圈与圆螺母联合使用，可以直接锁住螺母。这种装置常用来固定安装在轴端部的零件。

（4）开口销穿过螺杆上的销孔和六角槽型螺母上的槽，锁住六角槽型螺母，使二者不能相对

转动而防止松脱。

四、便于拆装的结构

（1）滚动轴承常以轴肩定位，为了维修时便于拆卸，要求轴肩、台肩的高度必须小于轴承内圈或外圈的厚度，如图 9-21 所示。

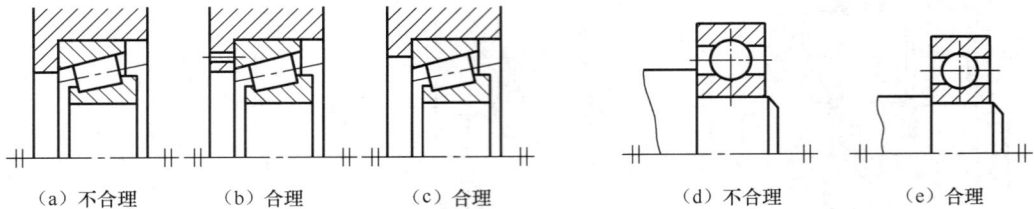

（a）不合理　　　（b）合理　　　（c）合理　　　　　　（d）不合理　　　（e）合理

图 9-21　轴承便于拆卸的合理结构

（2）部件中常采用圆柱销或圆锥销定位，以保证重装后两零件间相对位置的精度。为了加工销孔和拆卸销方便，应尽量将销孔做成通孔，如图 9-22 所示。

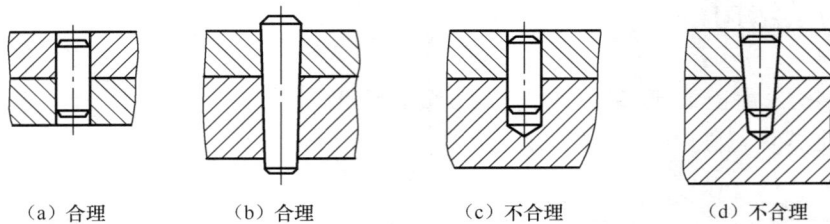

（a）合理　　　　　（b）合理　　　　　（c）不合理　　　　　（d）不合理

图 9-22　定位销便于拆装的合理结构

五、密封结构

在机器或部件中，为防止内部液体外漏，同时防止外部灰尘、杂质进入机器内部，需要密封防漏，图 9-23 给出了两种防漏的典型结构。

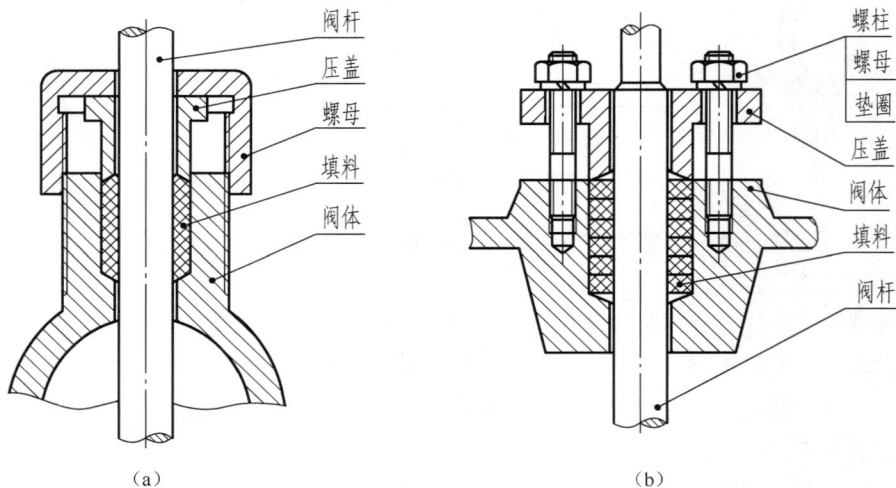

（a）　　　　　　　　　　　　　　　　（b）

图 9-23　密封防漏结构

任务六 识读装配图

任务引出

在机器（或部件）的制造、装配、使用、维修以及工作人员技术交流中，经常需要看装配图，因此需要研究如何识读装配图。

任务描述

识读装配图即通过对装配图的图形、尺寸、符号和文字的分析，了解机器或部件的名称、用途、工作原理、结构特点和零件间的装配连接关系，以及技术要求和操作方法等。

本任务以车用润滑系统中的两种泵为例，具体介绍识读装配图的方法及步骤。

相关知识

一、识读装配图时要了解的内容

（1）机器或部件的性能、功用和工作原理。

（2）各零件间的装配关系及各零件的拆装顺序。

（3）各零件的主要结构形状和作用。

（4）其他系统：润滑系统、防漏系统等原理和构造。

拆卸装配体

二、识读装配图举例

1. 识读图 9-24 所示齿轮油泵装配图

识读装配图的方法与步骤如下。

（1）概括了解。识读装配图时，首先通过标题栏和产品说明书了解部件的名称、用途。从明细栏了解组成该部件的零件名称、数量、材料以及标准件的规格。通过对视图的浏览，了解装配图的表达情况和复杂程度。从绘图比例和外形尺寸了解部件的大小。从技术要求看该部件在装配、试验、使用时有哪些具体要求，从而对装配图的大体情况和内容有一个概括的了解。

装配图综合案例——读虎钳装配图

齿轮油泵是汽车发动机润滑系统中一个重要的部件，其体积较小，要求转动平稳，保证供油，不能有渗漏；它由 15 种零件组成，其中有标准件 5 种。由此可知，这是一个较简单的部件。

（2）分析视图。了解视图、剖视图、断面图的数量，各自的表达意图和它们相互之间的关系，明确视图名称、剖切位置、投影方向，为下一步深入读图作准备。

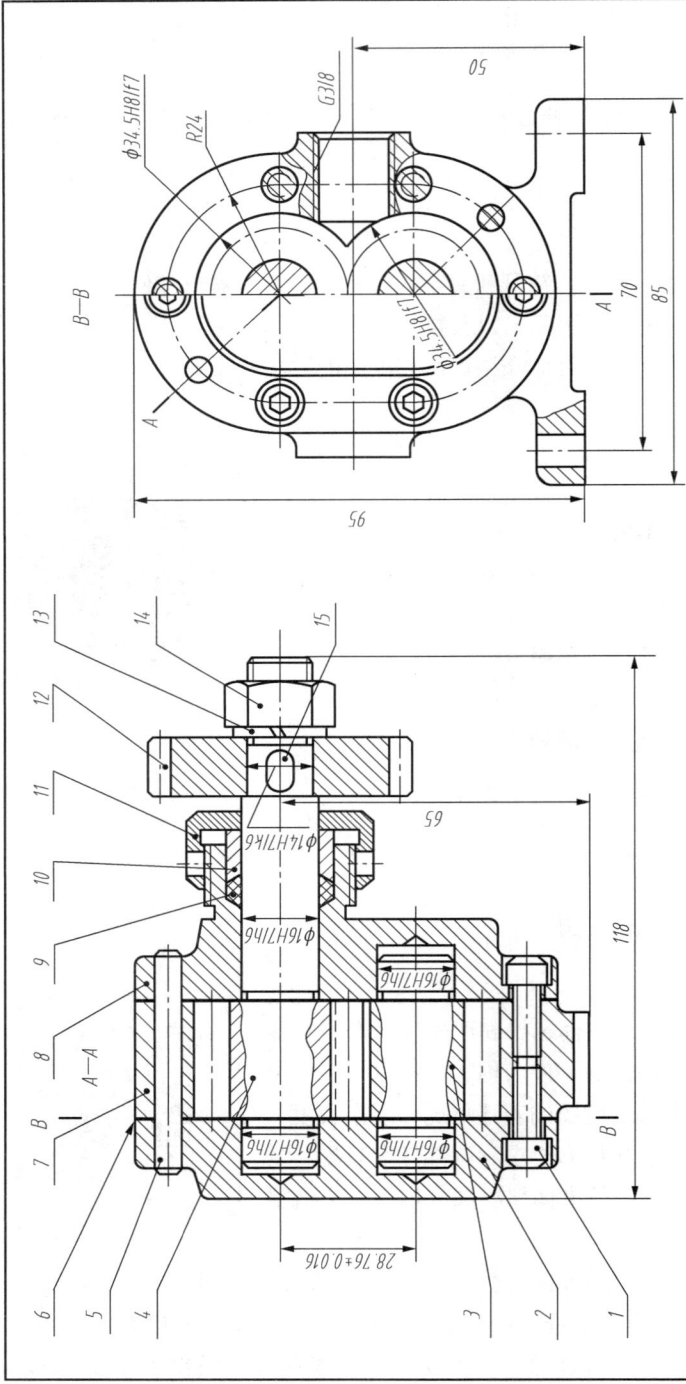

图9-24 齿轮油泵装配图

序号	零件名称	数量	材料	备注
15	键5×10	1	45	GB/T 1096—2003
14	螺母M12×1.5	1	35	GB/T 6170—2015
13	弹簧垫圈12	1	65Mn	GB 93—1987
12	传动齿轮	1	45	m=2.5, z=20
11	压紧螺母	1	35	
10	轴套	1	ZCuSn5Pb5Zn5	
9	密封圈	1	橡胶	
8	右端盖	1	HT200	
7	泵体	1	HT200	
6	垫片	2	工业用纸	
5	销A5×5	2		GB/T 119.1—2000
4	传动齿轮轴	1	45	m=3, z=9
3	齿轮轴	1	45	m=3, z=9
2	左端盖	1	HT200	
1	内六角圆柱头螺钉M6×16	12	35	GB/T 70.1—2008
序号	零件名称	数量	材料	备注

齿轮油泵

| 制图 | | 比例 | 1:2 | 共11张 第1张 |
| 审核 | | 材料 | | （图号） |

技术要求

1. 齿轮安装后，用手转动传动齿轮时，应灵活活装。
2. 两齿轮齿的啮合面占齿长的3/4以上。
3. 产品试验按CBF系列齿轮油泵技术规范进行。

齿轮油泵装配图共有两个基本视图。主视图采用了全剖视图 *A—A*，它将该部件的结构特点和零件间的装配、连接关系大部分表达出来。左视图采用了半剖视图 *B—B*（沿结合面剖切画法），它是沿垫片 6 与泵体 7 的结合面剖切的，清楚地反映出油泵的外部形状和内部齿轮的啮合情况，以及连接泵体与左、右端盖的销和螺钉的分布形式。局部剖则是用来表达进油口的。

（3）分析传动路线和工作原理。如果图样较简单，可直接分析；当部件比较复杂时，需参考说明书。分析时，应从机器或部件的传动入手：运动从零件 12 传动齿轮输入，当它按逆时针方向（从左视图上观察）转动时，通过零件 15 键，带动零件 4 传动齿轮轴，再经过齿轮啮合带动零件 3 齿轮轴，使之作顺时针方向转动。分析清楚传动关系后，下面来分析工作原理，如图 9-25 所示，当一对齿轮在泵体内作啮合传动时，出油区因轮齿啮合，油液被挤压从出油口排出，因而，啮合的轮齿在转动到进油区域分离时，进油空间的压力降低而产生局部真空，油池内的油液在大气压力作用下进入油泵低压区内的进油口，随着齿轮的转动，齿槽中的油不断沿箭头方向被带至出油口把油压出，送至机器中需要润滑的部位。

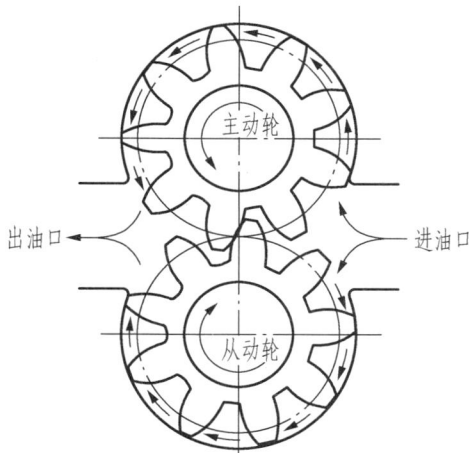

图 9-25 齿轮油泵工作原理示意图

凡属泵、阀类部件都需考虑防漏问题。为此，该泵在泵体与端盖的结合处加入了垫片 6，并在传动齿轮轴 4 的伸出端用密封圈 9、轴套 10、压紧螺母 11 加以密封。

（4）分析装配关系。为了保证实现部件的功能，零件之间有何种配合关系、连接方式和接触情况，这是应该分析清楚的，以便更加深入地了解部件。

① 连接方式：从图 9-24 中可以看出，端盖与泵体的连接是以 2 个圆柱销定位、采用 12 个螺钉紧固的方法实现的。

② 配合关系：传动齿轮 12 和传动齿轮轴 4 的配合为 $\phi14H7/k6$，属基孔制过渡配合。这种轴、孔两零件间较紧密的配合，既便于装配，又有利于与键一起将两零件连成一体传递动力。两齿轮轴 3、4 与左端盖 2、右端盖 8 上的轴孔的四处配合 $\phi16H7/h6$ 为间隙配合，它是最小间隙为零的间隙配合，既保证轴在孔中能自由转动，又可减小或避免轴的径向跳动。两齿轮轴 3、4 的轴线间距尺寸 28.76 ± 0.016，则反映出对齿轮啮合中心距的要求。不难想象，这个尺寸准确与否将会直接影响齿轮的传动情况。另外一些配合代号请读者自行分析。

（5）分析零件主要结构形状和用途。

为深入了解部件，还应进一步分析零件的主要结构形状和用途。

一台机器或部件上通常有标准件、常用件和一般零件。对于标准件和常用件一般容易看懂，但一般零件有简有繁，其作用和地位又各不相同，应先从主要零件开始分析，按照下面的方法确定零件的范围、结构、形状、功用和装配关系。

① 从主视图入手，对照零件在各视图中的投影关系。

② 根据零件剖面线的方向和间隔，分清零件的轮廓范围（同一零件的剖面线在各个视图上方向相同、间隔相等），进而运用形体分析法并辅以线面分析法进行仔细推敲，此外，还应考虑零件为什么要采用这种结构形状，以便进一步分析该零件的作用。

③ 根据装配图上所标注的配合代号，了解零件间的配合关系，确定零件加工精度。

④ 根据常见结构的表达方法和一些规定画法，识别零件，如轴承、齿轮、密封结构等。

⑤ 根据零件序号对照明细栏，找出零件的数量、材料、规格，帮助了解零件的作用和确定零件在装配图中的位置和范围。

⑥ 利用一般零件结构有对称性和相互连接两零件的接触面应大致相同的特点，帮助想象零件的结构形状（当某些零件的结构形状在装配图上表达不完整时）。有时还需要阅读零件图才能搞清零件的功用和结构特点。

对于齿轮油泵，左端盖在模块八中已介绍，相类似的齿轮轴在模块八中也已介绍过，在此主要是想象泵体 7 和右端盖零件 8 的结构形状，如图 9-26 所示。因为传动齿轮轴 4 从右端伸出，所以右端盖上不仅要有支承齿轮轴的通孔，还要有用于密封的外表面加工螺纹的套筒，以便套筒内装密封圈和压紧用的轴套，外部螺纹可以旋紧压紧螺母，实现密封防漏。

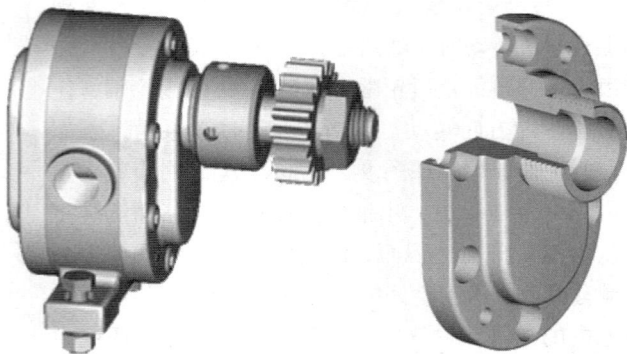

图 9-26　齿轮油泵泵体与右端盖

（6）归纳总结。在以上分析的基础上，还要对技术要求和全部尺寸进行分析，并把部件的性能、结构、装配、操作、维修等几方面联系起来研究，进行总结归纳，这样对部件才能有一个全面的了解。

齿轮油泵的装配顺序：将齿轮轴 3、4 装入泵体 7 内，分别在泵体左、右加垫片 6，盖上左端盖 2、右端盖 8；调整位置，拧紧 12 个件号为 1 的内六角圆柱头螺钉；钻销孔，装入 2 个件号为 5 的圆柱销；在传动齿轮轴 4 右端装上密封圈 9、轴套 10，拧紧压紧螺母 11；将键 15 装入传动齿轮轴 4 的键槽，再将传动齿轮 12 装上，在传动齿轮轴 4 的右端装上弹簧垫圈 13，拧紧螺母 14。

图 9-27 是齿轮油泵的轴测图，供看图时参考。

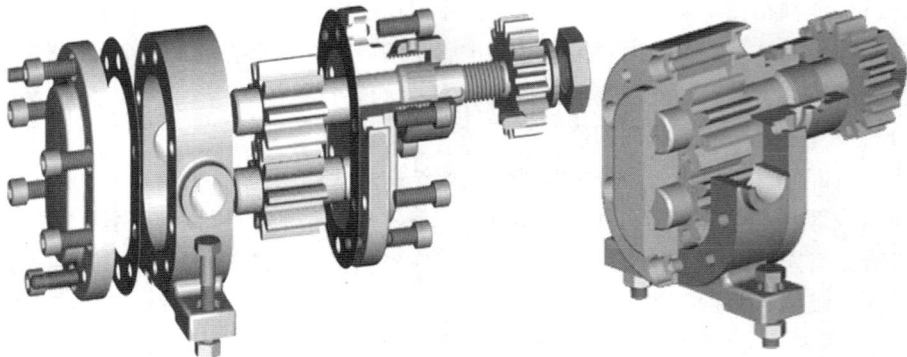

图 9-27　齿轮油泵轴测图

2. 识读图9-28所示柱塞泵装配图

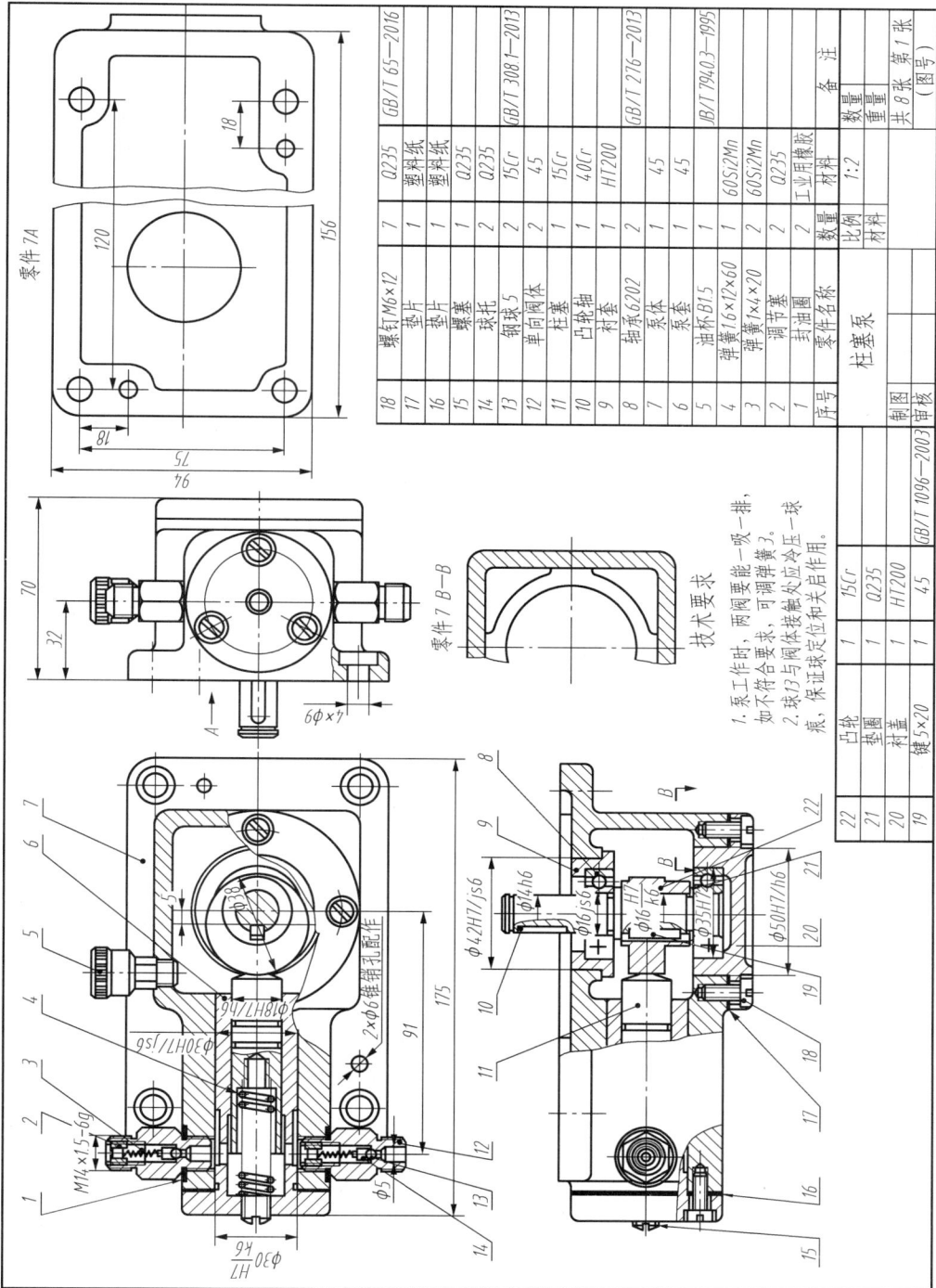

序号	零件名称	数量	材料	备注
18	螺钉M6×12	7	Q235	GB/T 65—2016
17	垫片	1	塑料纸	
16	垫片	1	塑料纸	
15	螺塞	1	Q235	
14	球托	2	Q235	GB/T 308.1—2013
13	钢球5	2	15Cr	
12	柱塞	1	45	
11	单向阀体	1	15Cr	
10	凸轮轴	1	40Cr	
9	轴承6202	2	HT200	GB/T 276—2013
8	泵体	1	45	
7	泵套	1	45	
6	衬套B15	2	60Si2Mn	
5	油杯16×12×60	1	60Si2Mn	GB/T 1940.3—1995
4	弹簧16×12×60	1	60Si2Mn	
3	弹簧1×4×20	2	60Si2Mn	
2	调节塞	2	Q235	
1	封油圈	2	工业用橡胶	
序号	零件名称	数量	材料	备注

		比例	1:2	共8张 第1张
柱塞泵		材料		（图号）
制图				
审核				

22	凸轮	1	15Cr	
21	基圈套	1	Q235	
20	衬套	1	HT200	
19	键5×20	1	45	GB/T 1096—2003

技术要求

1. 泵工作时，两阀要能一吸一排，如不符合要求，可调弹簧3。
2. 球13号阀体接触处应密压一球痕，保证球定位和关启作用。

图9-28 柱塞泵装配图

零件7A

零件7 B—B

识读柱塞泵装配图的步骤如下。

（1）概括了解。柱塞泵是润滑系统中的一个重要部件。看明细栏可知柱塞泵是由 22 个零件构成的，其名称、材料和数量均在明细栏中注明，有 5 个是标准件，其规格也已注明。

（2）分析视图。了解视图数量：柱塞泵采用了 5 个视图。根据投影关系，明确各视图的表达内容：主视图通过柱塞轴线作局部剖，表达柱塞与泵套间的装配关系，柱塞与凸轮接触，进、出油阀的结构以及与泵体的连接关系，油杯与泵体的连接，未剖部分表达外形；俯视图采用两处局部剖：较大的剖切面通过凸轮轴线，可知凸轮与凸轮轴连接方式，亦可知凸轮轴、轴承、衬盖、衬套和泵体间的连接关系，左端较小的局部剖视，表达泵套与泵体的连接；左视图主要表达外形，其上局部剖表达安装孔；零件 7 A 是装配图中单独表达某一零件的画法——泵体后视图，表达泵体安装结构和安装尺寸，因零件长度尺寸较大，采用简化画法；零件 7 B—B 剖视图，也是单独表达泵体的视图，局部剖表达泵体内部的局部结构。

（3）分析工作原理。根据主、俯视图可知：运动从凸轮轴 10 输入，通过键 19 将回转运动传递给凸轮 22，凸轮与柱塞 11 接触，当凸轮 22 转动到图示位置后，其径向尺寸逐渐变小，柱塞 11 在弹簧 4 的推动下，在泵套 6 内向右直线运动；泵套 6 左端的内腔容积增大，形成负压，下方单向阀的钢球 13 被推开，油液进入。在凸轮轴继续转动另一个 180° 的过程中，凸轮的径向尺寸由小变大，推动柱塞向左运动，弹簧被压缩，油腔容积变小，油液被挤压，使下方单向阀处于关闭位置，从而推开上方单向阀的钢球，将油液通过管路送到润滑系统。

螺塞 15 可以调节弹簧 4 的松紧。柱塞与凸轮的接触面是依靠油杯 5 润滑的。

（4）分析各零件间的装配连接关系。柱塞与泵套的配合 ϕ18H7/h6 是基孔制最小间隙为 0 的间隙配合，保证柱塞在泵套内的往复运动；为降低加工成本，采用分组装配法装配而成，故柱塞与泵套是精密偶件，不具有互换性。泵套与泵体有两处配合：左端 ϕ30H7/k6 和右端 ϕ30H7/js6，均为基孔制过渡配合。查附表 18、附表 19、附表 20 可知 ϕ30H7/k6 配合的最大过盈为 0.015，最大间隙为 0.019；ϕ30H7/js6 配合的最大过盈为 0.0065，最大间隙为 0.0275，可见左端配合较紧，右端配合较松，这样既便于装配，又可以保证密封。进、出油阀和油杯与泵体均采用螺纹连接。泵套、衬盖与泵体用螺钉连接。凸轮轴由滚动轴承支承，凸轮轴与凸轮采用键连接。

（5）分析零件。根据齿轮油泵装配图识读所述的方法，"剔出"柱塞泵上的标准件和简单的非标准件后，来看一个主要零件——柱塞泵的泵体 7，因为构成柱塞泵的其余 21 种零件都安装其上。可以根据三视图和"零件 7 A"视图以及"零件 7 B—B"局部剖视图了解零件 7 泵体的大致结构形状，再利用零件接触面基本相同的特点，根据主视图所示零件 20 衬盖前端形状，想象出泵体前端盖处的结构；从主、左视图和"零件 7 A"视图可知，泵体背板有 4 个安装用的螺栓孔 ϕ9 和两个定位销孔 ϕ6。其余零件可同样分析。

（6）归纳总结。在此基础上，还应对技术要求和图中所有尺寸进行分析，以便进一步了解机器或部件的设计意图和装配工艺性。如凸轮轴的装配顺序为：凸轮轴→键→凸轮→两端轴承→衬套→衬盖，而后由前向后一并装入泵体，再装上前端的 4 个螺钉。

任务七　由装配图拆画零件图

任务引出

设计新机器时根据使用要求，先画出装配图，确定实现其工作性能的主要结构，再根据装配图来画零件图，称拆画零件图。拆画零件图是继续设计零件的过程。

由装配图拆画零件图

任务描述

拆画零件图是重要的零件设计工作。在模块八中，已经对零件图的作用、要求和画法作了讨论，本任务仅对拆画零件图提出几项要求。

相关知识

一、根据装配图拆画零件图的要求

1. 看懂机器或部件的装配图

画图前必须认真阅读装配图，全面了解设计意图，弄清工作原理、装配关系、技术要求以及零件的结构形状。

2. 使零件图既符合设计要求也符合工艺要求

拆画零件图时，不但要从设计角度考虑零件的作用和要求，还要从工艺方面考虑零件的制造和装配。

二、根据装配图拆画零件图要注意的问题

1. 零件分类

按照对零件的要求，零件可分以下 3 类。

（1）标准件。标准件大多属于外购件，此类零件不需要画出零件图。

（2）特殊零件。特殊零件是设计时确定的重要零件，在设计说明书中附有这类零件的图样或重要数据，如车用自动变速器中液力变矩器的叶片、发动机的喷嘴。这类零件应按给出的图样或数据绘制零件图。

（3）一般零件。这类零件是拆画零件图的主要对象，主要按照装配图上体现的形状、大小和有关技术要求画图。

2. 确定表达方案

（1）分离零件。分析要拆画的零件在机器或部件中的作用和结构，把需要拆画的零件从装配图的各个视图中分离出来（在本模块"任务六　识读装配图"中已详述）。

（2）补全零件结构形状。在装配图中，零件上的某些局部结构往往没有画出；标准的工艺结构，如倒角、圆角、退刀槽、砂轮越程槽等也未表达（装配图特殊画法规定可以不画），这些结构在拆画零件图时应补全。

（3）确定零件的表达方案。零件的表达方案是根据零件的结构形状特点考虑的，不强求与装配图一致。一般机器或部件的壳体、箱体类主要零件的主视图多与装配图一致。对于轴套类零件，一般主视图按加工位置——轴线水平放置选取。

3. 确定零件尺寸

零件图上需要注出零件制造、检验所需的全部尺寸，但装配图中仅有5类尺寸，所以应按下面介绍的方法确定零件的尺寸。

（1）装配图上已注出的尺寸，直接抄注在零件图上。

（2）装配图上注出配合代号的尺寸及某些相对位置尺寸，要注出公差带代号或偏差数值。

（3）与标准件相连接或配合的有关尺寸，如螺纹的有关尺寸、销孔直径等，要从相应标准中查取。

（4）某些零件在明细栏中给出了尺寸，如垫片厚度等，要按给出的尺寸注写。

（5）根据装配图所给出的数据进行计算的尺寸，如齿轮的分度圆、齿顶圆直径等，要经过计算再注写。

（6）标准结构的尺寸，如倒角、沉孔、螺纹退刀槽、砂轮越程槽等，要从有关手册中查取。

（7）其他零件结构形状的大小已经过设计人员的考虑，虽未注尺寸，但基本上是合适的。因此，可以直接从图样上按比例量取注出，注意尺寸数字的圆整并取标准化数值。

4. 确定技术要求

零件的技术要求除在装配图上已标出的（如配合要求），可直接应用到零件图上外，其他的技术要求，如表面粗糙度、几何公差等，要根据零件的作用通过查表或参照同类产品确定。

三、拆画零件图举例

拆画图9-24所示齿轮油泵的8号零件右端盖的零件图。

1. 看懂装配图，分离零件

看懂装配图和分离零件这两个步骤可参见本模块"任务六　识读装配图"相关内容。

2. 确定零件的表达方案

按装配图主视图方向、位置画出右端盖的主视图，因其结构简单，只需主、左视图即可表达该零件。为表达主、从动轴孔及销孔，主视图采用两个相交的剖切平面 A—A 全剖，左视图采用视图表达。

3. 标注尺寸

零件图中 3 个精度最高的尺寸：两个齿轮轴孔 $\phi16^{+0.018}_{0}$、轴孔中心距 28.76 ± 0.016 都是装配图中注出的尺寸，还有螺钉孔和销孔直接抄注即可。右端密封用套筒的螺纹尺寸可根据装配图测得的直径，查阅标准确定。密封用套筒内孔 $\phi20$ 由装配图中按比例量得基本尺寸，再查阅相关设计手册，确定极限偏差数值。其余尺寸均由装配图中按比例测得注出。

4. 确定表面粗糙度与几何公差等技术要求

表面粗糙度、几何公差及热处理等技术要求可查阅相应设计手册或采用类比法确定。

图 9-29 所示即根据图 9-24 所示齿轮油泵装配图拆画的右端盖零件图。

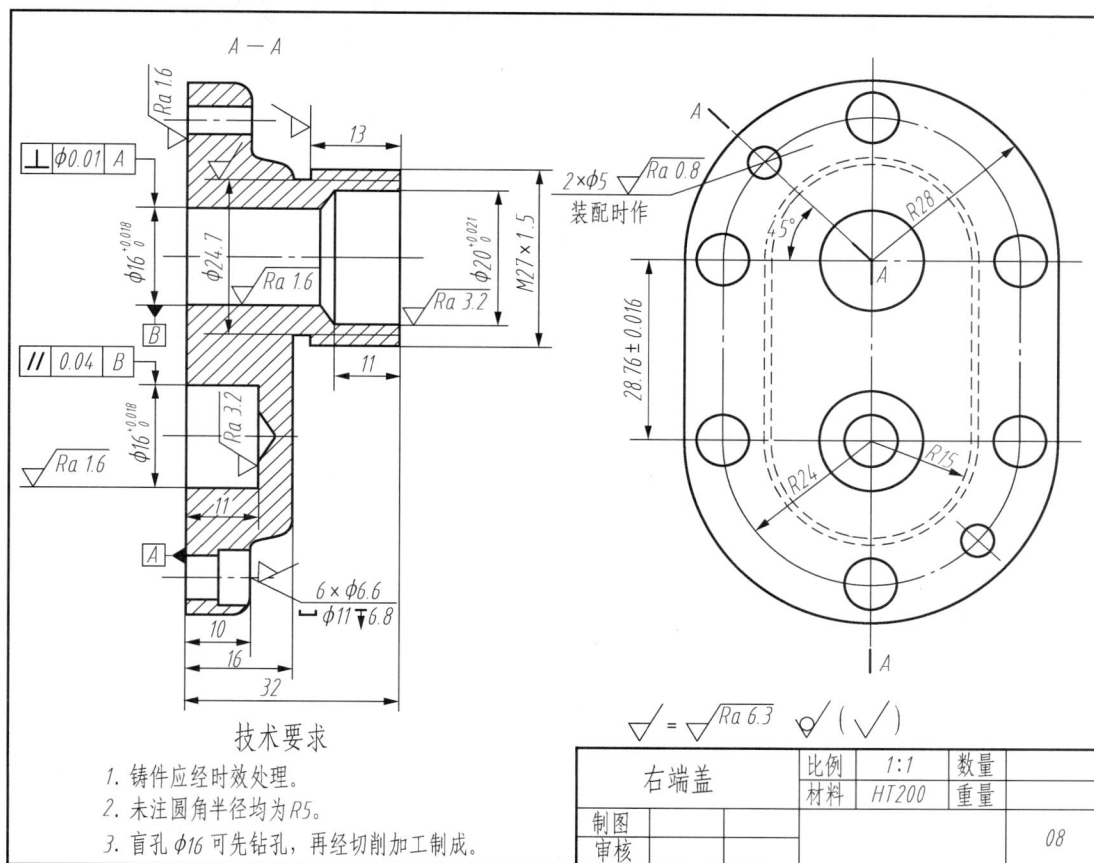

图 9-29　齿轮油泵右端盖零件图

附录 A 螺纹

附表 1 　　普通螺纹直径与螺距（GB/T 193—2003、GB/T 196—2003）　　（单位：mm）

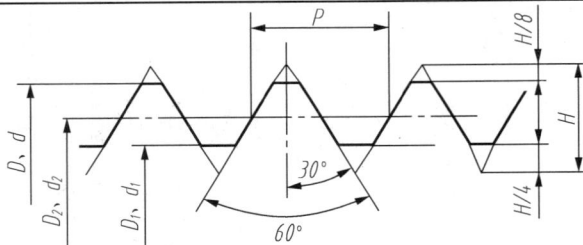

标记示例

公称直径 24mm、螺距 3mm、右旋粗牙普通螺纹，其标记为：M24

公称直径 24mm、螺距 1.5mm、左旋细牙普通螺纹，公差代号 7H，其标记为：M24×1.5LH

公称直径 D, d		螺距 P		粗牙螺纹中径 D_2, d_2	粗牙螺纹小径 D_1, d_1
第一系列	第二系列	粗 牙	细 牙		
3		0.5	0.35	2.675	2.459
	3.5	0.6		3.110	2.850
4		0.7		3.545	3.242
	4.5	0.75	0.5	4.013	3.688
5		0.8		4.480	4.134
6		1	0.75	5.350	4.917
8		1.25	1,0.75	7.188	6.647
10		1.5	1.25, 1, 0.75	9.026	8.376
12		1.75	1.5, 1.25, 1	10.863	10.106
	14	2	1.5, 1	12.701	11.835
16		2	1.5, 1	14.701	13.835
	18	2.5	2, 1.5, 1	16.376	15.294
20		2		18.376	17.294

公称直径 D, d		螺距 P		粗牙螺纹中径 D_2, d_2	粗牙螺纹小径 D_1, d_1
第一系列	第二系列	粗 牙	细 牙		
	22	2.5	2, 1.5, 1	20.376	19.294
24		3	2, 1.5, 1	22.051	20.752
	27	3	2, 1.5, 1	25.051	23.752
30		3.5	(3), 2, 1.5, 1	27.727	26.211
	33	3.5	(3), 2, 1.5	30.727	29.211
36		4	3, 2, 1.5	33.402	31.670
	39	4		36.402	34.670
42		4.5		39.077	37.129
	45	4.5	4, 3, 2, 1.5	42.077	40.129
48		5		44.752	42.587
	52	5		48.752	46.587
56		5.5		52.428	50.046
	60	5.5	4, 3, 2, 1.5	56.428	54.046
64		6		60.103	57.505
	68	6		64.103	61.505

注：1. 公称直径优先选用第一系列，第三系列未列出（尽可能不用），括号内的尽可能不用。

　　2. M14×1.25 仅用于火花塞。

附表2　　　　　梯形螺纹直径与螺距系列（GB/T 5796.3—2005）　　　　（单位：mm）

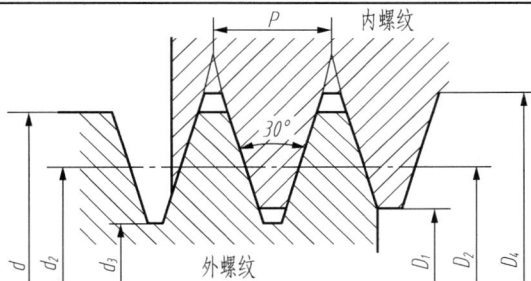

标记示例

公称直径 28mm、螺距 5mm、中径公差代号为 7H 的单线右旋梯形内螺纹，其标记为：Tr28×5-7H

公称直径 28mm、导程 10mm、螺距 5mm、中径公差代号为 8e 的双线左旋梯形外螺纹，其标记为：Tr28×10 (P5) LH-8e

内外螺纹旋合所组成的螺纹副的标记为：Tr24×8-7H/8e

公称直径 d		螺距 P	中径 $d_2=D_2$	大径 D_4	小径		公称直径 d		螺距 P	中径 $d_2=D_2$	大径 D_4	小径	
第一系列	第二系列				d_3	D_1	第一系列	第二系列				d_3	D_1
8		1.5	7.25	8.30	6.20	6.50		14	2	13.00	14.50	11.50	12.00
	9	1.5	8.25	9.30	7.20	7.50			3	12.50	14.50	10.50	11.00
		2	8.00	9.50	6.50	7.00	16		2	15.00	16.50	13.50	14.00
10		1.5	9.25	10.30	8.20	8.50			4	14.00	16.50	11.50	12.00
		2	9.00	10.50	7.50	8.00	18		2	17.00	18.50	15.50	16.00
	11	2	10.00	11.50	8.50	9.00			4	16.00	18.50	13.50	14.00
		3	9.50	11.50	7.50	8.00	20		2	19.00	20.50	17.50	18.00
12		2	11.00	12.50	9.50	10.00			4	18.00	20.50	15.50	16.00
		3	10.50	12.50	8.50	9.00		22	3	20.50	22.50	18.50	19.00

续表

| 公称直径 d | | 螺距 P | 中径 $d_2=D_2$ | 大径 D_4 | 小径 | | 公称直径 d | | 螺距 P | 中径 $d_2=D_2$ | 大径 D_4 | 小径 | |
第一系列	第二系列				d_3	D_1	第一系列	第二系列				d_3	D_1
	22	5	19.50	22.50	16.50	17.00		32	3	30.50	32.50	28.50	29.00
		8	18.00	23.00	13.00	14.00			6	29.00	33.00	25.00	26.00
24		3	22.50	24.50	20.50	21.00			10	27.00	33.00	21.00	22.00
		5	21.50	24.50	18.50	19.00		34	3	32.50	34.50	30.50	31.00
		8	20.00	25.00	15.50	16.00			6	31.00	35.00	27.00	28.00
	26	3	24.50	26.50	22.50	23.00			10	29.00	35.00	23.00	24.00
		5	23.50	26.50	20.50	21.00	36		3	34.50	36.50	32.50	33.00
		8	22.00	27.00	17.00	18.00			6	33.00	37.00	29.00	30.00
28		3	26.50	28.50	24.50	25.00			10	31.00	37.00	25.00	26.00
		5	25.50	28.50	22.50	23.00		38	3	36.50	38.50	34.50	35.00
		8	24.00	29.00	19.00	20.00			7	34.50	39.00	30.00	31.00
	30	3	28.50	30.50	26.50	27.00			10	33.00	39.00	27.00	28.00
		6	27.00	31.00	23.00	24.00	40		3	38.50	40.50	36.50	37.00
		10	25.00	31.00	19.00	20.00			7	36.50	41.00	32.50	33.00
									10	35.00	41.00	29.00	30.00

注：螺纹公差带代号：外螺纹有 9c、8c、8e、7e；内螺纹有 9H、8H、7H。

附表3　　　　　55° 非密封的管螺纹（GB/T 7307—2001）

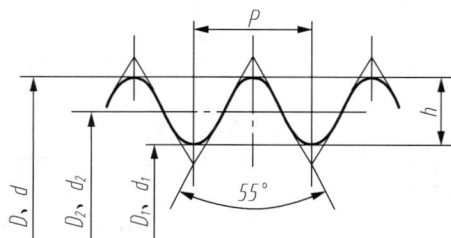

标记示例
尺寸代号 1 1/2 的左旋 A 级外螺纹：G 1 1/2A–LH
尺寸代号 1/2 的右旋内螺纹 G1/2
尺寸代号 1/2 的右旋 B 级外螺纹：G1/2B

（单位：mm）

| 螺纹尺寸代号 | 每25.4mm内的牙数 | 螺距 P | 基本直径 | | 螺纹尺寸代号 | 每25.4mm内的牙数 | 螺距 P | 基本直径 | |
			大径 d, D	小径 d_1, D_1				大径 d, D	小径 d_1, D_1
1/8	28	0.907	9.728	8.566	1		2.309	33.249	30.291
1/4	19	1.337	13.157	11.445	1 1/8		2.309	37.897	34.939
3/8		1.337	16.662	14.950	1 1/4		2.309	41.910	38.952
1/2	14	1.814	20.955	18.631	1 1/2	11	2.309	47.803	44.845
(5/8)		1.814	22.911	20.587	1 3/4		2.309	53.746	50.788
3/4		1.814	26.441	24.117	2		2.309	59.614	56.656
(7/8)		1.814	30.201	27.877	2 1/4		2.309	65.710	62.752

附表4　　　　　　　　　　55° 密封的管螺纹（GB/T 7306—2000）　　　　　　（单位：mm）

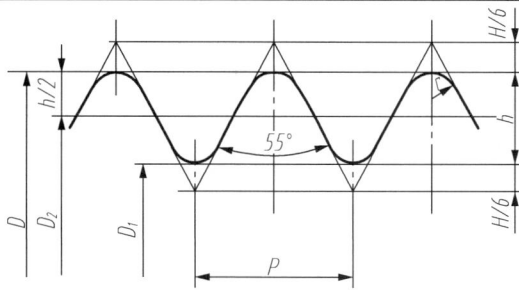

标记示例

尺寸代号 1/2 的左旋圆柱内螺纹：Rp 1/2LH

尺寸代号 1/2 的右旋圆锥外螺纹：R1/2

尺寸代号 1/2 的右旋圆锥内螺纹：Rc1/2

尺寸代号 1/2 的右旋圆锥内螺纹、圆锥外螺纹副：Rc/R1/2

尺寸代号 3/4 的右旋圆柱内螺纹、圆锥外螺纹副：Rp/R3/4

尺寸代号	每25.4mm内所含的牙数 n	螺距 P	牙高 h	基准平面内的基本直径			基准距离（基本）	外螺纹的有效螺纹（不小于）
				大径（基准直径）$d=D$	中径 $d_2=D_2$	小径 $d_1=D_1$		
1/16	28	0.907	0.581	7.723	7.142	6.561	4	6.5
1/8	28	0.907	0.581	9.728	9.147	8.566	4	6.5
1/4	19	1.337	0.856	13.157	12.301	11.445	6	9.7
3/8	19	1.337	0.856	16.662	15.806	14.950	6.4	10.1
1/2	14	1.814	1.162	20.955	19.793	18.631	8.2	13.2
3/4	14	1.814	1.162	26.441	25.279	24.117	9.5	14.5
1	11	2.309	1.479	33.249	31.770	30.291	10.4	16.8

附录B 标准件

附表5　　　　　　　　　　　　　　六角头螺栓　　　　　　　　　　　　　　（单位：mm）

六角头螺栓　C 级（摘自 GB/T 5780—2016）　　　　　　　　　六角头螺栓　全螺纹　C 级（摘自 GB/T 5781—2016）

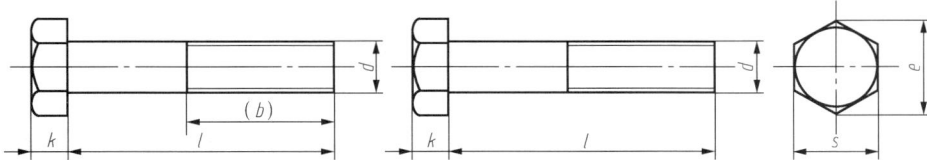

标记示例

螺栓　GB/T 5780—2016　M20×100（螺纹规格 d=M20、公称长度 l=100 mm、性能等级为 4.8 级、不经表面处理、杆身半螺纹、产品等级为 C 级的六角头螺栓）

	螺纹规格 d	M5	M6	M8	M10	M12	M16	M20	M24	M30	M36	M42
b 参考	l公称≤125	16	18	22	26	30	38	46	54	66	—	—
	125<l公称≤200	22	24	28	32	36	44	52	60	72	84	96
	l公称>200	35	37	41	45	49	57	65	73	85	97	109
k公称		3.5	4.0	5.3	6.4	7.5	10	12.5	15	18.7	22.5	26
s_{max}		8	10	13	16	18	24	30	36	46	55	65
e_{min}		8.63	10.9	14.2	17.6	19.9	26.2	33.0	39.6	50.9	60.8	71.3
l范围	GB/T 5780	25～50	30～60	35～80	40～100	45～120	55～160	65～200	80～240	90～300	110～300	160～420
	GB/T 5781	10～40	12～50	16～65	20～80	25～100	35～100	40～100	50～100	60～100	70～100	80～420
l公称		10、12、16、20～65（5 进位）、70～160（10 进位）、180、200、220～500（20 进位）										

附表6　　　　　1型六角螺母　**C** 级（摘自 GB/T 41—2016）　　　　　（单位：mm）

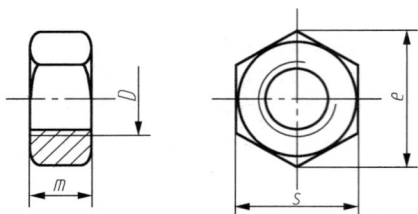

标记示例

螺母　GB/T 41—2016　M10

（螺纹规格 D=M10、性能等级为 5 级、不经表面处理、产品等级为 C 级的六角螺母）

螺纹规格 D	M5	M6	M8	M10	M12	M16	M20	M24	M30	M36	M42	M48	M56
s_{max}	8	10	13	16	18	24	30	36	46	55	65	75	85
e_{min}	8.63	10.89	14.20	17.59	19.85	26.17	32.95	39.55	50.85	60.79	71.3	82.6	93.56
m_{max}	5.6	6.4	7.9	9.5	12.2	15.9	19	22.3	26.4	31.9	34.9	38.9	45.9

附表7　　　　　1型六角开槽螺母——A 和 B 级（GB 6178—1986）　　　　　（单位：mm）

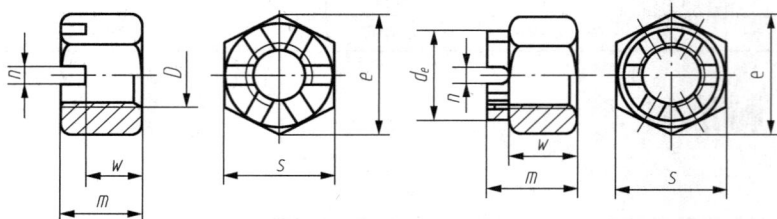

标记示例

螺纹规格 D=M5、性能等级为 8 级、不经表面处理、A 级的 1 型六角开槽螺母：

螺母　GB 6178—M5

螺纹规格 D	M4	M5	M6	M8	M10	M12	（M14）	M16	M20	M24	M30
d_e									28	34	50
e	7.7	8.8	11	14	17.8	20	23	26.8	33	39.6	50.9
m	6.7	7.7	9.8	12.4	15.8	17.8	20.8	24	29.5	34.6	
n	1.2	1.4	2	2.5	2.8	3.5	3.5	4.5	5.5	7	
s	7	8	10	13	16	18	21	24	30	36	46
w	3.2	4.7	5.2	6.8	8.4	10.8	12.8	14.8	18	21.5	25.6
开口销	1×10	1.2×12	1.6×14	2×16	2.5×20	3.2×22	3.2×25	4×28	4×36	5×40	6.3×50

注：1. 尽可能不采用括号内的规格；

　　2. A 级用于 $D \leqslant 16$ mm 的螺母；B 级用于 $D > 16$ mm 的螺母。

附表8　　　　　　　　　　　　双头螺柱　　　　　　　　　　（单位：mm）

$b_m=1d$（GB/T 897—1988）　$b_m=1.25d$（GB/T 898—1988）　$b_m=1.5d$（GB/T 899—1988）　$b_m=2d$（GB/T 900—1988）

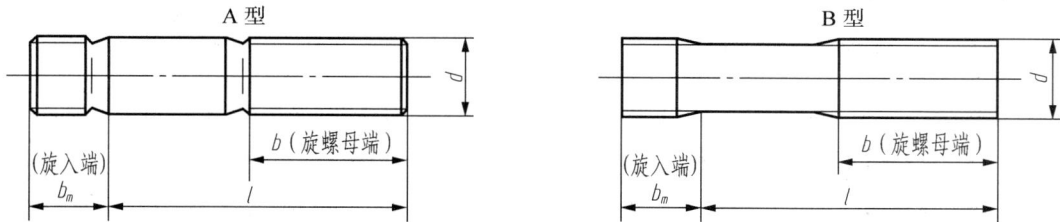

A 型　　　　　　　　　　　　　　　　　　　　　B 型

标记示例

螺柱　GB/T 900—1988　M10×50（两端均为粗牙普通螺纹、d=M10、l=50mm、性能等级为4.8级、不经表面处理、B 型、b_m=2d 的双头螺柱）

螺柱　GB/T 900—1988　AM10-10×1×50（旋入机体一端为粗牙普通螺纹、旋螺母端为螺距 P=1mm 的细牙普通螺纹、d=M10、l=50mm、性能等级为4.8级、不经表面处理、A 型、b_m=2d 的双头螺柱）

螺纹规格 (d)	b_m（旋入机体端长度）				$\dfrac{l（螺柱长度）}{b（旋螺母端长度）}$					
	GB/T 897	GB/T 898	GB/T 899	GB/T 900						
M4	—	—	6	8	$\dfrac{16\sim22}{8}$	$\dfrac{25\sim40}{14}$				
M5	5	6	8	10	$\dfrac{16\sim22}{10}$	$\dfrac{25\sim50}{16}$				
M6	6	8	10	12	$\dfrac{20\sim22}{10}$	$\dfrac{25\sim30}{14}$	$\dfrac{32\sim75}{18}$			
M8	8	10	12	16	$\dfrac{20\sim22}{12}$	$\dfrac{25\sim30}{16}$	$\dfrac{32\sim90}{22}$			
M10	10	12	15	20	$\dfrac{25\sim28}{14}$	$\dfrac{30\sim38}{16}$	$\dfrac{40\sim120}{26}$	$\dfrac{130}{32}$		
M12	12	15	18	24	$\dfrac{25\sim30}{16}$	$\dfrac{32\sim40}{20}$	$\dfrac{45\sim120}{30}$	$\dfrac{130\sim180}{36}$		
M16	16	20	24	32	$\dfrac{30\sim38}{20}$	$\dfrac{40\sim55}{30}$	$\dfrac{60\sim120}{38}$	$\dfrac{130\sim200}{44}$		
M20	20	25	30	40	$\dfrac{35\sim40}{25}$	$\dfrac{45\sim65}{35}$	$\dfrac{70\sim120}{46}$	$\dfrac{130\sim200}{52}$		
M24	24	30	36	48	$\dfrac{45\sim50}{30}$	$\dfrac{55\sim75}{45}$	$\dfrac{80\sim120}{54}$	$\dfrac{130\sim200}{60}$		
M30	30	38	45	60	$\dfrac{60\sim65}{40}$	$\dfrac{70\sim90}{50}$	$\dfrac{95\sim120}{66}$	$\dfrac{130\sim200}{72}$	$\dfrac{210\sim250}{85}$	
M36	36	45	54	72	$\dfrac{65\sim75}{45}$	$\dfrac{80\sim110}{60}$	$\dfrac{120}{78}$	$\dfrac{130\sim200}{84}$	$\dfrac{210\sim300}{97}$	
M42	42	52	63	84	$\dfrac{70\sim80}{50}$	$\dfrac{85\sim110}{70}$	$\dfrac{120}{90}$	$\dfrac{130\sim200}{96}$	$\dfrac{210\sim300}{109}$	
M48	48	60	72	96	$\dfrac{80\sim90}{60}$	$\dfrac{95\sim110}{80}$	$\dfrac{120}{102}$	$\dfrac{130\sim200}{108}$	$\dfrac{210\sim300}{121}$	
$l_{公称}$	12、（14）、16、（18）、20、（22）、25、（28）、30、（32）、35、（38）、40、45、50、（55）、60、（65）、70、75、80、85、90、95、100～260（10 进位）、280、300									

注：1. 尽可能不采用括号内的规格。末端按 GB/T 2—2016 规定；

　　2. b_m=1d，一般用于钢对钢；b_m=（1.25～1.5）d，一般用于钢对铸铁；b_m=2d，一般用于钢对铝合金。

附表 9 螺钉 （单位：mm）

开槽圆柱头螺钉（GB/T 65—2016）

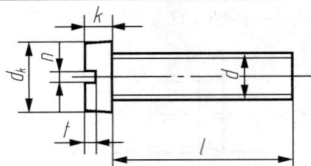

开槽盘头螺钉（GB/T 67—2016）

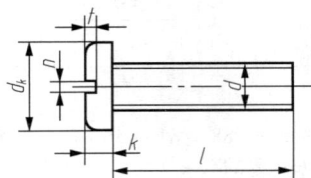

开槽沉头螺钉（GB/T 68—2016）

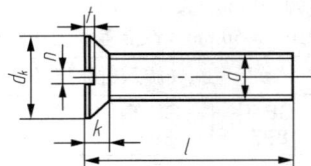

标记示例

螺钉 GB/T 65—2016 M5×20（螺纹规格 d=M5、l=50mm、性能等级为 4.8 级、不经表面处理的开槽圆柱头螺钉）

螺纹规格 d		M 1.6	M2	M2.5	M3	（M3.5）	M4	M5	M6	M8	M10
n 公称		0.4	0.5	0.6	0.8	1	1.2	1.2	1.6	2	2.5
GB/T 65	d_k max	3	3.8	4.5	5.5	6	7	8.5	10	13	16
	k max	1.1	1.4	1.8	2	2.4	2.6	3.3	3.9	5	6
	t min	0.45	0.6	0.7	0.85	1	1.1	1.3	1.6	2	2.4
	l 范围	2～16	3～20	3～25	4～30	5～35	5～40	6～50	8～60	10～80	12～80
GB/T 67	d_k max	3.2	4	5	5.6	7	8	9.5	12	16	20
	k max	1	1.3	1.5	1.8	2.1	2.4	3	3.6	4.8	6
	t min	0.35	0.5	0.6	0.7	0.8	1	1.2	1.4	1.9	2.4
	l 范围	2～16	2.5～20	3～25	4～30	5～35	5～40	6～50	8～60	10～80	12～80
GB/T 68	d_k max	3	3.8	4.7	5.5	7.3	8.4	9.3	11.3	15.8	18.3
	k max	1	1.2	1.5	1.65	2.35	2.7	2.7	3.3	4.65	5
	t min	0.32	0.4	0.5	0.6	0.9	1	1.1	1.2	1.8	2
	l 范围	2.5～16	3～20	4～25	5～30	6～35	6～40	8～50	8～60	10～80	12～80
l 系列		2、2.5、3、4、5、6、8、10、12、（14）、16、20、25、30、35、40、45、50、（55）、60、（65）、70、（75）、80									

注：1. 尽可能不采用括号内的规格；

2. 商品规格 M1.6～M10。

附表 10　　　　　　　　　　　　　　开槽紧定螺钉　　　　　　　　　　　　（单位：mm）

开槽锥端紧定螺钉
（摘自 GB/T 71—2018）

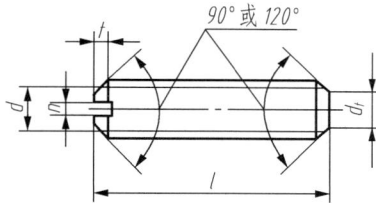

开槽平端紧定螺钉
（摘自 GB/T 73—2017）

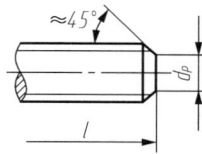

开槽长圆柱端紧定螺钉
（摘自 GB/T 75—2018）

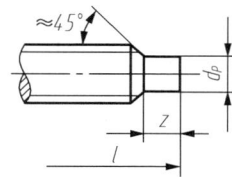

标记示例

螺纹规格 *d*=M5
公称长度 *l*=12mm
性能等级为 14H 级
螺钉 GB/T 71　M5×12

标记示例

螺纹规格 *d*=M5
公称长度 *l*=12mm
性能等级为 14H 级
螺钉 GB/T 73　M5×12

标记示例

螺纹规格 *d*=M5
公称长度 *l*=12mm
性能等级为 14H 级
螺钉 GB/T 75　M5×12

螺纹规格 d		M1.6	M2	M2.5	M3	M4	M5	M6	M8	M10	M12
P（螺距）		0.35	0.4	0.45	0.5	0.7	0.8	1	1.25	1.5	1.75
n		0.25	0.25	0.4	0.4	0.6	0.8	1	1.2	1.6	2
t		0.74	0.84	0.95	1.05	1.42	1.63	2	2.5	3	3.6
d_t		0.16	0.2	0.25	0.3	0.4	0.5	1.5	2.	2.5	3
d_p		0.8	1	1.5	2	2.5	3.5	4	5.5	7	8.5
z		1.05	1.25	1.25	1.75	2.25	2.75	3.25	4.3	5.3	6.3
l	GB/T 71—2018	2～8	3～10	3～12	4～16	6～20	8～25	8～30	10～40	12～50	14～60
	GB/T 73—2017	2～8	2～10	2.5～12	3～16	4～20	5～25	6～30	8～40	10～50	12～60
	GB/T 75—2018	2.5～8	3～10	4～12	5～16	6～20	8～25	8～30	10～40	12～50	14～60
l（系列）		2、2.5、3、4、5、6、8、10、12、（14）、16、20、25、30、35、40、45、50、（55）、60									

注：括号内规格尽可能不采用。

附表 11　　　　　　　　　　　　　　　平垫圈　　　　　　　　　　　　　　（单位：mm）

平垫圈—A 级（GB/T 97.1—2002）、平垫圈倒角型—A 级（GB/T 97.2—2002）

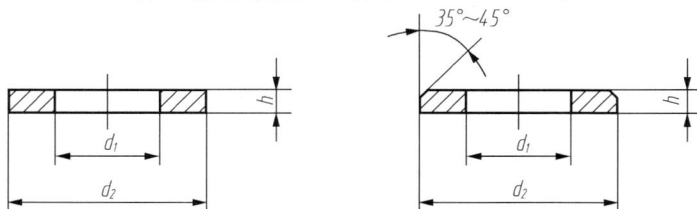

标记示例

标准系列、公称尺寸 *d*=8mm、性能等级为 140HV 级、不经表面处理的平垫圈：
垫圈　GB/T 97.1　8—140HV

规格（螺纹直径）	2	2.5	3	4	5	6	8	10	12	14	16	20	24	30
内径 d_1	2.2	2.7	3.2	4.3	5.3	6.4	8.4	10.5	13	15	17	21	25	31
外径 d_2	5	6	7	9	10	12	16	20	24	28	30	37	44	56
厚度 h	0.3	0.5	0.8	1	1.6	1.6	2	2.5	2.5	3	3	4	4	

附表 12　　　　　　　　　　　　　弹簧垫圈　　　　　　　　　　　　（单位：mm）

标准型弹簧垫圈（GB/T 93—1987）、轻型弹簧垫圈（GB/T 859—1987）

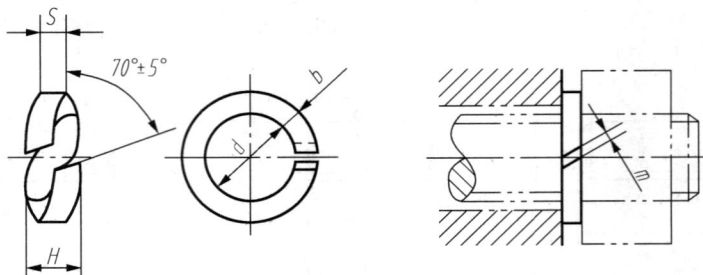

标记示例

公称直径 16mm、材料为 65Mn、表面氧化的标准型弹簧垫圈：

垫圈　GB/T 93　16

规格（螺纹直径）		2	2.5	3	4	5	6	8	10	12	16	20	24	30	36	42	48
d		2.1	2.6	3.1	4.1	5.1	6.2	8.2	10.2	12.3	16.3	20.5	24.5	30.5	36.6	42.6	49
H	GB/T 93—1987	1.2	1.6	2	2.4	3.2	4	5	6	7	8	10	12	13	14	16	18
	GB/T 859—1987	1	1.2	1.6	1.6	2	2.4	3.2	4	5	6.4	8	9.6	12			
S(b)	GB/T 93—1987	0.6	0.8	1	1.2	1.6	2	2.5	3	3.5	4	5	6	6.5	7	8	9
S	GB/T 859—1987	0.5	0.6	0.8	0.8	1	1.2	1.6	2	2.5	3.2	4	4.8	6			
m (≤)	GB/T 93—1987	0.4		0.5	0.6	0.8	1	1.2	1.5	1.7	2	2.5	3	3.2	3.5	4	4.5
	GB/T 859—1987	0.3		0.4		0.5	0.6	0.8	1	1.2	1.6	2	2.4	3			
b	GB/T 859—1987	0.8		1		1.2		1.6	2	2.5	3.5	4.5	5.5	6.5	8		

附表 13　　　圆柱销　不淬硬钢和奥氏体不锈钢（摘自 GB/T 119.1—2000）　　　（单位：mm）

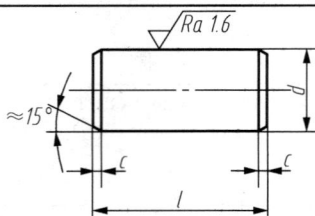

标记示例

销　GB/T 119.1—2000 10 m6×90（公称直径 *d*=10 mm、公差为 m6、公称长度 *l*=90 mm、材料为钢、不经表面处理的圆柱销）

销　GB/T 119.1—2000 10 m6×90-A1（公称直径 *d*=10 mm、公差为 m6、公称长度 *l*=90 mm、材料为 A1 组奥氏体不锈钢、表面简单处理的圆柱销）

d 公称	2	2.5	3	4	5	6	8	10	12	16	20	25
c(≈)	0.35	0.4	0.5	0.63	0.8	1.2	1.6	2.0	2.5	3.0	3.5	4.0
l 范围	6~20	6~24	8~30	8~40	10~50	12~60	14~80	18~95	22~140	26~180	35~200	50~200
l 公称	2、3、4、5、6~32（2 进位）、35~100（5 进位）、120~200（20 进位）（公称长度大于 200，按 20 递增）											

附表 14　　　　　　　　圆锥销（摘自 GB/T 117—2000）　　　　　　　（单位：mm）

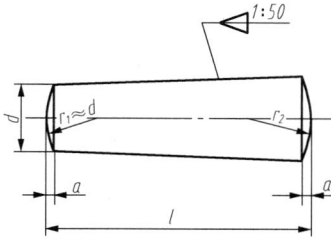

A 型（磨削）：锥面表面粗糙度 Ra=0.8 μm

B 型（切削或冷镦）：锥面表面粗糙度 Ra=3.2 μm

$$r_2 \approx \frac{a}{2} + d + \frac{0.021^2}{8a}$$

标记示例

销　GB/T 117—2000　6×30（公称直径 d=6 mm、公称长度 l=30 mm、材料为 35 钢、热处理硬度 28～38HRC、表面氧化处理的 A 型圆锥销）

d公称	2	2.5	3	4	5	6	8	10	12	16	20	25
$a \approx$	0.25	0.3	0.4	0.5	0.63	0.8	1.0	1.2	1.6	2.0	2.5	3.0
l范围	10～35	10～35	12～45	14～55	18～60	22～90	22～120	26～160	32～180	40～200	45～200	50～200
l公称	2、3、4、5、6～32（2 进位）、35～100（5 进位）、120～200（20 进位）（公称长度大于 200，按 20 递增）											

附表 15　　　　　　　　开口销（GB/T 91—2000）　　　　　　　　（单位：mm）

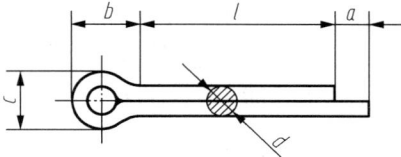

标记示例

公称直径 d=5mm、长度 l=50mm、材料为 Q215 或 Q235、不经表面处理的开口销：

销　GB/T 91—2000　5×50

	公称	1	1.2	1.6	2	2.5	3.2	4	5	6.3	8	10	12
d	max	0.7	0.9	1	1.8	2.3	2.9	3.7	4.6	5.9	7.5	9.5	11.4
	min	0.6	0.8	0.9	1.7	2.1	2.7	3.5	4	5.7	7.3	9.3	11.1
c	max	1.8	2	2.8	3.6	4.6	5.8	7.4	9.2	11.8	15	19	24.8
	min	1.6	1.7	2.4	3.2	4	5.1	6.5	8	10.3	13.1	16.6	21.7
$b \approx$		3	3	3.2	4	5	6.4	8	10	12.6	16	20	26
a(max)		1.6	2.5				3.2	4				6.3	
l系列	2、3、4、5、6、8、10、12、14、16、18、20、22、24、26、28、30、32、35、40、45、50、55、60、65、70、75、80、85、90												

注：销孔的公称直径等于 d公称，$d_{min} \leqslant$ 销的直径 $\leqslant d_{max}$。

附表 16　　　平键及键槽各部尺寸（摘自 GB/T 1095—2003、GB/T 1096—2003）　　　（单位：mm）

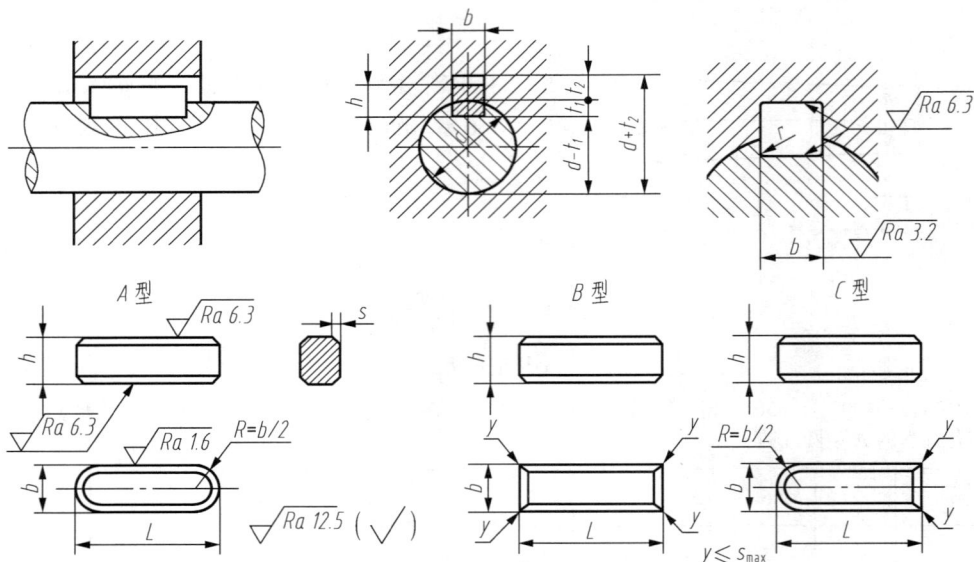

标记示例

GB/T 1096—2003　　键 16×10×100（普通 A 型平键，b=16 mm、h=10 mm、L=100 mm）

GB/T 1096—2003　　键 B16×10×100（普通 B 型平键，b=16 mm、h=10 mm、L=100 mm）

GB/T 1096—2003　　键 C16×10×100（普通 C 型平键，b=16 mm、h=10 mm、L=100 mm）

轴	键		键　槽										
			宽　度						深　度				半径 r
				极　限　偏　差					轴 t_1		毂 t_2		
基本直径 d	键尺寸 $b \times h$	标准长度范围 L	基本尺寸 b	正常连接		紧密连接	松连接		基本尺寸	极限偏差	基本尺寸	极限偏差	最小 最大
				轴 N9	毂 JS9	轴和毂 P9	轴 H9	毂 D10					最小 | 最大
>10～12	4×4	8～45	4	0 −0.030	±0.015	−0.012 −0.042	+0.030 0	+0.078 +0.030	2.5	+0.1 0	1.8	+0.1 0	0.08 | 0.16
>12～17	5×5	10～56	5						3.0		2.3		
>17～22	6×6	14～70	6						3.5		2.8		0.16 | 0.25
>22～30	8×7	18～90	8	0 −0.036	±0.018	−0.015 −0.051	+0.036 0	+0.098 +0.040	4.0		3.3		
>30～38	10×8	22～110	10						5.0		3.3		
>38～44	12×8	28～140	12	0 −0.043	±0.0215	−0.018 −0.061	+0.043 0	+0.120 +0.050	5.0	+0.2 0	3.3	+0.2 0	
>44～50	14×9	36～160	14						5.5		3.8		0.25 | 0.40
>50～58	16×10	45～180	16						6.0		4.3		
>58～65	18×11	50～200	18						7.0		4.4		

续表

轴	键		键　槽									
			宽　度					深　度				半径 r
				极　限　偏　差			轴 t_1		毂 t_2			
基本直径 d	键尺寸 b×h	标准长度范围 L	基本尺寸 b	正常连接	紧密连接	松连接		基本尺寸	极限偏差	基本尺寸	极限偏差	最小	最大
				轴 N9	毂 JS9	轴和毂 P9	轴 H9	毂 D10						
>65~75	20×12	56~220	20						7.5		4.9			
>75~85	22×14	63~250	22	0 −0.052	±0.026	−0.022 −0.074	+0.052 0	+0.149 +0.065	9.0	+0.2 0	5.4	+0.2 0	0.40	0.60
>85~95	25×14	70~280	25						9.0		5.4			
>95~110	28×16	80~320	28						10		6.4			

L 系列	6~22（2 进位）、25、28、32、36、40、45、50、56、63、70~110（10 进位）、125、140~220（20 进位）、250、280、320、360、400、450、500

附表 17　　　　　滚动轴承　　　　　（单位：mm）

深沟球轴承（摘自 GB/T 276—2013）

标记示例

滚动轴承　6310 GB/T 276—2013

（深沟球轴承，内径 d=50mm，直径系列代号为 3）

圆锥滚子轴承（摘自 GB/T 297—2015）

标记示例

滚动轴承　30212 GB/T 297—2015

（圆锥滚子轴承，内径 d=60mm，宽度系列代号 0，直径系列代号为 3）

推力球轴承（摘自 GB/T 301—2015）

标记示例

滚动轴承　51305 GB/T 301—2015

（推力球轴承，内径 d=25mm，高度系列代号为 1，直径系列代号为 3）

轴承型号	尺　寸			轴承型号	尺　寸					轴承型号	尺　寸			
	d	D	B		d	D	B	C	T		d	D	T	D_1
尺寸系列〔（0）2〕				尺寸系列〔02〕						尺寸系列〔12〕				
6202	15	35	11	30203	17	40	12	11	13.25	51202	15	32	12	17
6203	17	40	12	30204	20	47	14	12	15.25	51203	17	35	12	19
6204	20	47	14	30205	25	52	15	13	16.25	51204	20	40	14	22
6205	25	52	15	30206	30	62	16	14	17.25	51205	25	47	15	27
6206	30	62	16	30207	35	72	17	15	18.25	51206	30	52	16	32

续表

轴承型号	尺 寸			轴承型号	尺 寸					轴承型号	尺 寸			
	d	D	B		d	D	B	C	T		d	D	T	D_1
尺寸系列〔（0）2〕				尺寸系列〔02〕						尺寸系列〔12〕				
6207	35	72	17	30208	40	80	18	16	19.75	51207	35	62	18	37
6208	40	80	18	30209	45	85	19	16	20.75	51208	40	68	19	42
6209	45	85	19	30210	50	90	20	17	21.75	51209	45	73	20	47
6210	50	90	20	30211	55	100	21	18	22.75	51210	50	78	22	52
6211	55	100	21	30212	60	110	22	19	23.75	51211	55	90	25	57
6212	60	110	22	30213	65	120	23	20	24.75	51212	60	95	26	62
尺寸系列〔（0）3〕				尺寸系列〔03〕						尺寸系列〔13〕				
6302	15	42	13	30302	15	42	13	11	14.25	51304	20	47	18	22
6303	17	47	14	30303	17	47	14	12	15.25	51305	25	52	18	27
6304	20	52	15	30304	20	52	15	13	16.25	51306	30	60	21	32
6305	25	62	17	30305	25	62	17	15	18.25	51307	35	68	24	37
6306	30	72	19	30306	30	72	19	16	20.75	51308	40	78	26	42
6307	35	80	21	30307	35	80	21	18	22.75	51309	45	85	28	47
6308	40	90	23	30308	40	90	23	20	25.25	51310	50	95	31	52
6309	45	100	25	30309	45	100	25	22	27.25	51311	55	105	35	57
6310	50	110	27	30310	50	110	27	23	29.25	51312	60	110	35	62
6311	55	120	29	30311	55	120	29	25	31.50	51313	65	115	36	67
6312	60	130	31	30312	60	130	31	26	33.50	51314	70	125	40	72
尺寸系列〔（0）4〕				尺寸系列〔13〕						尺寸系列〔14〕				
6403	17	62	17	31305	25	62	17	13	18.25	51405	25	60	24	27
6404	20	72	19	31306	30	72	19	14	20.75	51406	30	70	28	32
6405	25	80	21	31307	35	80	21	15	22.75	51407	35	80	32	37
6406	30	90	23	31308	40	90	23	17	25.25	51408	40	90	36	42
6407	35	100	25	31309	45	100	25	18	27.25	51409	45	100	39	47
6408	40	110	27	31310	50	110	27	19	29.25	51410	50	110	43	52
6409	45	120	29	31311	55	120	29	21	31.50	51411	55	120	48	57
6410	50	130	31	31312	60	130	31	22	33.50	51412	60	130	51	62
6411	55	140	33	31313	65	140	33	23	36.00	51413	65	140	56	68
6412	60	150	35	31314	70	150	35	25	38.00	51414	70	150	60	73
6413	65	160	37	31315	75	160	37	26	40.00	51415	75	160	65	78

注：圆括号中的尺寸系列代号在轴承型号中省略。

附录 C 极限与配合

附表 18　　　　　　　标准公差数值（摘自 GB/T 1800.1—2009）

公称尺寸 /mm		标　准　公　差　等　级																
		IT1	IT2	IT3	IT4	IT5	IT6	IT7	IT8	IT9	IT10	IT11	IT12	IT13	IT14	IT15	IT16	IT17	IT18
大于	至	μm											mm						
—	3	0.8	1.2	2	3	4	6	10	14	25	40	60	0.1	0.14	0.25	0.4	0.6	1	1.4
3	6	1	1.5	2.5	4	5	8	12	18	30	48	75	0.12	0.18	0.3	0.48	0.75	1.2	1.8
6	10	1	1.5	2.5	4	6	9	15	22	36	58	90	0.15	0.22	0.36	0.58	0.9	1.5	2.2
10	18	1.2	2	3	5	8	11	18	27	43	70	110	0.18	0.27	0.43	0.7	1.1	1.8	2.7
18	30	1.5	2.5	4	6	9	13	21	33	52	84	130	0.21	0.33	0.52	0.84	1.3	2.1	3.3
30	50	1.5	2.5	4	7	11	16	25	39	62	100	160	0.25	0.39	0.62	1	1.6	2.5	3.9
50	80	2	3	5	8	13	19	30	46	74	120	190	0.3	0.46	0.74	1.2	1.9	3	4.6
80	120	2.5	4	6	10	15	22	35	54	87	140	220	0.35	0.54	0.87	1.4	2.2	3.5	5.4
120	180	3.5	5	8	12	18	25	40	63	100	160	250	0.4	0.63	1	1.6	2.5	4	6.3
180	250	4.5	7	10	14	20	29	46	72	115	185	290	0.46	0.72	1.15	1.85	2.7	4.6	7.2
250	315	6	8	12	16	23	32	52	81	130	210	320	0.52	0.81	1.3	2.1	3.2	5.2	8.1
315	400	7	9	13	18	25	36	57	89	140	230	360	0.57	0.89	1.4	2.3	3.6	5.7	8.9
400	500	8	10	15	20	27	40	63	97	155	250	400	0.63	0.97	1.55	2.5	4	6.3	9.7
500	630	9	11	16	22	32	44	70	110	175	280	440	0.7	1.1	1.75	2.8	4.4	7	11
630	800	10	13	18	25	36	50	80	125	200	320	500	0.8	1.25	2	3.2	5	8	12.5
800	1000	11	15	21	28	40	56	90	140	230	360	560	0.9	1.4	2.3	3.6	5.6	9	14
1000	1250	13	18	24	33	47	66	105	165	260	420	660	1.05	1.65	2.6	4.2	6.6	10.5	16.5
1250	1600	15	21	29	39	55	78	125	195	310	500	780	1.25	1.95	3.1	5	7.8	12.5	19.5
1600	2000	18	25	35	46	65	92	150	230	370	600	920	1.5	2.3	3.7	6	9.2	15	23
2000	2500	22	30	41	55	78	110	175	280	440	700	1100	1.75	2.8	4.4	7	11	17.5	28
2500	3150	26	36	50	68	96	135	210	330	540	860	1350	2.1	3.3	5.4	8.6	13.5	21	33

注：1. 公称尺寸大于 500 mm 的 IT1～IT5 的标准公差数值为试行的。

　　2. 公称尺寸小于或等于 1 mm 时，无 IT14～IT18。

附表 19 轴的基本偏差

公称尺寸/mm 大于	至	基本偏 上极限偏差（es） 所有标准公差等级 a	b	c	cd	d	e	ef	f	fg	g	h	js	IT5和IT6 j	IT7 j	IT8 j
—	3	−270	−140	−60	−34	−20	−14	−10	−6	−4	−2	0		−2	−4	−6
3	6	−270	−140	−70	−46	−30	−20	−14	−10	−6	−4	0		−2	−4	—
6	10	−280	−150	−80	−56	−40	−25	−18	−13	−8	−5	0		−2	−5	—
10	14	−290	−150	−95	—	−50	−32	—	−16	—	−6	0		−3	−6	—
14	18	−290	−150	−95	—	−50	−32	—	−16	—	−6	0		−3	−6	—
18	24	−300	−160	−110	—	−65	−40	—	−20	—	−7	0		−4	−8	—
24	30	−300	−160	−110	—	−65	−40	—	−20	—	−7	0		−4	−8	—
30	40	−310	−170	−120	—	−80	−50	—	−25	—	−9	0		−5	−10	—
40	50	−320	−180	−130	—	−80	−50	—	−25	—	−9	0		−5	−10	—
50	65	−340	−190	−140	—	−100	−60	—	−30	—	−10	0		−7	−12	—
65	80	−360	−200	−150	—	−100	−60	—	−30	—	−10	0		−7	−12	—
80	100	−380	−220	−170	—	−120	−72	—	−36	—	−12	0		−9	−15	—
100	120	−410	−240	−180	—	−120	−72	—	−36	—	−12	0		−9	−15	—
120	140	−460	−260	−200	—	−145	−85	—	−43	—	−14	0		−11	−18	—
140	160	−520	−280	−210	—	−145	−85	—	−43	—	−14	0		−11	−18	—
160	180	−580	−310	−230	—	−145	−85	—	−43	—	−14	0		−11	−18	—
180	200	−660	−340	−240	—	−170	−100	—	−50	—	−15	0		−13	−21	—
200	225	−740	−380	−260	—	−170	−100	—	−50	—	−15	0		−13	−21	—
225	250	−820	−420	−280	—	−170	−100	—	−50	—	−15	0		−13	−21	—
250	280	−920	−480	−300	—	−190	−110	—	−56	—	−17	0		−16	−26	—
280	315	−1050	−540	−330	—	−190	−110	—	−56	—	−17	0		−16	−26	—
315	355	−1200	−600	−360	—	−210	−125	—	−62	—	−18	0		−18	−28	—
355	400	−1350	−680	−400	—	−210	−125	—	−62	—	−18	0		−18	−28	—
400	450	−1500	−760	−440	—	−230	−135	—	−68	—	−20	0		−20	−32	—
450	500	−1650	−840	−480	—	−230	−135	—	−68	—	−20	0		−20	−32	—

js 列：偏差=±ITn/2，其中 ITn 是 IT 值数

注：公称尺寸小于或等于 1 时，基本偏差 a 和 b 均不采用。公差带 js7～js11，若 ITn 数值是奇数，则取极限偏差=±(ITn−1)/2。

数值（摘自 GB/T 1800.1—2009）　　　　　　　　　　　　　　（单位：μm）

差　数　值

下　极　限　偏　差（ei）

IT4 至 IT7	≤IT3 >IT7	所有标准公差等级													
		k	m	n	p	r	s	t	u	v	x	y	z	za	zb	zc
0	0	+2	+4	+6	+10	+14	—	+18	—	+20	—	+26	+32	+40	+60
+1	0	+4	+8	+12	+15	+19	—	+23	—	+28	—	+35	+42	+50	+80
+1	0	+6	+10	+15	+19	+23	—	+28	—	+34	—	+42	+52	+67	+97
+1	0	+7	+12	+18	+23	+28	—	+33	—	+40	—	+50	+64	+90	+130
										+39	+45	—	+60	+77	+108	+150
+2	0	+8	+15	+22	+28	+35	—	+41	+47	+54	+63	+73	+98	+136	+188
								+41	+48	+55	+64	+75	+88	+118	+160	+218
+2	0	+9	+17	+26	+34	+43	+48	+60	+68	+80	+94	+112	+148	+200	+274
							+54	+70	+81	+97	+114	+136	+180	+242	+325
+2	0	+11	+20	+32	+41	+53	+66	+87	+102	+122	+144	+172	+226	+300	+405
					+43	+59	+75	+102	+120	+146	+174	+210	+274	+360	+480
+3	0	+13	+23	+37	+51	+71	+91	+124	+146	+178	+214	+258	+335	+445	+585
					+54	+79	+104	+144	+172	+210	+254	+310	+400	+525	+690
+3	0	+15	+27	+43	+63	+92	+122	+170	+202	+248	+300	+365	+470	+620	+800
					+65	+100	+134	+190	+228	+280	+340	+415	+535	+700	+900
					+68	+108	+146	+210	+252	+310	+380	+465	+600	+780	+1000
+4	0	+17	+31	+50	+77	+122	+166	+236	+284	+350	+425	+520	+670	+880	+1150
					+80	+130	+180	+258	+310	+385	+470	+575	+740	+960	+1250
					+84	+140	+196	+284	+340	+425	+520	+640	+820	+1050	+1350
+4	0	+20	+34	+56	+94	+158	+218	+315	+385	+475	+580	+710	+920	+1200	+1550
					+98	+170	+240	+350	+425	+525	+650	+790	+1000	+1300	+1700
+4	0	+21	+37	+62	+108	+190	+268	+390	+475	+590	+730	+900	+1150	+1500	+1900
					+114	+208	+294	+435	+530	+660	+820	+1000	+1300	+1650	+2100
+5	0	+23	+40	+68	+126	+232	+330	+490	+595	+740	+920	+1100	+1450	+1850	+2400
					+132	+252	+360	+540	+660	+820	+1000	+1250	+1600	+2100	+2600

附表 20　　　　　　　　　　　孔的基本偏差

公称尺寸/mm		基 本 偏																	
		下 极 限 偏 差（EI）											IT6	IT7	IT8	≤IT8	>IT8	≤IT8	>IT8
		所 有 标 准 公 差 等 级											J			K		M	
大于	至	A	B	C	CD	D	E	EF	F	FG	G	H	JS	J			K		M	
—	3	+270	+140	+60	+34	+20	+14	+10	+6	+4	+2	0	偏差=±ITn/2，其中 ITn 是 IT 值数	+2	+4	+6	0	0	−2	−2
3	6	+270	+140	+70	+46	+30	+20	+14	+10	+6	+4	0		+5	+6	+10	−1+Δ	—	−4+Δ	−4
6	10	+280	+150	+80	+56	+40	+25	+18	+13	+8	+5	0		+5	+8	+12	−1+Δ	—	−6+Δ	−6
10	14	+290	+150	+95	—	+50	+32	—	+16	—	+6	0		+6	+10	+15	−1+Δ	—	−7+Δ	−7
14	18																			
18	24	+300	+160	+110	—	+65	+40	—	+20	—	+7	0		+8	+12	+20	−2+Δ	—	−8+Δ	−8
24	30																			
30	40	+310	+170	+120	—	+80	+50	—	+25	—	+9	0		+10	+14	+24	−2+Δ	—	−9+Δ	−9
40	50	+320	+180	+130																
50	65	+340	+190	+140	—	+100	+60	—	+30	—	+10	0		+13	+18	+28	−2+Δ	—	−11+Δ	−11
65	80	+360	+200	+150																
80	100	+380	+220	+170	—	+120	+72	—	+36	—	+12	0		+16	+22	+34	−3+Δ	—	−13+Δ	−13
100	120	+410	+240	+180																
120	140	+460	+260	+200	—	+145	+85	—	+43	—	+14	0		+18	+26	+41	−3+Δ	—	−15+Δ	−15
140	160	+520	+280	+210																
160	180	+580	+310	+230																
180	200	+660	+340	+240	—	+170	+100	—	+50	—	+15	0		+22	+30	+47	−4+Δ	—	−17+Δ	−17
200	225	+740	+380	+260																
225	250	+820	+420	+280																
250	280	+920	+480	+300	—	+190	+110	—	+56	—	+17	0		+25	+36	+55	−4+Δ	—	−20+Δ	−20
280	315	+1050	+540	+330																
315	355	+1200	+600	+360	—	+210	+125	—	+62	—	+18	0		+29	+39	+60	−4+Δ	—	−21+Δ	−21
355	400	+1350	+680	+400																
400	450	+1500	+760	+440	—	+230	+135	—	+68	—	+20	0		+33	+43	+66	−5+Δ	—	−23+Δ	−23
450	500	+1650	+840	+480																

注：1. 公称尺寸小于或等于 1mm 时，基本偏差 A 和 B 及大于 IT8 的 N 均不采用。公差带 JS7～JS11，若 ITn 值数是奇数，则取极限偏差=±（IT n−1）/2。

2. 对小于或等于 IT8 的 K、M、N 和小于或等于 IT7 的 P 至 ZC，所需 Δ 值从表内右侧选取。例如：18～30mm 段的 K7，Δ=8μm，所以 ES=(−2+8)μm=+6μm；18～30mm 段的 S6，Δ=4μm，所以 ES=(−35+4)μm=−31μm。

特殊情况：250～315mm 段的 M6，ES=−9μm（代替−11μm）。

数值（摘自 GB/T 1800.1—2009）   （单位：μm）

差 数 值															Δ值					
上 极 限 偏 差（ES）																				
≤IT8	>IT8	≤IT7	标准公差等级大于IT7												标准公差等级					
N	P至C		P	R	S	T	U	V	X	Y	Z	ZA	ZB	ZC	IT3	IT4	IT5	IT6	IT7	IT8
−4	−4	在大于IT7的相应数值上增加一个Δ值	−6	−10	−14	—	−18	—	−20	—	−26	−32	−40	−60	0	0	0	0	0	0
−8+Δ	0		−12	−15	−19	—	−23	—	−28	—	−35	−42	−50	−80	1	1.5	1	3	4	6
−10+Δ	0		−15	−19	−23	—	−28	—	−34	—	−42	−52	−67	−97	1	1.5	2	3	6	7
−12+Δ	0		−18	−23	−28	—	−33	—	−40	—	−50	−64	−90	−130	1	2	3	3	7	9
								−39	−45	—	−60	−77	−108	−150						
−15+Δ	0		−22	−28	−35	—	−41	−47	−54	−63	−73	−98	−136	−188	1.5	2	3	4	8	12
						−41	−48	−55	−64	−75	−88	−118	−160	−218						
−17+Δ	0		−26	−34	−43	−48	−60	−68	−80	−94	−112	−148	−200	−274	1.5	3	4	5	9	14
						−54	−70	−81	−97	−114	−136	−180	−242	−325						
−20+Δ	0		−32	−41	−53	−66	−87	−102	−122	−144	−172	−226	−300	−405	2	3	5	6	11	16
				−43	−59	−75	−102	−120	−146	−174	−210	−274	−360	−480						
−23+Δ	0		−37	−51	−71	−91	−124	−146	−178	−214	−258	−335	−445	−585	2	4	5	7	13	19
				−54	−79	−104	−144	−172	−210	−254	−310	−400	−525	−690						
−27+Δ	0		−43	−63	−92	−122	−170	−202	−248	−300	−365	−470	−620	−800	3	4	6	7	15	23
				−65	−100	−134	−190	−228	−280	−340	−415	−535	−700	−900						
				−68	−108	−146	−210	−252	−310	−380	−465	−600	−780	−1000						
−31+Δ	0		−50	−77	−122	−166	−236	−284	−350	−425	−520	−670	−880	−1150	3	4	6	9	17	26
				−80	−130	−180	−258	−310	−385	−470	−575	−740	−960	−1250						
				−84	−140	−196	−284	−340	−425	−520	−640	−820	−1050	−1350						
−34+Δ	0		−56	−94	−158	−218	−315	−385	−475	−580	−710	−920	−1200	−1550	4	4	7	9	20	29
				−98	−170	−240	−350	−425	−525	−650	−790	−1000	−1300	−1700						
−37+Δ	0		−62	−108	−190	−268	−390	−475	−590	−730	−900	−1150	−1500	−1900	4	5	7	11	21	32
				−114	−208	−294	−435	−530	−660	−820	−1000	−1300	−1650	−2100						
−40+Δ	0		−68	−126	−232	−330	−490	−595	−740	−920	−1100	−1450	−1850	−2400	5	5	7	13	23	34
				−132	−252	−360	−540	−660	−820	−1000	−1250	−1600	−2100	−2600						

附表 21　　　　　　　　优先选用的轴的公差带（摘自 GB/T 1800.2—2009）　　　　　　（单位：μm）

代号		c	d	f	g	h				k	n	p	s	u
公称尺寸 /mm		公　差　等　级												
大于	至	11	9	7	6	6	7	9	11	6	6	6	6	6
—	3	−60 / −120	−20 / −45	−6 / −16	−2 / −8	0 / −6	0 / −10	0 / −25	0 / −60	+6 / 0	+10 / +4	+12 / +6	+20 / +14	+24 / +18
3	6	−70 / −145	−30 / −60	−10 / −22	−4 / −12	0 / −8	0 / −12	0 / −30	0 / −75	+9 / +1	+16 / +8	+20 / +12	+27 / +19	+31 / +23
6	10	−80 / −170	−40 / −76	−13 / −28	−5 / −14	0 / −9	0 / −15	0 / −36	0 / −90	+10 / +1	+19 / +10	+24 / +15	+32 / +23	+37 / +28
10	14	−95 / −205	−50 / −93	−16 / −34	−6 / −17	0 / −11	0 / −18	0 / −43	0 / −110	+12 / +1	+23 / +12	+29 / +18	+39 / +28	+44 / +33
14	18	−95 / −205	−50 / −93	−16 / −34	−6 / −17	0 / −11	0 / −18	0 / −43	0 / −110	+12 / +1	+23 / +12	+29 / +18	+39 / +28	+44 / +33
18	24	−110 / −240	−65 / −117	−20 / −41	−7 / −20	0 / −13	0 / −21	0 / −52	0 / −130	+15 / +2	+28 / +15	+35 / +22	+48 / +35	+54 / +41
24	30	−110 / −240	−65 / −117	−20 / −41	−7 / −20	0 / −13	0 / −21	0 / −52	0 / −130	+15 / +2	+28 / +15	+35 / +22	+48 / +35	+61 / +48
30	40	−120 / −280	−80 / −142	−25 / −50	−9 / −25	0 / −16	0 / −25	0 / −62	0 / −160	+18 / +2	+33 / +17	+42 / +26	+59 / +43	+76 / +60
40	50	−130 / −290	−80 / −142	−25 / −50	−9 / −25	0 / −16	0 / −25	0 / −62	0 / −160	+18 / +2	+33 / +17	+42 / +26	+59 / +43	+86 / +70
50	65	−140 / −330	−100 / −174	−30 / −60	−10 / −29	0 / −19	0 / −30	0 / −74	0 / −190	+21 / +2	+39 / +20	+51 / +32	+72 / +53	+106 / +87
65	80	−150 / −340	−100 / −174	−30 / −60	−10 / −29	0 / −19	0 / −30	0 / −74	0 / −190	+21 / +2	+39 / +20	+51 / +32	+78 / +59	+121 / +102
80	100	−170 / −390	−120 / −207	−36 / −71	−12 / −34	0 / −22	0 / −35	0 / −87	0 / −220	+25 / +3	+45 / +23	+59 / +37	+93 / +71	+146 / +124
100	120	−180 / −400	−120 / −207	−36 / −71	−12 / −34	0 / −22	0 / −35	0 / −87	0 / −220	+25 / +3	+45 / +23	+59 / +37	+101 / +79	+166 / +144
120	140	−200 / −450	−145 / −245	−43 / −83	−14 / −39	0 / −25	0 / −40	0 / −100	0 / −250	+28 / +3	+52 / +27	+68 / +43	+117 / +92	+195 / +170
140	160	−210 / −460	−145 / −245	−43 / −83	−14 / −39	0 / −25	0 / −40	0 / −100	0 / −250	+28 / +3	+52 / +27	+68 / +43	+125 / +100	+215 / +190
160	180	−230 / −480	−145 / −245	−43 / −83	−14 / −39	0 / −25	0 / −40	0 / −100	0 / −250	+28 / +3	+52 / +27	+68 / +43	+133 / +108	+235 / +210
180	200	−240 / −530	−170 / −285	−50 / −96	−15 / −44	0 / −29	0 / −46	0 / −115	0 / −290	+33 / +4	+60 / +31	+79 / +50	+151 / +122	+265 / +236
200	225	−260 / −550	−170 / −285	−50 / −96	−15 / −44	0 / −29	0 / −46	0 / −115	0 / −290	+33 / +4	+60 / +31	+79 / +50	+159 / +130	+287 / +258
225	250	−280 / −570	−170 / −285	−50 / −96	−15 / −44	0 / −29	0 / −46	0 / −115	0 / −290	+33 / +4	+60 / +31	+79 / +50	+169 / +140	+313 / +284
250	280	−300 / −620	−190 / −320	−56 / −108	−17 / −49	0 / −32	0 / −52	0 / −130	0 / −320	+36 / +4	+66 / +34	+88 / +56	+190 / +158	+347 / +315
280	315	−330 / −650	−190 / −320	−56 / −108	−17 / −49	0 / −32	0 / −52	0 / −130	0 / −320	+36 / +4	+66 / +34	+88 / +56	+202 / +170	+382 / +350
315	355	−360 / −720	−210 / −350	−62 / −119	−18 / −54	0 / −36	0 / −57	0 / −140	0 / −360	+40 / +4	+73 / +37	+98 / +62	+226 / +190	+426 / +390
355	400	−400 / −760	−210 / −350	−62 / −119	−18 / −54	0 / −36	0 / −57	0 / −140	0 / −360	+40 / +4	+73 / +37	+98 / +62	+244 / +208	+471 / +435
400	450	−440 / −840	−230 / −385	−68 / −131	−20 / −60	0 / −40	0 / −63	0 / −155	0 / −400	+45 / +5	+80 / +40	+108 / +68	+272 / +232	+530 / +490
450	500	−480 / −880	−230 / −385	−68 / −131	−20 / −60	0 / −40	0 / −63	0 / −155	0 / −400	+45 / +5	+80 / +40	+108 / +68	+292 / +252	+580 / +540

附表 22　　　　　　优先选用的孔的公差带（摘自 GB/T 1800.2—2009）　　　　　（单位：µm）

代号		C	D	F	G	H				K	N	P	S	U
公称尺寸/mm		公　差　等　级												
大于	至	11	9	8	7	7	8	9	11	7	7	7	7	7
—	3	+120 +60	+45 +20	+20 +6	+12 +2	+10 0	+14 0	+25 0	+60 0	0 -10	-4 -14	-6 -16	-14 -24	-18 -28
3	6	+145 +70	+60 +30	+28 +10	+16 +4	+12 0	+18 0	+30 0	+75 0	+3 -9	-4 -16	-8 -20	-15 -27	-19 -31
6	10	+170 +80	+76 +40	+35 +13	+20 +5	+15 0	+22 0	+36 0	+90 0	+5 -10	-4 -19	-9 -24	-17 -32	-22 -37
10	14	+205 +95	+93 +50	+43 +16	+24 +6	+18 0	+27 0	+43 0	+110 0	+6 -12	-5 -23	-11 -29	-21 -39	-26 -44
14	18	+205 +95	+93 +50	+43 +16	+24 +6	+18 0	+27 0	+43 0	+110 0	+6 -12	-5 -23	-11 -29	-21 -39	-26 -44
18	24	+240 +110	+117 +65	+53 +20	+28 +7	+21 0	+33 0	+52 0	+130 0	+6 -15	-7 -28	-14 -35	-27 -48	-33 -54
24	30	+240 +110	+117 +65	+53 +20	+28 +7	+21 0	+33 0	+52 0	+130 0	+6 -15	-7 -28	-14 -35	-27 -48	-40 -61
30	40	+280 +120	+142 +80	+64 +25	+34 +9	+25 0	+39 0	+62 0	+160 0	+7 -18	-8 -33	-17 -42	-34 -59	-51 -76
40	50	+290 +130	+142 +80	+64 +25	+34 +9	+25 0	+39 0	+62 0	+160 0	+7 -18	-8 -33	-17 -42	-34 -59	-61 -86
50	65	+330 +140	+174 +100	+76 +30	+40 +10	+30 0	+46 0	+74 0	+190 0	+9 -21	-9 -39	-21 -51	-42 -72	-76 -106
65	80	+340 +150	+174 +100	+76 +30	+40 +10	+30 0	+46 0	+74 0	+190 0	+9 -21	-9 -39	-21 -51	-48 -78	-91 -121
80	100	+390 +170	+207 +120	+90 +36	+47 +12	+35 0	+54 0	+87 0	+220 0	+10 -25	-10 -45	-24 -59	-58 -93	-111 -146
100	120	+400 +180	+207 +120	+90 +36	+47 +12	+35 0	+54 0	+87 0	+220 0	+10 -25	-10 -45	-24 -59	-66 -101	-131 -166
120	140	+450 +200	+245 +145	+106 +43	+54 +14	+40 0	+63 0	+100 0	+250 0	+12 -28	-12 -52	-28 -68	-77 -117	-155 -195
140	160	+460 +210	+245 +145	+106 +43	+54 +14	+40 0	+63 0	+100 0	+250 0	+12 -28	-12 -52	-28 -68	-85 -125	-175 -215
160	180	+480 +230	+245 +145	+106 +43	+54 +14	+40 0	+63 0	+100 0	+250 0	+12 -28	-12 -52	-28 -68	-93 -133	-195 -235
180	200	+530 +240	+285 +170	+122 +50	+61 +15	+46 0	+72 0	+115 0	+290 0	+13 -33	-14 -60	-33 -79	-105 -151	-219 -265
200	225	+550 +260	+285 +170	+122 +50	+61 +15	+46 0	+72 0	+115 0	+290 0	+13 -33	-14 -60	-33 -79	-113 -159	-241 -287
225	250	+570 +280	+285 +170	+122 +50	+61 +15	+46 0	+72 0	+115 0	+290 0	+13 -33	-14 -60	-33 -79	-123 -169	-267 -313
250	280	+620 +300	+320 +190	+137 +56	+69 +17	+52 0	+81 0	+130 0	+320 0	+16 -36	-14 -66	-36 -88	-138 -190	-295 -347
280	315	+650 +330	+320 +190	+137 +56	+69 +17	+52 0	+81 0	+130 0	+320 0	+16 -36	-14 -66	-36 -88	-150 -202	-330 -382
315	355	+720 +360	+350 +210	+151 +62	+75 +18	+57 0	+89 0	+140 0	+360 0	+17 -40	-16 -73	-41 -98	-169 -226	-369 -426
355	400	+760 +400	+350 +210	+151 +62	+75 +18	+57 0	+89 0	+140 0	+360 0	+17 -40	-16 -73	-41 -98	-187 -244	-414 -471
400	450	+840 +440	+385 +230	+165 +68	+83 +20	+63 0	+97 0	+155 0	+400 0	+18 -45	-17 -80	-45 -108	-209 -272	-467 -530
450	500	+880 +480	+385 +230	+165 +68	+83 +20	+63 0	+97 0	+155 0	+400 0	+18 -45	-17 -80	-45 -108	-229 -292	-517 -580

附录 D 标准结构

附表 23　　　　　零件倒圆与倒角（GB/T 6403.4—2008）　　　　　（单位：mm）

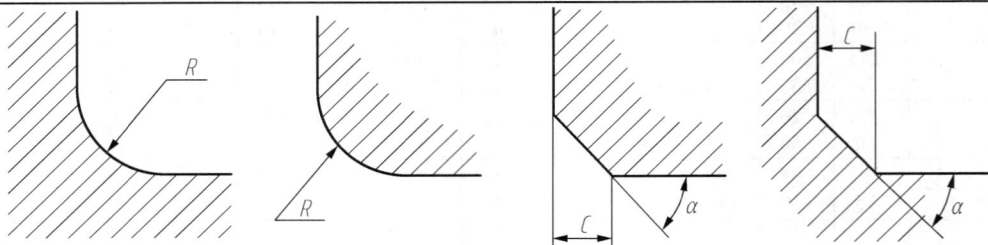

注：α一般采用45°，也可采用30°或60°。

倒圆、倒角尺寸系列值

R、C	0.1	0.2	0.3	0.4	0.5	0.6	0.8	1.0	1.2	1.6	2.0	2.5	3.0
	4.0	5.0	6.0	8.0	10	12	16	20	25	32	40	50	—

附表 24　　　　　砂轮越程槽（GB/T 6403.5—2008）　　　　　（单位：mm）

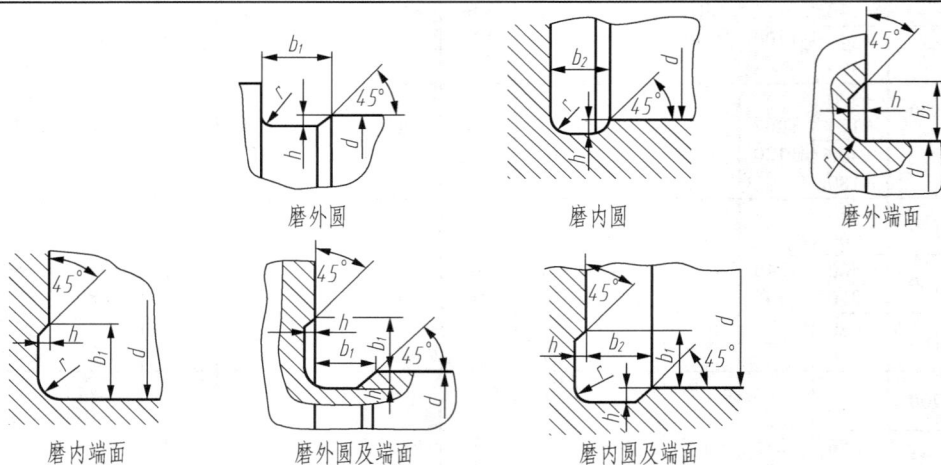

磨外圆　　　　　磨内圆　　　　　磨外端面

磨内端面　　　磨外圆及端面　　　磨内圆及端面

b_1	0.6	1.0	1.6	2.0	3.0	4.0	5.0	8.0	10
b_2	2.0	3.0		4.0		5.0		8.0	10
h	0.1	0.2		0.3	0.4		0.6	0.8	1.2
r	0.2	0.5		0.8	1.0		1.6	2.0	3.0
d	~10			10~50		50~100		100	

附录 E 常用金属材料和非金属材料

附表 25 常用金属材料

标准	名称	牌号	应用举例		说　明
GB/T 700 —2006	碳素结构钢	Q215	A 级	金属结构件、拉杆、套圈、铆钉、螺栓、短轴、心轴、凸轮（载荷不大的）、垫圈、渗碳零件及焊接件	"Q" 为碳素结构钢屈服点 "屈" 字的汉语拼音首位字母，后面的数字表示屈服点数值。如 Q235 表示碳素结构钢屈服点为235MPa
			B 级		
		Q235	A 级	金属结构件，心部强度要求不高的渗碳或氰化零件，吊钩、拉杆、套圈、汽缸、齿轮、螺栓、螺母、连杆、轮轴、楔、盖及焊接件	
			B 级		
			C 级		
			D 级		
		Q275	A 级	轴、轴销、制动杆、螺母、螺栓、垫圈、连杆、齿轮以及其他强度较高的零件	
			B 级		
			C 级		
			D 级		
GB/T 699 —2015	优质碳素结构钢	10		用作拉杆、卡头、垫圈、铆钉及用作焊接零件	牌号的两位数字表示碳的平均质量分数，45 钢即表示碳的质量分数为 0.45% 碳的质量分数 ≤ 0.25%的碳钢属低碳钢（渗碳钢） 碳的质量分数在 0.25%～0.6%的碳钢属中碳钢（调质钢） 碳的质量分数大于 0.6%的碳钢属高碳钢 锰是质量分数较高的钢，须加注化学元素符号 "Mn"
		15		用于受力不大和韧性较高的零件、渗碳零件及紧固件（如螺栓、螺钉）、法兰盘和化工储器	
		35		用于制造曲轴、转轴、轴销、杠杆连杆、螺栓、螺母、垫圈、飞轮（多在正火、调质下使用）	
		45		用作要求综合力学性能高的各种零件，通常经正火或调质处理后使用。用于制造轴、齿轮、齿条、链轮、螺栓、螺母、销钉、键、拉杆等	
		65		用于制造弹簧、弹簧垫圈、凸轮、轧辊等	
		15Mn		制作心部力学性能要求较高且须渗碳的零件	
		65Mn		用作要求耐磨性高的圆盘、衬板、齿轮、花键轴、弹簧等	
GB/T 3077 —2015	合金结构钢	30Mn2		用作起重机行车轴、变速器齿轮、冷镦螺栓及较大截面的调质零件	钢中加入一定量的合金元素，提高了钢的力学性能和耐磨性，也提高了钢的淬透性，保证金属在较大截面上获得高的力学性能
		20Cr		用于要求心部强度较高、能够承受磨损、尺寸较大的渗碳零件，如齿轮、齿轮轴、蜗杆、凸轮、活塞销等，也用于速度较大、受中等冲击的调质零件	
		40Cr		用于受变载、中速、中载、强烈磨损而无很大冲击的重要零件，如重要的齿轮、轴、曲轴、连杆、螺栓、螺母等	
		35SiMn		可代替 40Cr 用于中小型轴类、齿轮等零件及 430℃以下的重要紧固件等	

续表

标准	名称	牌号	应用举例	说明
GB/T 3077—2015	合金结构钢	20CrMnTi	强度、韧性均高，可代替镍铬钢用于承受高速、中等或重负荷以及冲击、磨损等的重要零件，如渗碳齿轮、凸轮等	代号"ZG"为铸钢汉语拼音的首位字母，后面的两组数字表示力学性能。如ZG230-450表示屈服强度为230MPa、抗拉强度为450MPa
GB/T 5613—2014	铸钢	ZG230-450	机座、箱体、支架等	
		ZG310-570	联轴器、齿轮、汽缸、轴、机架、齿圈等	
GB/T 9439—2010	灰铸铁	HT150	用于小负荷和对耐磨性无特殊要求的零件，如端盖、外罩、手轮、一般机床底座、床身及其复杂零件，滑台、工作台和低压管件等	"HT"为"灰铁"的汉语拼音的首位字母，后面的数字表示抗拉强度。如HT200表示抗拉强度为200MPa的灰铸铁
		HT200	用于中等负荷和对耐磨性有一定要求的零件，如机床床身、立柱、飞轮、汽缸、泵体、轴承座、活塞、齿轮箱、阀体等	
		HT250	用于中等负荷和对耐磨性有一定要求的零件，如阀壳、油缸、汽缸、联轴器、机体、齿轮、齿轮箱外壳、飞轮、衬套、凸轮、轴承座、活塞等	
		HT300	用于受力大的齿轮、床身导轨、车床卡盘、剪床床身、压力机的床身、凸轮、高压油缸、液压泵和滑阀壳体、冲模模体等	
GB/T 1176—2013	5-5-5锡青铜	ZCuSn5Pb5Zn5	耐磨性和耐蚀性均好，易加工，铸造性和气密性较好。用于较高负荷、中等滑动速度下工作的耐磨、耐腐蚀零件，如轴瓦、衬套、缸套、油塞、离合器、蜗轮等	"Z"为"铸造"汉语拼音的首位字母，各化学元素后面的数字表示该元素的质量分数，如ZCuAl10Fe3表示含Al8.5%～11%、Fe2%～4%、其余为Cu的铸造铝青铜
	10-3铝青铜	ZCuAl10Fe3	力学性能高，耐磨性、耐腐蚀性、抗氧化性好，可焊接性好，不易钎焊，大型铸件自700℃空冷可防止变脆。可用于制造强度高、耐磨、耐腐蚀的零件，如蜗轮、轴承、衬套、管嘴、耐热管配件等	
	25-6-3-3铝黄铜	ZCuZn25At6Fe3Mn3	有很高的力学性能，铸造性良好，耐蚀性较好，有应力腐蚀开裂倾向，可以焊接。适用于高强耐磨零件，如桥梁支承板、螺母、螺杆、耐磨板、滑块和蜗轮等	
	38-2-2锰黄铜	ZCuZn38Mn2Pb2	有较高的力学性能和耐腐蚀性，耐磨性较好，切削性良好。可用于一般用途的构件、船舶仪表等使用的外形简单的铸件，如套筒、衬套、轴瓦、滑块等	

续表

标准	名称	牌号	应用举例	说明
GB/T 1173—2013	铸造铝合金	ZAlSi12（代号 ZL102） ZAlCu10（代号 ZL202）	耐磨性中上等，用于制造负荷不大的薄壁零件	ZL102 表示含硅 10%～13%（质量分数，后同）、余量为铝的铝硅合金；ZL202 表示含铜 9%～11%、余量为铝的铝铜合金
GB/T 3190—2008	硬铝	2A12	焊接性能好，适于制作中等强度的零件	2A12 表示含硅 0.5%、铁 0.5%、铜 3.8%～4.9%、镁 1.2%～1.8%、锰 0.3%～0.9%、余量为铝的硬铝
	工业纯铝	1060	适于制作储槽、塔、热交换器、防止污染及深冷设备等	1060 表示含杂质 ≤0.4%的工业纯铝

附表 26　　　　　　　　　　　常用非金属材料

标准	名称	牌号	说明	应用举例
GB/T 539—2008	耐油石棉橡胶板	NY510	草绿色，一般工业用耐油石棉橡胶板	用于温度 510℃以下、压力 5MPa 的油类介质密封
		NY400	灰褐色，一般工业用耐油石棉橡胶板	用于温度 400℃以下、压力 4MPa 的油类介质密封
		NY300	蓝色，一般工业用耐油石棉橡胶板	用于温度 300℃以下、压力 3MPa 的油类介质密封
		NY250	绿色，一般工业用耐油石棉橡胶板	用于温度 250℃以下、压力 2.5MPa 的油类介质密封
		NY150	暗红色，一般工业用耐油石棉橡胶板	用于温度 150℃以下、压力 1.5MPa 的油类介质密封
GB/T 539—2008	耐油石棉像胶板	HNY300	蓝色，航空工业用耐油石棉橡胶板	用于温度 300℃以下的航空燃油、石油基润滑油及冷气系统的密封垫片
GB/T 5574—2008	耐酸碱橡胶板	GB/T 5574-A-07-3-H7-Ts	较高硬度，具有耐酸碱性能	在温度-30～+60℃的 20%浓度的酸碱液体介质中工作，适于冲制密封性能较好的垫圈
	耐油橡胶板	GB/T 5574-C-07-2.5-H7-Ts	较高硬度，具有较好的耐溶剂、介质膨胀性能	可在一定温度的机油、变压器油、汽油等介质中工作，适于冲制各种形状的垫圈
	耐热橡胶板	GB/T 5574-A-07-3-H7-TsHr1	较高硬度，具有耐热性	可在-30～+100℃且压力不大的条件下于热空气、蒸汽介质中工作，用于冲制各种垫圈和隔热垫板

参 考 文 献

[1] 叶玉驹，焦永和，张彤. 机械制图手册［M］. 5 版. 北京：机械工业出版社，2012.

[2] 邹宜侯. 机械制图［M］. 6 版. 北京：清华大学出版社，2012.

[3] 刘小年，陈婷. 机械制图［M］. 3 版. 北京：机械工业出版社，2005.

[4] 曹静，陈金炆. 汽车机械识图［M］. 北京：机械工业出版社，2016.

[5] 大连理工大学工程图学教研室. 机械制图［M］. 7 版. 北京：高等教育出版社，2013.

[6] 刘力，王冰. 机械制图［M］. 4 版. 北京：高等教育出版社，2013.

[7] 张潮. 机械制图［M］. 北京：机械工业出版社，2006.